Firenze, Novembre 1991

In ricordo d'una sosta
  arcibella.

  Guittone

» IL CAMMEO «
VOLUME 220

GLI UOMINI
CHE FECERO
L'ITALIA

Seconda galleria di ritratti

di GIOVANNI
SPADOLINI

LONGANESI & C.
MILANO

PROPRIETÀ LETTERARIA RISERVATA
Longanesi & C., © *1991 - 20122 Milano, via Salvini, 3*

ISBN 88-304-1035-7

Gli uomini che fecero l'Italia

Prefazione

È LA seconda galleria di ritratti dedicati agli uomini che fecero l'Italia, dal Settecento al Novecento. Altri quarantatré busti, senza piedistallo, che si aggiungono ai cinquantaquattro delle prime quattro edizioni del libro, diventati sessantotto con la quinta e sesta edizione (quella accresciuta dal saggio su «Il processo al Risorgimento»).

Sessantotto capitoli più quarantatré: centoundici profili complessivi. Svincolati, il più possibile, da ogni suggestione agiografica. Non monumentali, né tanto meno ornamentali. Dedicati a qualità e difetti dei personaggi investigati, a luci e ombre costantemente intrecciate. Sempre rapportati a quella fondamentale ispirazione gobettiana dell'autore, rimasto fedele alla suggestiva e lapidaria testata scoperta a quindici anni «Risorgimento senza eroi», e sempre rivissuta come stimolo all'approfondimento spregiudicato delle radici dell'Italia moderna, del perché ci sia, e come abbia potuto resistere, un'Italia moderna.

Esame impietoso condotto per tutta una vita, ma concluso con un atto di amore e di fede nella patria, nella sua crescita contraddittoria ma sicura: atto di amore consegnato in questa collezione di ritratti. Un libro, in certo modo, infinito. Un'opera, per tanti aspetti, conclusiva delle mie ultraquarantennali ricerche sull'idea dell'Italia e sulla storia d'Italia. Conclusiva nel senso che può essere raddoppiata e potrebbe essere triplicata, in quanto gli uomini che hanno contribuito a fare l'Italia sono molto più numerosi di quelli che ho compreso in questi due volumi (o due volumi e mezzo) e di quelli che io possa comprendere in una galleria anche molto più estesa. A conferma che la storia non è mai chiusa e conclusa, per chi segue, come noi, la religione dello storicismo, che è poi la religione del dubbio.

Avrei potuto dedicare il secondo volume agli uomini che hanno costruito l'Italia contemporanea, l'Italia in cui viviamo con tutte le sue tensioni e contraddizioni, dalla Liberazione alla Repubblica. Ho preferito attenermi a un criterio diverso: rispettare gli stessi confini fondamentali della prima serie in modo da integrare, sia per il Settecento sia per l'Ottocento, con nuovi approcci e con contributi quasi tutti originali, i molti nomi che mancavano nel primo volume (per il carattere di libera scelta, sempre rivendicante il diritto dello storico che è quello di « dialogare con i morti », come diceva Jemolo, in base alle proprie preferenze e alle proprie affinità intellettuali). E spostare di soli dieci anni, dal 1915 al 1925, il termine *ad quem*.

È lo spostamento che mi ha consentito, come vedranno i lettori già dalla sopraccoperta scelta per il volume, di unire Nino Bixio a Luigi Einaudi, senatore nel 1920 e già maestro indiscusso nell'università e nel giornalismo italiani prima dell'avvento del fascismo-regime, e di mescolare Ciro Menotti con Luigi Sturzo, il fondatore e l'animatore del partito popolare – cioè del primo partito democratico dei cattolici – fra il 1919 e il 1924, oppure di rilanciare l'immagine di Attilio Bandiera insieme con quella di Antonio Gramsci, l'ispiratore e il teorico del partito comunista vissuto sul tronco della dissidenza socialista dopo la scissione di Livorno del 1921.

Gobetti, Gramsci, Amendola, Einaudi e Sturzo: sono gli « epiloghi » – anche questi provvisori – di una storia che è la storia dell'Italia moderna, in procinto di diventare contemporanea. Sono le ultime stanze di una lunga galleria che si muove da Beccaria, quasi a metà del Settecento, e si arricchisce – rispetto alle precedenti raccolte – di tutti gli uomini d'azione dell'unità, i martiri e i testimoni del riscatto nazionale che erano stati dati per conosciuti (grave errore, con l'attuale educazione scolastica) nel precedente volume.

Eleonora de Fonseca Pimentel, Santorre di Santarosa, Guglielmo Pepe, Ciro Menotti, i fratelli Bandiera, Goffredo Mameli, Anita Garibaldi, Ugo Bassi, Daniele Manin, Adelaide Cairoli e i suoi cinque figli. Un « martirologio » riproposto da un angolo visuale che non ha niente in comune con quello dei vecchi, ingialliti volumi sul « pantheon » della libertà italiana – stile Vannucci –, che non segue nessuna linea né elegiaca né commemorativa. Ma guarda sempre al fiorire, o rifiorire, di quell'idea dell'Italia come comunità di cultura e di lingua che affranca il nostro Risorgimento – unico caso in Europa – da ogni tentazione razzista, che non fa mai identificare la nazione con la stirpe, che dimette l'« elmo di Scipio » nel momento stesso in cui si lancia nella prima esperienza nazionale che è quella della Repubblica romana di Mazzini del 1849 (anticipazione autentica della Repubblica italiana).

E dopo la leggenda nazionale, ancora la fondazione dello Stato. Ai presidenti del Consiglio, da Ricasoli a Depretis o a Crispi, compresi nelle precedenti edizioni, si aggiungono quelli forse di minore risonanza popolare ma di peso non minore nelle accidentate e controverse vicende dell'adolescenza nazionale; un Urbano Rattazzi con tutti i suoi giochi e controgiochi di democratico anti-Cavour ma con vocazione cortigiana, un Giovanni Lanza, il medico distaccato e integerrimo che fu il presidente di Porta Pia, un Marco Minghetti che conciliò le fedi liberali con lo scetticismo dei vecchi Stati della Chiesa. E tanti momenti della prosa nazionale dopo la poesia nel 1848: il grande Francesco Carrara, per i fondamenti del diritto penale, il grande Pasquale Stanislao Mancini, per le basi del diritto internazionale, Cesare e Carlo Alfieri di Sostegno per il lancio degli studi politici (vecchia facoltà fiorentina di via Laura!).

Né mancano gli uomini di frontiera che incarnano le antinomie del Risorgimento: Giuseppe Ferrari che raggiunge Cattaneo, e Pisacane, e Oriani nel filone ereticale della storia italiana, Atto Vannucci che si unisce – ghibellino ex sacerdote – ai grandi della Toscana grande dell'Ottocento. Felice Cavallotti, che fonda il radicalismo italiano sul piedistallo sentimentale e leggendario del garibaldinismo, consentendo l'intransigenza e il fervore della fede repubblicana incorrotta, caratteristica di uomini come Nathan o il primo Colajanni o Giovanni Conti.

Dall'Ottocento al Novecento. Ai massimi scrittori della serie precedente si aggiunge Antonio Fogazzaro, punto di incontro fra il tormentato retroterra cattolico e la fede nella scienza moderna avanzante a cavallo fra i due secoli. Nella legione dei grandi universitari, che hanno costituito la cultura moderna nazionale, si inserisce Gaetano Mosca, il fondatore della scienza politica. Nella polemica pro o contro Giolitti si iscrive uno dei maggiori pensatori meridionali, il maestro indiscusso del meridionalismo, Giustino Fortunato. E l'alba del socialismo, nell'Italia dei primi del Novecento, è rievocata attraverso i profili di Leonida Bissolati e di Ivanoe Bonomi, entrambi mistici del riformismo.

« Da Giolitti all'avvento del regime fascista ». È la penultima stanza della galleria, che comprende giolittiani fedeli, come Filippo Burzio, e avversari risoluti dello statista di Dronero come il direttore e animatore della *Voce*, Giuseppe Prezzolini. Investendo la sfera della coscienza religiosa italiana, attraverso le figure emblematiche della matrice cattolica diversamente intonate nel rifiuto dell'ortodossia, Tommaso Gallarati Scotti, il modernista fermatosi sul ciglio dell'eresia, ed Ernesto Buonaiuti, il modernista che avrà il coraggio, pur sacerdote e devoto alla Chiesa, di correre tutti i rischi della scomunica e della interdizione dall'insegnamento.

L'Italia sta per entrare in modo definitivo nell'Europa comunitaria. Il « gap » è ancora profondo. Al malessere dell'economia si è aggiunto il malessere delle coscienze, che si prolunga nello stesso malessere delle istituzioni. Il senso dell'unità nazionale, condizione fondamentale per la federazione europea, rischia di appannarsi e in qualche caso è attaccato frontalmente, e con violenza iconoclasta. Qualcuno scambia l'Italia per la Jugoslavia. E noi rinnoviamo l'interrogativo che concludeva il primo volume dell'opera: ci sarà una classe dirigente capace di interpretare e di incanalare questa fase drammatica?

Il dovere dei politici è di inalveare la protesta, non di accarezzarla o di servirsene. Questa è la prima lezione che si leva dagli uomini che fecero l'Italia, negli anni remoti come in quelli più recenti. « Storia e presente », amava dire Meinecke, « costituiscono un tutt'uno. »

GIOVANNI SPADOLINI

I.
Il Settecento: l'Italia che nasce

1. Beccaria

SE Stendhal poteva dire, in pieno Ottocento, che Milano aveva abituato gli italiani a « pensare in europeo », larghissima parte del merito appartiene al libro più europeo del Settecento milanese e italiano, *Dei delitti e delle pene*, di Cesare Beccaria.

Un piccolo libro, di poche decine di pagine, quasi un lampeggiante manifesto, scritto da un giovane venticinquenne che non riuscì mai, in una vita folgorata e breve, a ripetere quel miracolo, a rinnovare quell'incantesimo (abbastanza analogo, nella diversità dei generi letterari e dei tempi, a quello che fu il miracolo della precoce creatività del nipote di Beccaria, di Alessandro Manzoni, autore di un'opera così definitiva e perfetta, *I promessi sposi*, intorno ai quarant'anni, da non avere più la forza di aggiungere qualcosa di resistente e di duraturo nei quarant'anni e più vissuti oltre quel capolavoro).

Autore di un solo libro, Beccaria. E di un libro miracolosamente compiuto nella sua brevità ed essenzialità. Frutto di un certo clima culturale: la Milano illuminista, la Milano del *Caffè* di Verri, la Milano delle aperture europee del riformismo settecentesco, ma non certo di una revisione radicale e sconvolgente della vita pubblica e della vita civile.

Beccaria non era un sovversivo, anche se fu chiamato dalla polemica clericale del tempo un « socialista ». Era un uomo inserito nelle contraddizioni della sua epoca, nelle antinomie irrisolte della sua classe.

Figlio di una nobiltà tanto arrogante e altera da creargli problemi per il matrimonio con una borghese, in quanto espressione di un ceto diverso, Beccaria visse il dramma che fu di Parini e di Alfieri: il dramma del rapporto fra la sua classe e la libertà intellettuale cui si stava avvicinando, sull'eco delle letture di fuorivia, sull'esempio dei grandi maestri dell'enciclopedismo e dell'illuminismo francese, Diderot, D'Alembert, e Condorcet. Senza contare i suoi veri e mai dimenticati maestri: Voltaire e Rousseau.

« In Beccaria non appariva neppure il germe di un ribelle », sono parole di un grande spirito della tradizione cattolico-liberale italiana, a cui si rivolge sempre il nostro pensiero commosso, Arturo Carlo Jemolo. «Non era uomo di molto coraggio, e appunto di fronte alla condanna della sua opera a Roma e alle critiche che gli vennero da Venezia», sono sempre parole di Jemolo, «oppose costantemente il suo cattolicesimo integrale, il suo essere un buon suddito, desideroso del bene del Principe, non separabile da quello del popolo.»

Talvolta la sua parabola umana indica quasi una paura di osare. Il trattato *Dei delitti e delle pene*, che consacra il no alla tortura e il no alla pena di morte, in un'epoca ancora dominata dalla tortura e dalla pena di morte, è stato scritto fra i ventiquattro e i venticinque anni. È stato rivisto e in qualche punto integrato e migliorato dal gran maestro e compagno di studi di Beccaria, Pietro Verri: un sodalizio rapido nel tempo, perché i motivi di incomprensione e di rivalità supereranno presto quelli di concordanza.

Il testo è stato tracciato con tale sicurezza da porre interrogativi straordinari ancora ai posteri: come poteva un uomo di scarsi e svogliati studi giuridici – aveva conseguito all'università di Pavia la laurea in legge senza entusiasmo e preferendo sempre la matematica o le lettere – arrivare a fondare la scienza criminale del mondo moderno con tale lucidità e con tale presaga proprietà di riferimenti e di linguaggio?

Il caso apparve talmente straordinario agli stessi contemporanei che non mancarono interpretazioni romanzesche, tramandatesi poi per più generazioni. Beccaria come pseudonimo di una realtà variegata e complessa, che non si esauriva in lui; Beccaria come punto di riferimento di uno sforzo collegiale, nel quale la sua opera avrebbe contato solo per una parte; Beccaria come finzione di un più vasto movimento associativo che scaturiva da quell'accademia non a caso – con il suo carattere combattivo e rinnovatore – chiamata, nella Milano riposata e compassata della dominazione austriaca, l'*Accademia dei «pugni»*.

Un libro scritto in pochi mesi, quasi di getto. Come avviene a tutte le opere in cui si esprime intera una personalità (quante volte si è letto che ogni autore è autore sempre di un solo libro e che tutti gli altri volumi sono semplicemente rifacimenti o variazioni intorno a quell'intuizione fondamentale conquistata nella prima decisiva e rivoluzionaria giovinezza?) Milano non era neanche in grado di stamparlo, per il complesso di limiti e di veti che ancora nel 1764-65 si opponevano alla circolazione di un pensiero che solo in quegli anni cominciava a rompere le incrostazioni dell'assolutismo non ancora « illuminato ».

Da Milano fu necessario ricorrere a un porto toscano, famoso soprattutto per essere un centro di rifugiati politici e religiosi accolti due secoli prima da Cosimo I fondatore del Ducato Mediceo, e di un assoluto e incontrollato potere statale: Livorno. Fu appunto dai torchi di una piccola tipografia di Livorno che uscì nel luglio 1765 il volume che doveva fare il giro dell'Europa, accendere passioni e aspettazioni in tutto il continente, da Parigi a Pietroburgo, determinare una fama e una popolarità dell'autore, dalla quale lo stesso Beccaria – uomo fondamentalmente schivo, introverso e tormentato – aborrì subito.

Ed è qui che la parabola umana dell'autore coincide con la singolare parabola del libro. Beccaria, venticinquenne, diventa un nome europeo. Viene chiamato poco dopo a Parigi, la città dove da anni si susseguono i fascicoli dell'*Encyclopédie* che non a caso sarà stampata pochi anni dopo, nella prima edizione in lingua francese destinata all'Italia, nella stessa città di Livorno che aveva ospitato il lancio del *pamphlet* di Beccaria.

Ma anche il viaggio parigino del marchese milanese rivelerà la complessità e quasi la duplicità del personaggio. Fatto segno a onori che avrebbero fatto perdere la testa a un sovrano, Beccaria interrompe improvvisamente nel novembre 1766 la sua sosta nella capitale francese perché dominato da un'improvvisa e motivata nostalgia di Milano, della famiglia, delle piccole cose del mondo familiare, del mondo quiritario.

E quasi contemporaneamente lo studioso milanese respinge un invito di Caterina imperatrice di Russia che voleva affidargli la revisione di tutta la legislazione criminale dell'immenso impero zarista. E si chiude a Milano negli ultimi venticinque anni della sua vita, funzionario, professore (ma non di scienza criminale: bensì di economia politica), magistrato dei vari Stati che si succederanno nella capitale lombarda, fino a condividere le prime esperienze portate dal soffio della rivoluzione francese. E sempre con animo smagato, distaccato, quasi intimorito dalla grandezza del passo compiuto con le sue scelte civili e politiche.

Scelte civili e politiche che si riassumono in due parole cui non a caso si richiama la futura religione della democrazia che dominerà il secolo XIX: « ragione e umanità ».

La ragione riscoperta dagli illuministi si identificava di fatto con la virtù. « Qualunque tu sii, o chimera o verità, vieni, virtù, a inviluparti nella mia scienza »: sono parole di Beccaria che evocano le pagine della rousseauiana *Nouvelle Héloïse*. È la ragione tutta spiegata che si oppone ai tabù e ai miti di una tradizione dogmatica, che pure Beccaria – nel suo ossequio all'autorità politica e religiosa del tempo – non ha il coraggio di attaccare frontalmente.

Ha ragione Piero Calamandrei, in quelle indimenticabili pagine scritte durante i mesi dell'occupazione nazifascista in Toscana e consegnate nella prefazione all'edizione in « ventiquattresimo », nella vecchia collana omonima diretta da Pietro Pancrazi: « Egli fu nel campo della legislazione penale, essenzialmente un moralista e un rivoluzionario. [...] Un uomo d'azione che da sé solo, armato soltanto di quel piccolo libro, abbatté i patiboli e scardinò le porte delle prigioni per far penetrare un raggio di umana pietà ».

Il dogma morale – ecco i nuovi dogmi del mondo moderno che nasce con la rivoluzione dei lumi – è l'amore dell'umanità. Beccaria stesso parla della sua opera che patrocina « la causa dell'umanità » e si proclama seguace della « filosofia del cuore » che pone « al di sopra di quella dell'intelletto ».

Non a caso la parola « umanità » generò quell'aggettivo « umanitario » che solo il grande attacco ai princìpi rivoluzionari del 1789, a cavallo fra le due guerre, trasformò in un'espressione dispregiativa e beffarda. « In tempi di 'realismo' politico », sono ancora osservazioni di Calamandrei, « diventò diffusa e corrente la facile satira contro i filantropi delle loro ipocrite svenevolezze, indegne dei popoli che sono, o si credono, forti. » Fino alla suprema aberrazione della razza eletta.

E ci vorrà la tragedia della seconda guerra mondiale e delle sue infinite sofferenze perché si ricomponga nel cuore degli uomini questo senso della solidarietà e della reciprocità umana, tale da identificare il rispetto di sé con il rispetto degli altri e da sentire la schiavitù altrui come una menomazione della propria libertà.

«Da questo vedere riflessa nella libertà di ogni uomo la propria libertà», sono ancora parole di Piero Calamandrei, «nasce quel mazziniano senso della giustizia di cui furono alimentati i sacrifici che fece il nostro Risorgimento; là dove manca in questo modo l'umanità, che è insieme amore delle eguali libertà per tutti gli uomini, anche l'amor di patria diventa abominevole terrorismo di razza.»

Siamo alle origini del nuovo umanesimo laico. Ripensiamo a queste parole di Beccaria: «La morale, la politica, le belle arti derivano tutte da una scienza sola e primitiva, cioè dalla scienza dell'uomo, né è sperabile che gli uomini giammai facciano in quelle profondi e rapidi progressi, se essi non si interessano a rintracciare i primitivi princìpi di questa».

La distinzione fra delitto e peccato avvia uno dei più essenziali processi di secolarizzazione del mondo moderno.

* * *

Si spiega perché il primo commento al libro *Dei delitti e delle pene*, diffuso in forme semiclandestine in un'Europa che si apre alla filosofia dell'illuminismo, nasca nella Francia dei lumi. Parigi, la capitale ideale dell'*Europe raisonnable*, diventa la città speculare della Milano di Beccaria.

Un antefatto. Nel 1763 dall'«affare Calas», il drammatico caso giudiziario di un protestante condannato alla pena capitale sotto l'accusa peraltro controversa di aver ucciso il figlio convertitosi al cattolicesimo, scaturiva il *Traité sur la tolerance* scritto dal Voltaire: appassionata condanna di un fanatismo intrecciato con una legislazione penale arcaica e ancora oscurantista.

Ecco il perché di quel *Commentaire* curato dallo stesso Voltaire, quando, un anno dopo, nell'estate 1764, usciva anonima l'opera di Beccaria presso la tipografia livornese dell'abate Coltellini. Una fondamentale battaglia civile per una nuova concezione del diritto attendeva l'Europa di domani che cominciava a uscire, almeno nella sua cultura, dalla «lunga e tenebrosa notte», sono parole di Beccaria, notte del dispotismo e dell'oppressione.

«Fate che i lumi accompagnino la libertà», aveva esortato il giovane studioso milanese, appena venticinquenne, mentre era impegnato nella preparazione del libro *Dei delitti e delle pene*; « piccolo libro », scriverà Voltaire, che « vale in morale quanto valgono in medicina quei pochi rimedi che sono atti a dare un sollievo a' nostri mali; e la sua lettura mi soddisfece talmente, che io mi lusingava che una tale opera dovesse estinguere quel resto di barbarie che esiste tuttavia nella giurisprudenza di tante nazioni ».

Era la città che presto avrebbe avviato un importante processo di riforme civili, quella Milano che, simboleggiata dal *Caffè* dei fratelli Verri e dello stesso Beccaria (una esperienza straordinaria nella pubblicistica della Lombardia settecentesca), suscitava un profondo interesse nella nuova cultura d'oltr'Alpe: « les vues du philosophe milanais » erano considerate da Melchior Grimm, un attento osservatore della realtà italiana, « encore toutes neuves ». Quasi una esperienza sperimentale che collocava Milano nella stagione dei grandi fermenti ideali e delle grandi innovazioni culturali.

Fra Milano e Parigi ci sarà subito sintonia e corrispondenza di pensiero. Un particolare: il trattato di Beccaria era pubblicato in Italia mentre in Francia uscivano gli ultimi volumi dell'*Encyclopédie*. Una coincidenza non casuale, perché fondata sull'estensione dell'illuminismo politico e giuridico a larga parte dell'Europa, nel solco di un cosmopolitismo che univa le più avanzate coscienze civili dell'intero vecchio continente.

E toccava all'illuminismo, pur nella sua immagine di razionalismo, dissolutore del dogma e della superstizione, riscoprire il più grande contributo del cristianesimo alla civiltà: quel senso di uguaglianza umana e di solidarietà sociale, « senza il quale nessuno può dirsi cristiano ».

Fra il Beccaria, accusato di offesa ai dogmi della Chiesa, e il frate Facchinei che difendeva la pena di morte in difesa dei dogmi, non era difficile riconoscere che solo le pagine del primo potevano chiamarsi cristiane.

Ma come nacque l'opera? Sono ancora oggi rivelatrici quelle pagine di Pasquale Villari ancora giovanissimo che nel 1854, quando si avvicinava l'unità d'Italia, furono raccolte dall'editore Le Monnier di Firenze in un *Discorso sulla vita e le opere di Beccaria*, prefazione a una ristampa del classico trattato da parte di chi avrebbe aperto il rinnovamento degli studi storiografici sulla Firenze medievale e rinascimentale.

È la storia di un lungo travaglio intellettuale. Dapprima lo studio della filosofia classica, che deluse il giovane Beccaria: «quegli aridi sillogismi», racconta Villari, «adatti a nascondere piuttosto che a svelare il vero, i quali riuscivano catene e non ali alla mente ansiosa di levarsi in alto, lo sdegnarono, e si volse fastidito altrove».

Neppure gli studi letterari appagarono l'inquieto desiderio di cultura che animava Beccaria: «la meccanica imitazione delle frasi, a cui molti suoi maestri lo volevano piegare», sono ancora parole di Pasquale Villari, «riuscivagli ingrata».

La svolta avvenne solo con la scoperta delle *Lettres persanes* di Montesquieu. Pagine che aprirono un nuovo orizzonte al giovane studioso, fino a convincerlo di essere «nato alla filosofia», ma per una filosofia diversa: quella che scaturiva dall'illuminismo francese.

«Io debbo tutto a me stesso», sono adesso parole dello stesso Beccaria, «ai libri francesi... D'Alembert, Diderot, Elvezio, Buffon, nomi illustri, che non possono sentirsi pronunziare senza essere commosso...»

Idea dell'Italia e idea dell'Europa già si intrecciavano.

2. Bodoni

DIRE « bodoniano » equivale a dire, nel linguaggio popolare, elegante, misurato, classico. Quello che altri artisti hanno realizzato con la pittura o con la poesia – uno stile, un mondo, un'epoca – il parmigiano di elezione Giambattista Bodoni lo ha creato con i caratteri tipografici, col nitore delle sue edizioni, con la classicità dei suoi frontespizi e delle sue copertine.

Raramente una vita è stata così identificata con un mestiere. Secondo una linea di artigianato nobilissima, che attingeva automaticamente i vertici dell'arte.

In primo luogo, alle spalle, una dinastia di tipografi. Non emiliani, ma piemontesi; non legati a Parma ma a un'altra città che coltiva il culto amoroso e fedele di una delle grandi figure del Risorgimento, Silvio Pellico, cioè Saluzzo, ancora oggi patria di tipografi volitivi, coraggiosi, meritevoli.

Una tradizione cittadina che si fondeva con una tradizione familiare. Bodoni nacque nel 1740, da una famiglia di tipografi che risaliva al nonno: eredità che egli conserverà sempre come *depositum fidei*.

Un'impostazione rigorosa e quasi monacale che durò i primi diciotto anni di vita, quelli che egli trascorrerà a Saluzzo, gli anni verdi appunto, gli anni che nel giovane educato nell'officina paterna alle arti tipografiche imprimeranno per tutta la vita un'ispirazione costante, un ritmo e soprattutto un gusto, che è sempre indipendente da sollecitazioni editoriali, che rifiuta ogni suggestione, *ante litteram*, di industria culturale.

Giambattista comincia ancor giovane a intagliare nel legno caratteri e fregi. Gli apprezzamenti ottenuti con questi primi lavori lo inducono a recarsi a Roma, diciottenne attirato dal fascino della città eterna, in quell'ancora splendido autunno del pontificato, mentre l'epoca dei lumi avanza in tutta Europa e il brivido della ragione moderna scuote le antiche fedi e le antiche certezze.

Sulle rive del Tevere i Papi avevano fondato la tipografia di *Propaganda Fide*, famosa ovunque per la stampa di libri in lingue orientali.

Il viaggio da Saluzzo a Roma nel febbraio 1758 fu avventuroso e rivelatore dei costumi dell'epoca. Il giovanissimo tipografo fu costretto diverse volte a vendere a tipografi locali i propri intagli in legno per provvedere al sostentamento quotidiano.

Presentato al cardinale Spinelli, prefetto della tipografia di *Propaganda*, il Bodoni venne, amorevolmente, assunto in qualità di compositore di lingue orientali. E fu lì la prima folgorazione: dovendo riesaminare e riordinare una grande quantità di caratteri tipografici orientali, che là giacevano alla rinfusa, egli ebbe l'idea di farne dei nuovi.

I primi tentativi andarono falliti, ma egli non si scoraggiò. E riuscì, finalmente, a incidere e a fondere un intero alfabeto tibetano, il che gli valse l'ammirazione e il plauso di tutti. Rimase pure celebre la composizione di un messale in lingua arabo-copta.

Ecco l'inizio delle sue invenzioni e di quei lavori, coi quali arricchì e perfezionò l'arte dei tipi e si acquistò fama immortale.

Se consideriamo le difficoltà del lavoro dello stampatore in un'epoca priva dei tanti ritrovati moderni, l'opera di Bodoni si imporrà ancor più per la semplicità congiunta dell'eleganza connaturale e della sapienza stilistica, capaci di ridurre ogni tendenza all'amplificazione nella retorica.

Il trionfo della sua giornata sarà a Parma. In un momento difficilissimo della sua vita, dopo aver perduto la fiducia di Roma. Rientrato malinconicamente a Saluzzo, mentre ripiegava sull'idea dell'esilio dalla terra italiana, ricevette un provvidenziale invito del duca di Parma il quale lo invitava a dirigere la stamperia che egli voleva fondare nella piccola e orgogliosa capitale in concorrenza con le prime d'Europa.

Siamo al 1768. Da allora al 1813, Parma fu la sua seconda patria, quarantacinque anni vissuti nella città ducale dominarono la sua vita e riassunsero la sua memoria. Che è per tutti noi quella di un figlio adottivo della terra padana, di un uomo che ha onorato le grandi tradizioni artistiche e culturali di Parma, di un simbolo della bellezza stessa di quelle vie e di quelle piazze.

La tipografia languiva miseramente nel ducato di Parma, quando Giambattista Bodoni cominciò a stamparvi: secondo il giudizio espresso da un giurì francese, essa vi era anzi « più trascurata che in qualsiasi altro paese d'Europa ».

Nel 1736 un provvido decreto aveva abolito il dazio di entrata in città per le carte provenienti dalle fabbriche del Parmigiano destinate alla stampa di libri, a seguito della richiesta dei tipografi fratelli Borsi, i quali avevano attivato una buona esportazione libraria verso vari paesi; ma il ministro Guglielmo Du Tillot auspicava per Parma, e ne faceva ovunque ricerca, un artista che, diventando insigne, procurasse gloria al principe e allo stato sotto il suo governo.

L'itinerario fu lo stesso di Roma. Mai ripiegarsi sulle memorie antiche e neanche esaurirsi nelle glorie rinascimentali italiane. Dopo aver dato bellissimi saggi di composizioni tipografiche, usando caratteri altrui, Bodoni decise di inventare e di formare egli stesso caratteri nuovi e di suo gusto. È un'impresa che abbandonerà solo con la morte.

Il risultato principale di un così lungo e paziente lavoro sarà costituito dagli alfabeti di quasi tutte le lingue moderne e antiche cosicché la stamperia reale di Parma e, dal 1791, quella personale del Bodoni diventeranno la prima stamperia internazionale del mondo.

Iniziò nel 1771, con un saggio tipografico di venti lingue esotiche, con caratteri da lui fatti, ampliando sempre più l'orizzonte e arrivando nel 1806 a pubblicare, per l'esposizione di Parigi napoleonica, la splendida edizione del «Pater noster»: la preghiera evangelica vi è riprodotta con nitidezza ed eleganza in 155 lingue diverse, con 215 varietà di caratteri.

Ma dove il Bodoni mostrò la genialità e la ricchezza dell'arte sua fu nel monumentale *Manuale tipografico*, a cui lavorò dal 1788 fino agli ultimi giorni, e che venne, poi, pubblicato dalla vedova Bodoni nel 1818. Nella prefazione sono fissati i canoni estetici del bello e dell'arte tipografica, espressione chiara del genio e dell'alta ispirazione ed educazione artistica del Bodoni.

Nelle ampie pagine dei due volumi, invece, si può ammirare l'esemplare di una quantità prodigiosa di caratteri di ogni lingua, con varietà e gradazioni accurate, il tutto improntato al criterio della chiarezza, del nitore e della bellezza.

Dalla invenzione dei bei caratteri alla cura delle belle edizioni il passaggio è immediato. Bodoni incideva i caratteri, li fondeva, li limava, li componeva con tanta finezza ed eleganza e con tale buon gusto che le opere uscite dalla sua tipografia superarono di gran lunga i lavori più perfezionati delle più celebri tipografie del tempo.

La vera, grande svolta di Bodoni – quella che lo colloca nel paesaggio della classicità risorgente con l'illuminismo – è il rifiuto di ogni ornamentazione eccessiva, ingombrante e pesante. La sua convinzione assoluta era che bisognava fare a meno di fregi e figure e simili, ponendo l'attenzione al solo testo. Ecco perché la sua cura fu rivolta ai caratteri, alla loro fusione, alla loro combinazione e stampa.

Nell'uso del tondo – che da allora ha scacciato in tutti i libri i corsivi – egli dimostrò un'arte veramente impareggiabile e ottenne i maggiori successi.

Ai caratteri che veniva via via formando, con l'amore di uno scultore che plasma le sue creature, egli richiedeva quattro requisiti: la regolarità, la nettezza, il buon gusto e la grazia. «Han grazia le lettere», dirà nel *Manuale tipografico*, «quando sembrano scritte non già con isvogliatezza e con fretta, ma piuttosto con impegno e pena, con felicità e amore.»

La sua attenzione però fu anche rivolta al formato delle edizioni, ai frontespizi che sembrano vere lapidi, all'allineamento delle lettere e delle parole, alle note, alla carta, all'inchiostro, alla correttezza del testo, in modo che nulla fosse risparmiato per ottenere stampe perfette.

Questo fu il suo anelito ansioso e incessante fino all'ultimo respiro: raggiungere la perfezione dell'arte tipografica e non già per scopi contingenti, ma per amore del bello, per una tormentata vocazione all'arte.

Con questi criteri egli attese alla pubblicazione dei classici greci, latini, italiani, francesi, come Omero, Anacreonte, Callimaco, Orazio, Virgilio, Tacito, Sallustio, Dante, Petrarca, Tasso, Poliziano, Fénelon, e molti altri.

In un'epoca in cui si parlava e si scriveva francese la divulgazione dei classici costituì un forte richiamo al rinnovamento letterario italiano e rese, altresì, il Bodoni benemerito della cultura italiana e del nostro «imminente Risorgimento», avendo stampato e diffuso anche dei «buoni libri», oltreché dei «bei libri».

Bodoni «Re dei tipografi»: nessuno come lui è capace di riunire in sé le cinque distinte qualità nella superiore armonia di un magistero d'arte: la qualità di incisore, di fonditore, di tipografo, di stampatore, di editore.

La monumentale nudità delle lettere tipografiche sul candore delle pagine bianche: ecco il segreto dell'arte di Bodoni, della cui attualità appunto ci fa fede questa lezione, che il suo gusto e il suo magistero hanno continuato a offrire alle arti grafiche.

In apparente antitesi con la predilezione rinascimentale del libro illustrato e ornato, egli rinunciò anche al fregio nella pagina e conferì impersonalità al carattere: volle che la tipografia, sopraffatta talvolta dall'opera del miniatore o dell'illustratore, vivesse in tutto il suo splendore per il Libro, concepito come qualcosa di assoluto. Un valore in sé e per sé.

Pur non avendo particolari inclinazioni politiche, visse intensamente il suo tempo. Fu editore del Parini, del Monti, del Pindemonte. Fu ammirato dall'Alfieri, dal Foscolo, dal Botta: quasi sentito come il prototipo dell'italiano moderno.

Il suo nome circolò in tutta Europa. Fu in corrispondenza con dotti tedeschi; ebbe elogi da celebri tipografi anche di oltre Oceano. Da parte di sovrani fu onorato di visite, privilegi, decorazioni, doni. Fu sollecitato a trasferirsi a Roma, a Milano, a Napoli, in Spagna, da ogni parte; anche da Parigi, da Madrid, da Berlino, da Zurigo e da Londra gli giunsero richieste di matrici e di caratteri, che in parte soddisfece.

Non abbandonò mai Parma, che si identificò per lui con un'autentica misura umana e insieme con la dimensione di fedele artigianato.

Curando di persona tutte le operazioni della stampa, dalla preparazione dei punzoni alla composizione degli inchiostri e alla scelta delle carte, il maestro volle essere soprattutto – come in realtà fu – un tecnico. Come è stato a ragione osservato, è la sua stessa pagina che, col rivelarci il suo atteggiamento di quasi mistica adorazione davanti al libro, ci spiega com'egli non poteva essere un editore nel senso industriale.

La suprema chiarezza e la semplicità rigorosa della nuda pagina bodoniana, il rifiuto del lusso nelle edizioni (a parte le carte candide) ci illuminano sull'atmosfera da lui creata col desumere i motivi dalla realtà, ma anche da autentico artista; col tenerli al di fuori della realtà stessa nell'assoluto dell'arte, per la nascita e la vita del libro moderno.

E l'originalità della sua arte risiede proprio nell'ortodossa concezione architettonica della pagina, concezione basata sull'armonia dei pieni e dei vuoti, sulla regolarità e bellezza formale dei caratteri, sui margini e sugli spazi. Una concezione che è riuscita a rendersi indipendente dal fattore illustrativo, e che accetta l'elemento ornamentale in modo misurato, direi quasi castigato.

I caratteri, regolarmente, nettamente, perfettamente tagliati, l'allineamento e la misura degli spazi, la felice scelta delle forme, il forte senso di dominio espresso dall'uso delle righe, le ampie marginature della carta bianca, la essenzialità rigorosa dei frontespizi, la bellezza e l'eleganza puramente architettonica della pagina – e basterebbe ricordare l'*Iliade*, che nella nuda monumentalità dei caratteri tocca il vertice di questa estetica – si traducono in un sentimento di assoluto, che anticipa vibrazioni e approdi dello stile neoclassico.

Ecco il tipo ideale del libro bodoniano, che pare sempre uguale, perfino monotono, come un cielo terso e incantato.

Lo stile bodoniano, in tante occasioni e circostanze, ha rappresentato un antidoto contro le tentazioni dell'irrazionalismo e del decadentismo.

Fu certamente per la sua forte volontà di contrappasso, quasi per contemperare tutto il barocchismo dell'autore, che il grande Mardensteig, il tipografo eccezionale di Verona, inventore di un'«officina Bodoni» motivata con la stessa passione e diligenza dell'antenato, volle che la monumentale edizione mondadoriana delle opere di Gabriele D'Annunzio, in quarantanove volumi, fosse realizzata in caratteri fusi nelle matrici del Bodoni. Fra il 1927 e il 1936.

È una specie di fulmine risorgente dell'arte bodoniana un secolo e mezzo dopo la sua giornata terrena, quasi a confermarci quanto la tipografia e lo stile della tipografia possono essere riparo da ogni forma di esaltazione e da ogni tentazione di superomismo e di titanismo.

Bodoni non fu mai e non si considerò un superuomo. Si considerò un uomo semplice e umile, quale egli era, calato nella realtà di un'umanità alla quale volle testimoniare la sua fedeltà, il suo rispetto, portando l'arte dei caratteri tipografici a livelli che non aveva avuto mai e che dopo di lui non saranno più raggiunti.

A suo modo egli fu fedele alle regole dell'idealismo moderno, con quella pagina quasi testamentaria di una lezione di Croce agli allievi dell'Istituto di studi storici: « Dio è nel particolare ».

« Non andate in cerca della verità in qualcosa che sia lontano da voi, distaccato e inconseguibile, e in effetti inesistente, ma unicamente in quel che voi fate e farete, nel vostro lavoro nel cui fondo c'è l'Universale di cui l'uomo vive. *Gott ist im Detail*, Dio è nel particolare. »

3. Eleonora de Fonseca Pimentel

« Ho SEMPRE onorato d'intimo culto questa donna di forte e nobilissimo carattere, di vivace ingegnio, di cuore ardente che, portoghese di famiglia, si sacrò tutta al civile avanzamento della sua patria adottiva, e la volle redente nella libertà, e per la libertà operò e scrisse, e per la libertà morì sul patibolo. »

Con queste parole, di timbro ancora ottocentesco, insieme omaggio alla martire napoletana e a chi lotta per la libertà, Benedetto Croce licenziava alle stampe, nel luglio 1942, quasi in singolare contrapposizione all'Italia fascista in guerra, la raccolta di articoli politici pubblicati da Eleonora Pimentel su *Il Monitore Napoletano* del 1799, il periodico che essa stessa aveva creato nei cinque mesi della Repubblica partenopea.

Un volume di oltre duecentocinquanta pagine, l'antologia curata da Croce, dove agli articoli politici facevano seguito scritti anteriori in versi e in prosa della stessa autrice, apparso nella collana della « Biblioteca di cultura moderna » di Laterza, una collana così crociana nell'ispirazione, nel tono, nella scelta dei temi.

Non era la prima volta, quella dei mesi estivi del '42, in cui il filosofo napoletano si occupava dell'intrepida patriota di origine portoghese. Proprio la biografia di Eleonora aveva costituito uno dei suoi primi lavori in assoluto, nel lontano 1887, biografia più volte ampliata e arricchita fino all'edizione definitiva rappresentata dal saggio compreso in *La rivoluzione napoletana del 1799*, biografie, racconti e ricerche (guardiamo la quarta edizione del 1926).

Figlia del Settecento illuminato, Eleonora de Fonseca non si discosta nella sua vita, prima del martirio, da quella di un'esponente dell'aristocrazia colta, oscillante fra il culto dei classici e l'ansia delle riforme: premesse per l'imminente passione rivoluzionaria. Non a caso nel suo profilo biografico Benedetto Croce distingueva quattro aspetti, quattro periodi della sua vita: la letterata (1752-92), la giacobina (1792-99), la giornalista (gennaio-giugno 1799), la martire (giugno-agosto 1799): dove già dalle date appare la particolare brevità dei due ultimi « momenti », quasi intrecciati e fusi in uno solo.

Eleonora era nata a Roma il 13 gennaio 1752: figlia di Clemente Lopez, costretto a trasferirsi a Napoli nel 1760 a seguito della rottura dei rapporti diplomatici fra Santa Sede e Portogallo, la sua terra d'origine. Nella capitale del Regno delle due Sicilie la giovane Eleonora si mette in luce per le spiccate capacità culturali.

Compone, anche improvvisandoli, versi latini e italiani, a soli sedici anni è considerata una piccola celebrità. Si aprono, per lei, le porte delle Accademie, da quella dei Filaleti, nel 1768, a quelle ben più significative dell'Arcadia. È il mondo di Antonio Di Gennaro, duca di Belforte, uno dei più autorevoli verseggiatori napoletani del secolo decimottavo, e del Metastasio, il poeta cesareo che intreccerà una fitta corrispondenza con la gentildonna definita nelle lettere « l'amabilissima musa del Tago ».

I versi della giovane donna, che entusiasmano i contemporanei, sono soprattutto lodi e omaggi al sovrano e alla sua famiglia: e non certo per la bellezza di quei versi Eleonora sarebbe passata alla storia. Da *Il tempo della gloria* per le nozze di Ferdinando IV con Maria Carolina (1768) ai sonetti in occasione di nascite o di morti, a *La nascita d'Orfeo* (1755) per la nascita del primogenito della coppia regale, a *Il vero omaggio* (1785) per il ritorno dei sovrani dal viaggio per l'Italia.

Lodi, tuttavia, non fine a se stesse; non adulazioni pure e semplici suggerite – come rileva Croce – dal « cattivo vezzo dei tempi ». C'era qualcosa di più. C'era, in quei versi apparentemente di circostanza, lo stimolo a ben operare in favore del proprio popolo; c'era l'esortazione a intraprendere nuove strade e ad alimentare, secondo lo spirito del Settecento riformatore, quello spirito che portava alla collaborazione e all'alleanza fra sovrano illuminato e classi colte: contro i residui del feudalesimo e le tenaci manomorte della Chiesa. « Lodare il sovrano era, perciò, un modo come un altro di promuovere il bene dei popoli, d'incoraggiare opere di civiltà, di celebrare, insomma, il progresso di quei tempi. » « Le vecchie forme adulatorie e cortigiane », è ancora Croce che parla, « in bocca dei migliori uomini di allora, perdevano il carattere di servilismo e di utilitarismo con cui erano nate già nelle corti dei tiranni del rinascimento e dei principi della decadenza italiana, e assumevano nuovo e più nobile significato. »

I versi forse più belli Eleonora li scrisse dopo la morte del figlioletto di appena due anni, nato dal matrimonio con un nobile, ufficiale dell'esercito napoletano, Pasquale Tria de Solis: quarant'anni lui, venticinque lei. Cinque sonetti scaturiti dal dolore di madre (non avrà più figli, e perderà il marito nel 1795).

Il culto del progresso travolgerà, a un certo punto, i vecchi ed esausti cerimoniali, i riti solenni e grotteschi. Il mondo dell'Arcadia sarà spazzato via dal mondo dell'Enciclopedia. Metastasio, il vecchio amico di Eleonora, onore e vanto di tutte le corti d'Europa, diventerà d'improvviso un rudere sopravvissuto a se stesso. Scienze matematiche, fisiche e naturali, economia, diritto: ecco i campi nuovi dello scibile che attireranno maggiormente l'interesse della « letterata » che si accinge a diventare « giornalista » e « giacobina ». Fino al punto di ispirarle un libro, mai dato alle stampe, su un progetto di Banca nazionale, e di alimentare interventi nei dibattiti su questioni monetarie.

Sarà la rivoluzione francese a « spaventare » la corte borbonica, a frenare i sovrani sulla via del cammino « illuminato », a interrompere la politica delle riforme. La reazione di Eleonora è sicura, immediata. La raffinata animatrice delle accademie e delle arcadie diviene fiera protagonista delle società patriottiche. La sua curiosità intellettuale non conosce più i confini delle vecchie gerarchie. Da monarchica Eleonora si fa giacobina.

Una metamorfosi così repentina, così radicale che ha lasciato perplessi quelli che Croce definirà « osservatori superficiali ». Ma che ha una limpida spiegazione nell'aver posto – da parte di Eleonora – il bene sociale sul gradino più alto della scala dei valori. Quel bene sociale – è lo stesso Croce a scriverlo – che in un primo momento viene cercato nell'opera altamente morale di un sovrano assoluto, concepito come il protettore del suo popolo e in un secondo momento, « dissipata dall'esperienza la prima illusione, si ricerca invece nella forza popolare, vindice dei propri diritti e chiaroveggente indicatrice delle vie da seguire ».

Dai circoli patriottici alle società massoniche, e poi alle cospirazioni repubblicane il passo è breve. Arrestata il 5 ottobre 1798 per i sospetti suscitati dai suoi infiammati discorsi, Eleonora è chiusa nel carcere della Vicaria, da dove la trarranno pochi mesi dopo, a metà gennaio del '99, i « lazzari » indignati dalla notizia dell'armistizio di Sparanise coi francesi.

Ma è proprio ai « fratelli » d'oltr'Alpe che guarda Eleonora insieme al manipolo di patrioti napoletani, figli del nascente ceto borghese. Nasce il Comitato centrale teso ad agevolare l'ingresso dei francesi in Napoli. Si occupa Castel Sant'Elmo. Si pianta nella piazza del castello l'albero della libertà. Si dichiara la decadenza della monarchia e si proclama la Repubblica, la « Repubblica napoletana una e indivisibile ».

È il 22 gennaio del '99. Eleonora declama nella pubblica piazza il suo *Inno alla libertà*, i cui versi sono così diversi e così lontani da quelli neoclassici che avevano suscitato i consensi dei circoli dell'Arcadia: specie nelle strofe di odio ai Re e di giuramento alla libertà.

Eleonora, con la città ormai in mano ai francesi del generale Championnet, si assegna un compito preciso: illustrare le questioni più gravi con animo libero e indipendente, denunciare gli eccessi da qualunque parte consumati, guadagnare le masse alla causa della Repubblica – mito classico e realtà del futuro – convincendole della validità del nuovo stato di cose; superare l'incomprensione fra gli intellettuali da un lato e la gente comune dall'altro, gli eccessivi squilibri fra ricchi e poveri.

E lo fa dalle colonne del suo giornale, *Il Monitore Napoletano*, giornale che per cinque mesi fa uscire due volte alla settimana, componendolo quasi interamente da sola.

Non evasioni letterarie, non abbandoni retorici, ma piuttosto problemi concreti, affrontati senza fronzoli, senza circonlocuzioni, con una chiarezza di stile illuminista, che anticipa il dibattito democratico. In quel foglio, per tanti aspetti così moderno e avanzato, sono pure registrate le « fuggevoli gioie, le ansie prolungate, i propositi e le aspettazioni dei patrioti napoletani ».

È naturale che l'ardente giornalista del *Monitore* non potesse sfuggire alle vendette della reazione. Arrestata e trattenuta prigioniera a bordo di una delle navi ancorate nel porto di Napoli, accettò nell'agosto la condanna all'esilio. Poi il contrordine, su cui tanto si è discusso e scritto.

Condotta davanti alla Giunta di Stato, condannata a morte il 17 agosto, trascorse tre giorni in Castel del Carmine, per salire – ultima degli otto condannati – sul patibolo, nel primo pomeriggio dell'assolato 20 agosto. Aveva percorso due ali di folla divise, qualcuno invocante una sorte di abiura (che non ci sarà), un grido di « Viva il Re! » che avrebbe potuto forse *in extremis* salvarle la vita. Altri, il popolaccio, impegnato a indirizzarle insulti e segni di scherno. Quel popolaccio che avrebbe cantato nei giorni successivi, per le vie della vecchia Napoli (l'esecuzione avvenne a piazza del Mercato), i versi

Viva viva u papa santo,
C'ha mannato i cannuncini,
Pe scaccià li giacubini!

Riferimento evidente al cardinale Ruffo, che aveva guidato le forze della reazione. Ma il principale responsabile del contrordine, del rifiuto dell'esilio già concesso, della pronta esecuzione sembrò essere stato l'ammiraglio Nelson, il vincitore per mare di Napoleone.

Fu Pasquale Villari, lo storico di Savonarola e di Machiavelli, a pronunciare nel 1899, nell'anno centenario, sulle pagine della *Nuova Antologia*, giudizi motivati e per certi aspetti definitivi. Nelson non violerà patti o impegni firmati o sottoscritti – è questa la sua conclusione, documenti alla mano – ma trarrà tutti in inganno lasciando credere di approvare ciò che invece disconobbe. Assolto sul piano formale, Nelson sarà condannato da Villari sul piano della buona fede, aspetto non secondario per chi è figlio della grande Inghilterra, la patria delle libertà.

Anche per Villari, come per Croce, il sacrificio di Eleonora de Fonseca Pimentel e degli altri martiri napoletani, la fine malinconica di quella Repubblica scaturita dalla grande Rivoluzione, non sarebbe stata inutile. « Fu il martirio di quei patrioti che, circondandoli di un'aureola luminosa, dette ad essi una gran forza morale, una vera importanza storica, e scavò un abisso fra il popolo e la dinastia dei Borboni, che il Ruffo voleva sinceramente salvare. »

In questo senso Napoli, suggellando il moto giacobino, lo leva a dignità nazionale, a respiro nazionale. La Repubblica partenopea apre, forse come nessun'altra esperienza storica di quel secolo, il Risorgimento nazionale.

II.
Le speranze del Risorgimento

1. Santorre di Santarosa

Non so quanti studenti italiani oggi, di fronte alle difficoltà frapposte all'insegnamento della storia moderna e contemporanea e anche alla nostra vecchia e cara storia del Risorgimento, risponderebbero in modo preciso a un quesito posto da un qualunque presentatore televisivo sulla figura e l'opera di Santorre di Santarosa.

Quando il ministero della Pubblica Istruzione ha scelto fra i temi della maturità classica, nel giugno 1990, il neoguelfismo – cioè quella corrente così vasta e impetuosa dell'opinione pubblica che credette possibile conciliare il Papato e l'indipendenza italiana e alimentò l'equivoco del Papa presidente della confederazione, che fu poi respinto dai fatti della storia –, molti studenti confessarono di ignorare perfino la parola.

Fra gli uomini che fecero l'Italia, anzi che la intuirono e la sognarono prima di vederla realizzata, occupa un posto di assoluto rilievo Santorre di Santarosa. Un posto che una volta gli era riconosciuto nei vecchi libri di testo dell'Italia liberale e prefascista, ma che cominciò ad assottigliarsi durante la dittatura e talvolta ha rischiato di dileguarsi o di svanire dopo.

Il nome di Santorre di Santarosa è legato al vessillo tricolore innalzato nella cittadella di Alessandria all'alba del 12 marzo 1821, sull'onda di quel moto che – accesosi a Cadice ed estesosi dalla penisola iberica al Napoletano – irradiava in Italia il principio di nazionalità, sullo sfondo di quell'universalismo democratico cui si richiamerà il primo non meno che il secondo Risorgimento.

È l'episodio che Giosue Carducci descrive nei versi di *Piemonte*, nelle *Odi barbare*:

Innanzi a tutti, o nobile Piemonte,
quei che a Sfacteria dorme e in Alessandria
diè a l'aure primo il tricolor, Santorre
di Santarosa.

Certo: il vessillo non era ancora il tricolore tradizionale che oggi rappresenta l'unità politica e morale degli italiani. Ma già ai colori della Carboneria (rosso, azzurro e nero) – quei colori della bandiera che fu sventolata nella rivoluzione democratica partenopea del 1799, nella stagione gloriosa di Eleonora de Fonseca Pimentel – si erano sostituiti nuovi colori: e per la prima volta era comparso, al posto del nero, il verde.

La bandiera della Costituzione, con le sue tinte unitarie che rappresentano un'aperta sfida alle molte sbandierate della reazione, quella bandiera che il congiurato colonnello Ansaldi issò sugli spalti di Alessandria, costituiva il primo passo sulla traiettoria del tradizionale vessillo d'Italia: quel tricolore che, dopo la fondazione della mazziniana « Giovine Italia », non avrebbe più ceduto il posto ad altro vessillo in clima risorgimentale.

« Il tempo ha quasi cancellato il ricordo della breve rivoluzione piemontese del 1821 e quello del suo attor principale »: sono parole, contenute in una lettera del 1840 al principe della Cisterna dell'amico e compagno di tante battaglie Victor Cousin, che negli anni seguenti avrebbe alimentato costantemente il ricordo di quegli eventi gloriosi. « L'Europa », sono sempre parole di Cousin, « si ricorda appena che siavi stato in Piemonte un movimento liberale nel '21. »

Eppure quel filone ebbe un valore e una risonanza europee. A Parigi già nel 1821 appariva *L'Histoire de la révolution du Piémont*, edita da Michaud, opera del Beauchamp. Opera di carattere legittimista e monarchico ma prova dell'eco profonda che il moto aveva avuto in Europa se veniva usato il termine « rivoluzione ».

Una parabola malinconica: quella di Santarosa.

Dopo la disastrosa battaglia della Bicocca di Novara, nell'aprile del 1821, che porrà fine alle speranze dei costituzionalisti, insorti nell'illusione smentita e tradita dell'appoggio di Carlo Alberto, Santarosa sarà imprigionato dai soldati del Re di Sardegna: proprio lui, il figlio di quella piccola nobiltà di ufficiali piemontesi in cui la monarchia conservatrice credeva di avere il proprio puntello. E se non fosse stato per il miracoloso salvataggio da parte di un colonnello polacco, Subula, Santarosa avrebbe sicuramente pagato con la vita il suo ruolo di guida dell'insurrezione: il solo che, sino alla fine, aveva lottato per riunire le forze dei costituzionalisti piemontesi e per aver tentato di infondere nuovi entusiasmi, in vista di presentare un fronte unito volto a contrastare l'avanzata austriaca.

Quattro anni più tardi, allorché Collegno avviò ricerche dell'amico disperso presso il campo turco dopo l'attacco a Sfacteria, un uomo che era stato sul campo di battaglia trasalì al nome di Santarosa. E spiegò che egli era un ufficiale polacco e che era stato lo strumento della salvezza del comandante nel '21: l'uomo che lo aveva sottratto, a Savona, ai carabinieri del Re di Sardegna.

Questo mercenario era proprio Subula, il quale aveva comandato i soldati turchi nell'attacco che avrebbe provocato la sua morte.

Era dunque Santorre di Santarosa uno dei caduti di Sfacteria, e non il « soldato Derossi », come egli aveva preferito farsi chiamare utilizzando solo una parte del proprio cognome. Quasi un anonimato: il destino di molti altri padri della Patria fra cui, non dimentichiamolo, il Mazzini degli ultimi anni malinconici sulle sponde dell'Arno di Pisa travestito sotto le spoglie di « Mister Brown ».

Dopo la fuga da Savona, resosi ormai conto del fallimento dell'insurrezione piemontese, Santarosa era riparato a Genova, da dove la maggior parte dei suoi compagni farà vela per la Spagna in aiuto della causa liberale.

Santarosa si rifugiò in Svizzera e quindi – espulso dietro le pressioni dei governi di Torino e di Vienna – cercò riparo prima a Parigi e, successivamente, a Londra, dove fu in contatto con Ugo Foscolo.

Ma l'Inghilterra non sarebbe stato l'ultimo porto della sua esistenza.

Pioniere della libertà italiana ed europea, una nuova impresa lo attendeva sui campi della Grecia insorta contro i turchi. Ammiratore dell'antichità classica, egli fin dalla giovinezza aveva imparato ad amare quella nazione infelice che, come l'Italia, andava ricercando la propria libertà e la propria indipendenza dal dominio straniero, fino al supremo sacrificio di Sfacteria.

* * *

Chi era l'uomo dell'insurrezione di Alessandria? Ecco, in poche frasi, il ritratto che Santorre di Santarosa fece di se stesso:

« Io non sono uomo letterato. Sono un soldato che a niuna setta appartenendo, solo conosce i suoi altari, la sua Patria e la sua spada. Ardito banditore delle popolari verità italiane, alzerò il grido della nostra guerra di indipendenza, e più fortemente il grido della concordia, che fa le guerre giuste, tremende e felici [...]. Ho moglie, figli e campi. E il pensiero dei pericoli che loro soprastanno mi contrista duramente. Ma quando i pericoli sono inevitabili, onore e prudenza di cittadino vogliono che si incontrino con franchezza di cuore, onde non si incontrino inutilmente ».

Non c'è un'ombra di retorica in queste parole.

« Di quest'uomo d'ordine », dirà Gobetti nel *Risorgimento senza eroi*, « la stupida reazione fece un sovversivo: di questo funzionario distinto che, sposatosi subito dopo la Restaurazione, avrebbe dedicato tutta la sua vita alla cosa pubblica e ad educare dei figli devoti allo Stato, fece un esule e un cavaliere errante. »

Santarosa non era un utopista, e neanche un « dottrinario », ma un cittadino che si ribellava a un regime poliziesco: « reagiva », scrive ancora Gobetti, « contro questi illegalismi dominanti il senso della dignità civile ».

Da tempo Santarosa aveva maturato la decisione che avrebbe cambiato il corso della sua vita. A differenza di alcuni suoi amici – fra i quali Cesare Balbo – che arretrarono di fronte all'ipotesi di uscire dalla legalità e di imporre con la forza le libertà politiche, egli aveva ormai valicato il Rubicone sognando una patria indipendente e rispettata, degna del suo passato, abitata da cittadini liberi, paladini delle libertà dei popoli dell'Europa. Non era un sogno romantico; era un'idea universale.

Fu la rivoluzione napoletana del 1820 a offrire quell'occasione che Santarosa vagheggiava. Nel saggio che Santarosa scrisse in quei mesi, *Delle speranze degli italiani*, sono già presenti le idee che l'avrebbero animato negli anni successivi: l'indipendenza nazionale come il primo scopo di una futura guerra agli eserciti stranieri e un governo moderato e comprensivo. Meno urgente era, in quel momento, definire la forma di governo, se una repubblica federale o uno stato unitario dipendente da un unico sovrano. Quello che gli premeva era cacciare gli austriaci.

Nessuno si stupì, quindi, se pochi mesi dopo egli si trovò alla testa dell'insurrezione piemontese. A Torino da tempo correvano voci di una crisi. Fra i segnali premonitori, nel gennaio 1821, c'era stato un convegno di studenti torinesi, i quali si riunirono in un teatro indossando berretti rossi con fiocchi neri, due dei colori carbonari.

Conseguenze: alcuni arresti e, nei giorni seguenti, una dura azione repressiva, ordinata dal governo all'interno dell'università, contro gli studenti che reclamavano il rilascio dei compagni. Negli scontri che ne seguirono 25 giovani furono feriti a sciabolate e 180 vennero arrestati. Questi e altri episodi di reazione, come l'arresto di cittadini notoriamente di fede liberale provocarono la fusione di federati – cioè i moderati liberali – e di carbonari che sfociarono nei moti piemontesi. I capi della cospirazione – il cui progetto era quello di dare al movimento un principe reale come capo (Carlo Alberto) – erano Santorre di Santarosa, Giacinto Provana di Collegno, Carlo di San Marzano, Guglielmo Maria Lisio e Roberto d'Azeglio.

La sera del 6 marzo ci fu un incontro con Carlo Alberto, nello studio privato del principe, che sembrò anticipare quella collaborazione, intravista, auspicata e poi così duramente smentita. È probabile che quegli uomini credettero di scorgere nel colloquio una disposizione da parte di Carlo Alberto ben maggiore di quanto non fosse nella realtà. Sta di fatto che il principe di Carignano, dopo alcuni indugi e tergiversazioni, si mostrò pentito e rinunciatario. Il voltafaccia, che ferì una generazione.

Ma ormai gli ordini dell'azione erano stati diffusi o erano trapelati. Fu riferito che a Fossano la guarnigione era insorta.

Invece fu Alessandria a muoversi per prima, il 10 marzo, a opera del capitano Palma, comandante del reggimento Genova. La città, per la sua importanza strategica, era il perno intorno a cui dovevano ruotare le operazioni della congiura ed è lì che i patrioti iniziarono a convergere da ogni parte. La cittadella venne occupata: il capitano delle porte fu costretto a consegnare le chiavi e venne arrestato il comandante.

All'alba del giorno seguente le artiglierie annunciarono la vittoria della libertà: all'ombra della bandiera tricolore si creò un comitato governativo provvisorio. Fu giurata solennemente la costituzione di Spagna.

Ma fu illusione di pochi giorni. A Torino gli avvenimenti precipitavano. Vittorio Emanuele aveva abdicato in favore di Carlo Felice, mentre il reggente Carlo Alberto sembrava accettare la costituzione spagnola.

Fu così che Santorre di Santarosa, insieme a Lisio e a Collegno, ritornò a Torino con il proposito di spingere la corte a muovere guerra all'Austria. Il reggente, cioè Carlo Alberto, dapprima rifiutò di incontrarlo, poi lo nominò ministro della Guerra.

Ma nella notte del 22 marzo il reggente abbandonò Torino diretto al campo del generale La Tour a Novara. A Vercelli gli fu consegnata una lettera autografa di Carlo Felice che gli ordinava di recarsi immediatamente a Novara e di attendere disposizioni. Queste arrivarono subito: il nuovo Re lo confinava in Toscana con la famiglia.

Torino piombò nella costernazione. Ci fu un'ultima illusione per i federati quando giunse la notizia che i dragoni della regina si erano staccati dal campo di Novara al grido di « Viva la Costituzione » per unirsi agli insorti. Un moto popolare a Genova e le crescenti adesioni dei contingenti militari provinciali al campo di Alessandria risollevarono, per qualche altro giorno, il morale degli insorti.

Ma poco dopo si venne a sapere che il governo costituzionale di Napoli era caduto sotto la spinta delle forze esterne e del disgregamento interno.

Era la vigilia della fine.

Nella capitale sabauda furono offerte condizioni di resa ai federati. I membri della giunta provinciale accettarono e firmarono il documento proposto dall'ambasciatore di Russia. L'unico che si dichiarò contrario fu Santorre di Santarosa, la cui figura ormai sovrastava ogni altra per la coerenza e il coraggio di fronte al pericolo.

Dopo le notizie disastrose di Napoli l'esercito di La Tour si era mosso da Novara e puntava su Torino. La sera dell'8 aprile l'esercito dei federati, cioè degli insorti, aveva cessato di esistere.

In quelle ore drammatiche Santarosa meditò quanto più tardi avrebbe scritto: « La liberazione d'Italia sarà l'avvenimento del secolo XIX. La spinta è data... » Ed era, nonostante tutto, vero.

2. *Pepe*

11 AGOSTO 1855. Si svolgono a Torino, nella chiesa della Gran Madre di Dio, i funerali di un patriota napoletano che aveva conosciuto tutte le tappe della lotta per l'indipendenza italiana e tutte le stazioni degli esili europei, il generale Guglielmo Pepe.

Siamo alla metà degli anni '50. Sono ancora vive le delusioni del '48-49; la meta dell'indipendenza dell'Italia appare lontana, mentre si accentuano le tendenze revisioniste e « dialoganti » nello stesso Impero di Vienna; è in corso, proprio in quella Torino, la sottile e tutt'altro che appariscente politica del « tessitore » Cavour. Solo pochi giorni prima, il 16 luglio, si è combattuta la battaglia della Cernaia, nella lontana Crimea dove è presente il contingente piemontese.

Uno stato d'animo, di malinconica e impaziente attesa, che si avverte nelle parole di chi pronuncia l'elogio funebre in quel funerale così rattenuto e discreto. Il giovane che parla è Francesco De Sanctis: ricorda i sessant'anni trascorsi dalle prime agitazioni destinate ad avviare l'Europa sul cammino della libertà, denuncia la mancanza di un protagonista, di un uomo, uno solo, in cui si rifletta e si individui l'intero periodo. « Gli attori sembrano vane ombre, che mentre le stringi, ti sfuggono dalle braccia; brillano un istante sulla scena, poi scompariscono. »

Una sola eccezione: Guglielmo Pepe, appunto. Il giovane di sedici anni che nel 1799 appone il proprio nome in calce alla lista della « Società patriottica » napoletana, più che un elenco di soci, una lista di proscrizione di pericolosi repubblicani. Il suo gesto, quando altri cercavano di cancellare il nome, voleva essere una sfida e un impegno: « un sacro giuramento, un pubblico votarsi alla libertà o alla morte ».

Guglielmo Pepe sarebbe rimasto sempre coerente, negli oltre settant'anni di vita, a quella scelta, a quella opzione, di allora: « la stessa eroica spensieratezza, lo stesso oblio ne' pericoli, la stessa fede e le stesse illusioni ».

Aveva ragione il giovane De Sanctis quando affermava che l'istruzione di Guglielmo Pepe « era avvenuta in carcere ». Appassionato fin dalla tenera età alla vita militare, Guglielmo era stato iscritto al Reale collegio militare di Napoli: era il 1799, seguiva i corsi del tenente di artiglieria Pietro Colletta, il grande storico e il futuro grande esule, aveva appena sedici anni.

Ma l'avanzata delle armi francesi, ispirate ai miti della grande rivoluzione, genera fremiti di speranza; il generale del Direttorio, quel Napoleone dal nome italiano, gli appare come un liberatore. La Repubblica partenopea rappresenta, sia pure nei brevi lampeggianti mesi della sua esistenza, il punto di riferimento di quella classe intellettuale che fu – come dirà Croce – « la sola classe politica del Mezzogiorno d'Italia ». E – aggiungerà il maestro napoletano nelle pagine indimenticabili della *Storia del Regno di Napoli* – era una classe che aveva « da un secolo e mezzo assai innalzato civilmente il Mezzogiorno e compiuto immani sforzi per spingerlo a maggiori cose ».

Lasciato il collegio Guglielmo Pepe si arruola e al servizio della Repubblica si batte contro le bande del cardinale Ruffo. Ferito, colpito dalla reazione, evita il patibolo per la giovane età ma non l'esilio, in terra di Francia.

Agitatore instancabile, sprezzante di ogni rischio e pericolo, percorre la Calabria per propagandare le idee di libertà e suscitare un'insurrezione contro i Borboni. Rinchiuso nel carcere di Palermo della « cisterna », tristemente famoso per la mancanza di luce e di aria, per la insopportabile umidità e presenza di insetti, sopravvive in virtù del trasferimento al carcere meno bestiale di Favignana: là – ecco il riferimento di De Sanctis – gli è consentito approfondire gli studi.

La geografia, l'astronomia e la storia lo appassionano in modo particolare. Legge e rilegge Omero, e le *Vite* di Plutarco. Prende confidenza con gli illuministi francesi, penetra attraverso la lettura delle opere il pensiero filosofico di Voltaire e di Rousseau. Tre anni di carcere, poi la ripresa delle attività militari: è tenente colonnello con l'avvento di Giuseppe Bonaparte sul trono di Napoli, nel 1806; è aiutante di campo con Gioacchino Murat, cui sarà legato da un rapporto di grande confidenza e umanità.

Un rapporto tutto particolare, quello di Guglielmo Pepe con il marito di Carolina Bonaparte: nutriva per Gioacchino un sincero sentimento di affetto, il solo re che abbia veramente amato. « Lo affascinavano il suo nobile portamento, la sua bontà, la sua bravura»: così De Sanctis. «Volea farne un re liberale ed italiano; ma Gioacchino era debole, ondeggiava tra la moglie, i cortigiani ed il Pepe, e non si risolveva. Pepe allora non esitò più; e cospirò tre volte contro il suo amico, e tre volte i suoi compagni d'arme guastarono tutto colla loro irresoluzione. Questa stessa irresoluzione perdette Gioacchino che volle quando non era più tempo, e non fu né italiano, né francese.»

Rimasto nell'esercito sotto Ferdinando di Borbone, per le insistenze del padre e degli amici, si associa ai moti del 1820, inalbera la bandiera della monarchia costituzionale quando a Nola gli ufficiali Morelli e Silvati iniziano la loro battaglia: incaricato inizialmente di reprimerla, ne intuisce tutto il valore politico anticipatore e ne trae, con la risolutezza e il realismo che sempre lo distinguono, le conseguenze, fino all'ingresso trionfale delle forze costituzionali nella Napoli che lo proclama comandante supremo dell'esercito e gli affida un compito, che sarà comunque sanzionato nella resistenza alla controffensiva austriaca e borbonica dal sangue della sfortunata battaglia di Rieti.

La sconfitta dell'esercito napoletano in rivolta travolgerà le fortune degli agitatori piemontesi, segnerà la sorte di Santorre di Santarosa: unica volta in cui Napoli precederà Torino.

Condannato alla pena di morte, dopo la sfida agli austriaci del generale Frimont, riprende la via dell'esilio fino al '48. Non resta un istante inattivo. A Madrid dà vita alla società dei «Fratelli costituzionali europei»; a Londra scrive una memoria sulla rivoluzione di Napoli che commuoverà Ugo Foscolo. Soprattutto offre la propria spada ovunque si combatte per la libertà o si possono accendere focolai di rivolta, dalla Spagna al Portogallo, dalla Grecia alla Francia, la Francia di Luigi Filippo dalla quale spera un consistente aiuto alla causa italiana, anche in virtù della profonda, personale amicizia con Lafayette.

Rientrato a Napoli nel clima delle riforme e della Costituzione del '48, rifiuta di formare il governo, preferisce guidare il corpo di spedizione napoletano in Lombardia. Il ripensamento di Ferdinando, che richiama le truppe, lo sorprende a Bologna. Il generale rifiuta e seguito da pochi accoglie l'appello di Manin di recarsi a Venezia: dove si batte, con successo e con valore, fino alla caduta della Repubblica – pure in mezzo a polemiche aspre che non lo risparmieranno –, fino al terzo esilio trascorso a Parigi, fino all'estremo tramonto della vita.

Sul piano militare, Guglielmo Pepe aveva rinnovato metodi arcaici nei rapporti coi soldati. In tempi nei quali per tenere i rapporti disciplinari con la truppa « si usava il bastone », il generale napoletano curava in modo particolare il benessere materiale e morale de' suoi ufficiali, trattava i soldati come figli, severo e giusto nella disciplina e nell'amministrazione. Convinto che il soldato preferisca il comandante severo ma umano, affettuoso, che mai dubita dell'onore del militare stesso.

« Uso all'opera più che alla meditazione », era il giudizio di De Sanctis, « egli vedea presto e netto, e come rapidamente concepiva, così eseguiva. Ma non esitava: tra il pensiero e l'azione non poneva alcun intervallo. L'esitazione è propria di coloro, che in ciascuna questione vogliono salvar tutto, e pensano a molte cose, alla loro ambizione, a' pericoli, agl'interessi, alla opinione del mondo. » Le questioni, per Pepe, erano estremamente semplici: procurare al paese il massimo di libertà; affrancarlo dallo straniero. « Nessun secondo pensiero gli velava la mente. »

Uomo di tre rivoluzioni, rappresentava un preciso punto di riferimento per le nuove generazioni. « Portavasi appresso le ombre di Pagano e di Cirillo, e di Ettore Rossaroll, e di Giuseppe ed Alessandro Poerio; vedevi in lui tutta la nostra storia. »

Tutta la nostra storia. Dai primi martiri della Repubblica partenopea ai moti del '20-21, dalle illusioni del '48 alla strenua resistenza della Repubblica di Venezia. In una visione non solo italiana e mai municipale, con un afflato europeo, un vero e proprio respiro internazionale. Ovunque la speranza di libertà dei popoli battesse alla porta.

Una storia che lo aveva visto protagonista, e che Guglielmo Pepe ripercorrerà in tante pagine, di memorie e di testimonianze, così come aveva fatto il suo lontano maestro al collegio militare di Napoli, Pietro Colletta, con la *Storia del reame di Napoli* scritta con l'incoraggiamento di Gino Capponi e col sostegno degli amici del circolo dell'« Antologia » (dove l'altro Pepe, Gabriele, era stato di casa, protagonista della famosa disfida a Lamartine per l'« Italia terra dei morti »).

Negli anni del secondo esilio, fra 1830 e 1846, scrive *Sui mez-*

zi che possono condurre all'italiana indipendenza, *L'Italia militare e la guerra di sollevazione*, *L'Italia politica*, *L'esercito delle Due Sicilie*, e – soprattutto – le *Memorie intorno alla mia vita e ai recenti casi d'Italia* (1846).

Ma fu negli ultimi anni, dopo le vicende del '48-49, nell'ultimo esilio parigino, che Pepe attese ai lavori più organici e completi. Alle *Rélations des événements politiques et militaires de Naples en 1820 et 1821*, pubblicate a Parigi nel 1822, ai *Mémoires historiques politiques et militaires de Naples*, datati Londra 1823, seguiranno a Lugano, presso la tipografia della Svizzera italiana, *Le memorie del generale Guglielmo Pepe intorno alla sua vita*, scritte da lui medesimo, in due volumi, e infine l'*Histoire des révolutions et des guerres d'Italie en 1847, 1848, 1849*, Parigi, 1850.

Scelse di morire a Torino, in Italia, presso quel re che aveva personalmente incontrato e salutato lasciando Venezia, alla fine dell'estate del '49, sulla via di Parigi. Il solo che aveva lasciato in vigore lo Statuto.

« Guglielmo Pepe parve nella sua persona congiungere il 1799 col 1848 », disse con frase lapidaria Benedetto Croce. E l'esperienza fu deludente e amara per chi aveva sperato di fare di Napoli il punto di partenza della rivoluzione liberale, la leva animatrice dell'indipendenza: fin dal periodo del 1815, fin dalla campagna di Gioacchino Murat, all'insegna del proclama di Rimini.

Ancora nel 1820 Napoli e il Mezzogiorno precedono Torino e Alessandria: la costituzione di Cadice è di impronta più meridionale che sabauda; i primi moti carbonari si accendono nel Sud quasi su ispirazione della penisola iberica, per contagio di quella Spagna che aveva coniato la parola *liberal* in antitesi a *servil*.

E poi le grandi illusioni, e l'inversione di rotta, e l'ascesa di Torino, nel 1849, a capitale dei napoletani che credevano nell'indipendenza e volevano spezzare l'assolutismo.

Sono gli uomini – come dirà Croce – che legarono l'Italia meridionale al carro dell'Italia unita, poiché « non era possibile far che l'Italia meridionale entrasse energicamente da sola nella nuova via nazionale ».

E dal momento che – riprendiamo Croce – « l'antico Regno autonomo era diventato un ostacolo, non si lasciarono, quegli uomini, commuovere da care memorie o turbare da pensieri particolaristici e sacrificarono senza rimpianto il Regno di Napoli, il più antico e vasto Stato d'Italia, all'Italia nuova. Cattivi napoletani e traditori, li disse l'opposto partito; ma era forse, l'antico regno, a capo della loro tradizione, o non invece appunto l'Italia antica e nuova, l'Italia della poesia e del pensiero, l'Italia che nel Settecento si era rigenerata a nuova nazione in rotta col passato e fidente nell'avvenire, che al tempo delle rivoluzioni giacobine aveva avvertito nelle sue varie regioni la comunanza dei travagli e l'unità dei destini, che nell'età romantica e liberale si era formato il mito di una comune storia gloriosa, e l'aveva trovato non nella monarchia di Napoli e neppure nella monarchia dei Normanni e degli Svevi, ma nei Comuni e in Legnano? »

Nella parole dell'abate Genovesi, grande educatore della società partenopea, alla metà del Settecento, la parola « Italia » prendeva spesso il posto della parola « Napoli ». All'identità dei due termini Guglielmo Pepe contribuì forse più di ogni altro.

3. *Menotti*

« NELLA notte del 3 febbraio 1831 S.A.M. Francesco IV Duca di Modena prevenne e disperse una congiura fatta di lui da 39 in 40 giovani in casa del sig. Ciro Menotti nel Canal Grande. » Con queste parole un oscuro cronista del tempo, Severo Scaglioni, registrava nelle sue *Memorie sul Collegio de' Nobili in Modena*, conservate tuttora inedite presso la Fondazione del Collegio San Carlo, lo sfortunato tentativo rivoluzionario nell'Italia centrosettentrionale che avrebbe segnato il tramonto dei metodi carbonari.

I fatti sono noti: e già quel compilatore e testimone non aveva mancato di affidare alla sua cronaca illuminanti particolari. Trentacinque giovani (tale risulterà il numero esatto dei congiurati) riuniti dalle otto di sera in casa di Ciro Menotti, impegnati a fabbricare cartucce e a predisporre bandiere tricolori, estremi preparativi in vista del moto rivoluzionario fissato per la mezzanotte. Un improvviso e inatteso battere alla porta un'ora più tardi, l'intimazione di aprirla, « in nome della legge »: la certezza, nella sorpresa, del tradimento.

La decisione di passare all'azione è immediata. Ai primi due colpi di pistola sparati dallo stesso Menotti contro la porta segue una scarica di fucili che mette in fuga i soldati del Duca. Nessuno, fra quei giovani, abbandona la casa. Si riprendono i preparativi, si attende che divampi la rivolta, si conta sugli amici che arriveranno da fuori.

Ingenua illusione. Invece degli insorti, tre quarti d'ora dopo la mezzanotte, arriveranno ottocento dragoni; invece delle festose schioppettate dei compagni patrioti si udranno in sinistri boati dei colpi di cannone che appoggiano l'attacco all'edificio. Alla guida dell'operazione militare lo stesso Duca Francesco IV, il confidente dei liberali che aveva avallato il progetto (un po' come Carlo Alberto nella Torino del '21) e che si accaniva con particolare ferocia, quasi a cancellare ogni ombra di cedimento o di consenso alla rivoluzione.

Nascosto dietro il pilastro di una fabbrica posta di fronte all'edificio che si sgretolava sotto i colpi del cannone, il Duca accolse la resa dei congiurati dopo una resistenza eroica quanto impossibile con l'ebbrezza di una grande vittoria, credendo – scriverà Augusto Bazzoni in un profilo di Ciro Menotti uscito all'indomani dell'unità nella « Galleria nazionale - I contemporanei italiani » dell'editore torinese erede di Pomba – « di avere guadagnato la giornata di Austerlitz o di Montenotte ».

Tipico caso di rivoluzione « borghese », commisurata ai modelli orleanisti della Francia (quell'esempio: « il Re dei francesi »). Nei giorni successivi a quel 3 febbraio, una specie di moto insurrezionale, indistinto e composito, scoppia nel territorio del Ducato, nella vicina Bologna, nelle legazioni pontificie, nella inquieta Italia centrale, fino alle focose e appassionate Romagne, teatro che poi diventerà classico di congiure e di cospirazioni.

Francesco IV ha in mano Ciro Menotti, l'avversario catturato nello scontro a fuoco: lo trascina con sé come ostaggio nella vicina Mantova, dove fugge per mettersi al riparo della protezione austriaca e prepara la seconda fase della controffensiva ducale.

Moto indistinto e composito, ho detto. Anche a causa dei risentimenti municipali, delle divisioni interne alle varie frazioni liberali, del non superato spirito di setta – nonostante Mazzini –, del complesso contraddittorio ed eterogeneo di ispirazioni ideali confluenti nei moti stessi, dalla lontana costituzione di Cadice alle superstiti gestioni carbonare, dal fremito dell'indipendenza all'affiorante ansia dell'unità. Nonostante il valore del generale Zucchi, il reduce dalle campagne napoleoniche, impegnato nel tentativo di organizzare una resistenza armata, ispirata ai simboli del nuovo « potere » (che poi potere non era).

Insomma un moto, quello rivoluzionario, mal coordinato e peggio gestito. Difetti di metodi, di preparazione, di spirito di sacrificio, di anima – si potrebbe dire con Mazzini – che in quegli stessi giorni sta mettendo a punto il progetto (quello sì rivoluzionario) della « Giovine Italia ». Rivolgendosi a Michele Palmieri, che in un opuscolo apparso a Parigi rimproverava ai membri del governo provvisorio della Romagna le loro responsabilità e incapacità, specie la « mollezza del loro agire e l'inerzia nel consolidare la rivoluzione », Mazzini lo ringraziava – 29 giugno 1831 – per « aver parlato il linguaggio che ci conviene nella sciagura ». E aggiungeva in quella stessa lettera: « Forti della nostra coscienza e della santità de' voti e de' diritti, noi dobbiamo sostenere con orgoglio la sventura e mostrare all'Europa ch'essa ritempra, anziché spezzarle, l'anime forti ».

La vicenda del moto animato da Ciro Menotti, salito sul patibolo alle otto del mattino del 26 maggio, non era stata inutile. Aveva rivelato i limiti di metodi – quelli carbonari – ormai superati, ma aveva soprattutto messo a nudo le illusorie speranze di quanti si attendevano un'interpretazione estensiva del principio del non intervento, cioè il sogno di una Francia pronta ad accorrere in difesa dei popoli che invocavano libertà. « La delusione che mi conduce a morire farà aborrire per sempre gli italiani da ogni influenza straniera nei loro interessi, e li avvertirà a non fidarsi che nel soccorso del loro braccio »: sembra sia questo il senso delle ultime parole pronunciate da Ciro Menotti nel tratto che lo conduceva dalla prigione al patibolo.

La sua avventura era stata costellata di tradimenti, di delusioni, di amarezze. Appartenente a famiglia benestante, Ciro Menotti aveva lasciato presto il mondo degli studi per quello degli affari, impegnato nel portare avanti la fabbrica di cappelli di truciolo di cui era proprietario: fabbrica visitata e apprezzata dallo stesso Francesco IV nel 1819.

Cresciuto in mezzo ai princìpi della rivoluzione, Ciro vive intensamente la stagione napoleonica e avverte intero il peso della reazione e della restaurazione, anche sul piano dell'espansione delle libertà commerciali. A quindici anni, nel 1813, aveva frequentato la scuola del Genio di Modena fondata da Napoleone, soppressa con la caduta del Regno italico.

Fornito di una ricca biblioteca costituitasi da solo, aveva arricchito la cultura ginnasiale con una serie di letture sul progresso, l'educazione, l'emancipazione dei popoli. Iscritto alla carboneria, è arrestato nel '21 per sospetta cospirazione: accusa da cui verrà assolto per mancanza di sufficienti indizi, pur dopo aver subìto un periodo di carcere duro.

Ma il culmine è il decennio successivo, la prova del fuoco. La fine della monarchia legittimista in Francia, l'avvento di Luigi Filippo, illude tutti i liberali italiani sulla possibilità di cambiamenti ispirati dall'alto. I carbonari modenesi ritengono possibile un'azione svolta d'intesa con Francesco IV (così come in passato si era concessa fiducia a Carlo Alberto, il « Re tentenna »); i frequenti contatti, a corte, nel 1830, fra il Duca e Ciro Menotti nonché con Enrico Misley lasciano credere in un assenso che non c'è, in un « sì » che sarà, come in Piemonte, tradito e smentito.

Un intreccio degno di un capolavoro di Pirandello. Gioco delle parti, bluff, mondo degli affari e scena politica, interessi commerciali e trame sovversive: gli storici si sono negli anni impegnati a cercare di comprendere fino a che punto Francesco IV avesse incoraggiato, promesso, lasciato credere e fino a che punto i patrioti avessero frainteso o accentuato o esasperato i suoi incoraggiamenti.

Uomo di nobili sentimenti e grandi ideali, Ciro Menotti credette veramente nella buona fede di un sovrano che per i propri trascorsi avrebbe dovuto suscitare perplessità: per i sentimenti reazionari e legittimisti (si pensi al comportamento nei congressi di Lubiana e di Verona), per la scarsa convenienza a porsi contro l'Austria, per la sfiducia stessa che aveva sugli esiti di una rivoluzione provocata da un pugno di audaci.

Menotti credette nel disegno di un Francesco IV che in cambio della sovranità sulle regioni insorte (da governarsi costituzionalmente) aiutasse i moti spagnoli, favorisse l'avvento di Luigi Filippo che, a sua volta, divenuto re, avrebbe ricambiato tale appoggio con un deciso intervento a favore dei liberali italiani.

A quel piano prestò fede cieca, al pari della fiducia nella parola del Principe. Superò le riserve degli amici, difese la figura del Duca nei convegni e nelle cospirazioni dove qualcuno sosteneva la necessità di uccidere il tiranno. Solo all'inizio del 1831 Menotti ebbe coscienza della politica del doppio binario portata avanti dal governo estense. « Arrivo in questo momento da Bologna », si legge in una lettera indirizzata a Enrico Misley il 1° gennaio 1831. « Bisogna che ti dica che il Duca è un birbante. Ho corso ieri il pericolo di essere ucciso. Il Duca ha fatto spargere voce dai sanfedisti, che io e tu siamo agenti stipendiati per formare dei centri, e quindi denunciarli. Ciò era sì creduto a Bologna, che poco mancò che io non fossi assassinato. Il fatto sta che in otto giorni tutta la Romagna mi aveva voltato la faccia, ma ritornerà mia... »

L'ostaggio di Francesco IV a Mantova rientra a Modena, prigioniero del Duca, insieme ai soldati austriaci, il 9 marzo di quello stesso anno, 1831. È il momento della reazione, e quindi della condanna per lesa maestà operata da un tribunale speciale, anzi da una « commissione straordinaria ». Una condanna che nella mente del Duca doveva servire da un lato come esempio, dall'altro come utile eliminazione di un testimone scomodo. Il testimone che meglio conosceva l'inclinazione al doppio gioco del sovrano estense, la politica del doppio binario.

Nell'ultima lettera, scritta alla moglie poche ore prima di salire sul patibolo, alle cinque e mezzo del 26 maggio (lettera che verrà consegnata alla destinataria solo nel 1848) al di là delle espressioni di patetico affetto, delle raccomandazioni per l'educazione dei quattro figli, non ci sono riferimenti alla politica, alle cospirazioni, alla causa italiana. Nella certezza di avere agito sulla via giusta, quella di battersi per un'Italia indipendente, più libera e più giusta, c'è un solo accenno a Francesco IV, alle speranze in lui riposte al pari di una fiducia forse mai venuta del tutto meno. « In questo ultimo tremendo momento le cose di questo mondo non sono più per me. Sperava molto: il sovrano... ma non sono più di questo mondo. »

Ciro Menotti si era rifiutato di inoltrare domanda di grazia; Francesco IV, il suo sovrano, si era affrettato ad approvare la sentenza di morte, il 21 maggio, affinché potesse essere al più presto eseguita.

Un itinerario di illusioni, di equivoci, di « qui pro quo ». Eppure la figura di questo primo intellettuale « borghese » candido e disarmato, che confida in un Luigi Filippo italiano e salda i moti del '31 con quelli del '21, è rimasta incisa nella memoria degli italiani per molti decenni. Avvolta in un'ombra di mestizia. Sul filo di una leggenda nazionale che aveva bisogno di prototipi, di esempi immacolati e intangibili.

Ci vorrà Carducci, nelle sue *Letture del Risorgimento*, a collocare quella vicenda nella sua naturale prospettiva storica. L'insurrezione della Romagna e dell'Emilia – dirà il poeta – aprirà « la strada alla generazione nuova » e inizierà « il terzo periodo che è di svolgimento e soluzione; con l'addurre la borghesia nel campo dell'azione... » E il giudizio sul principe traditore sarà definitivo: « Francesco IV di Modena, « perduta ogni speranza dell'identità piemontese e della corona italica, si chiarisce tristo a l'in tutto ». Eloquente come una lapide.

4. *I fratelli Bandiera*

23 LUGLIO 1844. La corte marziale borbonica di Cosenza pronuncia – dopo un processo sommario svoltosi in tre sole udienze, fra 15 e 23 luglio – la sentenza di morte contro Attilio ed Emilio Bandiera, i due ufficiali della Marina austriaca impegnati, con altri sette compagni e in una desolata solitudine, nella generosa e disperata impresa di provocare l'insurrezione del Mezzogiorno, muovendo appunto dalle coste della Calabria.

Un processo segnato, ma una testimonianza di fede patriottica che andava al di là del sacrificio della vita: per la serenità con cui i due fratelli e gli altri cospiratori avevano affrontato i giudici, per il coraggio, la fede, il disprezzo della vita stessa in nome dei più alti, irrinunciabili ideali.

Torna in mente il breve passo del primo interrogatorio cui era stato sottoposto Emilio, rievocato già nel profilo dedicato ai due fratelli veneziani da Atto Vannucci, nel volume di memorie su *I martiri della libertà italiana*:

D. Come vi chiamate?
R. Emilio Bandiera.
D. Siete Barone?
R. Non me ne curo.
D. D'onde siete?
R. D'Italia.
D. Ma di che parte?
R. D'Italia.
D. Ma dove nato?
R. In Italia.

Italia, senza distinzioni, senza confini interni, Italia idealmente unita. Secondo la religione di Mazzini che i due fratelli avevano sentito con intensità pari a quella del maestro.

Un clima di libertà che certo i due patrioti non avevano respirato in famiglia. Il padre, il barone Francesco, contrammiraglio della Imperiale e Regia Marina veneta, si era distinto nel 1831 per avere catturato i patrioti che fuggivano da Ancona dopo la capitolazione.

Attratti dalla vita di mare e dalle orme paterne, i due Bandiera avevano percorso i primi gradi nella marina austro-veneta: legatissimi fra loro, pur così diversi di indole e di carattere. « Appassionato, audace e spesso malinconico » Attilio – nel ritratto di Jessie White Mario, la biografa di Mazzini e di Garibaldi –, « più allegro, più spensierato Emilio, che prendeva per vangelo ogni parola del fratello ».

E fu proprio durante un viaggio a bordo di una corvetta imperiale, intorno al 1835, che il maggiore dei due fratelli, Attilio, poté fare la conoscenza a New York di Pietro Maroncelli, il futuro martire dello Spielberg, che probabilmente ebbe un ruolo di rilievo nella maturazione di quelle idee di libertà e di riscatto.

Non stupisce quindi che fin dal 1839 i due fratelli fossero impegnati nell'attività di propaganda delle idee patriottiche e liberali fra i compagni di viaggio, specie fra gli ufficiali.

I princìpi sono quelli che animano la società segreta dell'Esperia: unitaria, repubblicana, tutta tesa all'indipendenza nazionale, nel rispetto di una concezione etico-religiosa della vita dell'uomo. È lo spirito stesso della « Giovine Italia », di cui i due fratelli devono aver sentito parlare, anche se rivendicheranno l'autonomia dell'iniziale pensiero nei confronti di Mazzini, contattato attraverso Nicola Fabrizi, conosciuto a Malta nei primi mesi del 1842, l'esule modenese animatore dei primi nuclei della « Giovine Italia », trasferito nell'isola per organizzare la Legione italica.

« So che siete il creatore d'una patriottica società che chiamaste la Giovine Italia », si legge nella prima lettera inviata da Attilio Bandiera a Mazzini il 15 agosto 1842, in risposta ai primi numeri dell'*Apostolato popolare*, « so che scriveste sotto lo stesso titolo un giornale diretto a propagarne le massime, ma né d'esso né d'alcun'altra vostra opera mi venne mai fatto di procurarmi, ad onta dell'ardente mio desiderio, una copia. »

Originalità o meno del loro pensiero, non vi è dubbio che i Bandiera furono fra i depositari più alti della religione di Mazzini. Spingendo fino all'estremo la convinzione che l'Italia avrebbe dovuto trovare in se stessa le forze per cacciare lo straniero, attraverso l'educazione, l'esempio, il sacrificio. « Noi vogliamo una patria libera, unita, repubblicana; ci proponiamo fidare nei soli mezzi nazionali, sprezzare qualunque sussidio straniero e gettare il guanto quando ci fossimo creduti abbastanza forti, senza aspettare ingannevoli rumori in Europa. » Sono parole di Emilio; ma avrebbero potuto essere di Attilio, oppure dello stesso Mazzini, fermo nel proselitismo per una soluzione nazionale.

« Per rendere la vita all'Italia, gli Italiani debbono *saper morire* »: è la convinzione di fondo, che spiega il comportamento complessivo dei due fratelli, che abbandonano necessarie prudenze per non essere scoperti nell'attività di propaganda delle idee liberali, e una volta consci di essere stati traditi e scoperti non rinunciano alla loro fede, al culto delle proprie idee, al tentativo di realizzazione dei piani che avrebbero dovuto tradurre le aspirazioni in realtà. O almeno segnare la via da percorrere una volta maturi i tempi.

Una fede messa a dura prova in quei mesi, fra '42 e '44, che restano loro da vivere. Messa a dura prova da una serie di rapporti soprattutto sentimentali, incrinati o compromessi dalla posizione scomoda di patrioti nell'anima, ma traditori nell'ufficialità, perfino con la famiglia.

Il rapporto col padre, tanto amato ma così lontano dalle loro scelte: non a caso abbandonerà il servizio dopo la fucilazione dei figli e morirà a Carpeneto di Mestre, poco più tardi, nel 1847. Al padre, alla sua comprensione, o meglio incomprensione, al suo dolore è rivolta una delle ultime lettere di Emilio, alla vigilia immediata della partenza per le coste calabre: da Corfù, l'11 giugno '44. « Signore. L'insurrezione comincia a succedere in Italia ad una lunga e difficile cospirazione. I vostri corrono a prendervi parte. Probabilmente soccomberemo, ma saremo benedetti da tutti i buoni, compatiti dagli indifferenti, vilipesi dai tristi. Voi, nostro padre, sarete inesorabile a perseguitarci colla vostra maledizione? Oh no, voi non siete capace di odiare nessuno e non vorrete odiare due figli che, se hanno errato, lo fecero per troppo vibrato sentire... La benedizione di mio padre mi renderebbe sopportabile qualunque esistenza e placida la morte. »

« Alla famiglia preferimmo l'umanità e la patria » – gli fa eco qualche giorno più tardi il fratello Attilio – « e noi credemmo di aver fatto il nostro dovere. » Un rapporto difficile, un'incomprensione di fondo che si estendeva alla madre e alla moglie, tenute all'oscuro delle attività e perfino delle intenzioni al fine di risparmiare angosce e crepacuori.

Un rapporto sentimentalmente difficile anche con i superiori austro-veneti, che faranno di tutto per recuperare nei limiti del possibile i due giovani, ipotizzando l'eventualità – una volta rientrati e consegnatisi – del perdono. Ne fa fede lo scambio di lettere con il contrammiraglio Paolucci, di cui Emilio era stato aiutante di bandiera, e che nutriva per il giovane l'affetto di un padre. Ringraziando per il suo interessamento e rifiutandosi di rientrare, Emilio gli precisava le motivazioni delle sue scelte, in una lettera datata 23 aprile 1844. Fedeltà ai princìpi coltivati fin dalla più tenera età; fedeltà ai compagni che hanno creduto nella sua parola, nei suoi programmi, nella sua stessa fede. « Preferisco la maledizione de' miei genitori e la miseria » al diverso avvenire che qualunque ripensamento impone.

Complesso, infine, il rapporto con Mazzini. Identici i fini, gli scopi, l'*idem sentire*. Diverse le strategie, i tempi stessi dell'azione. Inizia l'ultimo atto. Quando i moti del 15 marzo a Cosenza falliscono, Mazzini sente che i tempi sono immaturi per riprenderli e rilanciarli. Un suo progetto – gennaio 1843 – di utilizzare i Bandiera per uno sbarco a Genova era rimasto senza seguito, anche per la perenne mancanza di fondi. Il tentativo della primavera del '44 gli appariva destinato al sicuro insuccesso e ripetutamente invitava i due fratelli a pazientare. Vicino a quanto scriveva Fabrizi, il 15 maggio 1844, ai Bandiera: « Non solo non approvo né intendo cooperare; ma intendo aver solennemente dichiarato il mio aperto disparere dal fatto della natura che esprimete, come da fatto incapace di alcun risultato che non sia rivelazione intempestiva delle nostre intenzioni, il sacrifizio dei migliori in un tentativo prima sventato dagli ostacoli, la dispersione irreparabile degli elementi conservati intatti fin'oggi, e l'assoluta esclusione d'ogni fiducia interna ad ogni nostra proposta ».

Eppure il proclama agli Italiani redatto dai due fratelli in quella primavera del 1844 rappresentava un estremo atto di fede negli ideali di Mazzini e una sorta di testamento spirituale che essi lasciavano alle generazioni future: « Costituiamoci in Repubblica come i nostri padri, poiché ebbero scacciati i Tarquinii: gridiamoci liberi e padroni di noi stessi e delle contrade in cui Dio ne ha collocati. Gli Austriaci ci combatteranno; il pontefice ci scomunicherà: i re d'Europa ci avverseranno. Non importa, o Italiani: gettiamo il fodero, e contro l'Austriaco facciamo d'ogni uomo soldato, d'ogni donna una suora di carità, d'ogni casale una rocca: al papa protestiamo di conoscere Iddio meglio di lui attraverso i suoi sordidi interessi di dominazione, di grandezza temporale: i re d'Europa rispettiamo, ma non temiamo, invochiamo contr'essi le simpatie dei popoli ».

Soli, con un pugno di amici, un pugno di eroi, il dramma si consuma. Le sorti e l'esito sono scontati prima ancora della partenza, nella notte dal 12 al 13 giugno 1844, da Corfù, a bordo del trabaccolo *San Spiridione* che li avrebbe sbarcati, o abbandonati, la sera del 16 alle foci del fiume Neto, vicino a Crotone. Un tentativo di guerra per bande noto sia alla polizia austriaca sia a quella borbonica (era sufficiente la sola violazione della corrispondenza), definitivamente compromesso dal tradimento del delatore Boccheciampe. Fino alla cattura dell'intera banda, il 19, nel territorio di San Giovanni in Fiore; la banda assalita dalle truppe e dai contadini, fino al processo, fino alla fucilazione nel vallone di Rovito, il 25 luglio.

Eppure... Eppure nella serenità fino in fondo conservata, nella certezza di un dovere che così e solo così andava compiuto, in quel grido estremo di « Viva l'Italia », sta la grandezza dei fratelli Bandiera. La grandezza di un generoso e appassionato amore per la libertà, per l'indipendenza, per l'unità, per quella certa idea dell'Italia che dal Risorgimento arriva intatta fino a noi.

Un sacrificio che non mancherà di sollevare polemiche, che investirà lo stesso Mazzini per i metodi (guerra per bande, insurrezioni disperate, sacrificio di giovani vite) invocati per la realizzazione del suo progetto politico: l'Italia una, libera, indipendente, repubblicana.

È il valore del martirio, la testimonianza della fede in un ideale spinta al sacrificio della vita che viene messa in discussione. Avrebbe risposto più tardi lo stesso Mazzini, nei *Ricordi dei fratelli Bandiera*, in pagine che Giosue Carducci avrebbe sottolineato e compreso nelle sue *Letture del Risorgimento italiano* dal 1749 al 1870. « Molti fra voi diranno... che il martirio è sterile, anzi dannoso... Non date orecchio, o giovani, a quelle parole... Il martirio non è sterile mai. Il martirio per una Idea è la più alta formula che l'Io umano possa raggiungere... quando un giusto sorge di mezzo a' suoi fratelli giacenti ed esclama – ecco: questo è il vero, ed io morendo, l'adoro – uno spirito nuovo si trasfonde per tutta l'umanità, perché ogni uomo legge sulla fronte del martire una linea de' propri doveri e quanta potenza Dio abbia dato per adempierli alla sua creatura.» Il mazzinianesimo diventa, coi fratelli Bandiera, leggenda popolare. Esce dal clima delle congiure e delle macchinazioni per entrare in quello dell'epopea. Senza la fallita spedizione di Calabria, non avremmo avuto, sedici anni dopo, la vittoriosa spedizione dei Mille.

III.
La leggenda nazionale

1. Mameli

« CAPITANO di stato maggiore e poeta d'Italia. » Così Giosue Carducci definiva Goffredo Mameli, martire della Repubblica romana del '49, in un profilo pubblicato nella *Nuova Antologia* nell'agosto 1872, all'indomani del trasferimento della salma dalla chiesetta romana delle Stimmate al Campo del Verano: tappa intermedia fino alla definitiva tumulazione (1941) sul Gianicolo, il colle maggiormente legato alle gesta garibaldine nell'estrema difesa di Roma.

Una cassa povera, col coperchio a rovescio – ricorda il poeta di *Giambi ed Epodi* – forse per riparare dalle vendette dei vincitori il nome del giovane poeta che aveva sacrificato la vita appena ventiduenne, nome scritto sul lato esterno; una divisa rossa gettata sul drappo nero del feretro, con appoggiate una spada e una lira, secondo il voto di Giuseppe Mazzini, sintesi della vita di poeta e di combattente: « e lira e spada staranno, giusto simbolo della sua vita, su la pietra che un dì gli ergeremo in Roma nel camposanto dei martiri della nazione ». I quattro cordoni del drappo funebre tenuti da altrettanti reduci del '49: i ministri della Repubblica, Giuseppe Avezzana e Carlo Rusconi, i generali dei volontari Nicola Fabrizi e Lante di Montefeltro.

È il 9 giugno 1872. Mazzini è morto da appena tre mesi. Pochi compagni, come il triumviro, avevano amato e penetrato l'animo del poeta-cantore, ligure come lui, genovese come lui, nella sua profonda e tormentata sensibilità. Ne fanno fede i giudizi e i commossi riferimenti contenuti nell'epistolario, specie fra '47 e '49, le confidenze del Mosè dell'unità alla madre.

« Lo conobbi la prima volta nel 1848 in Milano », ricorda Mazzini qualche mese dopo la morte, « ci amammo subito. Era impossibile vederlo e non amarlo. » Egli univa una dolcezza quasi fanciullesca all'energia di un leone, il temperamento gioviale e un volto quasi sempre sereno a uno sguardo velato da una leggera mestizia. Languido, delicato, quasi femmineo ma percorso da una vibrante irrequietezza fisica « figlia di mobilità estrema delle sensazioni ». Arrendevole e pronto ad abbandonarsi a coloro nei quali riponeva fiducia, ma incrollabile nella fede dei princìpi e delle idee, fino all'estremo sacrificio.

Una vita breve ma intensa la sua, troncata – come aveva detto in altra sede lo stesso Mazzini – « fra un inno e una battaglia ». Goffredo era nato a Genova il 5 settembre 1827, da Giorgio, contrammiraglio, di antica nobiltà, e da Adele Zoagli, donna di straordinaria energia. Mazzini l'aveva conosciuta nell'età dell'adolescenza, aveva abbozzato con lei talune recite, aveva provato per lei « una strana simpatia » di ragazzo. Aveva sofferto in occasione delle sue nozze, soprattutto nel vedere la compagna di giochi unirsi in matrimonio a un ufficiale del governo piemontese, considerato allora come nemico.

Sarà la stessa Adele a raccomandare a Mazzini, nel 1848, il figlio Goffredo, volontario, affidandoglielo, pur nella coscienza di « non sottrarlo a un solo pericolo utile al paese ». E quando Mazzini avrà – nell'estate del '49 – l'amaro compito di annunciarle prima l'amputazione della gamba, poi la morte, si sentirà rispondere da Adele che ella « donerebbe senza esitazione ogni figlio che potesse avere per la causa dell'Italia ».

Di salute malferma fin dalla più tenera età, Goffredo era stato avviato agli studi in ritardo: solo nel 1840, a tredici anni, frequenta le Scuole Pie di Genova, iscritto al primo corso di retorica, qualcosa di paragonabile al nostro ginnasio. Si distingue fra gli allievi più meritevoli, legge tutto e di tutto (in particolare Goethe e Hugo, George Sand e Lamennais), compone i primi versi, l'ode dedicata a *Gian Luigi Fieschi*.

Concluso il biennio di retorica si iscrive a Filosofia, nel novembre del '42, e prolungherà gli studi universitari fino all'estate del '47, senza riuscire a conseguire la laurea, in quanto attratto dagli avvenimenti politici, ma solo il baccellierato, nell'agosto del '47. Avvenimenti che lo sollevano anche dalla depressione in cui era caduto per una cocente delusione amorosa: le nozze di Geronima Ferretti. La stessa fanciulla che gli aveva ispirato i versi malinconici e disperati de *L'ultimo canto* e *L'ultimo addio*.

È il momento della lotta per la libertà. Si assiste a quella che Carducci definisce una vera e propria trasformazione. Quella « tenera sensibile fantastica natura... ritrovato finalmente un alto ideale, vi si abbranca con tutte le forze dell'ingegno, con tutte le potenze del cuore, e vive solo in quello e per quello ». Goffredo Mameli – sono ancora parole di Giosue Carducci – dal '46 in poi fu il « San Giovanni della Giovine Italia: piegava il biondo e giovine capo per dormire su 'l cuor del maestro, e in quel sonno vedeva le cose mirabili del futuro, e di battiti di quel tanto amato cuor e attingeva lena novella; e sorgeva e cantava ».

Dal marzo 1847 Goffredo fa parte della « Società Entelema », accademia letteraria ma frequentata da giovani impregnati di idee liberali. In quella sede legge i versi *A Roma*, che seguivano quelli di spiccato carattere politico del sonetto *A Carlo Alberto*, delle cantiche *La battaglia di Marengo* e *La buona novella*, delle odi *Dante e l'Italia* e *Ai fratelli Bandiera*.

Mazziniano sempre, ghibellino mai sfiorato dal fascino del « Benedite, gran Dio, l'Italia », dal mito neoguelfo di Gioberti, dall'illusione liberale di Pio IX. Privo di tentennamenti e genuflessioni verso Papa Mastai, il Papa dell'amnistia e della guardia civica. Tentennamenti a cui non si sottrassero neppure Gabriele Rossetti e Giuseppe Montanelli, Giovanni Berchet e Giuseppe Giusti.

Ove del mondo i Cesari
Ebbero un dì l'impero
E i sacerdoti tennero
Schiavo l'uman pensiero,
Ove è sepolto Spartaco,
E maledetto Dante,
Ondeggerà fiammante
L'insegna dell'amore.

E all'Italia, terra « dell'armonia e della speranza », affida un ruolo guida nel riscatto dei popoli europei.

Tutti son teco. Il teutono
Pugnerà teco anch'esso;
Gravalo il giogo istesso,
Strinse fratelli insieme
Slavi, alemanni ed itali
Un duolo ed una speme,
Hanno un sol campo i popoli
Ed un sol campo i re.

Quasi un'anticipazione del significato europeo della futura Repubblica romana.

1847. Sono i mesi in cui Mameli, ventenne, legge Manzoni, D'Azeglio, Berchet: ma soprattutto si distingue, con Nino Bixio, in ogni manifestazione e agitazione che i patrioti inscenavano nelle vie di Genova. Le vie che avrebbero sentito, il 9 novembre, per la prima volta, il *Canto degli italiani*, più noto poi coi versi iniziali, *Fratelli d'Italia*. Inno subito popolare, tanto che Mazzini il 20 dicembre da Londra chiede alla madre di farlo ricopiare da qualche amico e di inviarglielo, insieme a tutte le poesie stampate del giovane poeta.

E nel luglio del '48 lo stesso Mazzini invierà l'inno (« che mi piace assai ») a Giuseppe Verdi: dopo avere eliminato due strofe, « una perché concernente il re di Napoli, che non esisterà più quando durerà l'inno; l'altra per un *avemo* che in un Canto popolare non può stare »: come si giustifica con l'autore.

Non inganna il linguaggio ampolloso dell'Inno (« dell'elmo di Scipio s'è cinta la testa »). Quella romanità, che pure si prestò a tutte le deformazioni nazionalistiche, era la stessa appresa nei libri di Mazzini: romanità repubblicana e quasi contrapposta alle estenuate grandezze imperiali, romanità come inizio (e per di più arbitrario, o almeno discutibile, storicamente) di una comunità nazionale italiana. Comunità che era tutt'altra cosa; e più figlia delle migrazioni, degli intrecci, degli apporti dell'età di mezzo, post-impero, che non l'espressione del prototipo dell'antico romano, cui un paese senza unità e senza libertà si appellava disperatamente. Mescolando insieme quel lontano preludio storico con gli eroi di Ferrucci, la Repubblica fiorentina, e coi combattenti di Legnano (l'antico mai smentito orgoglio dei Comuni) o addirittura coi precursori del Risorgimento nazionale come Balilla. Mito, allora, intatto e incontaminato.

« La poesia, quantunque un po' trascurata, è piena di fuoco », scrive il 12 dicembre un corrispondente di giornale dopo averla ascoltata. Trascurata, ma di forte emozione e di immediata presa popolare.

« La Marsigliese italiana », la definirà al di là delle Alpi Jules Michelet, il grande storico che dedicherà pagine toccanti al poeta ligure. « Il canto », scrive Michelet, « che tutti gli Italiani hanno cantato in quei furiosi combattimenti che hanno stupito il mondo, è un canto di fraternità. È soprattutto una canzone viva, gaia, ardente, che esprime, con un carattere singolare di ingenuità e di giovinezza, la gioia di combattere insieme, il fascino dell'amicizia nuova fra tutti i popoli d'Italia, stupefatti dalla sorte di trovarsi riuniti. »

La gioia di combattere insieme. Poeta e soldato, Goffredo Mameli, nell'estremo eroico scorcio della vita. Giunta notizia a Genova dell'insurrezione di Milano, nel marzo 1848, il patriota caro a Mazzini entra alla guida di trecento giovani in Lombardia, si unisce alla legione del Torres col grado di capitano e dà poi vita alla compagnia intitolata « Mazzini » che si affianca – fino alla conclusione delle ostilità – alla colonna mantovana del Longoni. Il 23 aprile, a Milano, conosce di persona il suo profeta, Giuseppe Mazzini.

Amareggiato per l'esito della guerra, rientra in Piemonte con le truppe regolari di Lamarmora. A Genova riprende l'attività di tribuno, protesta contro l'armistizio, compone l'*Inno militare* richiesto da Mazzini e musicato da Verdi.

Giunto Garibaldi a Genova (settembre 1848) ne diviene uno dei più convinti seguaci. Dalle colonne del periodico democratico *Diario del Popolo* invoca la partecipazione dei giovani ai corpi volontari. Nel novembre raggiunge a Ravenna l'eroe dei due mondi con i residui della colonna mantovana, punta su Roma abbandonata da Pio IX, anima i comizi del Circolo popolare, invoca negli articoli pubblicati nella *Pallade* la convocazione di una costituente italiana.

Al Campidoglio il popolo
Dica la gran parola.

Il 9 febbraio 1849, il grande giorno della Repubblica, il suo pensiero è per Mazzini, cui invia il noto telegramma: « Roma, Repubblica, Venite ». Ma il pensiero di Mameli è per l'Italia, per la Costituente dell'intera nazione. Lascia Roma per alimentare insurrezioni altrove, è a Firenze, poi a Genova, dove lancia dal *Pensiero italiano* l'appello alla rivolta. Rientra a Roma pressappoco in coincidenza con lo sbarco dei francesi a Civitavecchia.

Aiutante di Garibaldi, combatte al suo fianco. Il 30 aprile (l'epica giornata degli scontri a Villa Pamphili, al Casino dei Quattro Venti, al Vascello e a Villa Spada) si batte nella zona di Porta San Pancrazio; il 19 maggio a Palestrina e Velletri; il 3 giugno sul Gianicolo, dove rimane ferito alla gamba sinistra, vicino all'articolazione del ginocchio. Aveva voluto lasciare il posto di aiutante di Garibaldi, troppo «protetto» e al riparo, per battersi in prima linea, dove erano colpiti a morte in quelle ore Daverio, Masina, Enrico Dandolo. Ferito, Mameli, da un bersagliere lombardo, a cinque passi dalla scalinata del Casino dei Quattro Venti.

Il calvario, lento e inesorabile, ha inizio, fra alti e bassi, in una sofferenza fisica che non mina il morale, come dimostrano le lettere, in particolare alla madre. Ferita apparentemente non grave, curata all'Ospedale della Trinità dei Pellegrini, con l'amorosa assistenza di Cristina di Belgioioso e di Adele. Ma una scheggia dimenticata all'interno provocherà la cancrena, l'amputazione della gamba, la morte, il 6 luglio, nonostante i disperati tentativi di Agostino Bertani, il medico e patriota che ne descriverà in pagine di diario le stoiche sofferenze.

Goffredo Mameli usciva così dalla vita terrena per entrare nella leggenda. Poeta e soldato, Carducci lo paragona a Theodor Körner e Sándor Petöfi, uniti nel comune sacrificio per le rispettive patrie, quella tedesca e quella magiara. In una visione della libertà dei popoli che – secondo l'insegnamento di Mazzini – non era più nazionale ma europea.

2. *Anita Garibaldi*

«Agosto 1849. Traghettano fiumi e canali. Annita passa da un barroccio a una barca, da una barca a un barroccio. Il sole pendulo sull'aria ferma, infuocata. E giungono sull'Ave Maria alle 19.45, alla Fattoria Guiccioli. In quattro, per i quattro capi, prendono il materasso dove giace Annita e, nell'atto che la sollevano, Annita ha un gesto del capo, muore.» Così descrive la fine di Anita Garibaldi, la notte fra il 3 e il 4 agosto, Manara Valgimigli, l'ultimo dei grandi carducciani dell'università italiana. Rievoca la Romagna garibaldina dell'estate del 1849, quella pineta di Ravenna in cui morì Anita (lo scrittore romagnolo la chiamerà sempre Annita), reduce da una fuga devastante, già ammalata a fine luglio a San Marino, eppure decisa ad accompagnare il compagno di avventura e di gloria, incontrato e sposato nelle lontane Americhe.

«Basti pensare a quelle venti o trenta persone che si trovarono, o per la paga o per altro – era di sabato – alla Fattoria Guiccioli la sera che Garibaldi arrivò e Annita morì. Nessuno parlò, nessuno seppe; e austriaci e papalini erano lì attorno, a pochi passi. E fu miracolo non solo la salvezza di Garibaldi ma degli uomini stessi della trafila che operarono questa bellezza. C'entra nel miracolo anche la stupidità, la grossa e opaca stupidità dei comandi tedeschi che restarono, per esempio, sul lido di Magnavacca a guardare come allocchi, e non si accorsero che altre due barche approdavano poco più a nord? Diciamo miracolo, diciamo fortuna e destino d'Italia, diciamo, come dice un cronista del tempo, il genio d'Italia che coprì Garibaldi delle sue ali, diciamo come volete.»

Miracolo? O fortuna d'Italia? La vicenda di Anita Garibaldi è entrata fin da quelle ore nella leggenda della nazione, ne ha costituito anzi uno degli elementi più caratteristici, una delle trame più resistenti. Perfino al di sopra delle parti e delle divisioni di parte.

Con la compagna di Giuseppe Garibaldi il ruolo della donna tradizionalmente concepito si è rovesciato, anzi si è esaltato. L'amore appassionato per il marito, spinto fino all'estremo sacrificio, l'ha indotta a lasciare mura domestiche amiche e sicure per svolgere nelle condizioni più impossibili il ruolo di moglie, di madre, di compagna devota e fedele nella vita e nella morte.

«Non appena ella fu fra le braccia del suo eroe», scriverà Giuseppe Guerzoni in una pagina dell'appassionata biografia dedicata a Garibaldi, «s'incarnò con esso e, come Giovanna d'Arco, da fanciulla casalinga e romita si trasformò per lui in ammirazione ed in eroina.» «Per trovarsi costantemente al suo fianco», continua Guerzoni, qualunque fosse la circostanza e il pericolo, pronta a fare scudo col suo corpo nelle battaglie, a medicarlo nelle ferite, a premiarlo del suo amore nelle vittorie, «imparò a trattare un moschetto come un cacciatore, a bracciar una vela e a sfidare un fortunale come un marinaio, a cavalcare nelle marcie, a caricare nelle mischie come un cavaliere, a serenar ne' bivacchi, a durar nelle vigilie come un veterano, a dosirezzar le delicatezze, dissimular le necessità, domar talvolta i tormenti del suo corpo di donna e del suo seno di madre per tornar più utile e più cara all'uomo che adorava».

È l'immagine della donna intrepida che ha alimentato in Italia, in Brasile e nel mondo storie e leggende, ritratta in un'iconografia che l'ha resa celebre mentre si batte a fianco del suo eroe, o mentre galoppa a pelo attraverso la foresta brasiliana, coi lunghi capelli neri disciolti al vento.

Quanti la conobbero concordavano nel dire che non era bella, nel senso classico della parola. Anacleto Bittencourt, che la conobbe ragazza a Laguna, la descrisse «alta, un po' dura, con seni forti e turgidi, una faccia ovale coperta da efelidi, grandi occhi a mandorla, una folta chioma nera e fluente». E l'Hoffstetter, testimone del suo arrivo a Roma il 14 giugno 1849, così la descrive nel suo incontro col marito, a palazzo Corsini: «Era una donna sui 28 anni, dalla tinta assai bruna, dai lineamenti interessanti, e delicatissima di corpo, ma al primo fissarla si vedeva in lei l'amazzone». Ciò che è certo è che Anita, fin dalla più giovane età, si era mostrata una ragazza «forte, decisa, di vivace natura»: dotata, in una parola, di spiccata personalità.

Dieci anni nella leggenda. A cominciare dal primo incontro, dall'amore immediato e irresistibile che li travolge. Un incontro su cui tanto si è scritto o fantasticato. Avvenuto nel 1839, nell'isola di Santa Catharina. Descritto con toni romantici dall'eroe-corsaro nelle *Memorie*: il senso di solitudine per la morte di tanti amici nel naufragio del *Rio Pardo*, un cannocchiale che vaga dal ponte della nave, l'*Itaparica*, alla ricerca di una compagna nell'isola, l'occhio che si posa sulla giovane donna, la ricerca affannosa, l'incontro nella sua stessa casa, le parole «Tu sarai mia». Sposata da quattro anni con un calzolaio, Manuel Duarte, Anita non esita a seguirlo, portandosi dietro la maledizione del padre. «Se vi fu colpa», scriverà Garibaldi, «io l'ebbi intiera! E... vi fu colpa! Sì!... si rannodavano due cuori con amore immenso, e si infrangeva l'esistenza d'un innocente!» Il venticinquenne calzolaio, appunto.

Abbandonando l'«innocente» e seguendo Garibaldi a bordo del *Rio Pardo*, Anna Maria Ribeiro da Silva (tale era il nome completo di Anita) compiva quel 23 ottobre 1839 una scelta di vita dettata da un amore travolgente e appassionato che non sarebbe mai venuto meno. Una scelta che non avrebbe mai rimpianto, nonostante le difficoltà, i rischi, la miseria, l'esistenza così diversa e lontana da quella che giovane fanciulla aveva immaginato. Avrebbe sposato il suo Giuseppe soltanto il 16 giugno 1842, a Montevideo, la capitale dell'Uruguay, dopo la morte del marito. E secondo i riti della tradizione cattolica.

Montevideo. Il solo periodo di «quiete» per la giovane donna. Dopo la fuga da Santa Catharina ha conosciuto subito e solo amore e battaglia. A fianco di Garibaldi ha preso parte agli scontri in mare, gettandosi all'arrembaggio, come un pirata, all'arma bianca, esempio trascinante per l'intero equipaggio. Affidatale una missione, la porta a termine, anche sola, a prezzo di qualunque sacrificio: si tratti di assicurare i collegamenti fra le truppe, di correre a chiedere rinforzi, di provvedere al rifornimento di munizioni. Capace di affrontare i rischi della foresta tropicale per sfuggire al nemico, di sopportare lunghi digiuni, di vincere la corrente del fiume Canavas attraversandolo a nuoto, con una mano stretta alla criniera del cavallo.

Una pausa breve a San Simone, il 16 settembre 1840, per dare alla luce il primogenito, Menotti. E subito una nuova ritirata, col bimbo appresso, nella foresta, davanti all'incalzare delle truppe imperiali fra continui pericoli e disagi. Vive in tutto il suo fascino e in tutta la sua follia la guerra per bande praticata da Garibaldi.

Anita in fondo non è «patriota», nel senso esclusivo del termine. Crede e si batte per la libertà della sua terra come più tardi crederà e si batterà per la causa italiana, sui colli di Roma, perché la sua fede è la fede del suo uomo, gli ideali di lui sono i suoi, gli amici e i nemici di lui sono i suoi medesimi. Capace di odiare e di amare in modo selvaggio e feroce, divorata, sempre, da una gelosia struggente per tutte le altre donne.

Montevideo rappresenta il solo tentativo compiuto da Garibaldi di offrire alla moglie una vita modesta ma meno avventurosa. Padre di tre figli, Giuseppe tenta di fare l'insegnante di lingue, di inserirsi nel commercio come sensale di grano e di formaggi. Più volentieri, però, presta servizio per la repubblica orientale.

Quando l'eroe prende la via dell'Italia, Anita lo segue con i piccoli, Menotti, Ricciotti e Teresita. Nel marzo del '48 sbarca a Genova e vive immediatamente il clima di speranze e di attese dei patrioti: la bandiera che riceve sulle banchine del porto da tremila persone per consegnarla al marito, affinché la pianti sul suolo lombardo, costituisce un pegno inequivocabile sui destini che l'attendono.

Invano il generale tenta di tenerla fuori dai pericoli della mischia inducendola a viver con la madre, nella sua Nizza. Appena ha notizia di una sua malattia lo raggiunge a Genova e prosegue per Bologna, Firenze e Rieti, da dove rientrerà, ubbidiente, dalla suocera e dai figli. Ma attende inquieta le lettere che le arrivano da Roma, presta massima attenzione alle voci che circolano fra la gente. Appena giunge la notizia che Garibaldi è stato ferito, non esita a raggiungerlo, eludendo la sorveglianza dei nemici della Repubblica.

Amazzone o valchiria, ecco Anita nel ruolo da lei preferito, quello di compagna, sempre e dovunque, a fianco, anzi davanti all'uomo che ama e di cui vuol condividere fino in fondo, a qualunque prezzo, il destino. Si batte a San Pancrazio, partecipa in prima linea all'eroica difesa della città, della Repubblica. Fino all'ultima avventura, quella della ritirata, a partire dal 2 luglio, alla volta di Venezia.

*« Io offro a chi
mi vuol seguire fame sete fatiche
combattimenti e morte »; poi l'uscita
da San Giovanni, tutto il popolo afflitto
che lacrimava e le Trasteverine
accorse in gara che spargevano i gigli
sotto il cavallo dell'eroina Anita
a San Giovanni...*

Sono i versi di *Elettra* con cui D'Annunzio evoca la partenza del dittatore da Roma, nel libro secondo delle *Laudi*. È l'inizio dell'ultimo atto della straordinaria epopea. Epopea drammatica e pure grandiosa, che ha commosso intere generazioni. « Amante e moglie, infermiera e compagna d'arme, fedele e devota », come scriverà Jessie White Mario, Anita assiste l'eroe deluso e amareggiato, nella ritirata, braccato dal nemico. « Ne veglia il sonno, gli prepara la tenda. »

Terni, Orvieto, San Marino. Qui la febbre assale Anita, la febbre maligna che la porterà alla morte. La donna rifiuta di restare all'ombra protettrice della Repubblica del Titano, intende seguire fino in fondo il marito in pericolo. Lo accompagna ancora, generosamente e disperatamente, per l'ultima volta. « Gravida di sei mesi », scriverà Guerzoni, « attrita dagli stenti e dagli affanni dell'ultima odissea, assalita fin da San Marino da una febbre insidiosa che lentamente la struggeva, straziata da atroci crampi di stomaco, arsa di sete, priva da giorni d'ogni cibo riconfortante, scalza, lacera, seminuda, la misera donna era all'estremo della sua possa. »

Anita non emette lamenti, rassicura l'eroe che la trasporta con ogni mezzo: fra le braccia, in barca, su un biroccino, alla disperata ricerca di un luogo dove possa ricevere assistenza. Sarà una fattoria del marchese Guiccioli, ma neppure il medico accorso potrà far niente. Anita muore verso le quattro di sera del 4 agosto 1849.

*Io lo seguia – non conscio della vita –
Lei sorreggendo all'ospital dimora.
Ivi un giaciglio la raccolse – e mentre*

Corcata – il pugno mi stringea... di ghiaccio
Se fe la man della mia donna! – e l'alma
S'involava all'Eterno!

Così Garibaldi evoca in versi ingenui e toccanti l'ultimo atto, il disperato tentativo dietro a Nino Bonnet, che li conduce alla fattoria.

Si concludeva così l'esistenza terrena di Anita Ribeiro Garibaldi: travagliata perfino nella sepoltura, per le paure del fattore ossessionato dalla incombente prossimità degli austriaci. Una buca nella nuda terra, anonima e senza simboli, non fu la definitiva sepoltura. Quel corpo straziato dalle autopsie fu prima deposto nel piccolo cimitero delle Mandriole, poi a Nizza (1859) accanto alla piccola Rosita, infine sul Gianicolo (1932) all'ombra del grande monumento, il cavallo impennato, il bimbo al petto.

«Essa fu martire dell'amore», conclude Guerzoni. «Oscura figlia del continente brasiliano, destinata a nozze pacifiche, ella sarebbe probabilmente vissuta felice senza neppure conoscere che esisteva un'Italia, se un giorno, nel breve tragitto dalla sua casa alla fontana, non si fosse abbattuta in quella maliarda figura d'eroe che l'affascinò coll'inesprimibile sortilegio della sua leonina bellezza, e ghermitala nel suo pugno poderoso la trasportò seco nel fortunoso ciclone della sua vita.»

Anche per questo Anita è la figura femminile più drammatica e più poetica del Risorgimento italiano. Quasi simbolo e compendio dell'intero riscatto nazionale. Nel suo slancio universalistico: oltre i confini delle patrie.

3. Bassi

6 LUGLIO 1847. Padre Ugo Bassi, il predicatore barnabita in fama di eresia liberale, riesce a farsi ricevere da Pio IX, il Papa della Guardia civica e del « benedite gran Dio l'Italia ». Non è facile superare le resistenze e le obiezioni opposte dagli ambienti della Curia, istigati dai sospetti e timori reazionari che ispirano il cardinale Lambruschini (il grande deluso del conclave del '46). Timori sui possibili effetti del dialogo diretto fra il Papa dell'imminente Statuto (e della grande febbre neoguelfa) e il frate che già nel lontano 1835, dopo un'infiammata predica a San Petronio, era stato apostrofato in questi termini dal cardinale legato di Bologna, Spinola: « Voi mi sembrate piuttosto un apostolo di rivoluzione che un servo di nostra santa madre Chiesa ».

Scopo dell'incontro, perorare di persona, direttamente, davanti al Papa che aveva inaugurato « un'era novella », la causa italiana. Niente di certo si sa sullo svolgimento dell'incontro avvenuto a quattr'occhi: e Ugo Bassi lo ha lasciato avvolto nel più assoluto riserbo, non facendone cenno in alcuna lettera o in altro scritto, come invece era solito fare. La discrezione sacerdotale, per una volta, prevalente sulla passione politica.

Le versioni dei biografi sono contrastanti. Si dice che il frate si sia soffermato sulle attese suscitate negli italiani dalle iniziali scelte di tono liberale di Pio IX, affidandogli l'Italia « come figlia ». Si dice anche che il suo fu un monologo, anziché un dialogo, ascoltato dal Papa in silenzio. « Stette a sentire attonito », scrive un biografo, mentre in altra testimonianza si legge che « lo ascoltò quasi assopito ». Ma le parole pronunciate più tardi dal Pontefice (« Che bel cuore ha il padre Bassi! ») lasciano supporre che Pio IX avesse apprezzato l'intensità e la sincerità della fede patriottica del padre barnabita, indipendentemente, vorremmo dire, dai contenuti. Non a caso, di lì a poco Bassi fu invitato a lasciare Roma per tornare in Sicilia, dove già era stato inviato nel gennaio 1844.

Padre Bassi non era un personaggio comodo né per la Curia né per la Roma pontificale. Nel '47, al momento dell'udienza concessa da Pio IX, era accompagnato da sospetti e insinuazioni, che avevano provocato più di un provvedimento nei suoi confronti.

Già la scelta del nome, Ugo, era di per sé rivelatrice. Si chiamava Giuseppe: così era stato battezzato all'indomani della nascita, avvenuta il 12 agosto 1801. Ma più tardi lo cambiò e scelse quello di Ugo in omaggio a Foscolo, il poeta caro a Mazzini, il profeta di un'Italia che ancora non c'era.

Figlio di un impiegato delle dogane di Cento (in provincia di Ferrara), il giovane avverte intenso il fascino delle idee rivoluzionarie, respira come il poeta dei *Sepolcri* il clima napoleonico: fino a tentare di arruolarsi, sembra, nel 1815 nell'esercito di Gioacchino Murat, il primo raccogliticcio esercito che reca l'Italia sul proprio stendardo.

Uno sfortunato amore con una giovane, Annetta Bentivoglio, lo spinge invece a vestire l'abito talare: nel 1821 pronuncia i voti, nel 1825 è ordinato sacerdote. Ora a Roma, ora a Napoli, dove insegna retorica, il giovane barnabita si distingue per due fondamentali aspetti: all'esuberanza di carattere e al fondo di intolleranza verso la disciplina troppo rigida si associa una straordinaria efficacia e capacità di predicatore.

Dotato di vasta cultura, che si nutriva anche dei succhi della società civile e non si chiudeva nei fortilizi dei cimiteri, senza nulla di aulico e di accademico, il predicatore riusciva a esaltare l'uditorio per il tono appassionato, la lampeggiante efficacia delle immagini, l'eloquenza vulcanica, il gesto teatrale, l'uso e perfino l'abuso di retorica. Contribuivano ad accrescerne il fascino fra la gente l'originale spirito di trasgressione che scaturiva dalle sue parole e il suo stesso aspetto fisico, senza dubbio attraente: « Aveva i capelli bruni e inanellati alla nazarena », è la testimonianza di un contemporaneo, « gli occhi brillanti al pari del sole, ora sereni, ora sfolgoranti, la bocca sorridente, il collo bianco e lungo, le membra agili e robuste, il cuore di fuoco... »

Padre Bassi inizia l'attività di predicatore nel 1833, l'anno in cui viene assegnato al collegio di Alessandria, dove incontra Alessandro Gavazzi, il frate patriota che andrà incontro all'interdizione per le idee e le passioni fervidamente e ostentatamente liberali: base di una lunga, fedele amicizia.

Ugo Bassi non è da meno. Le sue prediche infiammate echeggiano un po' ovunque, in quell'Italia divisa e assopita. Torino, Bologna, Cesena, Palermo e poi Milano, Genova, Piacenza, Parma, Roma, Perugia: la città dove lo raggiunge (21 maggio 1840) il divieto di predicare negli Stati pontifici e di ritirarsi nel collegio di San Severino Marche. Nuovo Savonarola, Ugo Bassi già nel 1835, nella cattedrale di San Petronio, aveva tuonato contro «l'iniqua Roma, avara metropoli, sentina di vizi» che irriterà il cardinale Spinola e costringerà il predicatore a recarsi a Roma, per discolparsi. Ma nel '36 esalta Napoleone e nel '37, a Palermo, richiama i fedeli alla purezza dei costumi dei primi tempi del cristianesimo e all'applicazione rigorosa dei princìpi evangelici.

Conservatori e reazionari lo ascoltano con crescente diffidenza e sospetto; la gioventù liberale si esalta. E non solo i giovani. A Genova la madre di Mazzini è testimone degli entusiasmi sollevati fra i liberali e ne scrive al figlio, sottolineando l'ostilità dei gesuiti e della Lega cattolica per questo frate che sembra esaltare dal pulpito gli ideali e i princìpi della «Giovine Italia». «Vorrei sentire una di queste prediche», è il cauto commento del Mosè dell'Unità, «per giudicare se vi è fondo, o se non è che una bizzarria.»

Non era una bizzarria e padre Bassi lo avrebbe dimostrato coi fatti nel resto della vita. «Fui sempre liberale evangelico», scriverà in una lettera del '48, quando l'avvento di Pio IX e soprattutto l'avvio della guerra all'Austria sembravano pienamente soddisfare il suo cattolicesimo liberale, accendendolo di nuove speranze (che dureranno poche settimane).

Tenterà invano di conservare la fiducia nel Papa del '46 anche dopo l'allocuzione del 29 aprile '48 e il crollo della illusione neoguelfa: distinguendo l'alta figura del pontefice dagli inganni della curia e dalle remore dei gesuiti. L'equivoco avrà breve durata.

Deluso da Carlo Alberto non meno che da Pio IX, colpito a sua insaputa dal provvedimento di secolarizzazione, insieme all'altro barnabita ribelle, Alessandro Gavazzi, Ugo Bassi accantona l'idea di un Pontefice guida della rivoluzione italiana, al pari di quella di un Re di Sardegna, il «Re tentenna», che ne prenda il posto. A Venezia conosce Tommaseo, il piagnone così lontano dalle sue passioni e dai suoi sentimenti, ma soprattutto conosce e si lega a Daniele Manin, che finisce per rappresentare il suo ideale. La Repubblica gli appare allora l'unica forma di governo in grado di assicurare l'indipendenza nazionale e la vera sovranità popolare.

Da Venezia a Roma, da Manin a Garibaldi. Se Manin è il suo ideale, l'eroe dei due mondi diviene il suo mito. Lo incontra e lo conosce a Rieti, nella fase in cui Pisacane trattiene quella banda di volontari o di briganti fuori dalle porte di Roma. È immediatamente colpito dal candore, dalla limpida onestà, dal coraggio dell'uomo: che gli appare – scrive alla madre – « come l'eroe più degno di poema che io potessi nella mia vita vedere. Le nostre anime si sono congiunte come se fossero state sorelle in cielo prima di ritrovarsi sulle vie della terra... »

Certo nella legione garibaldina, composta di patrioti ma anche di avventurieri o addirittura di furfanti (che Garibaldi comunque era convinto di riuscire a trasformare in soldati), questo frate che si aggirava inquieto, tutto vestito di nero, fra indifferenti e miscredenti o mangiapreti suscitava una qualche curiosità, perfino un qualche sconcerto. Ma le sue prediche sono diverse; le parole sono esattamente quelle che quegli uomini desiderano sentire.

È davvero uno di loro. E non a caso Garibaldi gli farà abbandonare quell'abito nero, inviandogli la sua stessa divisa scarlatta, indossata solo due volte. « Uscii con indosso la divisa scarlatta di Garibaldi », scrive il frate patriota alla madre, da Anagni, il 24 aprile 1849. « In essa non ci sono i gradi perché Garibaldi non porta alcun segno, cioè ori, cincischi o altre baie, ma veste come gli altri ufficiali, contento solo di essere Garibaldi. »

Il barnabita fa così ritorno a Roma in abiti e sentimenti ben diversi da quando l'ha lasciata l'ultima volta. Cavalca a fianco di Garibaldi, in sella alla sua Ferina, la cavalla donatagli da Gioacchino Rossini. È cappellano militare della legione garibaldina, indossa la bella uniforme scarlatta del generale con la croce d'argento sul petto.

Brandendo quella croce come fosse una sciabola, incitando e incoraggiando alla santa causa dell'Italia, si batte in prima fila trascinando e galvanizzando i legionari. È a fianco di Garibaldi nei combattimenti di Palestrina, di Velletri, di Roccasecca, dove viene ferito a un piede, sul Gianicolo. Il 30 aprile, nel sanguinoso scontro di Villa Pamphili, ha visto cadere sotto di sé la fedele Ferina, colpita da una pallottola. Conosce la prigionia dei francesi, per non aver voluto abbandonare un ferito; svolge la funzione di messaggero fra le parti, di mediatore fra Oudinot e la Repubblica, che pure resteranno su posizioni non conciliabili né concilianti.

Il 2 luglio Bassi pronuncia l'ultimo discorso: in San Lorenzo in Lucina recita l'elogio funebre per la morte di Luciano Manara, cadenzato da parole dure contro i soffocatori delle libertà repubblicane. Sono le ultime ore della Repubblica, quelle del varo degli ultimi articoli della Costituzione che Mazzini vuole, a ogni costo, perché resti a futura memoria, documento incancellabile dell'esperienza repubblicana.

Vicino a Garibaldi anche nel dramma della ritirata, sulla via di Venezia che ancora resiste. Lo lascerà nella notte del 3 agosto per andarsi a cambiare gli abiti, i pantaloni dell'uniforme garibaldina. Lo lascerà nello strazio delle ultime ore di Anita, in compagnia del solo Leggero.

Con Bassi è il conte Livraghi: insieme saranno catturati, incarcerati, condannati. Tutto viene negato al frate che pure non ha nascosto la propria identità, non ha tentato di fuggire o di difendersi. « Io sono il padre Ugo Bassi, nativo di Cento e domiciliato da molti anni a Bologna, dell'Ordine dei Barnabiti e ora Sacerdote Cappellano dell'Armata del generale Garibaldi. » Si nega il breviario, si nega l'estremo viatico. A un frate che niente ritratta, che nessun contrasto avverte nell'essere devoto figlio della Chiesa e cittadino di un'Italia che ancora non c'è.

In Ugo Bassi, che cade sotto i colpi del plotone d'esecuzione l'8 agosto 1849, vive intero il dramma del Risorgimento, del potere temporale divaricato dalla coscienza dei credenti, del conflitto fra Chiesa e Stato. Ma affiora anche, nella sua limpida fede e serena coscienza, la sola risposta destinata a risolvere il conflitto, al di là dei calcoli della ragion di Stato: il richiamo al cristianesimo evangelico, la sconfessione di ogni temporalismo ecclesiastico. Anticipazione della sola conciliazione che conti, che è quella delle coscienze e dei cuori.

4. *Manin*

«DOGE de Venise? Mon ambition visait bien plus haut, j'ose à peine me l'avouer – Washington!» Così si confessa Daniele Manin, l'esponente israelita della piccola borghesia veneziana, che è riuscito a rialzare la bandiera della Repubblica di San Marco dopo i disordini del 22 marzo 1848, negli stessi giorni in cui insorge Milano con le Cinque giornate e in cui la febbre dissolvitrice divampa nell'impero plurinazionale di Vienna arrivato – sembra – all'ora della resa dei conti.

E mentre Cattaneo, il *leader* ideale dell'insurrezione milanese, repubblicano e federalista come Daniele Manin, arretra di fronte alle esigenze della «ragion di Stato» e alla prevalenza del ceto moderato filo-albertino, Manin non conosce ostacoli nella proclamazione immediata, e fino al giorno prima inopinata, della Repubblica sulle rive della Laguna. Una Repubblica che non ha mai conosciuto, in virtù del regime dogale simbolo e compendio di una storia gloriosa, un proprio presidente; ma il primo presidente sarà lui, con l'obiettivo, altissimo, di imitare il modello di George Washington, di passare alla storia come un sommo unificatore e legislatore (e sia pure, come Washington, nella logica federale cara alla sua visione della storia d'Italia).

Non politico, almeno nel senso professionale «a pieno tempo» del termine. Neanche cospiratore, nell'accezione risorgimentale. Estraneo alla contesa fra neoguelfi e neoghibellini: in quell'isola di Venezia che respirava una propria storia, che disponeva di una propria e autosufficiente leggenda. Nipote di doge, di Ludovico Manin, per una singolare strada: l'abbandono del cognome da parte del padre, tale Medina, per assumere quello del padrino, il futuro doge che l'aveva tenuto a battesimo. E quindi inserito quasi di forza, lui esponente di una borghesia affiorante e umbratile, con quel solco israelita sempre così forte a Venezia, in una storia ben caratterizzata e ben riconoscibile. Essa stessa sovrastante e dominatrice.

Fino al 1847, nell'ombra o quasi. Avvocato di qualche spicco, tutto concentrato nell'esercizio dell'avvocatura e degli studi, aveva messo gli occhi fuori dalla piccola patria solo per patrocinare, con intuizione geniale e tecnicamente fondata, il tracciato della ferrovia Venezia-Milano, facendo prevalere l'interesse del più breve percorso sulle manovre e sui calcoli dei banchieri viennesi, inclini alla via di Bergamo (forse perché antica città, come del resto Brescia, della Repubblica di San Marco).

Primo contatto vero con la scena pubblica: il nono congresso degli scienziati italiani a Venezia, nel settembre 1847, occasione per una rassegna di forze non soltanto culturali, per un'esplorazione di temi non soltanto scientifici, per un complesso di disegni e di progetti – verso un'Italia europea e moderna, la stessa che sognava Cattaneo – tale da incidere nella sfera politica, da alimentare il destino e l'ansia dell'indipendenza.

Venezia ha condiviso la febbre neoguelfa meno delle altre città italiane, anche per i timbri peculiari e autonomi del suo cattolicesimo, ma il sistema della «lotta legale» volto a ottenere riforme civili, nell'ambito delle istituzioni esistenti e senza fremiti giacobini, caratterizzava insieme il giovane avvocato ebreo – portatore di esigenze di tolleranza e di libertà per la stessa razza dalla quale proveniva – e al suo fianco un cattolico ribelle, indisciplinato, scontento e protestatario, quale è il suo futuro compagno nella cordata della Repubblica veneziana (e poi suo critico malevolo e ingiusto) Niccolò Tommaseo. Quale malinconia ripensare alle tante immagini ottocentesche che fanno vedere i due patrioti che si danno la mano in immagini laicamente liturgiche, con vibrazione quasi religiosa, affiancati da altarini che sono dominati dalle parole «Viva l'Italia, Viva la Repubblica»!

Di qui le «cinque giornate» di Venezia (nessuno le ha chiamate così) che vanno dal 17 al 22 marzo 1848. Non un moto popolare spontaneo e irresistibile come sarà la rivolta di Milano; ma una calcolata serie di sequenze politiche, ritmate da movimenti di protesta popolare, in cui si svela intero il genio del quarantaquattrenne Daniele Manin (era nato nel maggio 1804), giunto a una svolta decisiva e imprevedibile della sua stessa vita.

Non solo non ci sono le barricate; ma si persegue, da parte di cospicui settori patriottici, l'obiettivo di adattarsi a un governo costituzionale austriaco (un'illusione che per un momento aveva investito anche Cattaneo a Milano). Manin vede giusto: sente che le concessioni di Vienna sarebbero state presto ritirate o smentite, punta piuttosto a una sollevazione popolare che obblighi – prima tappa – il governatore austriaco ad abbandonare il campo, a istituire un governo provvisorio.

È una manovra per farlo cadere. Manin è deciso a dire «no» a quella formula di transizione, che pure nasce dal cedimento di Vienna, dopo che l'imperatore ha dovuto promulgare a Vienna la Costituzione. Sa che, con quei limiti e con i compagni di strada di cui dispone, non avrebbe potuto fare molta strada, spinge la cittadinanza – che gli è fedele – a respingere l'ipotesi del governo provvisorio municipale, obbligandolo a dimettersi, nella notte stessa del 22 marzo, prima ancora che esso si sia effettivamente costituito.

Una nuova storia iniziava, che era anche una storia antica nelle mutate simbologie del potere: Manin veniva acclamato presidente della Repubblica. Non era la Repubblica sognata da Mazzini; non sarà la Repubblica romana. Era piuttosto la Repubblica in lega con gli altri Stati d'Italia nella grande federazione allora sognata. Federazione italiana, e poi europea (secondo un'intuizione che in Manin – personaggio sotto ogni profilo europeo – fu più perentoria e lampeggiante che non in molti altri uomini del Risorgimento, chiusi nelle loro dimensioni autoctone, nazionali o regionali).

Il «presidente della Repubblica» (attaccato da tante parti per quel titolo un po' washingtoniano e per un senso molto spiccato del potere e dell'autorità) non spinse mai la sua fedeltà alle stesse pregiudiziali repubblicane a tagliare la strada al moto per l'indipendenza, che passava attraverso il Piemonte e la guerra, ormai in corso, di Carlo Alberto sui piani padani.

Le esitazioni e le contraddizioni del Re, in quella campagna tutto sommato sfortunata, non arresteranno mai la dedizione italiana dell'uomo che sette anni più tardi a Parigi darà vita alla formula «Italia e Vittorio Emanuele», spianando la via al grande piano di Cavour.

Quando la soluzione – che non era la sua – della fusione col Piemonte, che aveva già annesso la Lombardia, in vista della totale indipendenza dell'alta Italia, apparve la sola possibile ai primi di agosto del 1848, egli indusse l'assemblea veneziana a vararla a grande maggioranza, pur dichiarando di non poterla personalmente condividere e di non potersi impegnare in pubbliche magistrature nel nuovo assetto di poteri che ne sarebbe derivato (furono i cinque giorni, malinconici giorni, dei commissari piemontesi a Venezia, col governo repubblicano in *frigidaire*).

L'armistizio di Salasco del 9 agosto, la tregua d'armi piemontese con l'Austria, travolse non solo il prestigio di Carlo Alberto, ma i commissari piemontesi a Venezia (una città dove nel frattempo dai campi padani era giunto il generale che comandava il contingente napoletano ritirato dal Re Borbone spergiuro e che si chiamava nientemeno Guglielmo Pepe). Una città inserita in quel processo di « italianità » dilagante che porterà Venezia a resistere, con coraggio grande e con fermissimo impegno tanto militare quanto civile, alle soverchianti forze austriache. Fino a quella resa del 21 agosto 1849, l'ultima in Italia (nello stesso mese moriva Anita Garibaldi nella pineta di Ravenna), la penultima in Europa.

Pur di favorire il moto italiano, dopo le deliberazioni dell'agosto 1848, Manin non ristabilisce formalmente – ed ecco un'altra prova del suo genio politico – la Repubblica. Ma crea solo una coalizione di forze diverse, dominata da un unico obiettivo: cacciare lo straniero. È un governo provvisorio che non ipoteca il futuro, non chiude all'auspicata federazione sbocchi diversi da quelli immaginati o possibili ai primi del '48.

Prima di Novara, grandi e generosi sogni di una « guerra italiana »: contro tutte le manovre della diplomazia europea, che tende a salvare la causa dei troni, evitando umiliazioni troppo aspre ai popoli insorti. Guglielmo Pepe immagina, e « teorizza », un collegamento con l'esercito sardo, che non si realizzerà mai. Gioberti patrocina, da Torino, una lega italiana, in cui si consumeranno tutte le illusioni del « fanciullo sublime ». Rattazzi, ministro dell'Interno nella capitale piemontese, prepara una resistenza, che non ci sarà.

Carlo Alberto si guarda bene dall'avvertire il governo provvisorio di quella che era stata fino a pochi mesi prima una Repubblica della sua controffensiva, del piano disperato che culminerà tragicamente, nel marzo '49, nelle sconfitte di Mortara e di Novara. Haynau, reduce dalla feroce repressione di Brescia, intima la resa a Venezia. Invano. Con i suoi diciassettemila soldati, in gran parte volontari, Venezia terrà testa, per mesi e mesi, a una forza austriaca superiore a quella che aveva sfidato l'esercito regolare, e numerosissimo, di Carlo Alberto nella guerra a Novara.

Il 2 aprile 1849 – è uno dei rari e grandi momenti della leggenda nazionale che nasce – l'assemblea veneziana delibera all'unanimità la resistenza a oltranza: «ogni viltà convien che qui sia morta».

Citiamo Oriani. «Centocinquanta bocche d'artiglieria fulminano la città, Marghera resiste ancora, finché Manin stesso non ne ordina lo sgombro. La tragedia precipita. Una specie di dittatura militare, composta di Ulloa, Sirtori e Baldisserotto, si aggiunge alla dittatura politica di Manin, accrescendo gli attriti, ma non impedendo nullameno l'accordo nella difesa. Questa, costretta ora entro la linea delle lagune, esigerebbe la distruzione di tutto il famoso ponte, senonché la vanità artistica e l'interesse commerciale lo salvano per la massima parte, affrettando la perdita della città, poiché gli Austriaci vi si afforzano nella testa e il cannoneggiamento prosegue, benché senza grandi risultati d'ambo le parti, per un mese. Con eroica pertinacia Venezia ricusa l'ultima offerta costituzione, perché le cariche amministrative non vi erano tutte riserbate agl'Italiani e i diritti fondamentali vi potevano essere aboliti in tempi di sommossa o di guerra.»

Nella straordinaria resistenza di Venezia c'è tutto: anche la vendetta contro Campoformio e contro la fine ingloriosa di una Repubblica, che aveva incarnato momenti fra i più alti della civiltà universale. E con la caduta della Repubblica di San Marco termina la grande rivoluzione federale che nel segno della Repubblica romana di Mazzini – contemporanea ma diversissima nello spirito – diventa Repubblica unitaria.

Manin esule conterà nella storia d'Italia quanto Manin presidente o capo dell'esecutivo a Venezia. La formula della «Società nazionale», Italia e Vittorio Emanuele, nascerà dal profugo democratico onorato da tutta Europa nella solitudine di Parigi, affiancato da Pallavicino e a Torino da La Farina: sempre contrapposto a Mazzini da una polemica che non avrà mai requie. «Io repubblicano», scriverà Daniele Manin a Lorenzo Valerio nel settembre 1855, «pianto il vessillo unificatore. Vi si annodi, lo circondi e lo difenda chiunque vuole che l'Italia sia. Il partito repubblicano dice alla casa di Savoia: 'fate l'Italia solo con noi; se no, no'.»

«Se no, no.» La spedizione dei Mille era già in nuce nel programma di Manin, che non aveva mai mescolato le sue carte con quelle della Repubblica di Mazzini e di Garibaldi. La storia sembrava colmare incomprensioni e antitesi antiche, mentre preparava soluzioni politiche e diplomatiche che, in misura diversa, smentivano le speranze di ognuno dei protagonisti.

Anche Manin, rassegnandosi all'ineluttabile, aveva sognato qualcosa di diverso: l'unificazione italiana come punto di partenza della federazione europea. « Il nostro dogma politico è la fraternità e tutte le lingue sono di fratelli della grande famiglia di Dio. »

5. *I martiri di Belfiore*

I martiri di Belfiore. Autore: monsignor Luigi Martini. Un libro di liturgia risorgimentale che associava il nome di un ecclesiastico a quello degli undici patrioti fucilati nel forte mantovano, martiri dell'indipendenza italiana, compresi tre sacerdoti. Ricordo l'impressione straordinaria che, nel '35 o nel '36, quel volume suscitò in uno studente che aveva dieci anni quando ricevette in dono un'edizione della Nuova Italia, curata da una scrittrice specializzata nei libri per l'infanzia e la giovinezza, Elda Bossi.

Il libro non era scolastico, sulla copertina c'era un cuore insanguinato: era un'edizione un po' più ampia e più ricca di quella curata da Guido Mazzoni, per i tipi antiquati di Barbera, che era collocata nella biblioteca paterna.

Nel clima del fascismo allora trionfante o dominante questo volume così sommesso e discreto contrastava con l'enfasi e la retorica dilaganti, rappresentava un richiamo a quella Italietta che il fascismo perseguitava tentando di cancellarla addirittura dalla storia italiana. Né si prestava in nessun senso a quelle amplificazioni post-concordatarie nelle quali il fascismo stesso era maestro confondendo la causa della Croce con quella dell'Aquila, per ricordare il linguaggio di Dante.

Varrebbe la pena di tracciare una storia di quel libro che col titolo, singolarmente appagante per la coscienza laica e per quella cristiana, *Il confortatorio di Mantova*, era apparso la prima volta nel 1867, appena quindici anni dopo l'avvio delle forche e dodici dal culmine del martirologio di Belfiore. In un'Italia adolescente, tormentata dal problema di Roma.

Il 1867 è l'anno del momento più duro del contrasto fra la tradizione garibaldino-democratica e il pontificato temporale segnato dalla sfortunata spedizione romana di Monterotondo e di Mentana; è l'anno in cui Firenze è capitale svogliata e accigliata dello Stato italiano; è l'anno in cui si chiude l'esperienza di Bettino Ricasoli presidente del Consiglio; è l'anno in cui tramonta il progetto Borgatti-Scialoja di riforma della libertà della Chiesa, secondo l'ispirazione di democrazia cattolica con vene medioevali, che aveva animato il barone di ferro e che rifletteva anche trasalimenti e vibrazioni giansenistiche. La prima edizione, così controcorrente, così « impopolare » – era il periodo del grande dilaceramento fra Chiesa e Stato –, è a tiratura limitata. Solo nel 1870-71 apparirà un'edizione completa, quella che rischierà di incorrere negli strali della Sacra congregazione dell'Indice.

Se quell'estremo fu evitato lo si dovette all'intervento diretto e personale di Pio IX, il quale, pur nella complessità talvolta sfuggente del suo carattere, mai aveva dimenticato di essere stato il Papa del « Benedite, gran Dio, l'Italia », della coccarda tricolore, della concessione dello Statuto negli anni della febbre giobertiana, fra '46 e '48. E l'ala protettrice del Papa si unì all'impegno che si riuscì a strappare allo stesso Martini di impedire la diffusione del libro (infatti alla sua morte furono rinvenute circa duemila copie invendute di quel volume richiestissimo).

1870: l'anno di Porta Pia. L'anno in cui il contrasto fra il potere temporale e l'istituzione laica e temporale dello Stato porterà di necessità a quella Roma che Cavour, raccogliendo le intuizioni e il vaticinio di Mazzini, aveva destinato a capitale d'Italia. È l'anno del decreto della Sacra Penitenzieria, che stabilisce il *non licet* e poi il *non expedit* per i cattolici a partecipare alle elezioni politiche, come protesta contro la consumazione di quello che apparve allora a larga parte del mondo cattolico, anche fuori d'Italia, il sacrilegio dell'occupazione di Roma, da più secoli capitale dello Stato pontificio.

Il 1870 vide anche l'incontro fra monsignor Martini e Alessandro Manzoni, il cattolico che aveva votato, già a Torino, per Roma capitale senza mai visitarla come Cavour: indifferente alle critiche e alle censure degli ambienti intransigenti.

A Milano Manzoni accoglie monsignor Martini a braccia aperte. « Mi permetta di baciare la mano a chi ha scritto *I Promessi Sposi* », si dice abbia esclamato monsignor Martini. E Manzoni per tutta risposta: « No, monsignore, sono io che debbo baciare la mano che ha benedetto i martiri dell'indipendenza italiana ». È difficile immaginare qualcosa di più alto di quell'incontro, come contrappunto all'evento, il 20 settembre, per tanti aspetti straordinario nella storia del mondo: « il giorno più grande del secolo decimonono », come l'avrebbe definito Ranke.

Il colloquio Manzoni-Martini ne seguiva un altro, di pochi anni precedente, fra il vescovo di Mantova e Niccolò Tommaseo, che in materia di fedeltà insieme al cattolicesimo e al liberalismo si muoveva nella stessa prospettiva manzoniana ma aggiungeva di suo la difesa di Roma pontificale, perseguita con quel carattere spigoloso, aspro, scontroso e irritante che tutti i lettori del suo epistolario conoscono: posizione che trasformava l'esule dalmata da neoguelfo in guelfo. Sulla linea di Tommaseo, per la capitale, stavano uomini eminenti sul versante patriottico come Massimo d'Azeglio, come Cesare Alfieri di Sostegno, come Stefano Jacini, convinti che la stessa grandezza classica e cattolica di Roma fosse di limite e di ostacolo all'autorità e alla peculiarità dello Stato nazionale italiano.

D'Azeglio voleva la permanenza definitiva della capitale sulle rive dell'Arno, in quella Firenze che non avrebbe creato problemi di collegamento o di connessione con una storia che non fosse nazionale. Era la posizione che rifiutava il mito mazziniano della terza Roma, che rifiutava la conseguente scelta di Roma capitale d'Italia. Pure con Tommaseo l'incontro di monsignor Martini era stato affettuoso e caldo come con Manzoni. Abbracciandolo il vecchio esule deluso, irascibile, scontento, del tutto cieco, si era lamentato di non poter vedere l'angelico volto del confortatore dei martiri.

Ci vorranno altri trent'anni per arrivare all'edizione popolare de *I martiri di Belfiore*, intorno al 1903. Curatore devoto e appassionato: Guido Mazzoni, un allievo diretto di Giosue Carducci, docente di letteratura italiana, di nascita fiorentino, anche poeta, laico, con quella punta di laicismo intransigente che caratterizzerà i discepoli del Carducci. Filologo insigne, studioso di formazione positivista, rigoroso, preciso come erano gli allievi di quella grande scuola critica che fu la scuola bolognese del Carducci.

Mazzoni, che aveva avuto difficoltà a Padova nel primo incarico universitario (difficoltà di matrice accademica), le aveva potuto superare grazie all'aiuto di Alberto Cavalletto che aveva vissuto gli anni dei martiri di Belfiore, che era deputato del Veneto, che era intervenuto alla Camera a Montecitorio per protestare contro l'intrigo e la congiura che a danno di Mazzoni si stava consumando. La conoscenza di Cavalletto, cui l'opera dei *Martiri di Belfiore* è dedicata, accende l'amore e la passione singolare di

Guido Mazzoni, pronto ad aggiungere ai suoi studi di storia del Rinascimento e del Medio Evo un'esegesi di storia contemporanea, come la vicenda del '51-55 a Mantova, la vicenda del sacerdote e del confortatore. Ed erano quelli gli anni in cui la Camera italiana deliberava l'edizione nazionale delle opere di Giuseppe Mazzini. Sì. Perché i moti che portarono alle condanne di Belfiore furono essenzialmente moti mazziniani, si mossero sulla traccia dell'apostolo.

Il fatto singolare e straordinario delle condanne di Belfiore è l'innesto del prestito mazziniano su una vicenda che segue le grandi delusioni e amarezze del '49, per cui essi saranno imputati. È il momento del trapasso dal federalismo (che trovava nel papa il presidente ideale della confederazione italiana) all'unità d'Italia, favorito dalla convinzione, presente in molti, che fosse necessaria una rinuncia della Santa Sede al potere temporale per assecondare con l'unificazione italiana la sua stessa purificazione: motivo che ci porterà a Fogazzaro attraverso Manzoni, a Gallarati Scotti, a tutta un'eminente tradizione di pensiero cattolico-liberale, anticipatore di quelle svolte che culmineranno con il Concilio Vaticano secondo.

Giudicando la sentenza di condanna a morte di don Grioli, monsignor Martini ricorda le preghiere levate da più parti per salvargli la vita, ma nulla servì a qualcosa perché si voleva dare un esempio onde, come dicevano taluni, chiamare all'ordine i cittadini e il clero che si erano «fuorviati».

Sulla fede cattolica di un altro martire, don Tazzoli, monsignor Martini non ha dubbi, nonostante le censure dell'autorità ecclesiastica. Il Tazzoli, come cattolico, amò e rispettò la Chiesa sempre portandola nel cuore, «come suo sacerdote fedele e figlio amorosissimo; riverì il capo della Chiesa, Pio IX, quale successore di san Pietro e vicario di Gesù Cristo in questa terra, imperocché egli non congiurò né cospirò mai ai danni della Chiesa».

* * *

Innanzi tutto i fatti. Si parla di «martiri» a proposito delle vittime di una serie di processi conclusi con l'esecuzione della condanna a morte, a Belfiore, in provincia di Mantova, nel periodo compreso fra 1851 e 1855.

I reati imputati dal governo austriaco erano vari, dal tradimento alla sedizione, con prevalenza della «cospirazione». I primi comitati di patrioti impegnati nella preparazione dell'insurrezione erano sorti alla fine del 1850, all'indomani delle delusioni del '48-49, con ispirazione repubblicana. Non a caso i vari membri acquistavano le cartelle del prestito emesse dal comitato nazionale fondato a Londra da Giuseppe Mazzini.

Sarà proprio la scrupolosa registrazione dei vari prestiti e sottoscrizioni che non reggerà allo spietato ritmo delle perquisizioni, offrendo alla persecuzione austriaca prove sufficienti per procedere contro i cospiratori.

Primo degli arrestati nel Mantovano (ma dopo che un comasco impegnato nella propaganda di opuscoli e proclami rivoluzionari, Luigi Dottesio, era stato scoperto – gennaio '51 – e quindi condannato e impiccato a Venezia nell'ottobre), don Giovanni Grioli, accusato di aver svolto propaganda di sovversione fra i soldati ungheresi, fu trovato in possesso di bollettini sediziosi, antiaustriaci, volti alla disobbedienza civile, cioè al rifiuto di pagare le tasse da parte dei cittadini del Lombardo-Veneto.

Carattere ingenuo, uomo di grande lealtà, sempre illuminato dal sorriso; temperamento vivace, sensibile, «il tratto gentile e obbligante»: così è descritto Giovanni Grioli dai biografi. Alla schiettezza e alla sincerità univa una modestia e una disponibilità per il prossimo che stavano alla base della sua missione sacerdotale.

Figlio di un fabbricante di berrette sacerdotali e collarini, giudicato un vero e proprio artista nel suo campo, Giovanni non era stato a scuola particolarmente brillante: specie al ginnasio vescovile di Mantova che frequentò a partire dal novembre 1836. Fu ordinato sacerdote nel maggio 1846 e visse con intensità – parroco di Levata e poi di Cerese – le emozioni patriottiche della stagione delle riforme, suscitate da Pio IX e dal prorompente mito neoguelfo.

Predicatore esperto e capace, aveva letto e diffuso il *Primato* di Gioberti, aveva creduto con tutta la potenza e l'intensità della fede religiosa e patriottica alla conciliazione fra Papato e Italia.

Intimamente legato all'amico e professore don Enrico Tazzoli, che si era appunto recato a trovare la mattina del 28 ottobre 1851, quella del suo arresto e della perquisizione nell'abitazione, da dove fu asportata dalla polizia austriaca l'opera di Gioberti, *Il Gesuita moderno*. Insieme ai bollettini sediziosi che ne avrebbero provocato la sentenza di morte.

Dottesio a Venezia, Sciesa a Milano, Grioli a Mantova. Sono i primi a cadere. Ma a Mantova la serie continua e si allarga. Le perquisizioni si infittiscono, la morsa della repressione e della persecuzione si stringe intorno ai patrioti.

Il colpo più fortunato lo mette a segno il commissario Filippo Rossi, che sequestra in casa di un esattore comunale di Castiglione, Luigi Pesci, una cartolina da 25 lire del prestito di Mazzini. È il 1° gennaio 1852. Dal Pesci si risale a Ferdinando Bosio, che gli ha consegnato la cartella. E Bosio è insegnante al seminario vescovile di Mantova, insieme a Enrico Tazzoli.

Il cerchio si stringe: nella casa del Tazzoli ecco il registro in cifra delle sottoscrizioni e altre comprometttenti corrispondenze. Gli arresti si estendono; qualcuno parla, altri no. Ma la rivelazione di Luigi Castellazzo consente di scoprire l'intera rete dei comitati.

Si intensificano i processi. Enrico Tazzoli, condannato a morte il 4 dicembre, viene giustiziato il 7 dello stesso mese. È la più lunga sfilata di martiri; la condanna capitale colpisce Bernardo de Canal, Carlo Poma, Angelo Scarsellini e Giovanni Zambelli, tutti destinati all'impiccagione.

Enrico Tazzoli, figlio di un giudice di pace, aveva appreso i rudimenti della grammatica sul testo del Corticelli, ma ben presto aveva avvertito una netta predilezione per le scienze e la matematica piuttosto che per le lettere o la poesia. In confidenza coi classici, conoscitore profondo di Dante, Virgilio e Omero, predilige la storia e la filosofia. Avverte intensa la vocazione religiosa. Lascia il seminario di Verona, dove ha concluso il corso filosofico, per seguire quello teologico a Mantova. Filosofo, teologo, formatosi sui libri di sant'Agostino e di san Tommaso, è ordinato sacerdote il 19 aprile 1835. Predicatore, come don Grioli, dotato di particolari doti di eloquenza, manifesta a partire dal 1848 le proprie idee patriottiche e liberali. Con un'autorità che lo rende figura di rilievo, tale da esercitare una netta influenza anche sulla società civile.

Diviene ben presto l'animatore e il coordinatore della cospirazione mazziniana, presidente e cassiere del Comitato rivoluzionario mantovano, inesauribile distributore delle cartelle del prestito nazionale, lanciato appunto dal Mosè dell'unità dal suo esilio di Londra. Quelle cartoline e quei registri che ne avevano « tradita » la fede politica.

Il tentativo insurrezionale di Milano del 6 febbraio 1853, sfortunato, malpreparato, anche contraddittorio, contribuirà a rendere più severe le sentenze dei processi in corso a Mantova e la lista dei martiri di Belfiore si allungherà.

Fra i numerosi condannati a morte del 3 marzo 1853, insieme con Bartolomeo Grazioli e Carlo Montanari, Tito Speri, l'eroico patriota bresciano, cui dedicherà versi commossi Luigi Mercantini. Un nome che appartiene, o apparteneva, alla leggenda nazionale.

Figlio di un restauratore di quadri di prestigio, che aveva militato sotto Napoleone, Tito primeggia negli studi, specie per la conoscenza dei classici, latini e italiani. A ventidue anni, nel '47, veste l'abito talare: ma lo abbandona nel '48, allorché lo ritiene incompatibile col forte sentimento patriottico che avverte in sé.

Sogna un'Italia libera e indipendente (è una passione che si esprime anche in versi); la notizia delle Cinque Giornate di Milano lo infiamma. Si batte, volontario, nel battaglione degli studenti lombardi e si mette in evidenza per coraggio e ardore nello scontro di Governolo. Ma è in particolare nel '49, nell'epopea delle dieci giornate di Brescia, che il personaggio assume funzioni di protagonista, circondato da un'aureola che resisterà al tempo. Compromesso, prende con altri – sia pure a malincuore – la via dell'esilio. Sceglie dapprima la Svizzera, Lugano, la città cara a Cattaneo e a tanti altri esuli e perseguitati politici del primo e del secondo Risorgimento, poi Torino.

Amnistiato, rientra a Mantova, in famiglia. Viene arrestato la sera del 20 giugno 1852, per propaganda sovversiva. Entrato in rapporti col Tazzoli, lo aiuterà validamente nella distribuzione delle cartelle del prestito.

Un eroismo, il suo, che avrebbe trovato conferma negli spietati interrogatori, e nella serenità con cui avrebbe affrontato la morte. « Brillava in lui la modesta maestà di Socrate e la fortezza impavida del credente », scriveranno i testimoni del tempo.

Nelle ore trascorse nel confortatorio, che lo separano dalla forca, non è percorso da dubbi sulla possibilità, anzi sul dovere di essere buon cristiano e buon cittadino. «Altro non mi resta a desiderare sulla terra, fuorché la quiete di tutto il paese; la pace universale ristabilita»: sono parole della sua ultima lettera, emblematiche e rivelatrici.

È il 3 marzo 1853. Pochi giorni dopo una nuova sentenza, eseguita il 19, che condanna a morte Pietro Frattini, che con Tito Speri aveva combattuto a Governolo, raggiungendo poi Garibaldi a Ravenna e battendosi con lui nella difesa di Roma, l'estrema difesa della Repubblica, fra giugno e luglio del '49.

In quello stesso giorno l'annuncio di un'amnistia che poneva fine al processo, con tanto di lista di coloro che – contumaci e fuggiaschi – erano esclusi dal provvedimento: da Giovanni Acerbi a Benedetto Cairoli.

Ma due anni dopo una nuova vittima sarebbe caduta sugli spalti di Belfiore, il 4 luglio 1855, al termine di un macchinoso, lungo processo: Pietro Fortunato Calvi. Eroico combattente della Repubblica di Venezia, protagonista del moto milanese del 6 febbraio 1853, destinato da Giuseppe Mazzini alla guida delle bande del Cadore e del Friuli.

Avviato alla carriera militare, si era dimesso nel '48 dall'esercito austriaco – egli veneto e perciò suddito dell'imperatore – per battersi alla guida dei Volontari alpigiani del Cadore. Caduta Venezia, aveva preso la via dell'esilio prima a Torino, poi in Svizzera. Ma non riuscirà ad attendere senza agire. Sarà arrestato a Cogolo in Val di Sole, il 17 settembre 1853, con indosso documenti tali da provare i legami con Mazzini. In un processo di quasi due anni non rinnegherà il passato di patriota e non rivelerà un solo nome dei compagni con lui cospiratori.

Quella dignità di comportamento che avrebbe commosso Carducci, il poeta di *Giambi ed Epodi*, nei versi a lui dedicati dell'ode *Cadore*.

Belfiore, oscura fossa d'austriache forche, fulgente,
Belfiore, ara di màrtiri.

6. Bixio

« Io sorgo in nome della concordia e dell'Italia... Io sono fra coloro che credono alla santità dei pensieri, che hanno guidato il generale Garibaldi in Italia, ma appartengo anche a quelli che hanno fede nel patriottismo del signor Conte di Cavour. Domando adunque che nel nome del Santo Dio si faccia una Italia al di sopra dei partiti. »

È il 18 aprile 1861, il giorno del drammatico scontro a Palazzo Carignano, che ospita la Camera dei deputati del parlamento nazionale, fra Garibaldi e Cavour, sulle sorti dell'esercito meridionale. Le parole moderatrici di Nino Bixio esprimono intera la sua collocazione politica, quel tentativo generoso di ergersi al di sopra delle parti che sarà da tutti così poco compreso, così poco condiviso, tanto da porlo in sospetto presso gli amici di ieri senza riuscire a procurarne di nuovi.

Eletto deputato a Genova nel 1861 (appoggiato, si dice, dallo stesso Cavour), Bixio sarà trombato nel '65 nella città natale, che non perdonerà la frase equivoca e infelice con cui giustificherà la cessione di Nizza e della Savoia: essere cioè disposto, per l'Italia, a cedere « in pegno » anche la intera Liguria, se necessario. Uscirà vincente nel collegio di Castel San Giovanni, con l'appoggio di Agostino Depretis, e là sarà confermato nel 1867.

Bixio approdava alla Camera dei deputati con un passato di coerente e intransigente patriottismo. « Dopo Garibaldi », scriverà di lui Francesco De Sanctis, « colui che pigliava posto nella immaginazione popolare era Bixio. Appartenevano a quella tempra di uomini straordinaria e veramente epica, che suscita il meraviglioso e crea la leggenda. »

Garibaldi – è ancora il pensiero di De Sanctis – era la « calma nella forza », la « buona fede nelle idee », una « sublime semplicità di spirito » che lo rendeva immune da tutto ciò che di meschino, di basso e di piccolo si muoveva intorno a lui. Bixio era « la forza nervosa, sdegnosa, impaziente d'indugi e di resistenze »: volere significava per lui fare. Non si ritraeva davanti alle più impervie difficoltà, non ammetteva esitazioni e incertezze, « aveva l'impazienza di chi è nato all'azione, e lo sdegno di chi ama molto ». E perciò portato anche all'errore, all'esagerazione, al risentimento passionale.

Figlio di un modesto impiegato dell'Ufficio del marchio, Nino (il cui vero nome era Girolamo) era nato a Genova il 2 ottobre 1821. Per niente attratto dai libri, focoso e ribelle, aveva vissuto anni di vagabondaggio per le vie del porto. Ciò che lo affascinava era il mare, la scoperta di nuovi orizzonti, l'avventura. Prima mozzo, poi « volontario » nella marina sarda, quindi marinaio su una nave mercantile, realizza il sogno di affascinanti avventure nel mare di Sumatra, teatro tanti anni dopo delle fantasiose storie salgariane. Quindi – siamo nel 1846 – ecco New York, poi Parigi, il decisivo incontro col mazziniano Lamberti, il primo contatto coi rivoluzionari italiani, il tuffo nella passione patriottica e politica.

I fratelli Ruffini, Mameli, la madre di Mazzini: sono gli incontri più significativi nella Genova del '47. Volontario nel '48, deluso dall'esito della guerra, sempre più convinto delle idee democratiche, riorganizza con Mameli il Circolo italiano nel capoluogo ligure, raggiunge Garibaldi in Romagna ed è con lui nella difesa di Roma. Distintosi a Villa Corsini e in ogni altro combattimento cui prende parte, per coraggio e abilità, raggiunge in breve il grado di capo di Stato maggiore. Ferito, lascerà l'ospedale romano solo nel novembre: non segue quindi Garibaldi nella tragica ritirata.

Propaganda politica, sospeso fra Mazzini e Garibaldi, viaggi avventurosi (come quello in Australia, su una nave che si è costruito riempiendosi di debiti, la *Goffredo Mameli*) coprono il decennio '49-59. Di nuovo volontario, è con Garibaldi nei Cacciatori delle Alpi e lo segue poi nell'Italia centrale. Si adopera quindi per organizzare con Bertani, Medici, Crispi e Pilo la spedizione in Sicilia, che lo vedrà protagonista accanto al Generale.

Il mito li unisce, si fonde e confonde con la storia. La frase « Bixio, qui si fa l'Italia o si muore! » ha commosso e infiammato intere generazioni. « Bixio », non « Nino ». Garibaldi come Abba, giudicava quel nome, anzi il diminutivo, un puro « capriccio ». Scriveva appunto uno dei « Mille », Giuseppe Cesare Abba: « Bixio! Ecco il nome che gli sta! Almeno rende qualcosa come un guizzo di folgore! »

Abba. Torna in mente l'efficace descrizione che l'autore delle *Notarelle* fa dell'intrepido garibaldino, mentre lo osserva a bordo del *Lombardo* che da Quarto punta verso la Sicilia. « Mi si era fitto in mente che questo capitano del *Lombardo* fosse un Francese. L'aria, gli atti, il tono suo di comandare, lo mostrano uomo che in sé ne ha per dieci. » A capo scoperto, scamiciato, iracondo – continua Abba nella descrizione, in una pagina del volume *Da Quarto al Volturno* – « sta sul castello come schiacciasse un nemico. L'occhio fulmina per tutto. Si vede che sa far tutto da sé. Fosse in mezzo all'oceano, abbandonato su questa nave, lui solo, basterebbe a cavarsela. Il suo profilo taglia come una sciabolata; se aggrotta le ciglia, ognuno cerca di farsi piccino; visto di fronte non si regge al suo sguardo. Eppure, a tratti, gli si esprime in faccia una grande bontà ».

Calatafimi, ponte dell'Ammiraglio, Porta Termini: sempre in prima linea. In prima linea, ma con le spalle al sicuro, secondo le regole della tradizione militare. Quando a Bronte scoppia una sommossa di contadini, Bixio reagisce e agisce con implacabile durezza. Sono i giorni fra il 6 e il 10 agosto 1860: dallo scioglimento del municipio allo stato d'assedio, dalla condanna da parte del tribunale speciale dei cinque maggiori responsabili degli assassinii verificatisi nel centro siciliano all'esecuzione della condanna a morte, appunto, il 10 agosto, mediante fucilazione alla schiena.

La violenza di Bixio, « prode e sanguinario » come scrisse l'*Illustration*, fece divampare le più vivaci polemiche. I giornali borbonici parlarono di « feroce eccidio di Bronte »; si descrissero le violenze dei garibaldini che braccavano i ribelli, passandoli per le armi una volta raggiunti, bruciando le loro case dopo averle depredate.

Una vicenda malinconica che distenderà un'ombra sul Risorgimento, che alimenterà anche in anni recenti contestazioni e brividi anti-risorgimentali. Un rigore spietatamente militare, opposto a una rivolta per fame. Il pugno di ferro dello Stato centralista, che verrà, rispetto ai moti scomposti della sollevazione contadina. E quasi una prefigurazione, triste, ammonitrice e precisa, delle repressioni monarchiche dei Fasci siciliani di fine secolo.

Aggirato con la violenza lo scoglio di Bronte, ecco che si riprende l'avventura vittoriosa: Messina, Reggio Calabria, Maddaloni. Fino alla caduta da cavallo che, provocando la rottura della gamba, terrà il garibaldino in ospedale fino al dicembre del 1860. Il grado – generale dell'esercito meridionale – conquistato sul campo gli verrà eccezionalmente riconosciuto dall'Italia ufficiale, in data 27 marzo 1861: dopo avere ricevuto la croce di ufficiale dell'Ordine dei Santi Maurizio e Lazzaro.

La Camera, una volta eletto deputato, sembra domare lo spirito animoso del combattente, valorizzare le doti del politico. Questo generale impavido e anche spietato si erge al di sopra delle parti; evita qualunque disciplina di gruppo o di partito; interviene nella discussione sui grandi problemi del paese assumendo l'atteggiamento dettatogli dalla coscienza, giudicando caso per caso. Elemento di equilibrio e di moderazione fra le parti, specie quando lo scontro si farà più aspro. Parlava con uno stile « pittoresco, vibrato, originale », ricorda Guerzoni, con un'oratoria dirompente, che impressionava la Camera. « Conversationneur » più ascoltato in aula, annota Ferdinando Petruccelli della Gattina, nella galleria dei *Moribondi di Palazzo Carignano*, « la cui parola sgorga dal cuore erta, pittoresca, scintillante di buon senso, piena sempre di fatti, generosa; e sovente anche improntata di uno spirito di conciliazione che parrebbe un'antitesi col suo carattere forte ed energico. »

Uno spirito di conciliazione che scaturiva da un interiore convincimento: « L'Italia è fatta e la rivoluzione è finita », come ebbe a dire ai colleghi deputati. Rattazzi sembrò incarnare la sua aspirazione a una solidale intesa fra forze governative e correnti democratiche. Quando Garibaldi lo chiamò dalla Sicilia non rispose all'appello, ma parlò con accenti sdegnati alla Camera, dopo Sarnico e Aspromonte, dell'antico generale e amico. Fino a minacciare, più di una volta, le dimissioni dall'esercito regio.

Non sorprende che Garibaldi, sia nel '66, allorché marciò coi volontari contro l'Austria, sia nel '67, allorché fu fermato dagli *chassepots* francesi a Mentana, alle porte di Roma, non gli rivolse appello alcuno, non contò sul suo apporto e aiuto.

Mentana, la crisi del garibaldinismo, segna insieme la sfiducia di Bixio per quella « Italia ufficiale » che si mostrava così lontana dall'essere in grado di risolvere i problemi del paese, *in primis* la questione romana. Lo spirito di avventura torna a farsi sentire, insieme al desiderio di mondi lontani. Un bagliore: il richiamo in servizio, dopo essere stato messo in disponibilità, in occasione della liberazione di Roma. Il 6 febbraio 1870 era stato fra l'altro nominato senatore. A fianco di Cadorna, quasi suggello dell'unione fra forze regolari e forze volontarie che insieme avevano conseguito l'unità nazionale. E anticipazione del suo ruolo a Porta Pia. Ma fu solo un bagliore. Di nuovo posto in disponibilità nell'aprile del '71, Bixio riprendeva la via del mare, a bordo del *Maddaloni*, la grande nave di tremila tonnellate a vela e a vapore che si era fatto costruire fra tanti sacrifici e difficoltà finanziarie a Newcastle.

Era il 6 luglio 1873, allorché la nave lasciava il porto di Messina per Batavia e Singapore: alla ricerca, forse, delle illusioni, delle speranze, dei fantasmi che avevano accompagnato i viaggi in giovane età. La febbre gialla, che lo assalì nel mare di Sumatra, lo avrebbe portato alla morte, il 16 dicembre di quello stesso anno.

Fuggiva dalla Camera dei deputati, dove sempre più numerose erano le « comari », sempre più alti – in luogo di grandi discorsi – i « pettegolezzi di cantanti », come li definiva con disprezzo Bettino Ricasoli. Fuggiva dall'esercito, dalla disciplina che pure aveva a suo tempo preteso, dall'obbedienza cieca e incondizionata a chi non riteneva all'altezza di comandare e decidere.

Dopo la poesia, la prosa. Fuggiva da quell'Italia ufficiale, priva di grandi ideali e piena di meschinità, di cospirazioni alle spalle, di imbrogli, di corruzione, di immoralità. Così diversa da quella per la quale si era battuto, in Parlamento e fuori. Cercava in fondo di ritrovare nei mari d'Oriente la purezza dei suoi primi ideali.

7. Adelaide Cairoli e i cinque figli

« UNA madre patriotticamente italiana fino al romanzo »: così veniva definita, fin dai primi libri che si soffermavano sulla vicenda risorgimentale, Adelaide Cairoli, donna intrepida, di straordinaria capacità educativa, esempio morale per intere generazioni: figura circondata da un'aura di leggenda e di mito.

Non si può accennare a un profilo dei figli senza iniziare dalla madre, da « mamma Adelaide » come la chiamavano i Cairoli nelle tante lettere, costantemente presente, accanto a loro, nei campi di battaglia o altrove, riferimento continuo, nella dignità del suo dolore, nella fierezza del comportamento, nella prevalenza su tutto del fine da raggiungere: l'indipendenza, la libertà dell'Italia, a qualunque prezzo e sacrificio. E per lei il sacrificio fu alto: dovendo sopportare la morte di quattro figli su cinque, tributo altissimo per l'ideale della patria.

O madre, o madre, ai dì de la speranza
Dal tuo grembo fecondo
Cinque valenti uscieno: ecco, t'avanza
oggi quest'uno al mondo.

Così si rivolge a lei, nel gennaio del 1870, Giosue Carducci nei versi ispirati dalla *Morte di Giovanni Cairoli*, raccolti in *Giambi ed Epodi*, l'ultimo documento degli slanci giacobini del riscatto nazionale.

Quattro figli su cinque caduti, in tempi diversi, in momenti egualmente fondamentali per le future sorti della nazione. Il primo a lasciare Adelaide è Ernesto, il secondogenito. Cade a Biumo Inferiore, presso Varese, nel maggio del '59, mentre si batte agli ordini di Garibaldi nei Cacciatori delle Alpi. Non ha ancora ventisette anni. Li ha trascorsi dividendosi fra gli studi in giurisprudenza (costretto per motivi politici a spostarsi fra le università di Pavia e di Genova) e l'infiammata propaganda politica.

Repubblicano, si forma nell'insegnamento di Mazzini, ma non è disposto a seguirlo ciecamente. Diffonde libri e giornali antiaustriaci, prepara coi fratelli tentativi insurrezionali, riparando spesso nella villa di famiglia a Gropello, in Piemonte. A Mazzini, nel '56, rimprovera soprattutto « la facilità ad improvvisar piani ed a volerli subito eseguiti senza quasi aver esaminata la volontà e i mezzi del paese da lui destinato all'azione », come si legge in una lettera a Cadolini del 26 settembre di quell'anno. Pur nella costante fedeltà alla causa, che l'apostolo più di ogni altro rappresenta. « Egli è per me il concetto della fede incrollabile », si legge nella stessa lettera, « e dell'azione gagliarda, perseverante, incurante, e per questo io voglio essere e sarò con lui fino a che tale concetto ei mi rappresenterà. »

Non prende parte, tuttavia, ai moti mazziniani del '57. E nell'anno successivo accentua il distacco dal Mosè dell'unità, antepone l'indipendenza alla repubblica, volge la propaganda in favore di Vittorio Emanuele, secondo le cadenze della « Società nazionale », predicando la guerra santa all'Austria. Fino ad arruolarsi coi fratelli Benedetto e Enrico con Garibaldi nei Cacciatori delle Alpi, preludio all'imminente scomparsa.

Solo un anno più tardi Adelaide perde Luigi, il terzogenito, nato nel 1838: ha appena ventidue anni. Carattere romantico e sognatore, quasi in contrasto con gli studi scelti all'università (matematica), completati all'Accademia militare di Ivrea. Non riesce a battersi nella seconda guerra di indipendenza, poiché raggiunge il teatro delle operazioni militari all'indomani dei preliminari di Villafranca che interrompono bruscamente il conflitto: ma nel luglio del '60, lasciato l'esercito, raggiunge Garibaldi in Sicilia con la spedizione di Cosenz, quasi a prendere il posto dei fratelli, Benedetto ed Enrico, rimasti feriti.

Addetto allo Stato maggiore della divisione Sirtori, col grado di tenente, si mette in evidenza nel passaggio dello stretto di Messina. Il tifo lo assale durante l'attraversamento della Calabria, portandolo alla morte, a Napoli, all'ospedale della Pace, nel settembre di quell'anno, 1860.

Sette anni più tardi, nel 1867, è la volta di Enrico, il quartogenito, anch'egli appena ventisettenne. Vivace e generoso, consumato da una febbre patriottica di timbro garibaldino, sceglie gli studi in medicina all'Università di Pavia, ma soprattutto l'azione, il campo di battaglia. A diciannove anni è nei Cacciatori delle Alpi: Garibaldi diviene il suo idolo. È con lui nella spedizione dei Mille, nella settima compagnia comandata dal fratello maggiore Benedetto, il solo destinato a sopravvivere.

Ferito gravemente a Palermo, promosso maggiore da Mordini, si dimette alla fine della campagna meridionale e segue Garibaldi (rifiutando la pensione) nella protesta contro Cavour e nell'azione, sulla via di Roma.

Nel '62 accorre volontario alla spedizione fermata ad Aspromonte: amareggiato, tratto in arresto, trascorre fino all'amnistia dell'ottobre alcune settimane in carcere, nei forti liguri del Varignano, di Ratti e di San Benigno.

Allestisce, l'anno successivo, un piano di aiuti per i polacchi insorti che resterà senza esito; organizza i volontari meridionali per la campagna del '66 e si batte a Monte Suello.

Ha Roma nella mente e nel cuore. L'avvento di Rattazzi, il superstite della Sinistra subalpina diventato maestro del doppio gioco, alla guida del governo a Firenze lo illude su possibili consensi, aiuti, quanto meno tolleranza e una certa libertà di azione. Sono i prodromi della tragedia di Mentana. Contando sull'insurrezione di Roma, entra nello Stato pontificio e il 22 ottobre '67 è a Ponte Milvio, alla testa di settantotto volontari.

Ma la città eterna, indifferente e neghittosa, tace. I volontari avanzano verso i Parioli, occupano il poggio di Villa Glori, si battono corpo a corpo con le preponderanti forze di Pio IX, gli zuavi francesi e i gendarmi pontifici. Più volte ferito nel corpo a corpo, muore fra le braccia del fratello Giovanni.

La sua impresa avvia la più ampia e sfortunata operazione di Garibaldi, che si concluderà pochi giorni dopo a Mentana, davanti agli *chassepots* giunti dalla Francia. Per interessamento immediato di Bertani e di altri amici, Jessie White Mario – la devota infermiera dei Mille – recupererà la salma in uno scambio di caduti e di prigionieri, per raggiungere il sepolcreto di famiglia a Gropello.

Villa Glori. È l'episodio eroico che ispira i quadri di Ademollo e di Induno, che infiamma i versi del poeta di *Giambi ed Epodi*:

O Villagloria, da Crémera, quando
La luna i colli ammanta,
A te vengono i Fabi, ed ammirando

Parlan de' tuoi settanta.

Dopo Enrico, Giovanni, che cade ancora – ironia del destino – a ventisette anni. Il « duce glorioso », appunto, che con l'eroica morte ispira i versi del Carducci:

Apri, Roma immortale, apri le porte
Al dolce eroe che muore:
Non mai, non mai ti consacrò la morte,
Roma, un più nobil core.

Il canto per l'ultima e gloriosa vittima di Villa Glori è dell'alba del 1870; e in quell'espressione di concitato sdegno si riassumono dieci anni di battaglie, di delusioni aspre e roventi che il poeta ha patito, che il patriota ha dovuto subire. E il sacrificio generoso sia di Enrico sia di Giovanni Cairoli saranno ricordati con accenti commossi dal campione del radicalismo italiano dell'Ottocento, Felice Cavallotti, nella sua *Storia della insurrezione di Roma nel 1867*.

Giovanni, nato nel 1842, era il più giovane dei cinque figli, il più tenero, se non il più caro, per mamma Adelaide. Come il fratello Luigi, Giovanni nutre interessi per la matematica e avvia gli studi universitari a Pavia. Poco più che sedicenne, nel '59, ha quattro fratelli in guerra, né vuole cedere alle leggi dell'età. Costretto a lasciare Pavia dopo un arresto, trattenuto a Gropello dalla madre, preoccupata sia per la giovane età sia per la costituzione particolarmente gracile, Giovanni contiene il proprio slancio, frena i propri desideri.

Ma nel '60 sceglie la carriera militare, entra nell'Accademia di Torino: soffre nel non poter partecipare alla spedizione dei Mille e freme nel '66 per raggiungere finalmente la zona delle operazioni militari. Invoca dal fratello Benedetto, che ha un posto autorevole accanto a Garibaldi, di aiutarlo a lasciare l'esercito regolare per entrare fra i volontari.

Operazione impossibile. Ancora una volta la prima linea resta un sogno, un'illusione. Giovanni, deluso dal '59, dal '60, dal '66, non intende più farsi sorprendere dagli avvenimenti. Si pone in aspettativa, prende contatto con Garibaldi, organizza la spedizione su Roma che si concluderà tragicamente per il fratello Enrico. Ferito, Giovanni sfugge al processo contro i cospiratori dello Stato pontificio.

Rimesso in libertà, pur non sottoscrivendo l'impegno di non tentare più operazioni contro lo Stato del Papa, per merito dell'opera svolta dal padre inglese Edmondo Stonor, Giovanni non si riprenderà più dalle conseguenze della grave ferita. Né dal tormento di avere accolto il fratello morente. « Negli ultimi momenti gli parve vedere Garibaldi e fece vista di accoglierlo con trasporto », racconta un amico che lo assistette fino in fondo. « Udii che disse tre volte: 'L'unione dei francesi ai papalini fu il fatto terribile!' Pensava a Mentana? Chiamò più volte Enrico suo fratello, perché lo aiutasse! Poi disse: 'ma vinceremo di certo; andremo a Roma!' »

Villa Glori. Scrittore egli stesso, garibaldino tipo Abba, Giovanni aveva registrato le notizie più importanti della spedizione del '67 nel *Giornaletto di campo*, che unito alle *Note e ricordi*, stese nel periodo lungo di ospedale, gli consentirà di pubblicare nel '68 l'opuscolo *Spedizione dei Monti Parioli*. Prolungando fino al '69 – l'anno precedente Porta Pia – strazi, sofferenze e rimpianti.

Primo dei cinque figli, il solo che sopravvive ai campi di battaglia e reca il nome dei Cairoli dall'epopea garibaldina alla quotidiana lotta politica nell'Italia unita, Benedetto. Il solo cui sarà consentito di vedere realizzato il sogno – al di là dei tempi e dei modi così lontani da quelli auspicati dai fratelli – di Roma capitale.

Primogenito di Carlo Cairoli – professore nella facoltà di Medicina di Pavia – e di quella straordinaria madre, Adelaide Bono, figlia di un prefetto del Regno italico, Benedetto è iscritto alla facoltà di Giurisprudenza ma si distingue soprattutto per il suo animo ardentemente patriottico e liberale.

Le delusioni del '48 lo spingono sempre più verso Mazzini col quale collaborerà alla organizzazione del moto del 6 febbraio 1853. Nel '56 attraversa anch'egli, come il fratello Ernesto, la « tempesta del dubbio ». In particolare sui metodi seguiti per raggiungere il fine: « Si vorrebbero battaglie, non scaramucce, non colpi di mano che fanno spreco di forze e di credito per il peggio del nostro povero paese», confida il 18 ottobre all'amico Cadolini.

Non rinnega le finalità di una democrazia integrale, ma si avvicina a Cavour anteponendo l'interesse nazionale, l'indipendenza del paese, all'idea repubblicana. Trasforma la villa di Gropello in un centro di propaganda e di organizzazione patriottica: è nei Cacciatori delle Alpi nel '59, si avvicina sempre più a Garibaldi, lo segue nella spedizione dei Mille, cade gravemente ferito a un ginocchio nella battaglia di Ponte dell'Ammiraglio. Confortato da Nievo e Bargoni nell'ospedale di Palermo, dove giace a lungo immobilizzato, afflitto per la morte del fratello Luigi, raggiungerà Pavia solo alla fine del 1860.

Inizia la vita politica, in Parlamento, deputato di sinistra, in particolare della Sinistra democratica di antico ceppo repubblicano. Soffre col generale per la vicenda di Aspromonte, partecipa con lui all'organizzazione della spedizione di Mentana. Ma non condivide le dimissioni dal Parlamento nazionale, convinto che anche da posizioni fortemente minoritarie sia utile far sentire la propria voce, di opposizione al malgoverno, di fedeltà ai propri princìpi.

Rappresentante quindi della Sinistra pura, intransigente, si schiera all'opposizione con Depretis, di cui non apprezza né condivide la politica «trasformistica». Per due volte presidente del Consiglio, succedendo anzi alternandosi con lo stesso Depretis, non disporrà mai di una maggioranza propria, né cercherà di procurarsela. Fedele ai princìpi democratici in una Camera dei deputati che in maggioranza a quei princìpi non credeva, Cairoli verrà travolto la prima volta dall'attentato di Passanante al Re, che pure proteggerà col proprio corpo, ricevendo alla gamba quella pugnalata che gli varrà la medaglia d'oro al valor militare. Travolto dalla politica del «reprimere ma non prevenire», giudicata dai deputati troppo tollerante verso i sovversivi. Travolto ancora, nella seconda esperienza ministeriale, dalla questione di Tunisi, dallo sdegno che accompagnerà la proclamazione del protettorato da parte francese.

Non tutte le colpe erano sue: ma neppure Depretis, che divenne capo del governo, fece nulla per dimostrarlo. Cairoli del resto lo combatte ancora: con Nicotera, Crispi, Zanardelli e Baccarini anima il gruppo della «Pentarchia», tesa a combattere Depretis rilanciando il programma governativo di Cairoli.

L'ingresso di Zanardelli e Crispi nel nuovo governo Depretis segna la fine delle speranze stesse dei pentarchi. Benedetto lascia amareggiato la politica nazionale e si ritira dalla vita parlamentare, per ripiegare in crescente solitudine nella più raccolta militanza amministrativa locale, nell'amore, mai smentito, della «piccola patria».

Benedetto morirà a Capodimonte, ospite del sovrano che lo aveva insignito del Collare dell'Annunziata, nell'agosto del 1889: per raggiungere i fratelli nel sepolcreto di Gropello. Quasi un sacrario.

Esempio altissimo, come pochi altri, della lontananza fra l'altezza dei princìpi – costantemente seguiti – e la flessibilità dell'azione politica, tenacemente respinta. Un italiano, in una parola, senza piccoli «machiavellismi»: l'opposto della tradizionale scaltrezza nazionale.

IV.
Fra Italia federale e Italia unitaria

1. Rosmini

GIUGNO 1943. In un'Italia dove sta per chiudere anche *Primato*, la rivista sottile della tollerata dissidenza fascista, in un'Italia dove sono al tramonto tutti i miti del fascismo e anche del clericofascismo, escono le *Cinque piaghe della Chiesa* di Antonio Rosmini. In una collezione universale di Bompiani che aveva acquistato meritato prestigio in quegli anni, «Corona», aperta a voci diverse e anche contrastanti, immune dalle tentazioni del conformismo littorio. Un libro a suo tempo condannato all'Indice, oggetto di polemiche e divisioni infinite nel mondo dei credenti, che non si ristampava da oltre cinquant'anni, che era coperto da un velo di oblio e di dimenticanza.

Rosmini: un nome tutt'altro che grandeggiante nel «pantheon» degli eroi della patria. Un sacerdote che aveva conciliato in modo tormentoso fede e patria, ma in nulla aveva ceduto ai fremiti del «nazionalismo italico» legato com'era alla visione della grandezza sovrastante del Papato, sovrastante anche sull'entità nazionale italiana. Citato alla rinfusa nei libri di testo, un po' con Gioberti e un po' con Manzoni; neanche degno di una tavola nei libri per i licei (occorreva riandare ai volumi di testo dei genitori o dei nonni, sempre conservati in casa, e gelosamente conservati, per scoprire l'immagine, insieme ammiccante e malinconica, del sacerdote-patriota nell'Italia delle Guarentigie, non ancora approdata al porto fastoso della Conciliazione).

Quella lettura fu importante e significativa per qualunque giovane appassionato del Risorgimento che avesse diciassette o diciotto anni nel '43. Scoperta di un indirizzo di dissidenza interna al mondo cattolico, di revisione sofferta e travagliata, che investiva le strutture ecclesiastiche e la vita religiosa ma quasi non toccava, nonostante il titolo con vibrazioni savonaroliane, il potere temporale, i suoi guasti, i suoi malanni, le sue conseguenze negative per la spiritualità cattolica.

Ostile, Rosmini, a ogni «mondanità» della Chiesa, incline a un ritorno ai costumi evangelici e primitivi, ma rispettoso del principato civile dei pontefici (quello che i neoguelfi convertiti, come il Gioberti del *Rinnovamento*, avranno il coraggio di denunciare, dopo il '48-49, liquidando le illusioni del primo glorioso e fanciullesco triennio '46-48).

Le cinque piaghe corrispondevano (si pensi che quelle pagine erano state scritte nel '32-33 da un giovane abate di Rovereto che aveva trentacinque anni e godeva di una certa protezione del pontificato pur nelle sue inclinazioni liberaleggianti) ai seguenti punti: *uno*, la divisione del popolo dal clero nel pubblico culto; *due*, l'insufficiente educazione del clero; *tre*, la disunione dei vescovi fra di loro, oppressi ormai da rivalità di ogni genere, non più comunità come una volta; *quattro*, la nomina dei vescovi abbandonata al potere laicale, con esclusione della designazione fatta dal popolo e dal clero, ciò che ha reso il popolo indifferente ai suoi pastori; *cinque*, la servitù dei beni ecclesiastici, l'offuscamento della regola per cui il clero doveva trattenere dai redditi ecclesiastici solo il necessario.

Nulla di rivoluzionario, nulla di sconvolgente. Eppure quelle pagine ancora nel 1848 (anno della loro prima edizione) dovevano uscire anonime. Rosmini, che pure aveva fondato un nuovo ordine religioso, l'« Istituto della carità », che pure aveva alimentato una congregazione volta a fini di beneficenza e di assistenza non soltanto in Italia ma anche in Inghilterra e in Irlanda, Rosmini – ritenuto il più grande teologo di quel periodo, il fondatore del nuovo umanesimo cristiano – era obbligato a nascondersi per timore di fulmini o di interdetti papali che, in forme contraddittorie e oscillanti, non mancheranno.

La fede di Rosmini era la fede di Manzoni (e l'amicizia fra i due uomini, e il relativo carteggio, costituiscono uno dei capitoli più alti della spiritualità risorgimentale). Con questa differenza: Manzoni accetterà tutte le conseguenze della sua opzione per la patria italiana fino a Roma capitale, senza avvertirvi nessuna contraddizione con la sua fede religiosa e con la sua obbedienza al Papa, e Rosmini si arresterà come altri cattolici-liberali, come Tommaseo, come Cantù, sul ciglio del non riconoscimento di Roma capitale d'Italia, sulla formula federativa di un'Italia sì indipendente ma tale da non contrastare con la presenza della Chiesa (la lega italiana, col Papa presidente) né con la sopravvivenza del potere temporale, nei limiti e negli ambiti conciliabili con la federazione italiana.

Rosmini è un federalista, che tale resterà anche dopo il 1848, mentre Gioberti diverrà unitario. Francesco De Sanctis, che pure comprenderà l'abate roveretano nella « Scuola cattolico-liberale » e nelle sue splendide lezioni, sia pure in un ruolo autonomo e un tantino defilato, ricorderà che l'asprezza delle reazioni clericali a un patriota come Rosmini, rispettoso della Chiesa, devoto alle somme chiavi, pronto a sottomettersi al magistero papale, sarà tanto grande da spingere un prelato a dire: « Rosmini ha sbagliato, le piaghe della Chiesa non sono cinque ma sei; e la sesta è Rosmini ».

Quest'uomo di altissima pietà religiosa, dedicato a un'ascesi spietata soprattutto verso se stesso, instancabile indagatore, costruttore di una vera e propria « filosofia cattolica » (che tanto colpirà alla fine del secolo un giovane studente dell'Università di Pisa che si chiamava Giovanni Gentile e che gli dedicherà la tesi di laurea su « Rosmini e Gioberti »), quest'uomo – dicevo – ebbe una sola e forzata parentesi politica, in cui si riveleranno intere le contraddizioni, anche quelle obbligate, del suo operare.

Non a caso De Sanctis finirà per anticipare il giudizio di un altro grande cattolico liberale del nostro secolo, Arturo Carlo Jemolo, che quasi estraniava Rosmini dal vero e proprio Risorgimento italiano (egli che aveva vissuto tante lacerazioni e tante antinomie non dissimili). « Mi pare chiaro », scriverà Jemolo nel '49, « che Rosmini attinga spiritualmente a filoni diversi da quelli del Risorgimento; con la sua avversione profonda a quanto si riannoda alla rivoluzione francese, col suo rigido senso di gerarchia sociale, egli mi ricorda piuttosto certi prelati della Germania cattolica dei decenni dell'illuminismo, che all'illuminismo di marca deistica oppongono un cattolicesimo illuminato, sorretto dalla filosofia, che s'illustra per le opere e per l'austerità di vita dei sacerdoti. »

E Jemolo incalzerà: « l'uomo Rosmini al pari dell'uomo Lambruschini avranno schiette note d'italianità, male si potrà immaginarli sotto altro cielo, esprimersi in altra lingua. Ma le loro idee, i loro sfoghi, potrebbero avere a sfondo qualsiasi paese della cattolicità: amano l'Italia, ma i loro problemi sono universali ».

De Sanctis aveva detto la stessa cosa quando aveva osservato che, nonostante le illusioni generose del '48, « a Rosmini mancò il popolo in cui applicare i suoi ideali... » Il suo fine fondamentale – ribadirà il grande critico nelle stesse lezioni – è riaffermare « col primato papale il primato d'Italia, come prima potenza cattolica ».

Di qui tutti gli equivoci, i fraintendimenti e le contraddizioni del Rosmini politico per quella brevissima stagione in cui lo fu. L'abate non cercò mai di essere tale, ripugnando all'azione politica anche per il suo rigore dottrinario e la sua intransigenza morale. Ma fu costretto a entrare in scena per un convergere di forze, il Piemonte, gli Stati dell'Italia centrale, la stessa Santa Sede, sia pure ognuno per un fine diverso.

Rosmini – che non vede incompatibilità fra Papato e Italia, anzi che vede nel Papato « l'ultima grandezza vivente per noi » come avrebbe detto il suo amico-avversario Vincenzo Gioberti – è tutt'altro che immune dalla grande febbre neoguelfa che percorre il paese fra il '46 e il '48. Non nasconde i suoi sentimenti; condivide il moto popolare di esultanza per Pio IX, il Papa del « benedite, gran Dio, l'Italia ». Si dedica a un saggio già rivelatore nel titolo delle sue inclinazioni e della sua vocazione e che apparirà a Firenze nel 1848, *Della Costituzione secondo la giustizia sociale – con un'appendice sull'unità d'Italia*.

È collaboratore regolare e apprezzato del *Risorgimento* di Cavour (è amicissimo del fratello del conte, Gustavo, che è quasi un militante rosminiano). Prova un sentimento di delusione e di amarezza per l'allocuzione pontificia del 29 aprile, per il ritiro del contingente papale dai piani lombardi impegnato come era a combattere accanto alle truppe di Carlo Alberto. Ritiene la scelta italiana del Papa, come vertice della immaginata confederazione italiana, del tutto conciliabile con l'universalismo della fede e deplora quindi la minaccia separatista dei cattolici austriaci e tedeschi.

Giunti alla stretta dell'armistizio di Salasco nell'agosto 1848, quando Carlo Alberto sembra piegare alle armi austriache ma senza rinunciare alle speranze italiane, l'abate, che non è neanche piemontese, che è cittadino dell'impero austro-ungarico per la provincia di Trento (e sempre in sospetto dell'Austria, e sempre detestato da Radetzky), viene scelto da Carlo Alberto per una missione speciale a Roma papale.

Dovrebbe favorire la costituzione della lega italiana, contribuire a realizzare un patto federativo che comprenda il Regno di Sardegna, la Toscana, i ducati e abbia il suo vertice nel sommo Pontefice, in vista di indurre l'Austria a rinunciare alle province italiane dell'impero, a consacrare l'indipendenza nazionale (della quale egli, non unitario ma federalista, è appassionato cultore).

Prende contatto con Pio IX e con la diplomazia pontificia. Il Papa della guardia civica e della Costituzione è incantato dallo straordinario ambasciatore, certamente uno degli uomini di maggior spessore del mondo cattolico non solo italiano ma europeo dell'intero secolo. Vorrebbe farlo cardinale. Arretrerà poi di fronte al veto dei gesuiti, nemici acerrimi di tutta l'opera del roveretano, anche *post mortem*.

Rosmini si troverà a Roma durante la tragedia dell'assassinio di Pellegrino Rossi (novembre 1848) e della crisi definitiva del regime costituzionale del Papato, in procinto di abbandonare tutto – Costituzione e capitale – e di riparare sotto l'ala protettrice del re Borbone spergiuro a Gaeta.

Per un momento appare egli stesso, Rosmini, la «soluzione politica» adatta alla situazione; sarà designato alla successione di Pellegrino Rossi, dalla quale però – non politico come era – rifuggirà quasi atterrito. E quando il Papa lascerà Roma, il profeta della lega italiana non tornerà a Torino ma preferirà seguirlo a Gaeta per evitare il «tradimento» del Pontefice alla Costituzione, illudendosi di poter arrestare il Pontefice sulla via della restaurazione integrale e antiliberale.

Altro fallimento. Non influirà sul Papa, non eviterà la nascita della *Civiltà cattolica*, fortilizio della polemica conservatrice e anti-rosminiana. Sarà messo all'Indice proprio per *Le cinque piaghe della Chiesa* e *La Costituzione secondo la giustizia sociale*. E nel giugno del '49 sarà costretto dalla polizia borbonica a lasciare Napoli: il Papa si confesserà impotente di fronte a un ordine degli sbirri di re Ferdinando.

Nel frattempo Novara aveva liquidato le speranze «federali» dell'Italia e la Repubblica romana di Mazzini a Roma stava anticipando la prevalenza del disegno unitario, destinato a realizzarsi nelle forme più lontane dallo spirito del profeta.

La sottomissione di Rosmini alla Chiesa fu piena e completa.

Passò gli ultimi anni di una vita non lunga (morirà a Stresa nel luglio '55, appena cinquantottenne) a riordinare la sua monumentale opera che partiva dal *Nuovo saggio sull'origine delle idee* – punto fondamentale della sua speculazione –, a ristrutturarla, a completarla, a limarla, ad arricchirla.

* * *

Dopo il patriota, il filosofo. Che rappresenterà un momento in ogni caso essenziale nella storia del pensiero cattolico, anche dove non coincideva col pensiero liberale. E insieme unico pensatore cattolico che potesse misurarsi con Kant.

Non a caso Rosmini comprenderà, o almeno intuirà, l'importanza della rivoluzione operata da Kant con la sua critica della ragione, cioè col rigetto di ogni metafisica come di ogni materialismo, al punto che egli, per quanto sacerdote e fondatore di un ordine religioso, finirà per porre kantianamente a base della conoscenza la percezione intellettiva, pur cercando vanamente di risolvere il conflitto fra il soggettivismo kantiano e l'oggettivismo cattolico con la sua « idea dell'essere », come « primo lume », come « essenza dell'essere », da cui le altre cose si producono e formano. Né d'altronde era facile la comprensione del Kant, che era stato importato in Italia in quegli anni soprattutto da testi francesi manipolati e travisanti, a opera del Galluppi, incapace egli pure di risolvere il conflitto fra soggetto e oggetto, fra quel che è in me e quel che è fuori di me: elementi che solo la prima sensazione, l'originaria coscienza, riusciva secondo lui a cogliere contemporaneamente.

Per quanto avverso irriducibilmente, specie col Gioberti, ai « due secoli di errori e di vergogne razionali che erano cominciati col Cartesio », e in modo particolare al sensismo che, col Locke e col Condillac, aveva prodotto la « sovversione, anzi l'annientamento della filosofia » con il suo « guazzabuglio di negazioni e di ignoranze », come diceva il Rosmini, il cattolicesimo della nuova scuola resterà sempre ostile a ogni forma di gesuitismo, di ritualismo, di reazionarismo intellettuale morale politico, e, mentre tenderà a riaffermare il principio dell'unità e dell'autorità, frantumato dall'enciclopedismo, celebrerà sempre, di contro all'esteriore e statico dogmatismo cattolico, l'idea della spontaneità e dell'autonomia dello spirito, regolato da proprie leggi immanenti e non estrinseche e arbitrarie.

Era questo lo stesso obiettivo che si era proposto il romanticismo in letteratura, col rivendicare l'individuale e inconfondibile essenza dell'arte, cioè esso pure col riscattare, nell'ambito artistico, la libertà dello spirito dalle regole e dalle convenzioni, non per un fine negativo, ma per un fine positivo, di «utile», nel senso che alla parola dava il Manzoni, cioè di costruttiva socialità e religiosità.

Un fine positivo avevano anche i filosofi cattolici ed era quello di svecchiare, di depurare e insieme di rinsanguare il cattolicesimo attraverso una «riforma», promanante dal corpo stesso dei credenti e dal seno medesimo della Chiesa, e prodotta piuttosto da una trasformazione graduale «per virtù della sua natura come ogni cosa creata» (Gioberti) che non da violentazioni e coartazioni esterne, come era apparso ai suoi tempi il protestantesimo nel suo tentativo di rompere l'unità e universalità del mondo cattolico. E contro il protestantesimo si appuntavano le critiche rigorose del Rosmini e del Gioberti, e da esso riluttava lo stesso Lambruschini, che pur aveva spinto il suo pensiero fino a propositi di radicale innovamento del cattolicesimo stesso.

Né la sua costruzione filosofica mancherà di influenzare gli svolgimenti del laicato cattolico in senso politico (andrebbero rintracciate le influenze di Rosmini sul filone sturziano e popolare). Nel suo trattato sulla *Filosofia della politica*, Rosmini anticiperà molte delle posizioni della futura sociologia cattolica, illuminando la distinzione fondamentale fra Stato e società, le fonti naturali dell'autorità (paternità, signoria, proprietà), i rapporti fra la società civile e quella ecclesiastica, l'equilibrio, che sempre si deve mantenere, fra il principio contrattuale ed elettivo, tradizionale nella pubblicistica cattolica, e quello dell'acquisto del potere in via patrimoniale o ereditaria.

Fedele alla logica del cattolicesimo, che non ammette la prevalenza del profano sul sacro, della legge civile sulla coscienza religiosa, Rosmini riaffermerà che solo nei «lumi morali», nelle «guarentigie cristiane», risiede la condizione stessa della difesa dell'individuo dalle prevaricazioni del potere, dalle esorbitanze dell'autorità sfrenata e irresponsabile. Punto fermo delle future democrazie cristiane.

Giovanni Gentile dirà, nel suo volo d'uccello su *Il pensiero italiano del secolo XIX*, che «Rosmini e Gioberti, riscoperto il principio dell'idealismo moderno, costruiscono una filosofia, in cui il primo bensì si ferma a metà strada, per sospetto di quel panteismo in cui lo sviluppo della filosofia idealista in Germania pareva anche a lui che fosse sboccato; ma il secondo procede animosamente; e con mano ferma serra tutto il circolo della vita universale dentro lo spirito umano, centro dell'esistente, a cui il divino Essere mette capo, in cui si manifesta e culmina la sua azione creatrice». Fino a concludere, non senza qualche esagerazione, che in Italia «questo secolo si chiama Gioberti».

Non a caso il rosminianesimo resterà un costante avversario dell'intransigenza gesuitica e della polemica reazionaria (nel post-Risorgimento la *Rassegna nazionale* di Firenze sarà altrettanto conciliatorista quanto filo-rosminiana, dopo il 1878).

Dopo quella condanna all'Indice del '48-49, nel clima torbido fra Roma, Gaeta e Napoli, Pio IX ordinò un approfondito esame di tutte le opere di Rosmini da parte della Congregazione dell'Indice. E sarà l'*errata corrige*. Dopo un lungo lavoro nel 1854, la Congregazione, presieduta dallo stesso Papa, darà sentenza di assoluzione e dichiarerà: «dall'esame fatto nulla essere risultato che detraesse ai meriti singolari del Rosmini verso la Chiesa».

Sconfitto e umiliato sul piano politico, Rosmini era almeno riabilitato su quello religioso. Pio IX accompagnerà l'ultima fase del suo pontificato con quell'ingiunzione al silenzio e conseguente divieto di muovere nuove accuse.

Ma è un'ingiunzione che non andrà oltre la successione pontificale. Dopo la morte di Papa Mastai la campagna anti-rosminiana si riaccenderà sotto Leone XIII e coinvolgerà anche credenti di intemerata fede come l'abate Stoppani.

Saranno gli anni in cui il nome Rosmini segnerà il confine fra i cattolici liberali e i cattolici intransigenti riuniti nell'Opera dei congressi. E non mancherà perfino un periodico, *Il Rosmini*, che nel maggio '89 sarà posto, con quel titolo, con quel nome, all'Indice. E la corrente anti-rosminiana sembrerà prevalere in una Chiesa che si accingeva ad affrontare la grande ventata modernista, nel tentativo di disperderla.

Nel 1888 con il decreto *post obitum* saranno condannate quaranta proposizioni rosminiane (delle quali parecchie staccate dalle stesse opere già esaminate e solennemente prosciolte e dimesse nel 1854). Suprema ipocrisia: la condanna non conteneva censure teologiche e si limitava a dichiarare che esse sembravano « non consone alla verità cattolica ». Ci vorrà il Concilio Vaticano secondo per liquidare le vestigia di quell'intolleranza.

La polemica non toccò gli appartenenti all'Istituto della Carità i quali, ligi all'insegnamento del maestro, si sottomisero e mantennero sempre il silenzio. Per Rosmini – personaggio del tutto atipico nella galleria degli uomini che fecero l'Italia – valeva un solo e fondamentale principio, lo stesso di San Paolo: *charitas omnia solvit.*

2. Ferrari

« L'INCENDIO di Parigi ». Era il titolo di un saggio, non privo di venature di simpatia e di giustificazione, che un grande scrittore della Sinistra democratica, Giuseppe Ferrari, dedicava nel luglio 1871 nientemeno che alla Comune di Parigi – argomento vietato in tutte le case dei moderati – sulle pagine di una rivista più moderata che rivoluzionaria, la *Nuova Antologia* (nata, o meglio rinata, da sei anni sulle sponde dell'Arno, che avevano visto la gloriosa stagione di Vieusseux).

Ferrari era già deputato, e deputato per la seconda legislatura, a Firenze capitale. Non si era opposto al trasferimento a Firenze – egli, uomo della Sinistra e avversario della consorteria e di ogni compromesso moderato – perché intuiva in quella scelta la fine del piemontesismo e l'apertura di una fase comunque diversa della vita italiana (e la lucidità di quella intuizione è confermata dalle pagine del saggio, affidato all'editore risorgimentale per eccellenza, Felice Le Monnier, sul *Governo a Firenze*).

Ferrari era penetrato in tutti i salotti fiorentini; dovunque aveva generato sorpresa, sconcerto, simpatia. Nel '66 incorreva nella morsa della nascente incompatibilità, come professore dipendente dello Stato sebbene non percepisse lo stipendio. Assenza di non molti mesi; perché il suo sostituto nel collegio lombardo di Luino-Gavirate, il colonnello Frapolli, eletto in sua vece, si dimetteva spontaneamente nel febbraio del '67, per restituirgli lo scranno della Camera, cioè a Palazzo Vecchio, alle soglie della tragedia di Mentana.

Solo nel '70, nell'estremo tramonto di Firenze capitale, Ferrari, l'inquieto scrutatore di tanti orizzonti ed esploratore di tante terre sconosciute nel regno delle idee, l'uomo che fin dagli anni '30 aveva collaborato alla celeberrima *Revue des deux mondes*, approderà alle sponde della fiorentina *Nuova Antologia*, la vecchia e nuova rassegna che rientrava nel clima dell'egemonia culturale-politica di Bettino Ricasoli. Con una serie di articoli, fulminanti e apodittici, sulla Francia, la sua seconda patria, dopo il disastro di Sedan e il crollo del secondo impero, e dell'ultimo « Empire liberal »: articoli che proprio nel 1943, e in chiave tutt'altro che filo-fascista, furono ristampati da un compianto solitario editore di Parma, Ugo Guanda, che vi premetteva una nota di profonda e quasi amorosa penetrazione, con un titolo che poteva sembrare di attualità ed era invece di accorato solidale rammarico verso un perno della civiltà europea in discussione, la *Disfatta della Francia*. Aggiunta una pagina di Carlo Cattaneo.

Puntuti, e rivelatori, i titoli di Ferrari: *I disastri della Francia* nell'ottobre 1870, *Il destino della Repubblica in Francia* nel marzo 1871, fino a quel brivido della Comune, nel luglio 1871. Occasione di una testimonianza di coerenza e di fedeltà, da parte del vecchio sansimonista che mai aveva rinnegato la parola « socialismo », e sia pure in senso proudhoniano e libertario.

Tre grandi affreschi dell'uomo che meglio conosceva in Italia la Francia, figlio di due culture, ponte fra due civiltà, simbolo di quella Lombardia in cui l'esperienza rivoluzionaria e napoleonica, della Repubblica prima e del Regno italico poi, aveva lasciato una traccia indelebile: « francese al peggiorativo » come amava chiamarlo il suo irriducibile avversario, Giuseppe Mazzini. Con un conclusivo scritto, quasi testamentario, sul « suo » Proudhon: il grande avversario di Mazzini e di Garibaldi, l'implacabile *pamphlétaire* contro l'unità italiana, l'esaltatore incondizionato di quel federalismo repubblicano in cui si riuniva con l'amico italiano (è lo scritto intitolato appunto *Proudhon* nell'aprile 1875).

* * *

Ferrari deputato, e poi senatore. Chiamato a Palazzo Madama da Agostino Depretis nel maggio 1876 – quasi a riflettere il nuovo corso della Sinistra al potere, e le nuove scelte, e una tal quale nuova spregiudicatezza – giurò egli, repubblicano di principio e mai unitario, fedeltà alla monarchia, che identificava il suo massimo palladio nel romano Palazzo Madama come ieri nel torinese Palazzo Madama.

Con quella perfetta, icastica definizione di chi gli sarà sempre fedele e per quella cocciuta fedeltà tanti anni più tardi si attirerà le accuse, non immeritate ma senza dolo, di plagio, Alfredo Oriani noterà: « Ferrari tramontò nel Senato, accettando dal re, egli filosofo della legislazione, un mandato legislativo ». E parlando di plagio mi riferisco alle polemiche di Luigi Ambrosini sulle pagine della *Voce*, la rivista prezzoliniana che pure fu protagonista, insieme con Benedetto Croce, e sia pure da angoli diversi, del ricupero orianeo.

Il filosofo della rivoluzione, accoppiato agli anarchici e ai libertari, senatore del regno. Non solo: ma per due volte intervenuto in dibattiti qualificanti e congeniali di Palazzo Madama, sia il progetto di legge sull'inchiesta agraria, sia la convenzione di Basilea per il riscatto delle ferrovie dell'alta Italia, nelle settimane fra il 6 giugno e il 1° luglio di quel 1876 quando, appena sessantacinquenne e nel pieno vigore dell'età e degli studi, incontrò la morte, improvvisa come l'aveva incontrata l'altro grande federalista della sponda cattolica, Vincenzo Gioberti, ventiquattro anni prima a Parigi.

Erano i tempi in cui i parlamentari non godevano di alcun beneficio. Non esisteva l'indennità parlamentare. C'era solo qualche sgravio per i viaggi. E il vecchio professore, che aveva insegnato in tanti licei e università francesi e italiani senza mai incontrare pace, neanche con se stesso, l'antico maestro seminatore di dubbi e agitatore di problemi, perpetuamente scontento degli stessi risultati cui approdava ogni volta contraddicendosi, abitava in via Cacciabove, vicino al Corso, « pigionale » di tali signori Tartaglia, che gli avevano ceduto un salottino e una camera da letto separati, mediante una piccola anticamera, da un'altra stanza occupata da un impiegato governativo.

Forse assalito durante la notte da gravi malori – seguo la traccia di Pio Schinetti, grande giornalista e singolare studioso come lui, sempre fedele alla memoria di Ferrari – aveva tentato di alzarsi accendendo il lume per invocare soccorso, ma, mancandogli le forze, era ricaduto, non inteso da nessuno.

Chi aveva aperto quella porta, il mattino, aveva avuto la stessa visione della portinaia di Parigi che entrava il 26 febbraio 1852 nell'appartamento di Vincenzo Gioberti, in rue de Parme, per le consuete pulizie. « L'abate ginocchioni, con gli occhiali, le pianelle, la veste da camera addosso »: spirato nella notte, in seguito a un colpo, l'occhio destro lacerato, piegato là nel tentativo disperato di chiedere soccorso. Una fine, quella di Ferrari, pari per malinconia e per amarezza a quella del suo intransigente antagonista e competitore sull'altra sponda, sulla sponda cattolica, Vincenzo Gioberti.

Ferrari, riverito da tutti e capito da pochi, oggetto di comprensione e di rispetto del tutto proporzionati alla sua assoluta solitudine, alla sua totale estraneità a ogni camarilla e a ogni gruppo politico. Uomo sì di sinistra, ma capace di rompere con la Sinistra su questioni fondamentali come il trasporto della capitale a Firenze e sempre portato a sottolineare in ogni questione l'elemento individuato dalla sua originalità e dalla sua fantasia, con quei paralleli in cui eccelleva, con quei richiami storici che assomigliavano al crepitio di un caminetto sempre acceso.

Era un pensiero, quello di Ferrari, che si muoveva, si potrebbe dire cronologicamente, in un certo parallelismo con quello di Mazzini, ma in assoluta antitesi per quanto riguardava gli accenti di quel patriottismo, la stessa interpretazione della storia d'Italia, la visione del futuro paese.

Tributario della Francia e della cultura francese, il nostro Ferrari. Come lo sarà Pellegrino Rossi sul versante moderato, e con minore rigore accademico del futuro primo ministro di Pio IX, vittima predestinata dell'estremismo democratico. Al contrario, Ferrari, con una carriera accidentata e tortuosa, da Parigi a Strasburgo, con sospensioni dell'insegnamento compensate da miti stipendi, senza mai l'onore di una cattedra riconosciuta e perpetua, « trasmigrante » fra un istituto e un altro. Come « trasmigrante » nel cielo dei princìpi fu l'intera sua vita, in Francia o in Italia.

Scontento delle prospettive domestiche di una Lombardia ripiegata su se stessa, Ferrari aveva vissuto in Francia gli anni decisivi e formativi della sua vita, aveva assimilato la varia e molteplice cultura francese, si era tuffato nei diversi ambienti politici francesi, si era imbevuto dei seducenti e suggestivi miti d'oltralpe, aveva studiato e riscoperto in Francia tutte le esperienze rivoluzionarie moderne partite da quel paese, si era accostato al pensiero delle varie « scuole » sociali francesi, dal Saint-Simon al Proudhon, si era convinto che l'eliminazione dei mali del mondo derivasse – secondo uno schema non diverso da quelli del mondo delle sette così ramificato e potente in Francia – dall'applicazione del trinomio « irreligione, repubblica, legge agraria ».

Un'interpretazione dei problemi dello spirito, dello Stato e della società che conservava ancora un legame con tutto il rimescolamento spiritualistico della società francese, la stessa in cui era nata la « Giovine Italia » di Mazzini. Ma ben presto l'acuto ingegno del Ferrari si era mosso verso una concezione di radicale scetticismo, implicante una critica inesorabile a tutti i concetti tradizionali anche della politica e quindi della famiglia, della società e dello Stato.

Attraverso l'analisi impietosa del concetto di libertà, egli arriva così alla negazione di quello di proprietà: « il lavoro dei primi (i ricchi) è libero, quello dei secondi (i poveri) è sottoposto alla necessità in balia dell'impresario, del capitalista, del finanziere ». Dal rifiuto della proprietà breve sarà il passo alla confutazione e alla condanna dell'eredità. Dunque concezione socialista piuttosto polemica che positiva, piuttosto critica che costruttiva, spesso indeterminata e indistinta allo stesso autore, antinomica sempre com'è tutto il pensiero di Ferrari.

Contrario infatti all'utopismo e pur spesso utopistico nel suo pensiero sociale e tanto antipositivo da scandalizzare l'amico Cattaneo, così rigoroso scrutatore dell'economia e della politica.

Ostile a ogni forma di rivelazione religiosa, critico implacabile del cristianesimo, oppositore spietato del neoguelfismo, avversario deciso dello spiritualismo, sostenitore infuocato dell'ateismo, e pur propenso a concepire la rivoluzione sociale non come insensata sovversione o eversione dei rapporti di produzione e distribuzione, ma « rivelazione » di un invincibile ideale, di un superiore principio di giustizia, che solo potesse trascendere il dato, il fatto della presente situazione economica, dei presenti disquilibri e disordini sociali, per sostituire a essa un « novus ordo ».

Attaccato a una visione « scettica » della vita, e insieme fermo nella dogmatica convinzione che la rivoluzione sociale dovesse scoppiare al principio del nuovo secolo in base all'incontrovertibile principio che ogni idea destinata a modificare una società ha un periodo d'incubazione e d'evoluzione di 125 anni, divisi nelle quattro fasi della preparazione, esplosione, reazione e soluzione.

Favorevole a una politica rivoluzionaria – che fosse « difesa di tutti gli interessi santificati da un principio » – e insieme ancorato agli schemi della democrazia e credente nelle sue leggi. Un'antitesi da cui non si « libererà » mai.

* * *

Campione dell'anticlericalismo, ho detto. Quando fu annunciata, nell'Italia laica e liberale appena reduce dal sangue di Mentana, la convocazione del Concilio ecumenico vaticano primo, Giuseppe Ferrari insorse in pieno Parlamento a Firenze – siamo nel luglio 1868 – contro la « cospirazione » ordita dal Vaticano ai danni della civiltà. Tutto l'anticlericalismo, al di qua e al di là delle Alpi, fece eco al grande patriota in cui i destini della Francia e dell'Italia quasi si ricongiungevano: e la voce di Victor Hugo si mescolò con quella non meno eccitata e indignata di Giuseppe Garibaldi, in una comune protesta contro l'iniziativa pontificia, contro l'attentato rivolto – sono sempre parole di Giuseppe Ferrari – « ai figli della rivoluzione francese ».

Ferrari tuttavia non si recò a Napoli, nel dicembre 1869, in occasione dell'apertura dell'Anticoncilio promosso dal grande amico Ricciardi, quale reazione dei liberi pensatori alle imposizioni dogmatiche del Vaticano. Ufficialmente il rifiuto era dovuto ai lavori in corso alla Camera: in realtà egli aderì all'Anticoncilio solo in quanto generica protesta contro le provocazioni del Vaticano. Il Sacro Sinodo è l'apoteosi trionfale di unità, autorità, dominio, gerarchia religiosa: era questa la sua opinione. Non si poteva né si doveva opporre un'eguale autorità, dominio, gerarchia laica, senza distruggere così facendo la vera forza dei sostenitori della libertà, che risiede proprio nelle « innumerevoli sette o religioni, nell'essere ciascuno di noi il proprio pontefice »: come scrisse il 7 dicembre 1869 agli amici riuniti a Napoli per l'Anticoncilio.

Ma è in Parlamento, secondo Ferrari, che occorre dibattere i limiti o le minacce del Concilio. Quando nella primavera del 1870 si affrontano nell'aula degli Uffizi le possibili minacce derivanti dall'annunciata approvazione del dogma dell'infallibilità pontificia, Ferrari sosterrà il pieno diritto dello Stato di tutelarsi, denuncerà l'origine stessa del Concilio che era stato convocato « per provocazione ». Dichiarerà inattuale, nella Camera fiorentina, la formula cavouriana – lui, l'antico antagonista sempre apprezzato da Cavour –, sosterrà che il prete doveva essere trattato al pari di ogni cittadino, e così pure il Concilio doveva essere considerato in maniera non diversa dai sacerdoti che lo componevano: come si impediva ai briganti di formare un'associazione a delinquere, così non si doveva riconoscere al Sinodo la libertà di cospirare, di insidiarci, di maledirci: «né si parli di lasciarlo libero», aggiungeva, «egli nega, colla sua esistenza, il principio stesso della libertà». Suscitando il plauso dell'intera Sinistra.

Sinistra. Destra. Antinomie e contraddizioni. Le intuì bene un grande spirito che i contemporanei hanno troppo dimenticato, Ernest Renan, che fu in cordiali rapporti con Giuseppe Ferrari al termine anche lui di una vita multanime, contraddittoria, oscillante e fantasiosa.

«Spirito ricco di vita e di agilità», ecco la definizione di Renan su Ferrari, «rappresentante in alto grado le qualità e i difetti della propria nazione.» E Renan aggiungeva: «Ferrari ha visto più dentro di qualunque altro in quel dedalo di agitazioni senza scopo, ma non senza risultato, di odi ciechi e tuttavia fecondi che costituisce la trama degli annali della sua patria, l'Italia. Occorreva un italiano per far comprendere e amare quell'inferno, del quale l'Italia, sempre guidata dal genio, ha percorso i diversi cerchi per più di mille anni. La libertà della guerra civile è pressappoco la sola alla quale in quei tempi l'Italia sembri affezionata...»

Anche io mi restringerò a dire, come diceva Renan, al di là di tutte le critiche fondate, di tutte le riserve motivate, di tutti i distinguo legittimi. Anche io mi limiterò a dire come Renan: «Ferrari mi ha affascinato».

3. Vannucci

ATTO VANNUCCI: prima sacerdote, poi laico conseguente. Prima ghibellino e poi venato da qualche indulgenza moderata e perfino neoguelfa. Educatore, cospiratore, animatore di quell'immagine dell'Italia che si identificava con tutta un'impostazione culturale nutrita dal classicismo, con tutta una «rivisitazione» del Medioevo comunale e dell'Italia antica.

Uno scrittore una volta molto diffuso, presente in tutte le antologie scolastiche, quasi esempio di edificazione laica; e poi, con l'avvento dello pseudo-Risorgimento guerriero e littorio, messo in ombra, quasi in disparte, scomparso nelle vecchie edizioni popolari, ridotto a un'anticaglia da museo (e a un solerte abitatore presso i barroccini dei libri invenduti).

Unica eccezione, negli anni della mia adolescenza, fra '34 e '35, la riedizione di un suo volume classico, il più noto e divulgato fra i suoi compendi storici e patriottici, *I martiri della libertà italiana*, presso una collana universale di Vallecchi che costava tre lire, in maneggevoli volumi cartonati, e si chiamava «Biblioteca Vallecchi», fondata dall'editore della *Voce*, di Prezzolini e di Papini.

Quell'opera sui martiri della libertà italiana era curata con un'affettuosa fedeltà alla vecchia Italia da uno storico che incrocerò spesso nelle bancarelle di quegli anni, Ettore Fabietti: uno storico-divulgatore in cui si respirava un'aura di fede nei valori democratici e di libertà che in quegli anni sopravviveva come residuo di antiche esperienze. E la prefazione a questo libro era datata da Rovezzano-Firenze (fine 1928) e sembrava quasi di casa. L'operetta aveva, in apertura della maggioranza dei capitoli, il ritratto del patriota di cui si narra la vita. Nulla di nuovo perché il sistema era ripreso da un'edizione fra le tante che l'avevano preceduta nella storia dell'Italia post-risorgimentale, e precisamente da quella di Barbera nel 1906.

Ma quel volume diseguale, incompleto e discutibile da tutti i punti di vista aveva, per un ragazzo degli anni '30-40, uno straordinario fascino. Collocava gli inizi della storia risorgimentale d'Italia nel Settecento, alla fine del secolo decimottavo, attraverso tutte le repubbliche cisalpine, cispadane e partenopee che faceva sfilare l'una dietro l'altra come punto di formazione della parola « Italia ». E nella scelta stessa dei luoghi, che erano tanti e diversi (e diversissimi anche da quelli raccolti negli scarsi e avari volumi dei corsi di storia che si adottavano ai ginnasi), dava il senso di un moto di popolo molto più vasto di quello che poi un'analisi più approfondita avrebbe consentito di registrare. Era un libro, appunto, « missionario »: finalizzato a coltivare nel paese quell'amore di patria che era teso a identificarsi con l'amore stesso dell'umanità.

« Italia e Repubblica avevano ormai preso interamente l'animo del Vannucci. » E il distacco dalla vita ecclesiastica, e il passaggio alle file del patriottismo più avanzato, e l'adesione alla scuola neoghibellina – che gli costerà tutte le ironie e i sarcasmi di Croce –: ecco il binomio cui finirà per ispirarsi tutta la sua vita, il laico binomio « Italia e Repubblica ».

E pochi dei patrioti dell'Ottocento ebbero così netta, così vivida, così costante, nel loro peregrinare attraverso gli studi con maggiori o minori risultati, con opere di maggiore o minore impegno, quella certa idea dell'Italia. Scrittore mai municipale, Atto Vannucci. Scrittore mai chiuso nelle estenuazioni della « Firenzina » e portato a identificare le grandezze del passato coi doveri di un presente immaginario. Scrittore classico nella ricerca dell'ispirazione e nel culto dell'Italia, perfino dell'Italia antica opposta a Roma (con la storia di quell'opera che nell'ultima edizione si chiamerà *Storia d'Italia fino alla conquista di Roma*).

Certo con tante ingenuità e con tante insufficienze. Con l'ingenuità di contrapporre Roma, la Roma imperiale, all'Italia classica: secondo la visione, né storica né storicistica, che attribuiva alla corruzione imperiale tutti i mali e salvava le sole virtù repubblicane, disgiungendole dal loro stesso concreto procedere nella storia e operare nella storia. Insufficienze, ancora, nella preparazione erudita: dove la scienza degli studi classici, e di casa nostra, non poteva neanche entrare in gara con quella che stava attivando negli stessi decenni la Germania e che esercitava riflessi stanchi e ritardati nel pensiero italiano.

Ingenuità e insufficienze, sicuramente: ma tutte legate a quel processo vivo per l'azione politica in cui Vannucci emerge, l'uomo di cultura che non riesce mai a separare la scelta di un tema o la divulgazione di un argomento dal vero e proprio impegno civile. Si guardi alle suggestive pagine sui *Primi tempi della libertà fiorentina* che costituiscono uno dei testi meno noti e più freschi della copiosa produzione storiografica di Atto Vannucci.

Il libro è nato come libro per educare, e per educare i ragazzi. È nato negli anni '44-45 sotto forma di « discorsi » sulla storia dei fiorentini, apparsi nelle *Letture per la gioventù*, appendice alla *Guida dell'educatore* diretta dal Lambruschini e fondata da Vieusseux per continuare in un certo modo l'opera liberale dell'*Antologia*. Fino a quel tentativo di riapparizione, a quel tentativo della « Fenice » che vedrà in prima linea schierato Atto Vannucci nato troppo tardi, nel 1810, per poter essere partecipe dell'esperienze dell'*Antologia* (ma talmente influenzato dalla stessa che la prima idea del volume sui martiri della libertà italiana nascerà in lui da un parallelo fra il martirologio italiano e quello polacco, proprio come conseguenza dell'atto di sopruso e di arbitrio contro l'*Antologia* che era stato nel 1833 la soppressione del periodico, in conseguenza dell'atteggiamento assunto rispetto al moto indipendentista della Polonia).

Di quei discorsi del 1845 erano stati fatti estratti raccolti anche in un solo volume col titolo: *Sulla storia fiorentina. Discorsi di Atto Vannucci, estratti dalle « Letture per la gioventù »*. Pressappoco come si fa oggi con le dispense illustrate che sono state tanta parte della formazione della nazione italiana.

Dal 1843 al 1856, anno in cui appare la prima edizione di Le Monnier (quella nel formato ridotto, nei « tascabili » della « Biblioteca nazionale »), trascorrono gli anni più tormentati e tempestosi per lo stesso Vannucci. Spirito contemplativo, meditabondo, di origine sacerdotale: sbattuto dal patriottismo nei marosi di un'Europa incerta e inquieta.

Dimesso nel 1843 l'abito ecclesiastico incompatibile con le sue idee liberali e con la sua passione patriottica (Carducci dirà che Vannucci fu « sempre democratico e anticlericale anche quando era prete »), il filologo ed erudito toscano cerca a Parigi le soddisfazioni e i contatti che gli sono negati in Toscana. L'occasione del viaggio in Francia è dolorosa: il male agli occhi che lo porterà a una situazione tanto simile a quella di Gino Capponi.

Ma la cura degli occhi non esaurisce i suoi contatti nella capitale francese, dove comincia a svolgere quel ruolo importante di propagandista e di diffusore dell'idea nazionale che riprenderà dopo la restaurazione. Sugli incerti confini fra mazzinianesimo e moderatismo.

Tornato in patria partecipa ai rivolgimenti toscani col periodico *L'alba*, di cui assume la direzione dopo Giuseppe La Farina. Sono gli anni fra il '46 e il '48: gli anni in cui il fervore neoghibellino dell'amico e dello storico di Giambattista Niccolini si unisce a un'adesione condizionata alle irrompenti speranze neoguelfe (quella contraddizione insita in Vannucci che farà parlare a Pietro Treves di un certo tendenziale neoguelfismo dello studioso pistoiese, « fedele e infedele toscano »).

Appoggia Guerrazzi, che lo ricambierà con la rinuncia alla calunnia e alla maldicenza; sogna il ritorno della Repubblica fiorentina, e delle sue antiche virtù, sulle rive dell'Arno; è estremo ambasciatore della Toscana nella Roma repubblicana di Mazzini.

Non aspetta a Roma la fine della Repubblica. È già a Marsiglia l'11 maggio del '49. Arriva a Parigi dopo l'estate. Il 5 ottobre 1849 scrive da Parigi a Vieusseux. Ai primi di luglio del 1850 segue a Londra la famiglia: un soggiorno insopportabile. Già a settembre annuncia il rientro a Parigi. Il 16 novembre 1850 esprime all'amico Martellini la gioia del rientro a Parigi (che doveva essere avvenuto a occhio e croce fra ottobre e novembre).

Sono i contatti frequenti e appassionati con Giuseppe Montanelli: un rapporto, fra due uomini così diversi e così contraddittori, che andrebbe un giorno ripreso e studiato. E della partecipazione a tutto quel complesso di concitate discussioni fra gli esuli del '49 sulle sorti dell'Italia futura. Vannucci si prepara a quella conversione moderata che lo porterà a simpatizzare per la « Società nazionale » verso il '57 e lo distaccherà definitivamente dai rami dell'ortodossia repubblicana alla quale si era avvicinato all'inizio degli anni '40, nei primi, incerti contatti con la « Giovine Italia ».

Non manca neanche una sosta luganese nelle peregrinazioni europee di Atto Vannucci. È l'ottobre 1852, allorché il patriota toscano si trasferisce per insegnare storia nella città svizzera. Ma neppure la sconfinata libertà di cui gode la Svizzera appaga il suo spirito scontroso e scontento. Diversamente da De Sanctis e da tutto il grosso dell'emigrazione meridionale, Vannucci rifiuterà perfino l'offerta di una cattedra universitaria a Torino nel 1857: preferendo dedicare in quegli anni tutte le sue energie alla *Rivista di Firenze* che merita di essere riletta ancora.

Felice Le Monnier ha già messo gli occhi sullo storico e sull'erudito toscano. Da lui parte la proposta di riunire quelle lontane pagine sulla libertà fiorentina del '44-45. La proposta non è neppure fra le più allettanti dal punto di vista economico: apprendiamo da una lettera inedita di Vannucci a Le Monnier che per l'edizione del 1856, la seconda, percepirà un compenso di cento lire toscane. Che non erano tante neanche allora, a giudicare dal prezzo dei libri della « Biblioteca nazionale », né le tirature nonostante l'andamento divulgativo del libro erano troppo eccitanti. Basti pensare che la prima edizione fu di 1050 copie; la terza, che coincide con il 1861 e con l'unità, di 2000 copie.

Diamo un'occhiata al carteggio fra Vannucci e Felice Le Monnier raccolto nel fondo manoscritti della Biblioteca nazionale fiorentina. E vedremo come Vannucci in tutti i sensi seguirà le linee di quell'Italia proba e virtuosa alla quale si ispirerà tutta la sua vita fino al malinconico epilogo di una solitudine sdegnata e corrucciata (in cui ritornava un'ombra del suo amico Niccolini). Proprio per i due volumi dei ricordi di Niccolini – una miniera ancora oggi inesplorata di storia fiorentina e italiana –, l'educatore chiede all'editore cento esemplari dell'opera in compenso, più duecento lire italiane per ogni volume, cedendo la proprietà per sei anni. Colpisce quell'alta cifra di opere in omaggio che evidentemente obbediscono al desiderio dell'uomo di donare a enti e istituti l'opera propria.

Nel febbraio del '63 Vannucci cede i diritti della sua opera prediletta, *La storia dell'Italia antica*, alla « Biblioteca nazionale » di Le Monnier. Per sei anni a decorrere dal 1° settembre. « E per questa cessione », scrive al Sor Felice, ormai al tramonto della sua gloriosa giornata, « ella mi pagherà 1500 lire italiane in quatto rate alla pubblicazione di ciascun volume e di più mi darà copie venticinque dell'opera stessa. »

Per gli *Studi storici e morali sulla letteratura latina* è Felice Le Monnier che si impegna con una lettera del 25 novembre '61 a pagare lire quattrocento italiane alla pubblicazione del volume.

Le pagine che compongono il volume su *I primi tempi della libertà fiorentina* vanno lette secondo gli anni in cui furono scritte e in base ai fini cui obbedirono. Nessuno vi ricerchi un rigore di documentazione storiografica che è lontano in quel momento dall'autore. Egli esaltava ogni ideale di vita democratica che si concretizzava in certi esempi del passato fatti di austerità, di laboriosità, di frugalità, di onestà, le classiche virtù repubblicane.

Atto Vannucci appartiene agli apostoli di quell'Italia quiritaria che si identificava con i modelli dei comuni e delle repubbliche e si opponeva alla decadenza delle signorie. La sua visione della continuità della storia d'Italia, e dell'idea dell'Italia, anticipava quella di Salvatorelli: non a caso Croce opporrà, nelle sue pagine così critiche sulla scuola neoghibellina, « la inesistenza di una nazione italiana a quella che era la vera forza degli storici appunto ghibellini ». Per dirla con Croce « l'idea dell'unità italiana, che nasceva da quel concetto del Machiavelli », cioè dalla contrapposizione al Papato, e da tutto il resto.

Leggiamo Croce: « Appunto questo criterio dell'unità d'Italia, che gli storici ghibellini assumevano, assegna la ragione della loro inferiorità storiografica, per non dire della loro nullità... l'unità d'Italia non era mai storicamente esistita, dall'invasione dei longobardi fino al secolo decimonono ». Conseguente a quelle premesse, nella polemica del 1931, Croce sosterrà che non si può parlare neanche di una nazione italiana dopo Dante e dopo san Francesco: la tesi cui Salvatorelli contrapporrà la continuità di una comunità italiana cementata dalla lingua e dalla cultura che non riesce a organizzarsi in forma di Stato.

Nella decapitazione sommaria della scuola neoghibellina che Croce compie, nel primo volume della *Storia della storiografia italiana nel secolo XIX*, c'è certamente l'anticipazione di quella polemica che ha diviso la stessa scuola democratica italiana e che riverbera i suoi effetti fino a oggi.

È certo che Croce aveva ragione sottolineando come il libro sulle libertà fiorentine fu scritto da Vannucci « senza ricerche originali », nell'impeto di una passione patriottica che piegava i fatti del passato a un fine di educazione e di proselitismo.

Ma è altrettanto certo che quella ricerca coincideva con la ricerca di tanta parte del patriottismo italiano, volta a trovare le radici letterarie e culturali prima ancora che politiche dell'idea dell'Italia, della nazione come comunità di cultura e di lingua anteriore all'unificazione nazionale e giustificatrice della stessa.

Ecco perché alla fine si torna sempre a Dante, che Vannucci chiama « il vero padre della civiltà e della letteratura italiana ». Da Mazzini a Vannucci. Ed ecco perché la democrazia fiorentina, quella che è chiamata con parole struggenti « la libertà fiorentina », si identifica con « uomini interi che riuscirono in una cosa grande » ma cui mancò, aggiunge Vannucci, « la patria più grande alla quale bisognava collegarsi e servire per raggiungere una vera grandezza politica ». Solo Dante riuscì a concepire l'idea di una nazione italiana ma gli uomini del suo tempo non potevano sollevarsi all'altezza del suo intelletto.

Può essere che la visione fosse semplificatrice, che avesse anche una punta dilettantesca o avventata, almeno sul terreno delle fonti. Ma è certo che gli uomini di quella generazione hanno operato con quell'idea dell'Italia nel cuore, con quella parola « Italia » che significava tante cose, che trasferiva sul piano del costume e della vita quelle che erano state intuizioni anticipatrici. E le parole di Vannucci finiscono per coincidere con quelle di un suo collega nell'Università italiana e in ultimo anche nel Senato che egli molto amò: Giosue Carducci. Le pagine del 1872 su Firenze capitale dell'Europa non sono altro che la trascrizione, in termini più moderni e più raffinati, dell'intuizione anticipata nei *Primi tempi della libertà fiorentina*.

E talvolta con movenze analoghe di linguaggio. « Allora nacquero i sovrani intelletti che crearono i fiori immortali di cui si adornarono i crini di Beatrice, di Laura e di Fiammetta: la poesia cantando l'amore e la patria ingentilì gli animi, pregò fine ai lunghi odii civili, risvegliò le generose doti del cuore, e imprecò alla viltà e all'egoismo. Allora il nome fiorentino si levò altissimo fra tutte le genti, perché niun'altra città produsse mai tanti uomini eccellenti nella sapienza delle cose civili, niun'altra ebbe tanta gioia di lettere e d'arti. Quivi dapprima risorse la civiltà europea: quivi coi forti fatti cominciarono i grandi scrittori e i tanti storici, che danno luce alle vicende non solo di Firenze, ma d'Italia e d'Europa. »

Quella Firenze, capitale vera e non stucchevole e decorativa, ci commuove ancora.

4. I due Alfieri di Sostegno

« VILLINO ALFIERI. » All'angolo fra via Lamarmora e via della Dogana, dietro il fiorentino convento di San Marco che fu caro a Savonarola, è possibile ancora scorgere una targa schiva e discreta e guardinga che indica il palazzo abitato da Cesare e da Carlo Alfieri di Sostegno negli anni di Firenze capitale e dell'ultimo trentennio dell'Ottocento: un palazzo di decoroso stile borghese in una strada tutta improntata al gusto borghese del secondo Ottocento e non a caso intitolata a uno dei piemontesi che elessero la città del Giglio a loro patria ideale, rifiutandosi di tornare a Torino dopo la svolta di Porta Pia e chiudendo sulle rive dell'Arno la loro giornata, il generale Alfonso Lamarmora. Torino e Firenze: in pochissimi nomi come in quello degli Alfieri di Sostegno si riassume una storia e un destino come quelli che unirono il piemontese « senso dello Stato » alla libertà intellettuale connaturata al capoluogo toscano.
21 novembre 1875. Sono cent'anni dall'inaugurazione, a Firenze, della scuola di scienze sociali che porta ancora, nonostante tutti gli accentramenti e i livellamenti succedutisi nel corso di questo secolo, il nome di « Cesare Alfieri ». Il nome, cioè, dell'antico presidente del Consiglio di Carlo Alberto che aveva seguito il figlio del suo sovrano a Firenze, tappa obbligata sulla via di Roma, e aveva rappresentato, nel vecchio Senato del Regno strappato da Palazzo Madama e allogato alla loggia degli Uffizi, dov'era stato autorevole presidente, la voce di un liberalismo ai confini del conservatorismo, la voce dei moderati subalpini intransigenti, a destra dell'eredità cavouriana.
Carlo Alfieri, il figlio di Cesare, è il protagonista di una storia che si è poi identificata con la storia culturale e civile del nostro paese e ha costituito un capitolo non secondario nell'evoluzione dei nostri ordinamenti universitari.
È Carlo che raccoglie il retaggio del padre, spentosi a Firenze nel 1869, e si dedica dopo la liberazione di Roma a un piano che impegnerà tutte le sue energie per almeno un quinquennio. Il piano di una « scuola di scienze sociali » capace di elaborare una classe dirigente adeguata ai bisogni di un paese che nasce: omag-

gio non retorico al nome paterno, simbolo di una continuità fra il Piemonte e l'Italia che esca dai confini, ormai superati e malinconici, del vecchio Regno di Sardegna.

Carlo Alfieri è uno dei piemontesi ostili al « mito di Roma », come D'Azeglio. Sposato in seconde nozze alla nipote prediletta di Cavour e figlia di Gustavo, Giuseppina, e quindi in qualche modo « genero » del conte, « cavouriano » in tutto, nell'educazione, nella cultura, nell'ispirazione europea e cosmopolita, nella fedeltà scontrosa e possessiva sempre serbata al culto del grande statista, il figlio di Cesare Alfieri si distingue dal filone centrale del liberalismo cavouriano per le riserve e le perplessità, mai nascoste, al gran salto su Roma, per la ripugnanza invincibile a trasferire la capitale del nuovo Stato in quella che egli considera e chiama la « capitale rettorica » degli italiani.

La scelta di Firenze come capitale provvisoria è piaciuta a lui non meno che a D'Azeglio. Dopo Porta Pia, Alfieri appartiene a quel gruppo di notabili che non vorrebbe lo spostamento immediato della capitale sul Tevere, che preferirebbe una permanenza di qualche anno o decennio sull'Arno.

Una città a misura umana, Firenze, un punto d'incontro fra Nord e Sud. Una tradizione di libertà e di autogoverno che contrasta col passato classico e cattolico di Roma, « dal quale la libertà moderna non ha nulla da ritrarre ». Un punto di equilibrio, geografico e politico. Quasi il *juste milieu* nel persistere della reazione e nel mareggiare della protesta. Una funzione essenziale, e insostituibile, nel rimescolamento dei ceti e dei dialetti, nella creazione della lingua nazionale. Ostile, quel gruppo, alla « terza Roma » di Mazzini non meno che alla cavouriana Roma « predestinata capitale d'Italia »; laico ma incline a un *modus vivendi* col Vaticano che eviti la guerra di religione, che colmi gli steccati fra l'Italia risorgimentale e l'Italia cattolica. La posizione di uno Stefano Jacini a Milano, di un Gino Capponi a Firenze.

Carlo Alfieri, senatore di fresca nomina, inserito nella prima infornata senatoriale dopo l'entrata a Roma, compie la sua scelta decisiva escludendo di seguire il Re al Quirinale e mantenendo la sua casa a Firenze, là proprio nella via non ancora intitolata al generale Lamarmora. E fin dal giugno del 1871, durante le ultime settimane di permanenza del Senato a Firenze, riunisce agli

Uffizi un gruppo di amici, esponenti del suo stesso mondo ideale e del suo stesso versante culturale, per discutere la formazione di un istituto volto all'insegnamento « delle scienze morali e politiche ». Quasi negli stessi mesi a Parigi sorge la Libre Ecole des Sciences politiques, sulle rovine di Sedan e come gesto di fede nella Repubblica rinascente; ma i due atti sono autonomi, corrispondono alle diverse situazioni di due paesi, l'uno che vuole riparare la sconfitta, l'altro che vuole utilizzare l'imprevista e per tanta parte immeritata vittoria.

Da quel 15 giugno 1871 parte una storia che arriva fino a noi: una storia di delusioni, di amarezze, di contraddizioni, di alti e bassi, che sta alla radice di uno dei nostri più solidi e peculiari organismi universitari. Una scuola libera, poi diventata « regio istituto », poi trasformata dal fascismo in « facoltà », poi restituita dalla Liberazione a un ordinamento autonomo, sia pure nell'ambito dell'ormai insopprimibile centralismo universitario. Cento anni di storia che si identificano con gli ardimenti della sociologia positivistica, con i ripiegamenti giolittiani della *Realpolitik*, con le esasperazioni nazionaliste e colonialiste del fascismo, col recupero dei grandi valori della democrazia parlamentare e pluralista dopo la Liberazione, alimentate ai grandi esempi della Resistenza (non a caso sarà la facoltà che laureerà Sandro Pertini e Carlo Rosselli).

Una strada cosparsa di ostacoli, per il tenacissimo marchese astigiano, tenace quasi quanto l'ultimo esponente dell'altro e congiunto degli Alfieri Bianco, Vittorio. Alla fine del '71, « no » del Comune di Firenze, indebitato dagli oneri spaventosi della capitale troppo presto trasferita, a ogni concorso finanziario al progetto dell'Istituto; per tutto il '72 e '73, riserve e resistenze di ogni genere dell'« Istituto di studi superiori » di Firenze, il primo nucleo ricasoliano della futura università, ai promotori dell'iniziativa; a metà del '73 la decisione, risolutiva, di costituire una « società di educazione liberale », una specie di *holding* privata della cultura moderata, con varie sezioni, elettorale, propaganda, educazione, e solo l'ultima destinata a sopravvivere e a concretarsi in qualcosa di durevole e insieme di peculiare.

Appello alle sottoscrizioni private, senza più nessuna illusione di munificenze pubbliche, statali o comunali. Azioni di 250 lire ciascuna, da pagarsi in cinque rate annuali. 303 azioni sottoscritte in brevi mesi: in una prospettiva nazionale che va dalla Toscana di Ricasoli al Lazio del principe Colonna, dalla Romagna del conte Pasolini alla Torino del duca di Sartirana o del generale Menabrea. Contrapposizione della scuola libera all'Università di Stato in una visione anticipatrice e lucidissima del pluralismo scolastico, contro la pedissequa e paralizzante imitazione del modello napoleonico. Accento sulle scienze sociali, come qualificanti per la formazione di un nuovo nucleo di amministratori, locali e nazionali, sottratti alle ipoteche dell'educazione confessionale o del conformismo cortigiano. Sogno, rimasto sempre tale, di una « Manchester italiana », di un *college* all'inglese.

Incertezze, nei primissimi anni, sui fini fondamentali dell'Istituto: se volto solo all'educazione politica dei rampolli dell'aristocrazia – il primitivo piano di Alfieri – o allargato a un'educazione insieme politica e professionale, capace di assicurare alcuni sbocchi, di schiudere la via di determinate carriere, senza più distinzione di ceti o di classi.

La svolta decisiva, per l'« Alfieri », coinciderà col 1887: allorché il diploma rilasciato alla scuola fiorentina aprirà la strada alle carriere diplomatiche e consolari, quella che resterà la caratteristica gelosa e un po' orgogliosa dell'Istituto per oltre un cinquantennio. L'« aristocrazia parlamentare », che aveva rappresentato l'obiettivo di Alfieri, si trasforma gradualmente con la fine del secolo, scomparso il fondatore, in una forma di « meritocrazia » tale da dissolvere o almeno attenuare le barriere del censo; l'età giolittiana si fa sentire anche nelle mura appartate e umbratili di via Laura, la strada che sarà tanto cara a Marino Moretti.

E il « Cesare Alfieri » si inserisce completamente nel paesaggio culturale e civile della città, diventa parte integrante di Firenze: in questa saldatura col Piemonte cavouriano, con la religione laica dei notabili, una religione pudicamente difesa e custodita nel corso dei decenni, e contro tutte le intimidazioni e demagogie.

A metà del '75 ho ripercorso nel castello di San Martino Alfieri, sopra Asti, le memorie e le testimonianze di questa lunga storia, tutelata allora con gelosa fedeltà dall'ultima erede di tre grandi tradizioni familiari, Cavour, Alfieri di Sostegno, Visconti-

Venosta, appunto Margherita Visconti-Venosta. E l'occhio mi cadde sull'atto di donazione che le due figlie di Carlo Alfieri, Luisa e Adele, compirono nel 1898 di una palazzina della fiorentina via Cavour all'Istituto Alfieri come base economica per la sopravvivenza della scuola.

Dopo la prima guerra mondiale, quel palazzo fu trasformato in titoli di Stato; dopo la seconda, quei titoli di Stato furono integralmente polverizzati. Ma qualcosa rimane che è poi la storia vivente *in scrinio pectoris*, nel cuore di ognuno di noi.

5. Carrara

FRANCESCO CARRARA fu una delle grandi figure dell'Ottocento italiano: quasi completamente dimenticato oggi, quanto fu popolare ieri. Maestro nel diritto penale con un prestigio, fra i contemporanei, che fu pari solo a quello di Beccaria nell'epoca sua.

Non a caso, già nel 1876, il Senato del Regno chiamava Francesco Carrara fra i suoi membri, proprio per la XX categoria, quella degli uomini che con le imprese e col merito avevano onorato la patria: a riprova che, quasi nell'infanzia della nazione, i padri coscritti avevano riconosciuto il peso prevalente che il suo magistero giuridico aveva avuto per tutta la prima parte del secolo.

Diciamolo pure: poche volte il Senato regio ha fatto un uso corretto delle proprie attribuzioni per quanto riguardava quella categoria. Benedetto Croce nel 1910 venne nominato senatore per la clausola del censo e non per quella. Giuseppe Verdi nel 1874 fu scelto senatore per quella clausola ma abbinata all'altra del censo. Gino Capponi, il grandissimo Gino Capponi, che fu una delle figure europee della cultura toscana e italiana, si vide riconosciuto il laticlavio, per questa ma anche per la concorrente qualifica di ministro di Stato. Giosue Carducci fu chiamato come membro del Consiglio superiore della Pubblica Istruzione, senza neanche evocare la chiara fama.

Eccezione tanto più significativa. 1876. È un anno importante per la storia d'Italia. Si chiude la stagione gloriosa della Destra; si apre la fase di governo della Sinistra attraverso la rivoluzione parlamentare (alla quale erano stati tutt'altro che estranei i risentimenti e turbamenti della Toscana, come sempre).

Carrara, professore di diritto penale a Pisa, dopo i tanti anni in cui aveva donato il suo insegnamento nel liceo universitario di Lucca prima dell'unità, non è un radicale né un progressista nel senso della terminologia politica del tempo.

È un liberale moderato che ha condiviso tutte le battaglie dell'unità dopo l'iniziale frequentazione a Lucca – nel 1831 – di un circolo giovanile di orientamento mazziniano. È l'uomo che ha preso parte ai moti che provocarono la partenza di Carlo Ludovico da Lucca e l'annessione della città al granducato toscano nel '48. È l'uomo che rifiuta le punte della demagogia guerrazziana, predominante nella sua Toscana nell'anno delle tempeste, e risponde a Guerrazzi di non appartenere ad alcun partito, per sottrarsi a ogni artificiosa classificazione. È l'uomo che detesta i « moti incomposti » e vede la prevalenza della ragione nella storia.

Lavoratore instancabile come oggi non si riesce neanche a pensare. Il programma del corso di diritto criminale, per esempio, pubblicato a Lucca, fu completato solo nel 1870 con il nono volume e destinato a contenere il doppio ampliamento in una settima edizione curata dallo stesso autore (a partire dalla sesta comprese dieci volumi, di cui tre dedicati alla parte generale e sette alla parte speciale). Il tutto da lui rivisto, analizzato, controllato con quella sapienza filologica che caratterizzava i giuristi di una volta, con quell'amore del particolare che identificava diritto e storia.

Francesco Carrara si configura come il campione della elaborazione filosofica e giuridica del pensiero penalistico italiano che parte dalla svolta sempre decisiva di Cesare Beccaria, nella lotta risoluta contro la pena di morte che fu la ragione di vita di entrambi.

Con questa differenza: che Beccaria influì su tutto il mondo ma Francesco Carrara influì soprattutto in Italia, nel paese che aveva contribuito a unificare con lo slancio del suo patriottismo unito al rigore della sua scienza. Egli non fu soltanto il principale penalista italiano dell'Ottocento ma colui che ispirò il codice penale Zanardelli nel 1889, con la sua profonda dottrina e con il suo alto senso di umanità: quel codice che è ancora tanta parte della vigente legislazione penale e che egli non fece in tempo a vedere.

Amò la sua « piccola patria », Lucca, con un culto struggente, in cui si fondevano memorie domestiche e suggestioni intellettuali: « toscano e plebeo », come amava chiamarsi sempre.

Carrara fu soprattutto uomo di scienza. Le sue teorie dominarono per buona parte del diciannovesimo secolo, fino all'avvento della scuola positivista. Scienza del diritto penale a cui Carrara volle dare una solida base etica e filosofica: unendo sempre l'opera del ricercatore con quella del divulgatore, il magistero dell'analista con quello dell'apostolo.

Le sue indagini scientifiche nacquero dall'incontro fecondo fra studio, insegnamento e pratica forense (esercitata per anni con costanza e assiduità implacabili). Basterebbe ricordare la dedica ai suoi scolari del programma del corso di diritto criminale che ho testé citato: « Io non cercai la gloria mia, ma l'utile vostro; intesi a raccogliere, non a creare; non a dir cose nuove, ma vere: non fui vago dei modi brillanti, ma della chiarezza. Se il mio lavoro può facilitarvi lo studio delle criminali discipline, io ho ottenuto il mio scopo ».

Un'opera in dieci volumi che non occupò solo le bacheche delle biblioteche italiane perché fu tradotta in molte lingue e divenne uno strumento prezioso di lavoro per i legislatori e gli accademici di molti paesi. Era un filo lungo che da Beccaria portava a Carmignani, che fu il suo vero maestro nell'ateneo pisano, maestro a lui e a una generazione.

Il grande scienziato e il grande avvocato si congiungevano in Carrara all'uomo politico di sincera fede liberale, secondo un modello risorgimentale che restò, per tutta la sua lunga vita, l'inalterabile punto di riferimento di una coscienza aperta ai nuovi princìpi di indipendenza nazionale e di progresso nella libertà. Questa libertà egli la faceva consistere « nella esatta circoscrizione dei poteri dello Stato in quanto vengono in urto coi diritti dell'individuo, e nell'affermazione dei diritti dell'individuo in quanto voglia a questi sovraimporsi lo Stato ».

La fede profonda nei diritti dell'individuo, la preoccupazione di dare a essi un'efficace tutela giuridica, spiegano la sua adesione a quelle correnti della Sinistra che, contro le tendenze stataliste della Destra, chiedevano allo Stato di rientrare « nella sua vera missione », che si compendia « nella difesa costante ed imparziale dei diritti dei singoli ».

Come senatore, non poté, a causa dell'età e dei molti impegni di insegnante e di avvocato, prendere parte con assiduità ai lavori dell'assemblea, ma fu sovente consultato su quelle materie penali nelle quali era riconosciuto maestro, non soltanto nell'ambito della scienza giuridica italiana.

Il suo contributo alla preparazione del codice penale Zanardelli, documento per quell'epoca della più avanzata civiltà giuridica, fu – lo ripeto – fondamentale: egli vide sempre, anche in polemica con la scuola positivistica, nella libertà morale dell'uomo, con una vibrazione kantiana, il fondamento del diritto penale.

Ripeteva che «l'uomo è destinato per legge di sua creazione ad esercitare liberamente la sua attività sulla terra entro il limite del rispetto alla libertà dei suoi simili», e che «è costituito *ab aeterno* sotto il dominio della legge morale che ad un tempo segna i suoi diritti ed i suoi doveri verso gli altri», ma che la libertà di cui l'uomo naturalmente gode «non sarebbe senza il freno di un'autorità che completasse la efficacia della legge».

La sua più grande gloria resta la lunga e vittoriosa battaglia per l'abolizione della pena capitale. Questa lotta appassionata Francesco Carrara la condusse con ogni mezzo, dalle lezioni ai pubblici discorsi, dagli interventi in Parlamento alle collaborazioni giornalistiche, per non parlare del suo impegno maggiore, che fu quello della partecipazione ai lavori della commissione per la preparazione del nuovo codice penale italiano.

Nella battaglia per l'abrogazione della pena di morte, egli seppe congiungere la sua stringente logica giuridica con il suo profondo sentimento umanitario, il rifiuto istintivo della crudeltà con la consapevolezza dell'inutilità sociale e giuridica di una simile pena.

La scuola classica del diritto penale – di cui Francesco Carrara fu il più illustre rappresentante – poneva alla base di ogni ordinamento giuridico quei valori di libertà nei quali trovavano un punto di sintesi la tradizione cristiana e il pensiero illuminista. Il codice Zanardelli fu l'espressione più matura e consapevole di una civiltà giuridica che affondava le sue radici nel mondo classico e cristiano, e che aveva saputo rinnovarsi attraverso la lezione di umanità e di ragionevolezza dell'età dei lumi.

Lo spirito del Risorgimento non è morto, perché in esso trovarono conciliazione i diversi filoni spirituali e politici della storia italiana, una storia complessa che non tollera semplificazioni e ingannevoli scorciatoie.

Un secolo dopo (e quale secolo!), la lezione del grande giurista lucchese resta un esempio sempre valido e ammonitore di chiarezza e di ordine, di amore per le libertà dei cittadini e di equilibrata preoccupazione per le esigenze della difesa sociale. I valori che dovranno sopravvivere alle prove del futuro millennio.

La difesa dei diritti dell'uomo parte dagli studiosi come Carrara. Ed è inseparabile da quella civiltà giuridica, che aveva sentito la grande lezione kantiana.

V.
La prosa dopo la poesia

1. *Rattazzi*

Fu chiamato, dopo la sconfitta di Carlo Alberto, l'uomo di Novara. Fu chiamato, dopo la morte, l'uomo di Aspromonte e di Mentana, due pagine dolorose della vita nazionale, entrambi fallimenti sulla via di un doppio gioco, che sembrerà eretto a sistema.

Tale fu Urbano Rattazzi, un protagonista del Risorgimento di cui le giovani generazioni hanno quasi perduto la memoria. Una volta affiorante nei libri di testo dell'Italia prefascista, non foss'altro per il patto del « connubio » con Cavour, decisivo per il nuovo corso del liberalismo piemontese; ormai relegato in margine o in nota fra i patrioti cui non arrise la fortuna né nella propria vita né nel giudizio dei posteri.

Perché uomo di Novara? La disfatta dell'esercito sardo ha i suoi responsabili militari, individuati anche in processi celeberrimi. Per tutti pagò il Re Carlo Alberto, quasi a riscattare, nella sofferenza dell'abdicazione, i tradimenti, le incertezze e le viltà della prima e poi smentita e tradita solidarietà coi compagni di Santorre di Santarosa, nel Piemonte del marzo 1821.

La responsabilità politica di quella « riscossa » fallita contro l'Austria cadde su di lui, su Urbano Rattazzi, giovane *leader* della Sinistra subalpina nel Parlamento appena nato dallo Statuto del 1848, esponente di spicco di quella frazione democratica che, senza essere mazziniana, era già proiettata verso la guerra italiana, verso l'unità con la Lombardia (non con procedure annessionistiche, ma attraverso la sanzione del plebiscito popolare), verso la causa dell'indipendenza destinata fatalmente a incontrarsi con la causa dell'unità.

Guardasigilli, già alla fine del '48, nel ministero « democratico » guidato dall'abate Vincenzo Gioberti, il « fanciullo sublime », il profeta del « rinnovamento » dopo essere stato l'artefice sfortunato del *Primato*; ministro dell'Interno, e quindi di fatto – per i tempi – capo dell'esecutivo, nel ministero militare guidato dal generale Agostino Chiodo, capo di stato maggiore dell'esercito: ministero che aveva la sola funzione di denunciare l'armistizio con l'Austria, di interrompere la mediazione franco-inglese, di prendersi la « rivincita » tanto attesa sulle sconfitte del 1848 e su quell'abbandono di Milano, mai perdonato a Carlo Alberto, né dai democratici di sinistra né da quasi tutte le frazioni del mondo liberale.

Si era spinto, Rattazzi, con tutte le sue energie, con tutta la sua passione, con le sue nascenti influenze a corte, sulla via della guerra. L'opinione pubblica, percorsa da vene patriottiche e giacobine, assolutamente impreparata al rovescio che travolgerà l'esercito piemontese, lo considerò l'uomo della disfatta, lo pose, per qualche mese, sotto processo. Un processo magari ingiusto. « Potevo io prevedere », si difenderà Rattazzi alla Camera, « che settemila austriaci avrebbero messo in fuga ventiduemila piemontesi a Mortara? Che a Novara venticinquemila soldati di Radetzky avrebbero messo in rotta un esercito di centoventimila uomini? »

Inesperto nell'arte militare, e quindi non direttamente responsabile della rotta di Novara, Rattazzi eccelleva nelle arti connesse al governo costituzionale, aveva un profondo amore per il Parlamento, disponeva di una sottile e nutrita cultura giuridica, identificava la causa della monarchia liberale con la causa della democrazia. E rilevante fu, fra '49 e '52, il ruolo di quell'avvocato di Alessandria poco più che quarantenne (era nato nel 1808) nel respingere le tentazioni autoritarie e reazionarie della monarchia di Vittorio Emanuele II, costantemente sollecitato a rinnegare lo Statuto dai settori ultra-clericali e savoiardi (in quel singolare regno binazionale, fra lingua francese e italiana, che era il regno di Sardegna).

Artefice, negli anni successivi, del « connubio », proprio con Cavour, dell'alleanza, o unione, fra il centro-sinistra del parlamento subalpino, da lui autorevolmente rappresentato, e il centro-destra, che si riconosceva nel giovane conte, dopo l'esperimento di transizione e di tregua rappresentata dal ministero di Massimo d'Azeglio. Intesa parlamentare, quella del « connubio », essenziale per la storia del Piemonte e dell'Italia.

Un grande « centro » dinamico e progressista che nasce nel cuore dell'unico parlamento sopravvissuto alle tante restaurazioni del 1849, quella reazione che travolgerà le assemblee elette a Milano, a Firenze, a Venezia e a Roma. Con un impegno di « compartecipazione » fra due politici che non era « eguaglianza » (come era pensabile un regime di eguali con un uomo come Cavour?) ma tale comunque da riconoscere un ruolo, tutt'altro che secondario, all'esponente della frazione democratica, firmatario del patto maturato attraverso intese segrete.

« Ministero Cavour-Rattazzi » come fu chiamato: con Rattazzi che lasciava l'alto onore della presidenza della Camera e si impegnava alla Giustizia per anni – anni fecondi per il rinnovamento legislativo del Piemonte – e poi agli Interni. E la « coppia » che come tale si presentava all'Imperatore dei francesi Napoleone III, il futuro alleato di Plombières e futuro liberatore della Lombardia: e iniziava a tessere quella grande tela che porterà all'intervento in Crimea, al congresso di Parigi, alla miracolosa alleanza franco-sarda, salvatasi da tutti gli ostacoli del mondo conservatore. Che è lo scenario del grande affresco di Romeo.

L'inizio della rottura con Cavour si colloca nel 1857. Anno di numerosi moti mazziniani nella penisola, che toccano anche il regno di Sardegna: con la fallita insurrezione di Genova, successiva all'olocausto di Pisacane e al tentativo di Livorno. Rattazzi, agli Interni, che non prevede e non provvede, almeno secondo le correnti di destra o di centro-destra che sono in crescita nell'elettorato subalpino, che rischiano di rovesciare gli equilibri parlamentari; l'uomo che paga anche qui per colpe non sue, o non interamente sue. Sospettato, l'interprete della democrazia piemontese, di essere dalla parte dei mazziniani e dei democratici insorti, accusato, allora come sempre, di « doppio gioco ». Messo da parte, con qualche brutalità, da Cavour; destinato a riaffacciarsi all'orizzonte non appena la stella del Conte sembrerà tramontare, all'indomani dell'armistizio di Villafranca e dell'incidente fra il Re e Cavour, lo scontro di Monzambano.

Di nuovo ministro dell'Interno con un governo militare come quello di Chiodo, il governo Lamarmora, che non riuscirà a districarsi dai nodi della situazione se non per quanto riguarda Modena, Bologna e Firenze (in virtù di tre uomini che si chiameranno Farini, Minghetti e Ricasoli). Governo che nel gennaio 1860, fallito almeno parzialmente alla prova, sarà di nuovo sostituito da un ministero Cavour, il grande ministero dell'unificazione nazionale in due tempi che arriverà fino alla scomparsa del Conte, il solo presidente del Consiglio dello Stato italiano che sia morto sul campo, nell'esercizio delle sue responsabilità.

Trionfa Cavour; declina Rattazzi. La logica del 1852 è spezzata; il connubio è poco più di un ricordo. In quei mesi decisivi, fra gennaio '60 e giugno '61, il nome di Rattazzi, pure grande amico di Garibaldi, pure naturale interlocutore del partito d'azione (dalle posizioni della Sinistra piemontese antica, radicata, tenacemente e coerentemente seguite) è del tutto secondario, appare marginale e in qualche momento perfino irrilevante.

Neanche la morte di Cavour riesce a rimettere nel circolo l'uomo che pure ha coltivato sempre i rapporti con la Corona e ha lusingato le debolezze di Vittorio Emanuele II: anche sfruttando e alimentando la naturale gelosia del sovrano verso il suo grande primo ministro. Il successore del Conte è Ricasoli: una storia, una cultura, una tradizione politica, antitetica e contrapposta alle transazioni ideologiche e ai giochi di corridoio in cui si muoveva Rattazzi.

Uomo, Rattazzi, del nuovo ceto borghese anelante all'egemonia, nella lotta contro il privilegio aristocratico e contro il privilegio ecclesiastico; uomo, Ricasoli, della « cerchia antica », « feudatario indocile » come lo chiamerà Jemolo, esponente di spicco di una grande tradizione aristocratica (più antichi, i Ricasoli, dei Savoia) innestata sul tronco dell'antico Comune fiorentino, modello ed esempio per l'Italia che si riconosceva una.

Il 1862-63 coincide con le due rivincite, entrambe provvisorie e incomplete, di Urbano Rattazzi. Nel marzo 1862 eccolo finalmente presidente del Consiglio. È fallito l'esperimento Ricasoli, nell'assoluta incomunicabilità fra il Re e il suo primo ministro. L'uomo riceve il compenso di quella linea « cortigiana » che ha saputo sempre unire, dietro le quinte, agli accenti ingannevoli dell'intransigenza parlamentare.

Ripensiamo a quella pagina delle *Cronachette* di Tommaseo che descrive i tre diversi modi di Cavour, di Ricasoli e di Rattazzi di salutare la bella Rosina e i suoi figli. « Quando », ecco le parole di Tommaseo, « per andare ai colloqui del re si doveva passar dalle stanze dove co' figlioli si trovava la troppo nota Vercellese, il Ricasoli, il Cavour, il Rattazzi tenevano diversa maniera: il barone, senza salutare, passava alla larga, quasi scappando; il conte faceva un inchino senza parola, e andava oltre; l'avvocato faceva sosta per accarezzare i bambini. Facile immaginare qual fosse più gradito de' tre. »

Ma quella presidenza del Consiglio non è la sola rivincita. Nello stesso 1863 l'inquieto avvocato alessandrino, l'uomo senza antenati illustri, borghese senza genealogie, fattosi tutto da se stesso, si univa in matrimonio con una Bonaparte, discendente di Luciano, fratello dell'Imperatore, una donna del gran mondo – con ventitré anni meno di lui – che tiene salotto a Parigi, che ha continui clamorosi successi letterari, che conosce tutte le *grandes entrées* nella società francese, che è imparentata, sia pure alla lontana e sia pure senza cordialità, con Napoleone III.

Maria Letizia Bonaparte Wyse (dal nome del padre inglese), vedova De Solms, aveva perduto pochi giorni prima il marito. E il matrimonio fulmineo col neopresidente del Consiglio di Torino era destinato a suscitare infiniti commenti e ad alimentare pettegolezzi a dismisura.

Donna complessa, e affascinante, per molti aspetti dominatrice del marito: Madame Rattazzi, come essa stessa si chiamerà, evocatrice, sia in chiave fantastica sia in chiave storica, dell'opera del marito, che pure tradirà nella sfera affettiva fino alle soglie della morte, nel 1873. Due volumi della sua vertiginosa produzione si chiameranno, con un titolo abbastanza immodesto, *Rattazzi et son temps*. E uniranno testimonianze smaglianti con briciole di cronaca, alternando fatti grandi e piccoli secondo una totale mancanza di senso della gerarchia dei fatti, o dei misfatti.

Lo stesso salotto di Madame Rattazzi a Firenze capitale, nell'antico Palazzo Guadagni di piazza Santo Spirito, sarà motivo di scandalo e di sconcerto. Una città chiusa, rigorosa, cui non era estranea una vena perennemente savonaroliana. In quell'ambiente, che aveva accolto male sia il ruolo di capitale sia l'arrivo dei piemontesi, Madame Maria Letizia introduceva uno stile nuovo, sconvolgente, tale da dividere il mondo politico e culturale per lungo tempo.

La signora Rattazzi era arrivata da poco sulle rive dell'Arno (cui dedicherà poi anche svariate poesie) quando suscitò un vero e proprio scandalo, apparendo in un ballo in costume, in casa Fenzi, vestita da baccante greca – vestita, così voleva l'esattezza archeologica, quanto meno era possibile – con tralci di pampani intorno alla testa e al dorso, e la tunica aperta su un fianco in modo che si poteva ammirare non soltanto la piccolezza del piede, ma anche la bella modellatura della gamba e altre linee degne di una statua greca (riprendo la descrizione dal sempre fedelissimo *Firenze capitale* di Ugo Pesci).

Più grande ancora sarà lo scandalo qualche anno dopo quando ella pubblicherà nel romanzo *Les chemins du paradis*, che faceva parte di una serie intitolata *La piège aux maris*, un capitolo intitolato « Bicheville » nel quale si tracciava una parodia anche troppo evidente di Firenze; le sue meschinità, le sue piccinerie, le sue chiusure, le sue intransigenze, i suoi capricci e i suoi orgogli. Scandalo che coincise col secondo governo Rattazzi, quello della primavera 1867, che obbligò anche il sovrano a intervenire in vista di evitare duelli, vendette, strascichi troppo prolungati.

Due governi Rattazzi: entrambi brevissimi, il primo dal marzo al dicembre 1862; il secondo dall'aprile all'ottobre 1867. E tutti e due – singolare beffa! – in continuazione del barone Ricasoli. Entrambi travolti da due disastri nazionali, rasentanti, soprattutto il primo, le soglie della guerra civile.

Aspromonte e Mentana. Il generale Garibaldi ferito nell'agosto 1862 dall'esercito regio; ferito alla gamba dai soldati del generale Cialdini, ben felice di colpire l'eroe dei due mondi, dissacratore delle gerarchie militari e *leader* delle forze volontarie sempre detestate dai generali in feluca. Dopo una serie di contatti, di affidamenti, di *qui pro quo*, tanto insinuanti quanto ingannatori.

Mentana. L'intervento francese degli *chassepots* sufficiente a proteggere la declinante Roma del papa Pio IX, la città bucolica e georgica descritta da Gregorovius, ma destinata anche a scavare un solco, che non sarà facile colmare, fra monarchia e rivoluzione, a dare ragione a Mazzini piuttosto che a Garibaldi.

E sempre, il generale dei Mille, tanto fiducioso in Rattazzi, memore degli antichi legami della Sinistra, da non rendersi neppure conto degli ondeggiamenti del politico alessandrino, del suo dire e disdire, del suo promettere e non mantenere, del suo tenere i piedi in due staffe (magari in tre), del suo condividere – al limite – l'obiettivo, ma non gli strumenti per arrivarci (Aspromonte) oppure puntare (come a Mentana) su altre strade sufficienti a neutralizzare la protezione francese e magari a spianare la strada a un 20 settembre anticipato di tre anni.

Sarà quel doppio gioco, anche animato dal fuoco della passione nazionale, a travolgere il ministero di Aspromonte nel discredito generale, senza impedire a Rattazzi di tornare alla presidenza del Consiglio nella Firenze scandalizzata dall'esibizione della moglie nell'aprile 1867 (ma in quel caso la crisi ministeriale precederà almeno il fuoco di Mentana).

Da allora, dal 1867, un tramonto neanche interrotto né attenuato dai successi letterari della moglie, impegnata a ripercorrere tutto lo scibile anche con *Les mariages de la créole*.

Moglie invadente e ingombrante, e tanto invadente da essersi sovrapposta a Rattazzi, protettrice, ispiratrice, musa anche nell'imponente monumento funebre fatto costruire ad Alessandria a sua cura, otto anni dopo la morte del marito nel 1881.

Una maestosa signora con una bambina. Una scritta semplice: « A Urbano Rattazzi » da una parte. Dall'altra « Maria Letizia Bonaparte Wyse qui pose questa memoria ».

È l'ultimo segno della memoria conservata dalla sua città, da Alessandria. Una volta nella piazza centrale del capoluogo piemontese c'era un monumento eretto all'unico presidente del Consiglio che Alessandria avesse potuto vantare nella storia italiana. Ai tempi della Repubblica sociale quel monumento fu abbattuto per fonderlo in bronzo « per la patria ». Ma nessuno ha mai pensato, in cinquant'anni o quasi, a rimpiazzarlo.

2. *Lanza*

«PARVE uomo d'altri tempi»: così si disse di Giovanni Lanza, appena un anno dopo la sua morte, nel 1883, quasi che la coscienza acuta dei contemporanei intuisse il rapido dileguarsi dell'esempio.

Il presidente del Consiglio, che aveva condotto l'Italia a Roma attraverso la breccia di Porta Pia, morì nell'indifferenza e quasi nella dimenticanza nazionale: appartato, isolato e chiuso nella sua Casale, fedele alla «piccola patria» dopo aver servito la grande, ai più alti livelli di responsabilità.

La Destra era caduta dalla guida del governo il 16 marzo 1876; ma quei sei anni in cui Lanza era sopravvissuto come parlamentare dai banchi dell'opposizione (non vecchio, essendo nato nel 1810) erano apparsi lunghi come sei decenni.

Molte abitudini erano cambiate; lo stesso stile della vita politica si era profondamente modificato, e in peggio. Apparivano sempre meno chiari i confini fra Destra e Sinistra; avanzava, e senza più le remore di una volta, la corruzione. Infuriava il trasformismo, «brutto vocabol di più brutta cosa» come dirà il Carducci, ma soprattutto elemento di corruzione, dall'interno, delle forze politiche. Dilagava la finanza allegra; serpeggiavano le prime tentazioni colonialiste ed espansioniste; l'Italia, parca e provinciale, dei fondatori cambiava registro, sentiva brividi nuovi e talora anticipatori di inquietanti indirizzi e di sconvolgenti trasalimenti.

Lanza era stato il perfetto interprete – lo ricordò, in un discorso memorabile, Silvio Spaventa – delle qualità della Destra: esperienza nell'amministrazione, onestà a tutta prova, capacità di pagare di persona, coerenza tenace alle proprie idee, e al culto del pubblico bene, oltre ogni patteggiamento e ogni lusinga, oltre ogni motivo di convenienza e quindi oltre ogni machiavellismo.

Piemontese, ma mai regionalista; sabaudo, ma mai cortigiano; liberale, ma mai indulgente a posizioni misoneiste o reazionarie; favorevole all'alternanza fra forze moderate e forze di progresso, proprio quella che Depretis bloccherà *in nuce*.

Discreto, riservato, mai urlante. Deciso a sopportare l'impopolarità, come coi provvedimenti fiscali del suo prevaricante ministro delle Finanze, Quintino Sella. Interprete di una visione *liberal* del Risorgimento, egli che era stato più volte – fin dal piccolo Piemonte di Cavour – presidente della Camera e si muoveva perfettamente nella dialettica parlamentare cui si richiamava con animo fedele, e con naturale capacità di arbitrato. E neanche capace di nascondere i suoi sentimenti profondi.

È rimasto famoso il « pianto » dello statista piemontese, a Palazzo Riccardi – sede della presidenza del Consiglio a Firenze –, alla notizia della sconfitta di Napoleone III a Sedan ai primi di settembre del 1870: quando ancora il re, Vittorio Emanuele II, pensava di intervenire in favore del crollante impero napoleonico e la Destra già guardava al « frutto maturo » di Roma capitale, ormai affrancata dall'ipoteca francese.

Quel pianto di Lanza rappresentava qualcosa più di un'« evocazione » di Magenta o di Solferino, non era soltanto un ricordo accorato di quella che era stata la partecipazione della Francia napoleonica all'impresa della liberazione italiana.

Le lacrime del presidente del Consiglio, e con lui di quasi tutti gli esponenti della vecchia classe dirigente moderata, dal Visconti Venosta al Minghetti, dal Cialdini al Lamarmora, dal Castelli al Bonghi e al Peruzzi (là nel salotto fiorentino dove nessun prussiano poteva più entrare durante i mesi delle ostilità), nascondevano un'intuizione confusa ma fondamentalmente esatta; e cioè che qualcosa si stava spezzando nella vita europea, che la politica delle nazionalità volgeva al termine, che il periodo eroico del Risorgimento era ormai chiuso, che i valori costitutivi del nostro riscatto unitario, valori di libertà, di indipendenza, di autodecisione dei popoli non avrebbero guidato l'evoluzione diplomatica di domani, travolti dai metodi del bismarckismo.

Nei primi dieci anni del nuovo Regno, la politica estera dell'oligarchia cavouriana, dei notabili della Destra, era stata una politica sostanzialmente « rivoluzionaria », mirante a raggiungere gli obiettivi di Venezia e di Roma con tutti i mezzi a disposizione, a costo di turbare l'equilibrio europeo, di inserirsi nelle varie cause di malcontento e di rottura, di spezzare quel po' dell'ordine della Restaurazione che ancora sopravviveva.

È con la guerra del '70 e con la conseguente breccia di Porta

Pia che l'indirizzo della nostra azione internazionale cambia radicalmente. Conseguite le mete territoriali si impongono esigenze nuove di conservazione, di difesa, di sviluppo.

Il lievito universalistico del Risorgimento si infrange sugli schemi della Pentarchia delle potenze, nell'equilibrio dei blocchi, nella difesa della pace e della sicurezza internazionale. La stessa emancipazione delle piccole nazionalità si scontra nella marcia «degli uomini o popoli fatali che nessuno arresta», come dirà Quintino Sella. Il fermento europeistico cede al nuovo «medioevo» della diplomazia.

Gli *attaches de coeur* lasciano il posto a una considerazione realistica e disincantata dei problemi nazionali. Le varie «missioni religiose» del Quarantotto non seducono più i cuori e le menti; e gli uomini della Sinistra per primi identificheranno la funzione dello Stato italiano nell'associarsi alla difesa dell'ordine, nel rafforzare la causa dello *status quo* (non solo internazionale, ma anche interno, nei riguardi dei nuovi movimenti sociali che l'esperienza della Comune parigina ha gettato nel mezzo della vita europea).

In poco meno di dieci anni, dal 1870 al 1880, le posizioni si rovesciano, all'interno della classe dirigente italiana: i moderati, come Lanza, che avevano pianto sulla sconfitta di Napoleone III, diventano i più caldi fautori dell'alleanza con la Germania e l'Austria e gli stessi democratici e radicali, che avevano guardato fiduciosamente alla Prussia nel '66 e nel '67, che avevano accentuato le loro simpatie al momento della *Kulturkampf*, che avevano forse vagheggiato di legarsi con l'Impero di Bismarck per la grande crociata contro il Vaticano, passano sulla sponda opposta, si riavvicinano alla Francia non appena la Repubblica di Gambetta prende il posto della semimonarchia di Mac Mahon, ritornano a vedere in Parigi laica e radicale la patria dell'universalismo democratico. Quale poteva essere in tale clima la posizione dell'Italia? Garantire le conquiste di ieri (ed ecco la funzione vitale della Triplice) e insieme salvaguardare le possibilità dell'avvenire (ed ecco la ragione profonda dell'irredentismo).

Tramontava inesorabilmente quel «governo dell'Europa», di cui il nuovo Stato era appena entrato a far parte: uno Stato di cui i Lanza e i Sella erano cittadini. Solo tre anni prima, la Conferenza di Londra del 1867 aveva sancito formalmente la nascita dell'Italia come « sesta grande potenza »; e fu l'ultima assise del concerto europeo continentale, chiamata a deliberare su una crisi scoppiata nella cosiddetta « Europa storica ».

Se con la neutralità mantenuta nella guerra franco-prussiana e con la conquista di Roma l'Italia poteva illudersi, come si disse, « di essere una potenza moralmente autonoma e indipendente » nel concerto europeo, ormai completamente affrancata dalla soggezione al Secondo Impero, in realtà il suo ingresso sulla scena europea coincise con il formarsi di un equilibrio diverso, dove l'Italia non era più oggetto ma soggetto della politica internazionale.

E oltre il completamento dell'unità nazionale raggiunta con la guerra franco-prussiana, un altro avvenimento influì a modificare notevolmente la sua collocazione internazionale: il taglio dell'Istmo di Suez, fra il 1859 e il 1869. « Per effetto di quest'opera », ha scritto Salvemini, « il Mediterraneo diventò ancora una volta ciò che era stato nel periodo classico del medioevo: la grande via delle genti, il passaggio obbligato fra l'Europa e l'Oceano Indiano e l'Estremo Oriente. Per l'Impero britannico, il Mediterraneo diventò la via più breve per le Indie, l'arteria jugulare dell'intero sistema circolatorio. E l'Italia si stende proprio in mezzo di questa arteria jugulare [...] il governo della nuova Italia poteva d'ora in poi armare le sue basi navali con maggiore efficienza che non fosse stato possibile al governo borbonico, il quale controllava una volta il Napoletano e la Sicilia. E, in conseguenza, le altre potenze mediterranee erano obbligate nei loro calcoli militari e iniziative diplomatiche, assai più che non dovessero quando il canale di Suez non era stato ancora aperto e l'unità d'Italia fosse nata. »

Con l'apertura del canale di Suez, l'Italia si trova quindi inserita in una circolazione internazionale che da un lato ne amplia la rete di interessi economici e dall'altro ne fa una pedina importante nella gara fra le potenze per la spartizione del mondo. Sospinta fra Europa centrale e Mediterraneo, esposta alle spinte contrastanti che le derivano dalla sua collocazione internazionale, l'Italia potrà mantenersi fedele per un lasso di tempo assai limitato a quella divisa di « indipendenti sempre, isolati mai », che il primo dei suoi ministri degli Esteri capace di pensare in termini coerenti la sua politica, Emilio Visconti-Venosta, le aveva assegnato ai primi anni della sua carriera.

La fine del conflitto franco-prussiano, aprendo un'età caratterizzata sempre meno dagli accordi bilaterali e dalle alleanze militari fra singoli Stati, porrà problemi diversi alla classe dirigente del nuovo Stato: i problemi che proprio il governo Lanza-Sella dovrà fronteggiare.

Quali erano i valori della classe dirigente che resse le sorti dell'Italia post-unitaria? La domanda ci riporta al discorso sulla Destra storica e sull'immane compito che essa dovette affrontare per organizzare a Stato un paese di 17 milioni di analfabeti su una popolazione che non superava i 23 milioni e di cui il 92,39 per cento, secondo il censimento del 1871, viveva in centri inferiori a 2000 abitanti.

Era un'Italia agricola che Stefano Jacini nel *Proemio all'Inchiesta agraria* del 1881 dice segnata dalla pellagra e da febbri lacustri « che mietono tante vittime », e dove « le emigrazioni verso regioni incognite, pur di liberarsi da uno stato presente insopportabile, debbono aprir gli occhi a chicchessia ». « Il fatto saliente [...] è la miserrima condizione materiale di un gran numero di lavoratori della terra in parecchie province, specialmente dell'alta e della bassa Italia [...]. Pessime abitazioni, vitto malsano, acqua potabile putrida, salari derisori, e per conseguenza pauperismo e malattie; questi sono fatti che nessuno potrebbe negare. »

La rete ferroviaria non raggiunge nel 1860 nemmeno i 2500 chilometri, contro gli oltre 9000 della Francia e i 17.500 dell'Inghilterra. La piaga del Sud, oggetto delle amarezze di Pasquale Villari, fa il resto. Queste erano le condizioni di quella « sesta potenza » nata sull'onda del pathos mazziniano, dell'azione garibaldina e della mirabile « tessitura » cavouriana.

Amministrare questa realtà costituiva una sfida all'impossibile. E se si uscì dalla prova, il merito fu di una classe dirigente che in tema di organizzazione dello Stato dimostrò grande capacità e adeguato senso del futuro, secondo l'unanime giudizio della storiografia.

Quando la Destra uscì di scena si cadde in quello che Turati definì nella *Critica sociale* del 16 marzo 1892 « limbo italico », fatto di mezze tinte, «di mezze classi, di mezzi partiti, di mezze idee e di mezze persone».

Erano gli aspetti deteriori del trasformismo. Fu lo sbocco inevitabile di un processo che aveva frantumato in gruppi locali fieramente contrapposti le vecchie forze, la mappa dei notabili.

La Sinistra, associando al potere quei ceti dominanti del Mezzogiorno rimasti sino allora marginali, allargò il consenso allo Stato unitario. Ma la moderna storiografia individua l'inizio del regime liberale pragmatico proprio nel ministero Lanza-Sella, formato com'era da uomini che avevano alle spalle esperienze politiche diverse e che trovavano una possibile coesione sul piano dei singoli interventi concreti.

Un osservatore contemporaneo, nutrito della religione garibaldina, il Guerzoni, definiva il ministero Lanza «un composto chimico» nel quale era possibile «trovar mescolati assieme tutti gli ingredienti della Camera», e individuava le ragioni della sua capacità operativa proprio nella «politica [...] di tolleranza, di transazione, di eclettismo», l'unica possibile in una «situazione parlamentare [...] co' suoi partiti disfatti, con le sue battaglie municipali, colle sue ambizioncine dinastiche, colla paralisi e la dissoluzione in tutto il suo corpo».

Era il germe di un liberalismo che non riuscì a sbocciare. Ma almeno siamo davanti a una «politica di tolleranza»: non può esserci migliore elogio di Giovanni Lanza. Sono i fiori della tolleranza che ornano la sua tomba a Casale, così modesta, così schiva: solo tributo al «ministro di Stato». E innanzi a cui si inchina commossa l'Italia repubblicana, figlia del messaggio di Mazzini non meno che dell'opera dei «moderati», la cui moderazione, come ci ha insegnato Croce, «era senno politico».

3. Minghetti

NELL'INVERNO del 1859, Marco Minghetti era sul Nilo. Un viaggio vagheggiato da tempo, ma deciso solo quando l'amico Cavour lo rassicurò che poteva partire: gli eventi attesi non maturavano, aspettavano il sole della primavera. Il sentiero di guerra serpeggiava fra molti ostacoli. Era ancora lontano il primo campo di battaglia. Minghetti poteva andarsi a mirare le Piramidi e alla loro ombra evocare quella di Napoleone I perché eccitasse il III a romper gli indugi.

Se l'evocazione fu tentata, Minghetti dovette rallegrarsi del suo buon esito quando a Bulak trovò presso l'ambasciatore sardo una lettera di Cavour: « Quantunque l'ora suprema possa farsi aspettare qualche tempo, reputo la vostra presenza qui non che utile. Indispensabile... » « Indispensabile » a parare le mosse dell'Inghilterra che miravano a un « riordinamento » dell'Italia centrale che impedisse la guerra.

I due uomini erano nati per intendersi. Non li accomunavano solo interessi supremi, ma li univa la consuetudine agli stessi studi (in Minghetti tuttavia arricchiti da una spiccata sensibilità artistica). Minghetti, l'antico neoguelfo che era approdato alle rive del liberalismo, il « notabile » che aveva superato il Rubicone delle inibizioni e dei vincoli di classe. Mente apertissima alle riforme e alle esperienze e intrecci europei, Minghetti godeva larga stima fra gli uomini più rappresentativi delle nazioni dalle quali si sperava aiuto, o si temevano opposizioni.

Era una coppia perfetta. Se la parola di Cavour era di chi vivendo in un paese libero ha acquistato un'autorità indiscussa che gli consente di esprimersi anche senza cautele, in Minghetti la dura necessità di aggirare ostacoli che non si potevano abbattere, aveva esercitato una nativa acutezza pronta a sfruttare ogni motivo o suggerimento o pretesto per indebolire le posizioni avversarie: anche di qui derivava quella sottigliezza diplomatica che fu preziosa prima e soprattutto dopo Villafranca.

Dopo esser stato agli ordini di Carlo Alberto nel '48, si mette agli ordini di Vittorio Emanuele; Cavour gli darà nel '59 la cittadinanza sarda e contemporaneamente lo nominerà segretario generale del ministero degli Esteri. Lavorano insieme a sgombrare il terreno dagli ultimi impacci che ritardano l'arrivo dell'esercito alleato. E insieme si dimettono dopo Villafranca, ma anche per lavorar meglio, e cioè per lavorare nell'unico modo possibile, clandestinamente («Torneremo a cospirare», aveva detto Cavour), scalzando fin dalle fondamenta quell'assurdo edificio che si tentava di erigere sui campi insanguinati di Solferino e San Martino: una nuova prigione per gli Stati dell'Italia centrale.

Quali siano stati i sentimenti che, primi, li consigliarono a tale determinazione, le dimissioni dei due amici si risolsero in un capolavoro di astuzia. Ora metteranno l'Europa di fronte a un fatto compiuto che renderà impossibile l'esecuzione di un trattato che prevedeva il ritorno degli antichi padroni, nei ducati e nelle legazioni.

In pochi mesi si deve dare una struttura stabile e possibilmente unitaria a quegli Stati e porli in condizione di resistere a ogni minaccia. Pochi mesi, ma gremiti di gravissimi problemi acuiti anche da divergenze spesso violente fra personalità contrastanti. E quando si pensi che il pericolo maggiore, come ammoniva Cavour, stava nel lasciarsi sopraffare dall'agitazione rivoluzionaria che avrebbe fatto il gioco degli avversari: e bisognava combattere ogni tentazione sia pur legittima come quella di accorrere in aiuto delle Marche, e domare risentimenti e alleviare attriti, e procedere con prudenza ma insieme con decisione e rapidità, è facile capire la mole e la delicatezza del lavoro svolto da Minghetti, e il suo far la spola da Torino a Bologna, a Firenze. A metter d'accordo governatori, dittatori, generali. A far sì che la Lega Militare da lui organizzata non si abbandonasse a pericolose avventure, col rischio di far crollare quella stessa unione armata che doveva garantire.

Lavorando alla macchia (ma con la complicità del re) Cavour e Minghetti consigliavano quanto subito veniva poi spontaneamente e unanimemente demandato dalle assemblee emiliane e romagnole.

Il 10 settembre l'Assemblea delle Romagne nomina Leonetto Cipriani governatore, ma fin dal luglio era stato proposto da lui agli amici bolognesi. Scrive il 20 di quel mese a Montanari: «Vi presento o a dir meglio vi rinnovo la presentazione del col. Leonetto Cipriani che si reca a Bologna. Egli vi esporrà le idee di D'Azeglio. Aggiungerò solo che quando questi non aveva ancora accettato l'uffizio di commissario nelle Romagne il conte di Cavour faceva assegnamento su Leonetto per mandarlo costì, o veramente la presenza di un uomo energico e di cuore è sempre utile in questi momenti supremi. Piacciavi presentarlo a mio nome a Gamba, o ad Albicini e agli amici che saluterete da mia parte con tutto l'animo ».

Non trascura occasioni per influire sull'animo di Napoleone. Così pensa di approfittare del marchese Carlo Bevilacqua venuto in Piemonte per cercar di ottenere un prestito per il governo delle Romagne. Scrive il 20 luglio ancora a Montanari: « Carlin Bevilacqua è a Genova per indurre De Ferrari al prestito. Vi riuscirà? Passando di qui (a Torino) vide La Tour d'Auvergne (l'ambasciatore di Francia) che lo esortò vivamente a passar da Parigi e a parlare coll'imperatore e con Valewsky delle cose vostre. Sebbene egli attribuisca a se medesimo poca efficacia, pure credette di non rifiutarsi, e sono convinto che farà bene. Mi incaricò di parteciparvelo. Le sue idee circa le Romagne sono conformi alle nostre. Credete pure che è bene agire sempre qui e a Parigi, e a Londra in ogni modo. L'Imperatore sembra perseverare fermamente nel suo concetto che non debba esservi intervento se si mantiene l'ordine. Tale è ancora il pensiero dell'Inghilterra ».

E il 30 luglio il governo delle Romagne dà mandato al marchese Carlo Bevilacqua di chiedere udienza a Napoleone per rappresentare i voti, i desideri, i bisogni, le aspirazioni di quelle popolazioni.

Si prepara lui stesso, più tardi, ad andare a Parigi. Scrive il 25 ottobre: « Caro amico, la questione del prestito sarà decisa stasera in Consiglio dei ministri. Mi sembran disposti ad accordarci essi stessi un prestito o una garanzia fino a cinque milioni, dico, per le sole Romagne. Se riuscissi in ciò sarei (?) già venuto a qualche buon effetto. L'affare della Reggenza non è disperato ma vulnerato (?) in modo che bisogna aspettare un poco. Al mio ritorno da Parigi lo riprenderò. E quanto a Parigi ho ragione di credere che S.M. non rifiuterà di vedermi. Ma che posso fare io meschino se non esporre le condizioni del paese? In verità, il mio discorso non può avere risultato sicuro decisivo. E ti confesso che sul punto di partire esito non vedendone l'utilità. Ma è una gita che farò ancorché senza effetto. Io vorrei che il governo piemontese adottasse la massima che in caso di disordini nell'Italia centrale, interverrebbe. Il solo saper questo ci darebbe forza per resistere, e dominare la situazione... »

Ma invece deve accorrere a Bologna a metter pace fra il generale Fanti e Cipriani. Affretta poi « l'affare della Reggenza » del principe di Carignano, sugli Stati così finalmente riuniti dell'Italia centrale, prospettandola, consenziente Cavour, come una misura antirivoluzionaria. Che non convince né Napoleone né gli altri. I due amici ripiegheranno astutamente sulla nomina del vicereggente Boncompagni, consigliata al principe che l'accetta. Anche stavolta il gioco è fatto. Ancor prima di sedersi al tavolo i potenti che si credevano arbitri della situazione hanno perduto la partita. Non resta loro che darsi vinti. Finiva il '59.

* * *

Il Cinquantanove... Di quel Cinquantanove il 12 giugno, il 12 giugno bolognese, rimane una data emblematica e rivelatrice. L'insurrezione felsinea rientra perfettamente nello schema delle nuove « rivoluzioni liberali », purificate dalle esperienze del '48 e votate al successo da una nuova coscienza delle responsabilità e dei doveri che trascendeva l'infantilismo rivoluzionario dell'« anno delle tempeste ».

Sotto questo profilo la novità più vera, e più singolare, di quell'anno, a Bologna come a Firenze, come nelle Romagne, come nei Ducati di Parma e di Modena, era rappresentata dalla « Società nazionale », era costituita da quell'innesto, assecondato dall'intuizione di Cavour, fra le forze rivoluzionarie di estrazione garibaldina e repubblicana e il metodo dell'iniziativa diplomatica e monarchica simboleggiato dal Piemonte, dal Piemonte fedele allo Statuto, dal Piemonte delle leggi Siccardi e della Crimea.

Il 12 giugno a Bologna è opera della « Società nazionale »: lo è nella preparazione occulta e silenziosa, là al Caffè della Fenice, là al Palazzo Pepoli, là nei vari luoghi di ritrovo dei congiurati, ma lo è soprattutto nello spirito animatore, nel senso di misura e di responsabilità che tutto pervade, nella coscienza di un alto fine che scongiura le esplosioni della demagogia ed evita le indulgenze alla teatralità.

Cavour l'aveva detto nelle famose istruzioni a Minghetti: bisogna evitare lo scoppio dell'agitazione rivoluzionaria, togliere ogni pretesto alla reazione incombente. Tutto obbedisce a una regia sapiente: la regia che doveva consacrare gli accordi taciti di Plombières, vincere le rinascenti incertezze di Napoleone III, svuotare le possibilità di una controffensiva cattolica e oltremontana.

Basterebbe vedere come fu studiata la questione del trapasso dei poteri; con quale pazienza, con quale misura, si pensò a surrogare i poteri del Legato di Roma, del buon cardinale Milesi, che uno storico di schietta tradizione laica come Ernesto Masi definisce «di giudizio retto e di animo benevolo».

Una giunta provvisoria e moderata di governo; uomini d'ordine che andavano dal marchese Tanari al conte Malvezzi, che davano garanzia agli stessi ceti cattolici; esponenti della «Società nazionale» in cui la fedeltà a Cavour prevaleva su quella a Garibaldi, come il Casarini; reduci del '48 che non avevano mai smentito la loro simpatia per il «cittadino Mastai», come il Montanari.

Perché non pensare al 27 aprile toscano? Il Cardinale legato esce da Bologna con la stessa scorta dei rappresentanti del nuovo potere e dopo un perentorio ordine di non torcergli un dito: e se i cappelli dei contadini non si levano in segno di saluto al passaggio della carrozza come sulla via Bolognese davanti a «Canapone», ciò avviene solo perché lo Stato della Chiesa, sopravvissuto a se stesso e ai patti precisi delle Legazioni, non ha saputo lasciare quell'impronta di moderazione e di progresso che i Lorena avevano pur segnato in Toscana.

Ma c'è, con la Toscana, l'analogia della misura e della civiltà. Non un gesto di sangue; non un atto di rappresaglia. Il Cardinale è il primo a rendersi conto dell'inesorabilità della situazione; e il suo fatalismo non è molto diverso da quello di Leopoldo II. I capi della cospirazione sono noti a Palazzo d'Accursio (e lo testimonierà un futuro animatore dell'intransigenza cattolica, il Casoni); ma Palazzo d'Accursio sente che niente è possibile contro un moto inarrestabile, che ogni resistenza ritarderebbe di poche ore lo scatto della storia e aggraverebbe il fossato fra religione e patria, il fossato scavato dal potere temporale.

Quando si tratta di liquidare l'eredità dell'*ancien régime* (ed è un'eredità che parte dal martirio di Ugo Bassi), non una mano si alza a imprecare, non una voce a maledire. I militi pontifici passano alla «Guardia nazionale» e nella peggiore delle ipotesi prendono, garantiti e scortati, la via di Roma.

Tutti i firmatari del patetico «Albo di omaggio» a Pio IX per il viaggio del '57 si inchinano al nuovo regime, quando addirittura non si inseriscano nelle posizioni di responsabilità (come sarà il caso di un futuro esponente della Massoneria amico di Carducci, il Ceneri).

Le distinzioni di classe, che pur sopravvivono in altre città italiane, cedono al contatto con la nuova realtà; e quando lo stemma pontificio viene calato dall'arco del portone d'ingresso al Palazzo d'Accursio, ad aiutare i pompieri (coloro che avevano conservato la bandiera del '49) si troverà uno dei maggiori rappresentanti delle classi gentilizie, il marchese Gioacchino Napoleone Pepoli (quanta storia in due nomi!).

Le decisioni più scottanti sono prese con un senso di calma e di misura che scaturisce dall'interpretazione del metodo: la dedizione a Vittorio Emanuele II «illustre campione dell'indipendenza italiana», la fedeltà al Piemonte pur dopo Villafranca e l'incerta missione di D'Azeglio, la decadenza definitiva del potere temporale proclamata, nella storica assemblea delle Romagne, da uomini che erano pur stati ministri o addirittura primi ministri di Pio IX come Marco Minghetti ma che dalle illusioni del Papato costituzionale erano trapassati a una concezione severa del liberalismo come filosofia del *juste milieu* e della moderazione, come metodo di governo implicante una fede nella storia e nella vita.

* * *

Minghetti. Il campione della politica dell'equilibrio. Il moderato più moderato di tutti i moderati, come lo definirà Chabod. Uomo di apertura e di formazione europea come Gino Capponi; viaggiatore, fra il 1840 e il 1850, per tutta l'Europa, conoscitore profondo delle lingue e delle culture dell'Occidente, aperto ai temi dell'economia e della scienza, conversatore affascinante, oratore insuperabile, raffinato uomo di mondo, con una speciale inclinazione per le arti figurative che resterà in lui peculiare e inconfondibile (scriverà anche un libro su Raffaello). E perfino con un certo fondo estetizzante, che anticiperà vibrazioni o gusti più moderni, anzi contemporanei.

Decisivo nel '59-60 per Bologna e la nascente Emilia, come sarà decisivo Ricasoli per la Toscana. Ministro dell'Interno di Cavour nel governo che doveva accompagnare la scomparsa del Conte, e poi per pochi mesi allo stesso dicastero con Ricasoli. Ministro delle Finanze nell'effimero gabinetto Farini, stroncato dalla follia dell'ex dittatore di Modena; e poi successore alla presidenza del Consiglio e artefice di quella contorta e polivalente Convenzione di settembre che porterà la capitale a Firenze, riottosa e renitente, generando la feroce reazione di Torino.

E poi un periodo di difficoltà, pari alle difficoltà dell'Italia appena nata. E infine, ultimo presidente del Consiglio della Destra dopo Lanza nel governo che dal luglio 1873 arriverà alla storica « rivoluzione parlamentare » portatrice dell'avvento della Sinistra al potere, il 16 marzo 1876, il governo del pareggio del bilancio ma anche della scissione e frantumazione dei moderati. Preludio di quel trasformismo, di cui Minghetti sarà uno dei protagonisti, collaborandovi poco meno di Agostino Depretis.

Capo dell'opposizione parlamentare, e perciò portato negli ultimi anni della sua vita a cogliere i difetti e i pericoli dei partiti, cui dedicherà un volume lucidissimo e premonitore delle deviazioni della futura « partitocrazia ».

« Partito », annotava allora Minghetti, « è accolta di uomini aventi voce nella vita pubblica, i quali concordano nelle massime fondamentali circa il modo di governare e cooperano tutti affinché tale modo e non altro si tenga. » Obiettivo cui si opporranno costantemente il « personalismo » nella vita pubblica, e quindi la « correntocrazia » (favorita, sempre, dal collegio uninominale).

A quest'uomo scettico e scanzonato, non sfuggì il male che corrodeva il nascente Stato liberale, la sfiducia in se stesso, la separazione ostentata fra morale e politica, secondo una cattiva e deteriore versione del « machiavellismo ».

Il 3 marzo 1886, quasi alla vigilia della morte, egli ammonirà:

«Prima di ogni riforma amministrativa e politica occorre una riforma morale... È tempo di spezzare questa catena di ferro che lega elettori e deputati a ministri, che corrompe l'esercizio del più sacro dovere, e cancella perfino il sentimento della patria comune». Parole che sembrerebbero del 1991.

4. Mancini

Il primo centenario della nascita di Pasquale Stanislao Mancini – in quel lontano 17 marzo 1917 – fu tale avvenimento che la più antica e autorevole rivista italiana, la *Nuova Antologia*, sconvolse la sua numerazione e la sua impaginazione per ospitare in tempo utile, cioè nel fascicolo corrispondente del 16 marzo 1917, un articolo mirabile di Francesco Ruffini, intitolato appunto alla memoria dello statista. Particolare singolare e degno di nota: il quindicinale romano avrebbe altrimenti aperto con un articolo di Benedetto Croce intitolato – sempre per restare nell'ambito delle grandi glorie della democrazia meridionale italiana – *Il soggiorno in Calabria: l'arresto e la prigionia di Francesco De Sanctis*.

Mancini, Ruffini, nuovo incontro fra Mezzogiorno e Torino, fra Ariano Irpino – il fedele collegio (comprensivo della sua piccola patria Castel Baronia) che dal 1861 manderà Mancini in Parlamento – e la città che dieci anni prima, nel 1851, aveva creato la prima cattedra di Diritto internazionale in Italia con la legge del 14 novembre 1850, proprio per assegnarla all'esule napoletano. Il quale aveva iniziato a Torino il suo corso leggendo il 22 gennaio 1851 la famosa dissertazione intitolata: *Della nazionalità come fondamento del diritto delle genti*. Quasi un terremoto, per le cancellerie internazionali, per gli austriaci e anche per la Destra savoiarda e isolazionista.

Un testo caro a tutta la scuola giuridica democratica, un testo che nel 1920 sarà ripresentato e commentato proprio da Francesco Ruffini, il grande maestro del diritto pubblico italiano nelle relazioni fra Chiesa e Stato che per tanti aspetti si riallacciava all'insegnamento di Mancini, pur temperandone la vena anticlericale e antichiesastica con un rigore scientifico e dottrinario che era svincolato dalle passioni della lotta risorgimentale.

Pasquale Stanislao Mancini era stato sì il teorico del principio delle nazionalità, con un'influenza in Europa soprattutto negli anni fra il 1850 e il 1860 che era stata immensa e aveva investito tanti paesi, tante università, tante scuole; ma era stato anche il ministro degli Esteri di Depretis, lo statista che aveva stipulato la Triplice alleanza con Germania e Austria, i nemici di oggi, la quale almeno per quanto riguardava il patto fra Italia e Austria-Ungheria – Stato mosaico, Stato composto dalle più diverse e cozzanti nazionalità – era apparsa in contraddizione con la linea assoluta e austera della sua dottrina.

Non solo. Ma dopo le clamorose dimissioni di Mancini per la politica sull'Eritrea (il balzo sul Sudan respinto dall'Inghilterra, dopo il « no » all'occupazione abbinata italo-inglese dell'Egitto), e dopo tutte le imputazioni che la scuola realistica e nazionalistica del « sacro egoismo » in anticipo aveva rivolto al teorico intransigente delle nazionalità – di derivazione democratica e con vibrazioni mazziniane – , sembrava che quei giorni di infatuazione patriottica e di esaltazione nazionale non fossero i più adatti per ricordare un uomo che mai aveva indulto alle seduzioni dello sciovinismo o del nazionalismo intollerante e aggressivo.

Nel tenace richiamo al principio di nazionalità Mancini si rifaceva a Mazzini, fino a Buchez, fino agli statuti delle società segrete italiane degli anni '20, fino al delinearsi del principio di patria sul tronco della fedeltà, e non della contraddizione romantica, all'universalismo illuminista.

Quello di Mancini non fu il mero compito di un riordinatore o coordinatore di un sistema, col rigore e il metodo del giurista. Non bastano la razza, la lingua e il territorio per creare una nazione, occorre il supporto della « coscienza della nazione »; o meglio « la coscienza della nazionalità », cioè « il sentimento che ella acquista di sé medesima e che la rende capace di costituirsi al di dentro e di manifestarsi al di fuori ».

« Moltiplicate quanto volete i punti di contatto materiale ed esteriore in mezzo ad un'aggregazione di uomini », prosegue Mancini; « questi non formeranno mai una Nazione senza la unità morale di un pensiero comune, di una idea predominante che fa una società quel ch'essa è, perché in essa vien realizzata. »

Che era un po' la « missione » di Mazzini, e in ogni caso l'apertura della strada che tendeva a far coincidere il principio della patria col principio dell'umanità, identificando in ogni nazionalità uno strumento per servirla.

Certo, riconosceva Ruffini in quelle pagine, poteva apparire contraddittorio che il grande assertore del principio di nazionalità fosse stato anche il primo stipulatore della Triplice alleanza.

Le attenuanti? Tante. È da considerare in primo luogo che Mancini si era probabilmente illuso sulla Germania, cioè sullo sviluppo parallelo e concorde del principio di nazionalità nei due paesi, così come parallele erano state per Italia e Germania le tappe nel conseguimento dell'unità nazionale.

Più difficile appariva motivare l'alleanza con l'Austria, e in questo caso si doveva ricorrere a motivi di opportunità e convenienza politica. In particolare la stabilità dell'equilibrio europeo cui Mancini, come uomo di governo, premuto dalle furberie e dai machiavellismi della Sinistra, indulgeva: anche per togliere ai competitori della Destra, agli oligarchi moderati, la carta del « concerto pubblico europeo » che essi avevano sempre vantato e rivendicato anche per giustificare la loro politica del non allineamento, dell'isolamento, dell'estraneità a ogni blocco di alleanze.

Si aggiunga una naturale diffidenza verso la Francia che era rimasta nel Mancini respirante a Torino l'aria « misogalla » di Alfieri, portato a sentire, come Crispi, l'inevitabile concorrenza fra le due nazioni latine, al di fuori dei vincoli di gratitudine, che in politica, e soprattutto in politica estera, non esistono mai.

Un altro punto va ricordato. Ed è la fermezza con cui Mancini respinse, nella fase delle trattative per la Triplice, ogni tentativo di ingerenza nella politica interna del paese, in particolare con riferimento all'irrisolto nodo della questione romana. « Ciò che importa è di mostrare che noi siamo e vogliamo rimanere padroni di casa nostra », dirà lo stesso Sovrano il 1° gennaio 1882, ricevendo una delegazione di parlamentari, in perfetta linea con le « istruzioni » del Mancini.

E in quella sua posizione – di fermissimo « no » a ogni rivendicazione temporalistica – operava l'antica e salda eredità del giurista profondo e coerente « erede della tradizione giurisdizionalistica napoletana », come dice giustamente Arturo Carlo Jemolo. « Nel '61 a Napoli era stato consigliere della luogotenenza per gli affari ecclesiastici, mediando le tradizioni del Regno con il sincero desiderio di unificazione legislativa col resto d'Italia. » L'uomo non conosceva il disprezzo dei cavouriani per le vecchie armi giurisdizionali. Non aveva in orrore il *placet* e l'*exequatur* come la classe dirigente che si era ispirata ai princìpi del separatismo cavouriano. Al contrario. Egli sentiva legittimi i diritti dello

Stato sulla nomina dei vescovi, legittimi tutti gli atti del potere civile volti a difendere la società statuale da pretese inframmettenze ecclesiastiche.

« Libertà della Chiesa », sono ancora parole di Jemolo, « è sottoposizione al diritto comune. » Di qui la posizione di riserva, e in molti casi di stimolo laico, che egli assumerà a Firenze, durante la lunga fondamentale discussione circa la legge delle Guarentigie.

Proprio il futuro ministro degli Esteri di Depretis insisterà perché la legge abbia carattere interno, sia estranea a qualunque pattuizione internazionale: egli sentirà allora con lucidità anticipatrice come la questione romana poteva essere ancora elemento di indebolimento della vita dello Stato (e proprio a lui, promotore del viaggio di Umberto I a Vienna alla fine del 1881, occorrerà l'amarezza di vedersi la visita non ricambiata nella capitale naturale d'Italia, disconosciuta dalla corte viennese, da parte di Francesco Giuseppe).

Proprio nel Parlamento fiorentino, la città in cui Mancini non aveva messo le radici profonde di Torino (in quella Torino in cui aveva fondato un salotto memorabile, aperto a tutti gli emigrati meridionali, senza riguardo alle spese, sempre ricoperte con generosità sui guadagni professionali, da grande avvocato), proprio in quell'aula proromperà lo schietto grido ghibellino: « Attraverso dei secoli, lo svolgersi spontaneo e costante dello spirito nazionale d'Italia... è stato sempre antipapale e anticlericale... È questo lo spirito immortale che fu trasmesso dall'uno all'altro dei nostri grandi geni, dei rappresentanti dell'italica civiltà ».

I due grandi patrioti della scuola della provincia di Avellino, De Sanctis e Mancini, erano riuniti dalla comune religione del 20 settembre. L'uno aveva interrotto in quel giorno la *Storia della letteratura italiana*, l'altro aveva preparato le armi della futura azione diplomatica e internazionale dell'Italia volta a contrastare il dinamismo della politica di iniziativa e di riconquista papale di Leone XIII, dopo i ripiegamenti della chiusura e della concentrazione ecclesiastica dell'ultimo Pio IX.

In realtà il mistico delle nazionalità non era un colonialista, come non lo sarebbe stato Giolitti. La politica coloniale lo interessava solo sotto l'aspetto commerciale, come competizione economica e non come sopraffazione politica. Non imperialismo, non espansione militare ma apertura di sbocchi commerciali. Cioè rispetto dei diritti degli altri Stati, nessun rischio di complicazioni internazionali, appoggio delle iniziative commerciali dei privati ai quali il governo non intendeva né poteva sostituirsi (si pensi alla Somalia).

Fu il voto risicato nel dibattito sulla politica coloniale a travolgere Mancini, che non rientrò nel successivo governo Depretis, e in pratica concluse la propria attività di uomo di governo, in un clima di solitudine, pari almeno all'incomprensione.

Poco amato dai colleghi di Montecitorio, non fu neanche popolare presso gli storici. Critico sulla Triplice fu Salvatorelli, più cauto nel giudizio Carlo Morandi. Ignorato da Salvemini, che ne *La politica estera dell'Italia dal 1871 al 1914* non lo nomina mai e parla genericamente di scelte dei « governanti italiani », accomunandolo a Depretis. E neppure Croce si pronuncia in modo netto, salvo riconoscere a Mancini il merito di avere fermamente respinto ogni implicazione in politica interna al trattato con Austria e Germania.

Significativa, mi pare, la constatazione di Chabod. Comunque si voglia giudicare, un fatto è certo: la spiemontizzazione della politica estera. « L'avvento di Mancini alla Consulta portò per la prima volta mentalità, preoccupazioni e stile non piemontesi nella trattazione degli affari. »

Mancini non entrò, nonostante i suoi grandi meriti, nel « pantheon » indiscusso e magari retorico delle glorie nazionali. Rimase personaggio a sé, peculiare e inconfondibile nel suo nesso fra università e politica e nella conseguente solitudine della battaglia di ogni giorno.

Mancini non fu mai un « capo-partito ». Non fu quello che si direbbe oggi un *leader*. Non compose né seguì correnti. Non ebbe facilità nel commerciare con gli uomini; non ebbe capacità di formare gregari, o compagni di strada, o tantomeno clientele: adatti a temperare i naufragi o i temporali parlamentari.

Negli anni di Firenze capitale – anni che visse in posizione di severo isolamento parlamentare, e con una punta accentuata di opposizione – impressionò i tribunali fiorentini, e ancor più la Corte d'assise, per la sua smagliante eloquenza, perfino prevalente sull'impegno parlamentare. E sulla cattedra universitaria, che riprese solo nel '72.

Uomo d'altissimo orgoglio, mantenne nella vita pubblica una punta di alterezza accademica, un fondo di distacco dall'intrigo e dalla manovra parlamentare.

Giolitti, maestro nell'uno e nell'altra, non lo ebbe in gran simpatia: al punto di imputargli – come vecchio studente dell'ateneo torinese alla fine degli anni '50 – le poche lezioni che teneva nell'ateneo del capoluogo piemontese, che aveva tanto e così coraggiosamente onorato.

Generale senza soldati; parlamentare senza seguaci; ministro senza portaborse. Portato all'accentramento, diffidente dei consigli altrui, con una capacità di sbagliare che era proporzionale alla sua grandezza d'animo. La frase sulle chiavi del Mediterraneo che si cercano nel Mar Rosso gli sarà rimproverata da generazioni di italiani e dallo stesso Giolitti, prima di diventare motivo di dileggio e di scherno e di sarcasmo nei testi di storia ispirata dalla politica colonialista e imperialista degli anni '35-40 (quando la sua linea africana era rappresentata come la quintessenza delle colpevoli « mani nette », appena riparate dalla nevrosi dell'azione tardiva).

L'uomo fu tutto fuori che un uomo di potere. Egli incarnò la sintesi fra politica e cultura come pochi altri dei grandi personaggi del Risorgimento. Nato giurista, rimase sempre giurista. Gli incarichi di parlamentare e di governo non lo separarono mai dai suoi studi, dalle sue ricerche, dalle sue conquiste culturali.

Quando Rattazzi lo chiamò ministro della Pubblica Istruzione il 13 marzo 1862, egli restò al governo diciassette giorni. Preferì l'insegnamento universitario a tutti i calcoli di potere. Interprete del centro-sinistra, aspirante, come De Sanctis, a una « sinistra giovane », rimase distaccato dalle seduzioni e dai compromessi del trasformismo: mai veramente amato dal suo stesso presidente del Consiglio.

Passò dalla Giustizia – tenuta per due anni nel governo Depretis, dal '76 al '78 – agli Esteri dopo il 1881 con lo stesso rigore, con lo stesso amore della norma, con lo stesso rispetto delle procedure. Il suo sogno fu una specie di Società delle Nazioni anticipata. Un diritto internazionale esteso a tutte le genti. Proprio quel diritto delle genti che abbiamo noi stessi sognato in questi ultimi decenni solcati dal terrorismo e dalla barbarie.

Pasquale Stanislao Mancini può essere rappresentato come il profeta di quella nuova convenzione umana che ci è occorso tante volte di invocare durante il periodo più spietato della violenza terroristica. Suo unico punto di riferimento, inalterabile oltre le fluttuazioni delle correnti e delle scuole, fu la difesa della dignità e della integrità umana. Quella dignità in cui brilla un raggio di quel Dio che è in noi.

5. Cavallotti

È SOLO nell'ultimo decennio dell'Ottocento, quello che parte dal 1890, che si definiscono in Italia i partiti politici in senso moderno. Nel 1890 sorge il partito radicale, col battesimo un po' pomposo, molto classicheggiante e plutarchesco, del «patto di Roma». Nel 1892 segue a Genova la costituzione ufficiale del partito socialista, che si separa dall'involucro anarchico. Nel 1895 si definisce formalmente, nel triangolo fra Forlì, Firenze e Milano, il partito repubblicano italiano, che era il più antico di tutti ma si era espresso dopo Roma capitale attraverso il movimento sindacale, quello dei «patti di fratellanza», precedente e quasi condizionante il movimento politico (un po' come i laburisti inglesi). Movimento politico, per il resto, bloccato dall'astensionismo elettorale.

Tutto sulla sinistra, e anzi per i tempi sull'estrema sinistra. A destra e al centro la struttura dei partiti politici sembra incompatibile col collegio uninominale, cui si torna nel 1892 dopo una breve e non felice esperienza di scrutinio di lista; collegio uninominale che rende tutto personalistico, frammentario, casuale ed episodico, nel magma di posizioni municipali o clientelari che da sole paralizzano ogni disegno di più largo respiro, ogni aggregazione che guardi lontano. Perché in Italia nasca un partito liberale definito come tale, occorrerà aspettare il crollo dello Stato liberale, cioè la marcia su Roma: in altre parole, la dissociazione definitiva fra monarchia e liberalismo, quella che solo Giovanni Amendola capirà, nel sonno di tanti liberali di quel tempo.

Ed ecco perché la battaglia per la definizione del partito politico, sue regole, suoi strumenti di azione, è tutta una battaglia di sinistra in Italia: o socialista o repubblicana o, sempre meno col tempo, radicale. La disciplina di partito, inconcepibile nelle spezzettate schiere liberali, è tutta di sinistra; la fissazione dei rapporti fra partiti e gruppi parlamentari è rimessa a quel fronte dello schieramento politico. Dai socialisti partirà, non a caso, il principio della «delegazione» al governo, quasi per separare la dottrina immacolata del partito dalle contingenti proiezioni ministeriali, cui poi non si arriverà neanche, con l'eccezione dell'ala di Bissolati.

Ed ecco perché la lotta a favore dell'indennità parlamentare, cioè di un minimo di compenso ai deputati (i senatori erano vitalizi, non elettivi, e fra le categorie degli aventi diritto c'erano gli alti reddituari per censo: così entrò Croce), sarà tutta combattuta dalle sponde dell'estrema sinistra. E sarà vinta solo nell'età giolittiana.

L'epistolario di Felice Cavallotti, il «bardo della democrazia» com'era chiamato ai suoi tempi con retorica immaginifica, costituisce una preziosa miniera di notazioni illuminanti sulla genesi dei partiti politici nell'Italia contemporanea.

Chi si dedica alla lotta politica, dai banchi dell'opposizione democratica, in quegli anni successivi alla liberazione di Roma, affronta un destino di miseria o almeno di affliggenti difficoltà economiche.

Cavallotti non è uomo di redditi fissi, vive alla giornata, da quel grande *bohémien* figlio della scapigliatura lombarda da cui ha ripreso umori, vibrazioni, inclinazioni spesso incorreggibili. Ha un certo successo con le opere di teatro, tutte oggi e giustamente dimenticate; ma i compensi dei diritti d'autore arrivano solo per metà nelle tasche del vate radicale, decurtati un po' dai suoi segretari e un po' dai suoi impresari.

Quando fonda nel 1875 un giornale che nel titolo è tutto un programma, *La Ragione* (la stessa testata la riprenderà trent'anni più tardi Arcangelo Ghisleri per il primo organo ufficiale del partito repubblicano, progenitore della *Voce Repubblicana*), riceve uno stipendio che per i tempi non è neanche trascurabile, 400 lire. Ma la direzione non sopravvivrà per più di due anni, il giornale avrà vita gracile e stentata. Cavallotti, che è entrato alla Camera, poco più che trentenne, nel 1873 (e quasi per caso: muore il deputato «radicale» *ante litteram* di Corteolona, si impongono elezioni suppletive, egli le affronta e le vince), deve porsi da quel momento il problema di attività integrative volte ad assicurare il minimo per vivere.

Tutti i costi del collegio gravano sui deputati stessi; non ci sono casse di partito, né direzioni amministrative, né rimborsi pubblici. Cavallotti ha molte spese, molte amanti, un po' di figli naturali da mantenere, una vita movimentata con qualche trasalimento o balenio pre-dannunziano, da *belle époque*.

È troppo orgoglioso e altero per accettare l'offerta del ministro della Pubblica Istruzione di assumere la cattedra di letteratura italiana (sino alla fine del secolo i professori universitari erano nominati dal ministro, per le benemerenze civili molto più che per quelle scientifiche, ed era sconosciuto il sistema del concorso nazionale). Batte alle porte dei quotidiani per collaborazioni anche letterarie, svincolate dalla sua prepotente e preminente attività politica; ma non sono porte facili ad aprirsi, neanche per l'uomo che pur riunirà, già intorno all'80, una specie di *opera omnia* di se stesso, tanto è il consenso che drammi, poesie, opere letterarie suscitano in una crescente fascia della borghesia italiana ipnotizzata dal suo nome.

Come si sorreggono, i nascenti partiti politici, nell'Italia dell'ultimo ventennio dell'Ottocento? Mi pare che il termine «partito politico» compaia per la prima volta nell'epistolario cavallottiano, in una lettera a Luigi Ferrari del 3 gennaio 1888: felice, il *leader* radicale, del prestigio che l'estrema sinistra ha goduto nella 14ª legislatura, pur «composta di 20 gatti», «come partito politico nel disinteresse della sua tradizione».

«Partito delle mani nette»: è l'ideale di Cavallotti e dei democratici di estrazione garibaldina che a lui si riallacciavano (Cavallotti ha rotto presto col mazzinianesimo, ha condiviso la parabola che dalla «Lega della democrazia» di Bertani ha portato al partito radicale, cioè l'inserimento graduale delle forze democratico-riformatrici nella logica dello Stato costituzionale liberale). Ma per tenere le mani nette ci vogliono – ecco la risposta al nostro interrogativo – le contribuzioni volontarie, le sottoscrizioni degli aderenti o «militanti» (è allora che nasce il concetto di «militanza» nei partiti politici), in altre parole gli oboli dei credenti laici.

Ci fu nel 1890, proprio dopo il lancio del «Patto di Roma», un obolo sul quale Cavallotti rischiò di inciampare. Un obolo forse un po' troppo grosso per le magre finanze democratiche di fine secolo. Cavallotti era un nemico acerrimo della Triplice, voleva arrivare alla denuncia dell'alleanza con gli Imperi centrali. Francofilo per cultura, formazione, ascendenze anche letterarie, si rivolge a un illustre patriota delle milanesi Cinque giornate che è diventato cittadino francese e sovrano della finanza di Parigi, Enrico Cernuschi, per un concorso a quella battaglia, nel fondo, francofila e antigermanica.

Cernuschi, un repubblicano cattaneano rimasto tale, accetta la proposta, invia uno *chèque* di 100.000 lire, senza contropartite. C'è, a distanza, un certo equivoco: Cernuschi non è radicale all'italiana, cioè non condivide l'avvicinamento alla monarchia, è su posizioni di sprezzante intransigenza repubblicana (« la mia patria è la repubblica »). Una volta versato l'obolo, si pente e si chiude in uno sdegnoso isolamento: certe frasi di Cavallotti non lo persuadono, fra i due ci sarà presto la rottura.

Giovanni Bovio, il repubblicano tutto d'un pezzo, protesta perché vede nel contributo di Cernuschi « oro straniero » (« fra oro francese e canapè austriaco, preferisco il secondo »); farà in tempo a correggersi, una volta accertato che Cernuschi ha versato denari suoi, italiani, non francesi.

Ma è nell'insieme un episodio malinconico, che non aiuta nessuno. I radicali ne sono danneggiati, elettoralmente; il varco coi repubblicani, già largo, si approfondisce. Si infittiscono sospetti e risentimenti. Ed è patetica la distinta che di quelle 100.000 lire avrebbe voluto fare Cavallotti: una distinta « collegio per collegio, sodalizio per sodalizio », scrive a Romussi nel giugno 1891. Senza riuscirci: a Roma il comitato di lotta ha speso 22.000 lire solo per Barzilai, il repubblicano accomodante futuro ministro della monarchia.

« Un po' che avessi consegnato loro tutto il fondo », sono parole di Cavallotti, « per due o tre collegi me lo consumano tutto quanto, e per il resto d'Italia non avanzava un centesimo! Capisco che 22 mila lire nella capitale del Regno sono un nulla a confronto dei denari a palate che il Crispi vi buttò, *non del suo*; ma questa prodigalità relativa mi sciupa tutto l'effetto della statistica che volevo fare, perché allato alle cifre degli altri collegi resterebbe scemato il valor della elezione che per il luogo e per il carattere fu la maggiore delle nostre vittorie. »

È la storia di un'Italia minore, dove l'epica garibaldina si dissolve in una smorfia di prosa democratica ma angustiante. Il problema del finanziamento dei partiti si porrà fin da quegli anni in forme anche drammatiche, che gli imminenti scandali bancari, dalla Banca Romana in avanti, metteranno in luce. È un problema che si è trascinato per decenni e decenni e che neanche il finanziamento pubblico dei partiti ha risolto. Il sogno di Cavallotti è ancora lontano, se ci guardiamo intorno: un'Italia senza scandali, «ma con un più alto e coscienzioso pensiero dei mali economici infiniti che travagliano la nazione» (lettera a Bernardino Grimaldi del settembre 1893).

Rileggiamo quella lettera: «Io da parecchi anni ammalato da una infermità che i medici chiamano il morbo dell'ideale, con in testa la fissazione caparbia di una Italia quale sognavala il mio generale [è Garibaldi] che dorme laggiù in mezzo al mare, governata con metodi onesti, senza illegittime ingerenze di furfanti, di un Governo 'rigidamente' onesto, sinceramente democratico, che faccia servire le istituzioni al paese e non il paese alle istituzioni, di un'Italia ove la legge sia uguale per tutti, le pubbliche libertà siano per tutti rispettate, ove le urne dei suffragi non siano gioco frodolento di prefetti che il carcere reclama, ove la giustizia sia per tutti una sola, non renda urtante la giustizia stessa, quand'offre accademia di severità sui minori; un'Italia ove l'animo dei governanti si levi dagli scandali del dì e dallo studio affannoso di lavarli e continuarli sotto forme nuove, a un più alto e coscienzioso pensiero dei mali economici infiniti che travagliano la nazione, e degli errori politici che ve la piombarono, io, per questa fissazione, da parecchi anni trascuro (non senza qualche intimo rimorso, perché non sono solo nel mondo, ma la fissazione è più forte di me) tutti gli interessi miei, tutti i lavori dell'arte di cui vivevo consumo nella battaglia politica quotidiana quei pochi sudati risparmi che l'arte un giorno mi aveva dati...»

1893. Da allora i mali economici non sono diminuiti, e gli scandali neanche.

6. *Fogazzaro*

1864. *Sopra una conchiglia fossile nel mio studio*. È una poesia dell'abate Giacomo Zanella, che diventò per i tempi celeberrima.

> *Sul chiuso quaderno*
> *Di vati famosi,*
> *Dal musco materno*
> *Lontana riposi,*
> *Riposi marmorea*
> *Dell'onde già figlia,*
> *Ritorta conchiglia.*

Con quei versi, sopravvalutati allora, sottovalutati adesso, si inizia il dialogo – difficile e tormentato dialogo – dei cattolici coi progressi della scienza, incalzanti nella seconda metà dell'Ottocento, e con le dottrine evoluzioniste e positiviste che sembravano smentire o umiliare le antiche certezze.

Zanella era un sacerdote-patriota; aveva condiviso, e anzi anticipato, le speranze candide del neoguelfismo. Fino a essere sospeso dall'insegnamento nel suo seminario di Vicenza in seguito agli avvenimenti del 1848, la grande tempesta che susciterà in lui quella profonda illusione patriottica direttamente collegata all'influenza giobertiana, sinceramente e profondamente sentita.

Ricompensato dallo Stato appena nato con la cattedra di storia della letteratura italiana a Padova, appena liberato il Veneto, nel 1866 (quasi in ritardata simmetria con Carducci, chiamato da Terenzio Mamiani a Bologna nel 1861). E poi impegnato per tutto il resto della vita, attraverso illusioni, oscillazioni, fallimenti, pentimenti ed espiazioni, in quel tentativo di conciliare scienza e fede.

Massimo allievo: Antonio Fogazzaro. Vicentino come lui, più giovane del maestro tanto da non avere vissuto in forma di protagonista (era nato nel 1842) l'epopea risorgimentale. Ma percorso dagli stessi sentimenti di fervore patriottico, dallo stesso culto dell'Italia unita, in un'adesione profonda e sofferta al cattolicesimo, alla religione dei padri, interrotta solo per una decina d'anni, fra 1864 e 1873 (gli anni del massimo successo di Zanella) da un allontanamento dalle posizioni cattoliche, sotto le suggestioni del positivismo.

Alla scomparsa di Zanella, nel 1888, Fogazzaro, l'allievo, tace. Ma cinque anni più tardi, nel novembre 1893, sceglie la *Nuova Antologia*, la rivista più illustre della borghesia italiana, per sferrare un attacco, inopinato e sconcertante, all'autore della «conchiglia fossile» che si era arrestato, quasi inorridito, di fronte alle conseguenze estreme della dottrina che faceva dell'uomo l'epigono della scimmia, ripiegando tutto verso la fede ingenua del fanciullo, fatta di cuore e di volontà.

Dopo numerosi tributi di affetto e di consenso alla memoria dell'artista da lui venerato, nelle pagine della *Nuova Antologia*, Fogazzaro prendeva alla fine posizione con parole taglienti sui nodi irrisolti di una speculazione che non era diventata poesia. «Troppo fu il suo terrore [di Zanella] di una filosofia confusa da lui a torto con la scienza, perché innalzata da uomini di scienza sopra credute basi scientifiche. Oscillando fra l'ammirazione e lo spavento, non ebbe della scienza un concetto veramente alto e religioso. Vide in essa ora la potenza, ora la superbia umana, non seppe concepirla come rivelazione dell'Invisibile Divino 'per ea quae facta sunt'. Contemplandone i progressi, le domandò: 'Fuggon forse le tenebre di pria / e palese di Dio splende il disegno?' »

Fogazzaro accusava Zanella di non aver udito la risposta: a misura che la scienza procede e la visione di Dio si fa sempre maggiore, il disegno di Dio esce dalle tenebre. Secondo l'autore di *Malombra* il suo torto è di aver collocato intero l'ideale religioso nella vita futura. «Se egli avesse creduto, come molti credono, anche ad un regno di Dio che esiste realmente in germe sulla terra... e senza posa vi si sviluppa e libererà un giorno l'umanità intera avrebbe pure creduto ad un luminoso avvenire della scienza, al dovere di invocarlo e di combattere per esso.» Era il credo evoluzionista sbandierato di fronte all'ombra del maestro che ne rifuggiva.

Due anni dopo nel 1895 usciva *Piccolo mondo antico*: forse l'opera letteraria più compiuta di Fogazzaro, uno scrittore tormentato sempre dal rapporto fra sesso e spirito (e quindi anticipatore dei grandi romanzieri cattolici francesi alla Mauriac). Opera di respiro quasi manzoniano, nel tentativo di comporre non tanto il dissidio fra fede e scienza quanto quello fra ragione e fede. E con una punta di atmosfera ancora risorgimentale: in uno scrittore che non aveva partecipato, in nessun senso, alle patrie battaglie, che conservava un proprio orgoglio, una propria singolarità, una propria autonomia dall'enfasi patriottica dilagante (e che non sarà mai la sua). Solo nel fervore nazionale della guerra del '59 – quasi suprema mediazione – due coniugi divisi da tanti motivi, i protagonisti del libro, si ritrovano e per il momento si comprendono.

Sono pagine che meriteranno a Fogazzaro il laticlavio (sarà nominato senatore nell'ottobre del 1896) e prepareranno *Piccolo mondo moderno*, che uscirà a puntate sulla *Nuova Antologia* nel 1900. Romanzo ambiguo, e senza la pacificazione finale del precedente: romanzo che si concluderà con una rinuncia tale da non determinare né purificazione né riscatto.

E poi nel 1897 usciranno le *Ascensioni umane*: un titolo rivelatore di quel passo avanti compiuto rispetto alle chiusure e ai tentennamenti del maestro Zanella, nell'area più vasta delle relazioni tra il mondo della scienza e il mondo delle credenze religiose. Non opera organica in sé: ma raccolta di conferenze tenute in vari luoghi, con un successo rivelatore e straordinario di pubblico, il tutto preceduto da un'introduzione che equivaleva a un manifesto.

« Fu uno dei libri », scriverà Tommaso Gallarati Scotti, il più grande dei suoi amici e dei suoi biografi, « intorno a cui si raccolsero le simpatie spiritualistiche di quel periodo, una specie di ponte gettato fra il cattolicesimo liberale e il movimento di riforma religiosa che andava maturando nella nuova generazione. » Quel movimento che porterà poi a Murri, al gruppo del *Rinnovamento*, all'influenza modernista sui Minocchi e sui Buonaiuti.

Il modernismo: un metodo per rileggere la Bibbia, per ristudiare le origini cristiane, per interiorizzare la propria fede. Qualcosa che stava fra l'università e i seminari, che oscillava fra la coscienza e il pergamo. Un temporale che si preannunciava dissolvitore e lacerante per la Chiesa ufficiale chiusa nelle certezze del *Sillabo* e dell'infallibilismo pontificale.

L'aureola del prestigio, letterario e vorrei dire civile, di Antonio Fogazzaro accredita e raddoppia gli sforzi di tutti quei giovani intellettuali che chiedevano solo un po' di tolleranza al magistero papale, un po' di libertà alla Santa Sede. Avranno come risposta lapidaria e categorica la *Pascendi* di Pio x. Non a caso la condanna all'Indice si abbatterà anche sugli ultimi due libri di Fogazzaro, *Il Santo* del 1905 e *Lelia* che è del 1909, di poco precedente la morte.

In tutti e due i casi lo scrittore vicentino si sottoporrà alla disciplina cattolica (si ricordi la lettera a Filippo Crispolti del 18 aprile 1906), non osando valicare i confini dell'eresia, ma in un travaglio interiore che conoscerà momenti crudeli, sofferenze aspre e mai risarcite.

Croce, che non sarà mai tenero con Fogazzaro e che gli rimprovererà la confusione fra Dio e il sesso (« etica che odora di alcova »; « questo Dio ha per mezzana la voluttà »), lo chiamerà con spietata ironia « Cavaliere dello Spirito » (usando le maiuscole, lui avverso a ogni retorica e a ogni amplificazione). « Non professa la morale che rigidamente contrasta alla sensualità, ma quella, pieghevole, che getta ponti tra le due; onde fa buon viso alla sensualità affinata, idealizzata, quasi preannunzio di alta vita spirituale. »

La lama di Croce non risparmierà neanche gli ondeggiamenti politici. « Politicamente vagheggia una democrazia cristiana », lo scritto di Croce è del 1903, « senza predominio di alcuna classe, con una Chiesa che ami la patria e uno Stato che rispetti la Chiesa, mossa da un afflato di carità che volga le classi agiate a subordinarsi spontaneamente alle sofferenti. »

In verità ai tempi del suo primo romanzo importante, *Daniele Cortis*, che è del 1885, le speranze che Fogazzaro aveva acceso nei giovani militanti della sinistra cattolica (sinistra annidata nell'« Opera dei congressi », cioè nell'Azione cattolica del tempo) investiranno anche le aspettative e le inquietudini di una palingenesi sociale: palingenesi in cui rivivevano gli estremi della vendetta sociale contro i limiti borghesi e censitari dello Stato risorgimentale. Ma con l'avanzare del tempo il filo-modernismo di Fogazzaro non si unirà mai a una linea di avanzato progressismo.

Qualcuno lo chiamerà, e non senza fondamento, un « conservatore cristiano ». E nella sua assemblea, il Senato, sarà fautore di una linea rigorosamente tradizionalista, la più rigida fra quelle prospettate nell'età del riformismo giolittiano.

Quando si parlerà intorno agli anni '10 di riforma del Senato attraverso un innesto del sistema vitalizio col sistema elettivo, il linguaggio di Fogazzaro in una risposta alla *Nuova Antologia* di Maggiorino Ferraris sarà tagliente, categorico. « Non so vederne vantaggio alcuno e ne vedo molti scapiti: moltiplicate, con turbamento della vita pubblica e danno degl'interessi privati, le agitazioni elettorali; moltiplicate le corruzioni; continuata l'azione delle passioni politiche là dove esse dovrebbero tacere perché le voci superiori della giustizia e dell'utile pubblico avessero ultime la parola; inaspriti, fors'anche, gli antagonismi di classe, ove nel costituire il diritto elettorale senatorio si mirasse a creare un'assemblea conservatrice. Secondo il mio giudizio, il carattere del popolo italiano è tale da non richiedere una seconda Camera di questa natura. In Italia il Senato dovrebbe, a mio avviso, rappresentare il senno e la dottrina congiunti, egualmente indipendenti dalle passioni popolari e dai desideri del Potere esecutivo. La prima indipendenza gli è assicurata dalla esclusione dell'elemento elettivo, la seconda dev'essergli assicurata dalla limitazione del numero dei senatori funzionari dello Stato in attività di servizio. Non dovrebbero oltrepassare i cinquanta. Questo, a mio avviso, sarebbe il provvedimento più necessario ad accrescere l'autorità del Senato dove oggi siedono quasi cento funzionari dello Stato in servizio attivo. »

In quel Senato dei cinquanta si consumava la visione di un grande notabile, che era stato sulle soglie dell'eresia e aveva oscillato costantemente fra cristianesimo e scientismo. Un'inquietudine che per la verità poco aveva di comune col modello manzoniano, pure imitato e in parte seguito in *Piccolo mondo antico*. Fogazzaro anticipava i brividi di un cattolicesimo che aveva perduto l'incantesimo della tradizione, che è poi il fascino della fanciullezza.

VI.
Il secolo nuovo:
l'Italia adolescente

1. *Nathan*

Agosto 1976. Infuriano le polemiche sulla nascita della giunta Argan, di nuovo un sindaco laico sui colli capitolini. Si moltiplicano, fra errori e distrazioni, i paragoni, quasi d'obbligo, con Ernesto Nathan, il primo sindaco « laicista » della capitale nell'età giolittiana. Sulle colonne della *Stampa*, a Ferragosto, Mario Soldati, con l'estro dello scrittore innestato su una vena tenacemente piemontese e anti-romana, parla di Nathan come del rappresentante di un momento caratteristico dell'« eterno compromesso romano italiano »: scelta obbligata di Roma, rifiuto della sua retorica corruttrice, richiamo ai modelli rigorosi del Piemonte azegliano ed « europeo ».

Non è proprio così. Nathan rappresentò come sindaco una fase caratteristica e irripetibile del mito mazziniano della « terza Roma »: qualcosa che era del tutto estraneo alla tradizione dei d'Azeglio e dei Cavour. La storia dei sette anni della sua giunta capitolina è ancora tutta da scrivere: e i riferimenti, affrettati e spesso retorici, alla giunta Argan non hanno contribuito a favorire la comprensione di un periodo storico complesso e non facilmente decifrabile. Un periodo che da allora, da quell'agosto 1976, ha conosciuto studiosi, isolati o in convegni, ha svegliato tesi di laurea, ha sollecitato nuovi e crescenti interessi.

Ma un punto è certo: la biografia del personaggio riassume le scelte che egli compì come sindaco, portando la tensione fra Campidoglio e Vaticano a un punto che non sarà mai più raggiunto (e le prudenze del compromesso storico degli anni dell'Unità nazionale fanno sorridere al confronto). Intanto Nathan non è italiano se non per parte di madre, Sarina Levi, la repubblicana ferventissima che alimenterà un culto devoto di Mazzini e la cui figlia ospiterà il profeta morente, sotto falso nome e nella semitolleranza di una polizia infastidita, sui lungarni di Pisa.

Ernesto è nato a Londra (nell'ottobre '54), è nutrito di cultura anglosassone, ha respirato in quel mondo inglese, protestante o israelita, in cui la predicazione di Mazzini ha lasciato tracce profonde. È stato a contatto, fin da bambino, con le famiglie che firmavano la *Penny subscription* a favore del fondo nazionale per

Mazzini. Ha condiviso, del mazzinianesimo, il sogno di una «terza Roma» universale e affratellante, una Roma laica da contrapporre al Papato (giudicato sempre con gli occhi, o i paraocchi, di un «antipapista» anglicizzante).

Nathan aveva quattro anni quando Mazzini guidava la Repubblica romana del 1849, ma ne aveva ventidue ai tempi di Mentana. Tutti i giornali che terranno viva, in senso repubblicano, la questione romana prima del 20 settembre saranno finanziati da lui, o dalla sua famiglia: fino alla gloriosa *Roma del popolo* che si infrangerà nella breccia dei bersaglieri piemontesi, «profanazione» del più grande ideale di Mazzini (l'uomo che preferirà evitare il centro di Roma, nell'autunno del 1870, piuttosto che riconoscere la legittimità della unificazione monarchica).

Mentre d'Azeglio scriveva le *Questioni urgenti*, così favorevoli a Firenze capitale permanente, così ostili al mito conturbante della romanità, Nathan affilava le armi, nelle prime battaglie repubblicane, per sostenere il diritto irreversibile della «terza Italia» sulla «terza Roma», concepita come meta suprema di un processo storico di riscatto e di liberazione.

L'arrivo di Nathan a sindaco di Roma si consumerà quarant'anni esatti dopo il fallimento amaro di Mentana, in un clima tutto diverso dall'Italia travagliata o dilacerata della vecchia Destra, dopo i primi operosi e conciliatori anni di regime giolittiano. Ma il suo avvento al Campidoglio avrà, agli occhi della democrazia di sinistra italiana, il carattere di una «svolta» storica, il ritorno a un'Italia sognata e intravista e mai realizzata. Espressione, intanto, di un fatto politico nuovo qual era l'alleanza delle forze della sinistra democratica e non massimalista, i socialisti, allora dominati dalla componente riformista, i radicali, già approdati al governo con Sonnino, i repubblicani, in via di profonda revisione e ammodernamento della loro dottrina, pur nella ribadita pregiudiziale di opposizione istituzionale.

E, poi, rottura di una tradizione che sembrava inalterabile: tutti, o quasi, i sindaci precedenti della capitale post-20 settembre esprimevano il mondo moderato e patrizio che aveva, sì, accettato la monarchia sabauda e aperto i portoni dei palazzi aviti ma senza mai rompere con l'altra sponda del Tevere (al punto che nel 1887 il giacobino Crispi aveva destituito d'autorità il sindaco

Torlonia per essersi associato alle manifestazioni di plauso per il giubileo sacerdotale di Leone XIII).

Una « certa idea di Roma » animava quel gruppo dirigente che si insediò in Campidoglio il 25 novembre 1907 e ne uscì il 15 giugno 1914, battuto dalla coalizione cattolico-conservatrice-nazionalista che aveva fra i suoi più accesi fautori Luigi Federzoni. Una certa idea di Roma: la registriamo da storici, non da politici. Non la Roma cattolica e teocratica, ma neanche la Roma piemontese, dimessa e accigliata, dei primi anni succeduti a Porta Pia. Non la Roma di Leone XIII, ma neanche quella che d'Azeglio detestava e che Cavour si rifiuterà di visitare (alla pari di Manzoni). Una Roma ideale e mitica, come aveva contribuito a crearla la religione del mazzinianesimo (vissuta da Nathan col fervore di un monaco laico) non meno della lunga esperienza del positivismo e dello scientismo, quella su cui ha scritto pagine indimenticabili il nostro Chabod.

La Roma capitale; la Roma un po' immaginaria, e se volete retorica, della scienza e del progresso; la Roma molla dell'« incivilimento universale ». In nome di questa Roma (che lo stesso Nathan, pur rifuggente dall'enfasi, ridefinì « la terza Roma » in un articolo sulla *Nuova Antologia* del 1916), furono varate o impostate tutte le riforme di quei sette fervidissimi anni di vita capitolina. Fu deliberata la completa laicità della scuola elementare (la potestà sull'istruzione religiosa era allora dei comuni); fu favorita l'edilizia scolastica; fu combattuta la sacrosanta battaglia per le scuole rurali; fu posto un primo argine alla vergognosa speculazione delle aree e avviata una prima legislazione di tutela dei beni culturali.

In un certo 20 settembre, quello del 1909, fu perfino realizzato un referendum popolare sulla municipalizzazione delle aziende tramviarie: con grandissimo numero di « sì ». Furono attuati, insomma, istituti di democrazia diretta alternati a innovazioni legislative che obbedivano alla religione dell'umanità e del progresso, con tutta la sua ricchezza di vibrazioni umane che neanche la retorica dei comizi riusciva ad appannare.

I rapporti di Nathan con Giolitti non furono scarsi e furono comunque sempre cordiali. Tre citazioni nelle memorie giolittiane non sono neanche poche, se si pensa che il grande dirimpettaio di

San Pietro, Pio x, non è citato neppure una volta. E c'è un momento in cui questa religione laica di una Roma operosa e civile contagia perfino Giolitti, allorché lo statista ricorda, con una vena di rattenuta e discreta commozione, che il sindaco Nathan gli aveva portato nel 1908 « una copia di argento, in piccole proporzioni, della lupa romana », quale attestato di riconoscimento per l'opera da lui svolta in favore di Roma, dalla legge su Villa Borghese a quella sulle aree fabbricabili.

Notate quelle « piccole proporzioni » in cui si riassumono lo stile e la sobrietà di un'epoca. Certo Giolitti non nominò Nathan senatore, nonostante le pressioni del mondo radicale bloccardo e massonico (che sfiorava la reggia). Non volle inasprire i rapporti con i cattolici, che aveva deciso di avviare sulla via della conciliazione silenziosa, senza rinunce per lo Stato.

E forse, nel suo cuore di piemontese pudico in materia di fede, Giolitti non condivise il grande scontro gladiatorio fra Pio x e Nathan su Roma italiana: il discorso del sindaco davanti alla storica breccia, il 20 settembre 1910, cui addirittura rispose il Papa con una pubblica lettera, di inaudita violenza, al cardinale vicario Respighi. (In quei tempi la *Civiltà Cattolica* usava parlare del sindaco di Roma come del « figlio di Sem »: l'antisemitismo era di casa presso i gesuiti.)

Pochi giorni prima del Ferragosto 1976 incontrai in Senato Nenni, uno dei pochi superstiti di quegli anni, militante, all'epoca di Nathan, nelle file repubblicane e nei blocchi popolari. « Occorre », mi disse, « in Campidoglio un sindaco laico che ogni domenica si rivolga ai cittadini, dal balcone del Campidoglio, come il Papa si rivolge ai fedeli dai palazzi apostolici. » Era l'unico, ancora, che pensava a Nathan.

2. Colajanni

MONTECITORIO, 23 gennaio 1891. Un clima di crescente tensione accompagna l'intervento alla tribuna di un deputato di prima legislatura al suo esordio nell'aula. Si discute della proposta avanzata dal conservatore milanese Giuseppe Colombo per proteggere gli interessi dell'industria meccanica nazionale con commesse statali e inasprimenti delle tariffe doganali.

L'esordiente si chiama Napoleone Colajanni. È un nome sconosciuto. Critica aspramente la politica protezionistica del governo, consacrata ufficialmente dalle tariffe doganali del 1887. Chiede il ripristino inderogabile del sistema libero-scambista. Illustra le conseguenze disastrose per il Mezzogiorno della guerra doganale con la Francia, soprattutto per il vino. « Bisogna ricordare che i dazi protettori sono arma a doppio taglio, che spesse volte fanno più male a coloro che le impugnano che non a coloro contro i quali sono dirette. »

Colajanni. Cresciuto in una famiglia di salde tradizioni risorgimentali, patriota già in età adolescenziale, il medico repubblicano è approdato alla Camera dalla sua Castrogiovanni nel 1890, l'anno del Patto di Roma, la « magna charta » della democrazia italiana, alla cui ombra è maturato l'ambizioso piano di Cavallotti – rivelatosi poi fallace – di un clamoroso risultato che faccia dell'Estrema Sinistra la forza condizionante per il ministero retto da Francesco Crispi.

In effetti Colajanni sarà l'unico deputato democratico inviato a Roma dalla Sicilia. Ricordando con una punta di legittimo orgoglio la prima di una lunga serie di elezioni che lo vedrà sedere a Montecitorio fino al 1921, anno della sua scomparsa, Colajanni potrà vantare di essere approdato alla Camera « a bandiera spiegata » e « senza minacce e senza corruzione », con splendida votazione « in nome dei suoi princìpi e col consenso efficacissimo di tanti, che non erano suoi amici politici, ma che sentivano affetto e nutrivano stima per lui per la precedente vita pubblica e privata », malgrado l'ostilità di Crispi e del suo « miserabile proconsole », il prefetto di Caltanissetta.

Affermazione rilevante, questa, affidata al coraggioso *pam-*

phlet che nel titolo lapidario, *Consule Crispi*, tradisce lo sfaldamento di un rapporto personale, un tempo intenso, con l'uomo simbolo delle contraddizioni di larga parte della Sinistra nel tormentato iter che lo avrebbe condotto dalle posizioni di *leader* del repubblicanesimo meridionale alle velleità, con una punta giacobina, del progetto di democrazia autoritaria sullo scorcio degli anni '80-90.

Il coerente difensore del primato dell'idea repubblicana e di un sistema liberato dalle incrostazioni conservatrici, connaturate alla perpetuazione dell'istituto dinastico, non può rappresentare l'emanazione parlamentare esclusiva di una base repubblicana, estremamente ridotta nel cuore del profondo Sud, nel cuore di un'isola dove la rigidità dei rapporti politici e sociali rende impossibile una netta demarcazione fra area democratica – comprensiva di repubblicani, radicali e generici nuclei operaisti –, da un lato, e variegato mondo liberale dall'altro.

La stima e la popolarità che accompagnano da oltre un decennio il battagliero pubblicista e l'instancabile animatore di un'incisiva dialettica sul « sistema » sono alla base di un saldo e duraturo rapporto con un elettorato di orientamento decisamente monarchico, che guidato più dalla saggezza che dalla pregiudiziale ideologica gli rinnoverà il mandato parlamentare per nove legislature, malgrado la mai abiurata professione di fede antimonarchica.

La grande vivacità intellettuale, la fedeltà ai princìpi coniugata a un sano pragmatismo, hanno già fatto di Colajanni un personaggio di spicco nella cultura politica, attirando su di lui un'attenzione che non si esaurisce nell'orbita dell'Estrema Sinistra.

Il nostro Colajanni è stato convertito al repubblicanesimo da Edoardo Pantano e ha affinato la sua preparazione teorica alla scuola lombarda dei Mario e dei Ghisleri e di Cattaneo. Dai primi appassionati assertori dell'evoluzionismo, Colajanni ha recepito la concezione di un positivismo materialistico che dà sostanza alla convinzione di un'evoluzione costante dello Stato italiano verso forme di autentica democrazia in opposizione al millenarismo rivoluzionario dei repubblicani « puri ». Da Cattaneo ha recepito l'istanza federalista contro l'oppressione dello Stato accentratore, caro all'unitarismo sabaudo.

C'è una data fondamentale nella vita di questo intrepido campione della libertà: il 1882. In quest'anno l'esponente della nuova generazione repubblicana, decisa a rompere con l'intransigentismo astensionista della base tradizionale del partito, ha violato il *non expedit* laico riconfermato a Genova dal Congresso delle Società Affratellate, chiamato a dare un'indicazione di comportamento in seguito all'estensione del diritto di voto; scegliendo con ciò, coerentemente, la via del confronto e della lotta aperta e leale nelle sedi istituzionali e facendo la prima sfortunata prova delle urne.

Il 1882 è anche l'anno della pubblicazione delle *Istituzioni municipali*, in cui Colajanni esalta la funzione del libero comune, fondamento delle libertà medioevali, palestra di autogoverno e nucleo di un processo di larga autonomia destinato a concretarsi nel modello di Stato decentrato. In entrambi i casi Colajanni si rivela elemento di rottura del mondo repubblicano; un elemento « eretico » agli occhi dei custodi inflessibili del dottrinarismo del maestro.

L'onestà intellettuale e politica a tutta prova, che si esprime in scritti dominati da un'eloquenza scarna e non poche volte ruvida, delinea i tratti di un personaggio scomodo e tutto d'un pezzo. Coglie perfettamente la dirittura dell'uomo la splendida definizione dovuta ad Arcangelo Ghisleri: Colajanni, ovvero il coraggio dell'impopolarità. E in effetti la vita e la milizia dello scontroso deputato di Castrogiovanni ne sono limpida testimonianza.

Qualche esempio? Sensibile ai termini della questione sociale, consapevole delle conseguenze prodotte nell'intera area democratica dalla frattura fra mazzinianesimo e proletariato, egli ha iniziato precocemente a ripensare in chiave socialista il positivismo che è il fondamento della sua formazione sociologica. L'incontro con Turati è occasione per l'approccio al socialismo nell'ottica non più esclusivamente ideologico-intellettuale, ma anche, in qualche misura, politica. Il Colajanni del *Socialismo*, considerato dai capi socialisti il principale teorico e divulgatore di un progetto politico di palingenesi e liberazione dell'individuo, amerà definirsi negli anni '80 repubblicano-socialista, proponendosi come momento di sintesi fra la tradizione repubblicana e le esigenze di una società articolata avviata a forme di rapporti profondamente modificati al suo interno.

Amicizia profonda, quella con il *leader* milanese, che Colajanni, fedele sempre al principio dell'interclassismo che fu caro a Mazzini, non esiterà a sacrificare nel clima di infuocata polemica che accompagna l'esplodere dei Fasci nella Sicilia. Di fronte al dogmatismo dei socialisti settentrionali e al verboso rivoluzionarismo che vorrebbero fare dell'isola il punto di verifica di un metodo di lotta politica nebuloso quanto velleitario, Colajanni avrà il coraggio di dire « no », sfidando dileggi brucianti e scomuniche della « chiesa » milanese e pagando il prezzo amarissimo dell'isolamento a sinistra.

Allo stesso modo il rapporto con Cavallotti sarà sottoposto a sollecitazioni di non poco conto. Anche in questo caso l'amicizia antica con il « bardo della democrazia » e la comune fede nel metodo gradualistico non saranno schermo alla franca contestazione di un possibilismo, valutato come forma di un sospetto ministerialismo strisciante. E pertanto ostacolo da rimuovere per non creare pericolose lacerazioni nel fronte dell'Estrema.

La stessa schiettezza sarà riservata alle teorie lombrosiane sull'inferiorità razziale delle popolazioni meridionali, accreditate autorevolmente dall'antropologia positivista ma contestate con puntigliose controdeduzioni dal sociologo di Enna, che rifiuta di legittimare artificiosi schemi deterministici.

Il Parlamento è, insieme alla miriade di testate note e sconosciute che ne ospitano con orgoglio gli scritti, la sede nella quale si impone il carattere di un uomo mai alla ricerca di un facile consenso. Impossibile enumerare gli articoli e i dibattiti che lo vedono in prima linea, sia che si tratti di bollare i criteri di gestione del bilancio, sia del deprecato militarismo, del colonialismo, della politica protezionistica. Senza dimenticare l'accusa sferzante di servilismo lanciata in una Camera supina al volere di Crispi e indegna interprete delle esigenze della collettività (il fatto procurerà a Colajanni una sfida a duello dal quale egli uscirà vittorioso).

Siamo alla grande svolta del '93-94. La sua requisitoria contro lo scandalo della Banca Romana lo consacra protagonista della battaglia per la questione morale. Se dobbiamo prendere le distanze dagli ingenerosi attacchi che avrebbero portato al rovinoso crollo del primo governo guidato da Giolitti, non possiamo che apprezzare la volontà di portare alla luce gli inconfessabili connubi fra classe dirigente politica, sistema bancario e informazione e fare giustizia dello squallido affarismo nel quale si consumavano gli ideali risorgimentali.

E ancora merita di essere ricordato il fermo sostegno espresso da Colajanni all'istituzione del Commissariato civile per la Sicilia, voluto dal conservatore e *leader* dei latifondisti siciliani Di Rudinì. Si dovrà infatti al convinto assertore del decentramento amministrativo il coagularsi delle forze di estrema sinistra, perplesse e divise, a favore del timidissimo avvio di autonomia nell'isola osteggiato con forza dai settori schierati a sostegno del centralismo; e sempre a lui si dovrà la vivacizzazione del dibattito parlamentare, appassionato e a tratti assai aspro, con un intervento rimasto famoso negli annali della Camera, che lo vedrà contrapporsi a Giustino Fortunato, simbolo venerato del meridionalismo liberale.

Un uomo di tale coraggio, fermissimo nel rivendicare la dipendenza dalla sua sola coscienza, sempre controcorrente, sfugge agli interessati tentativi di quanti hanno tentato di assimilarlo a precisi partiti. L'ostilità verso ogni forma di condizionamento dell'«apparato», respinta in coerenza al principio di difesa integrale della libertà di giudizio e di azione, porterà Colajanni ad affermare perfino l'indipendenza dal partito repubblicano (partito nel quale pure militerà idealmente per tutta la vita), rifiutando ben presto di continuare ad aderire al gruppo parlamentare nato al momento dell'enucleazione del PRI dall'eterogenea Estrema Sinistra.

Il «partito», del quale Colajanni è il più alto punto di riferimento, coincide con la democrazia. Un partito che non può identificarsi *tout court* con nessuna delle formazioni ufficiali: non con quella repubblicana, in bilico fra evoluzione e culto del passato; non con il socialismo che volge le spalle alla questione istituzionale ed è destinato alla dolorosa lacerazione intestina fra riformisti e massimalisti, fra evoluzionisti e interpreti ortodossi di un marxismo echeggiato, aborriti da Colajanni; non con i radicali, che vedranno impallidire la propria identità e l'autonoma istanza riformista nell'accelerata integrazione con le strutture dello Stato liberale.

Colajanni riassume in sé il meglio delle tre esperienze, decantate da stereotipi ideologici, ma non limita negli angusti confini dell'Estrema Sinistra il suo orizzonte. L'intelligenza duttile lo condurrà all'inevitabile incontro con la cultura liberale della borghesia laica e illuminata, partecipe del rinnovamento della società. L'esperienza dell'*Isola*, quotidiano che da Palermo vuole irradiarsi oltre lo Stretto e costituire il parallelo della grande stampa democratica milanese aperta al concetto del pluralismo delle proposte, testimonia eloquentemente l'avanzato progetto che trascende la breve durata di quell'avventura giornalistica.

Punto fermo del progetto di Colajanni è costituito dall'alleanza fra forze democratiche e moderna borghesia in espansione per l'affermazione di quella che sarà chiamata « democrazia borghese », ovvero l'alternativa al sistema oligarchico che impronta di sé le amministrazioni provinciali e comunali.

Nel rifiuto netto di velleitarie spinte separatiste, Colajanni punterà ad applicare l'idea di una democrazia pluralista e partecipata, fondata sull'autogoverno locale. La teoria politica del giovane Colajanni si fa sostanza nel progetto dell'uomo maturo e nel tentativo generoso di calarlo nel quadro mutevole e contraddittorio della sua Sicilia.

Nell'illimitata fiducia delle grandi riforme Colajanni indica anche l'unica via per il riscatto della terra amata e, più in generale, del Mezzogiorno. Riscatto che passa per l'attuazione di un indirizzo politico-amministrativo moralizzatore; la gestione trasparente della cosa pubblica, l'eliminazione di asfittici e arroganti centri di potere secolari e l'affermazione di una corretta prassi di confronto fra vecchio notabilato ed *élites* borghesi, minoritarie ma moderne, aspiranti alla successione. Riscatto che passa infine per lotta a fondo contro il disinvolto ricorso alla violenza e alla corruzione proprio delle camarille municipali, e per un impegno formidabile teso a sradicare la mafia e il mostruoso intreccio fra politica, latifondo e affarismo.

In proposito vale la pena di ricordare le sferzanti parole che suggellano il celebre *pamphlet*, *Nel regno della mafia*, dato alle stampe nel 1900: « Per combattere il regno della mafia è necessario e indispensabile che il governo italiano cessi di essere il Re della mafia! » La spietata denuncia riassume l'alto magistero del patriota siciliano, nel cui ambito virtù civili e impegno politico si fondono facendo della Politica con la p maiuscola una palestra di educazione alla resistenza contro il malcostume, la corruzione e l'interesse di parte.

Nella Sicilia di fine secolo Colajanni rappresenta a buon diritto il polo di aggregazione del consenso attorno al quale costruire l'alternativa di domani. Se risulta difficile applicare a Colajanni l'etichetta di esponente dell'Italia di minoranza, nel suo caso è sicuramente da respingere l'equazione superficiale fra minoranza e sconfitta. Autentico anticipatore dell'Italia contemporanea, Colajanni rappresenta, in ogni caso, la testimonianza viva e fedele di problemi più che mai irrisolti.

3. *Mosca*

FIN dagli inizi del Novecento Gaetano Mosca fu tormentato da un problema che il suo amico Vilfredo Pareto aveva intuito nella solitudine di Céligny: quello del rapporto fra l'autorità dello Stato e l'autonomia delle organizzazioni di classe, fra l'unità del potere e la molteplicità del nuovo feudalesimo proletario, che riproduceva gli schemi delle vecchie aristocrazie. Da quando il giovane professore dell'Università di Palermo aveva scritto il famoso saggio *Sulla teoria dei governi e sul governo parlamentare*, e cioè dal clima idillico dell'Italia del 1884 oscillante fra trasformismo e pentarchia, erano passati molti e travagliati anni; e quelli che erano apparsi al costituzionalista penetrante e spregiudicato dell'età di Depretis i lineamenti del regime parlamentare avevano subìto modificazioni profonde e quasi radicali, al contatto con le nuove esperienze dei partiti socialisti, con la prima inserzione delle masse nello Stato, con l'attacco in forze dei nuclei operai di punta decisi a svalutare la funzione dei vecchi miti romantici e quarantotteschi.

Dopo gli sconvolgimenti della prima guerra mondiale e del dopoguerra, il vecchio maestro dell'Università di Roma, ormai appartato dalla lotta politica, ormai smagato dalle illusioni della giovinezza e avverso ai falsi rimedi della dittatura, sentì che l'autorità dello Stato liberale si riduceva a una finzione giuridica o a un'astrazione politica nel momento stesso in cui gli addetti ai servizi pubblici essenziali venivano ad avere in pugno le sorti della società e ne disponevano con un potere arbitrario e dispotico che ricordava i «pedaggi» e le *corvées* delle antiche *élites* terriere, delle vecchie baronie feudali decise a contestare o smantellare il potere centrale.

A quasi tutti gli osservatori della vecchia Italia era sfuggito il pericolo che l'avvento del sindacalismo portasse necessariamente con sé la crisi degli istituti rappresentativi, che il trionfo del monopolio sindacale annullasse i vantaggi del sistema parlamentare. È singolare che proprio a Gaetano Mosca, cioè a uno scrittore che non aveva esordito su posizioni di fideismo liberale, al teorico della «classe politica» che aveva attribuito eguale importanza al principio aristocratico e democratico nella dialettica della storia, è singolare – dico – che proprio a Gaetano Mosca sia toccato di individuare il contrasto fra parlamento e sindacati con una chiarezza e una penetrazione che forse nessun altro scrittore politico del suo tempo ebbe in egual misura.

Basterebbe pensare alle pagine postume che furono pubblicate a distanza di quasi dieci anni dalla sua morte, avvenuta nel '41, *Partiti e sindacati nella crisi del regime parlamentare*, dove il solitario pensatore siciliano anticipava molti degli interrogativi e dei dubbi destinati ad affiorare nelle infinite controversie sulla legge sindacale: quella legge sindacale che nel corso dell'intero dopoguerra non ha ancora trovato l'ombra di una formulazione definitiva.

Discutendo, ai primi del 1904, con Mario Calderoni, un valoroso psicologo che apparteneva al gruppo del *Regno*, l'allora professore di diritto costituzionale all'Università di Torino confessava: « Io posso certamente dirmi un antidemocratico, ma non sono un antiliberale; anzi sono contrario alla democrazia pura, perché sono liberale ».

Fedele allo Stato nazionale nelle ore decisive, difensore appassionato delle tradizioni risorgimentali di fronte alla minaccia della dittatura, il Mosca presentì che solo tre forme avrebbero potuto raccoglierne la successione: e cioè un ritorno all'assolutismo burocratico, un esperimento di comunismo o l'avvento del sindacalismo, e che, di tutte, la terza non era la meno insidiosa e pericolosa. In una relazione al consiglio nazionale liberale del 1925, l'insigne studioso ebbe ad ammonire i suoi compagni di fede che il problema più grave dell'avvenire sarebbe stato quello di disciplinare « giuridicamente » il fenomeno sindacale, di riassorbire nei quadri dello Stato le organizzazioni di categoria, di sanare con le armi della legge la « patologia » del sindacalismo integrale; e, seppure i rimedi da lui accennati non fossero all'altezza della situazione, il valore della sua denuncia rimane, a tutt'oggi, integro.

Coerentemente alle pregiudiziali della filosofia liberale, che ispirò la sua concezione della vita anche nei momenti della più aspra polemica contro il parlamentarismo, Mosca si pronunciò per la molteplicità degli organismi sindacali, per quella pluralità che, distrutta dalla dittatura, è stata in qualche momento minacciata dai nuovi miti e dalle retoriche avanzanti.

L'unità sindacale, osservava Mosca, porta all'obbligatorietà; l'obbligatorietà conduce all'intolleranza; l'intolleranza è la premessa della tirannide; a un potere unificato e omogeneo in mano ai sindacati nulla potrà resistere, e in ultimo la stessa autorità politica dovrà soccombere, lo Stato capitolare.

Troppo colto per non individuare i legami fra le questioni politiche e le leggi economiche, fra la sociologia e la vita, Mosca avvertiva che il sindacalismo, in quanto instaura un rapporto coatto fra i consumatori e le classi addette alla produzione e allo smercio, distrugge *ipso facto* tutti i princìpi dell'economia classica, annulla tutti i vantaggi della concorrenza, soffoca tutte le possibilità della scelta e soprattutto uccide quelle alternative della vita che rappresentano la stessa garanzia del progresso. A suo modo, il sindacalismo restaura il principio ereditario, ricostituisce una di quelle aristocrazie rigide, che sono fra gli ostacoli più temibili all'evoluzione delle forme politiche, a quella dialettica di istituti in cui consiste il segreto stesso della storia, il suo fascino più misterioso e profondo.

Dopo aver criticato le deficienze del regime parlamentare (« non sono gli elettori che scelgono il deputato, ma il deputato che si fa scegliere dagli elettori »), dopo aver sottolineato, che, in genere, « la logica è la peggiore nemica della democrazia », Mosca concluse che il regime rappresentativo è il migliore di tutti, che – pur nell'assoluto « relativo » che è la storia – l'esperienza fatta testimonia a suo favore, in un'opzione ideale che riunisse le età remote, moderne e contemporanee.

Ai suoi occhi, il potere deve controllare il potere, l'autorità deve limitare e correggere l'autorità. E lo Stato perfetto è quello dove esiste un tale complesso di equilibri e di contrappesi, da permettere uno sviluppo organico di tutte le facoltà umane, una difesa di tutte le libertà. In realtà, il pensiero di questo « aristocratico liberale », di questo nemico della demagogia, di questo teorico delle *élites* non è troppo lontano da quello di un Tocqueville o di un Renan, e l'alleato ideale di Vilfredo Pareto è ancora, per molti lati, un uomo della Monarchia di luglio, un fedele del liberalismo come senso della storia o – come diceva il Croce – delle « cose complesse e complicate», al di fuori di ogni facile generalizzazione, di ogni ingannevole schematismo.

* * *

La complessità, e la stessa articolazione, del pensiero di Gaetano Mosca affiorano con estrema chiarezza nella rilettura, per la prima volta consentita dopo una ricerca faticosa e accurata, di tutti gli articoli pubblicati dal pensatore solitario sulle colonne del *Corriere della Sera*, una collaborazione che abbraccia quasi l'arco di un venticinquennio e si identifica col lungo esemplare periplo della direzione di Luigi Albertini.

Albertini e Mosca: due uomini fatti per intendersi. Una comune concezione della vita; orientamenti e giudizi politici in larga misura convergenti. Una analoga fedeltà, profonda e gelosa, all'eredità e, diciamolo pure, al mito della Destra storica: un mito, venticinque anni dopo la rivoluzione parlamentare del marzo 1876, idealizzato e trasfigurato dalla stessa lontananza del tempo. Un senso monastico e conventuale dello Stato, dello Stato liberale come solo strumento di unità in una nazione polverizzata dalle troppe tradizioni e incrostazioni municipali o di casta. Una religione altera e sdegnosa del liberalismo, di un liberalismo di *élite*, ostile a ogni apertura alle esigenze democratiche avanzanti, quasi chiuso in una sua rocca di intransigenza e di purezza.

La stessa diffidenza per Giolitti: meno accentuata in Mosca, che nei primi anni della collaborazione al *Corriere* accenna anche a motivi di concordanza o di stima per taluni aspetti della politica giolittiana, per esempio la linea dello statista di Dronero sullo sciopero dei ferrovieri; più compatta, e più intransigente, e quasi priva di pieghe nel neo-direttore del giornale di via Solferino, fermo in una sua valutazione «sonniniana» del problema italiano, avverso a ogni fantasma o spettro di «trasformismo».

Albertini ascende alla direzione del *Corriere* nel giugno del 1900, in aperta reazione all'indirizzo chiuso e misoneista, quasi arieggiante la *Perseveranza*, del direttore Domenico Oliva (egli era solo il segretario di redazione del giornale negli anni decisivi che vedono la crisi di fine secolo, il ripiegamento reazionario della monarchia, l'illusione del «decretone» Pelloux, lo spacco della maggioranza parlamentare tradizionale, il convergere sia pure tattico della Sinistra liberale di Zanardelli e Giolitti col fronte ormai ben delineato dei partiti popolari, socialisti e repubblicani e radicali).

Corregge subito la rotta del giornale; lo sottrae alle secche reazionarie, quasi intuendo, o anticipando nel giro di poche settimane, il tremendo scossone che alle già minacciate istituzioni arrecherà l'eco sinistra del revolver di Monza, sulla fine del luglio 1900. Si pone nelle condizioni migliori per giudicare il « nuovo corso » della monarchia, il rinnovato esperimento costituzionale che si tradurrà ad anno nuovo nel ministero Zanardelli, in un clima di leale rispetto dello Statuto, in un'atmosfera di consapevole fedeltà al retaggio risorgimentale.

E Mosca, da cinque anni cattedratico di diritto costituzionale, entra nella famiglia dei collaboratori del giornale fin dal 1901, dal primo anno compiuto della direzione albertiniana: è lo specialista di questioni di diritto pubblico, il tecnico eminente cui ci si rivolge per i problemi di fondo che vanno dalle fondamenta dello Stato rappresentativo alle incognite o agli interrogativi legati alla nuova avanzante realtà dei sindacati.

« Guardando avanti »: è uno dei primissimi articoli di Mosca, in data 7 agosto 1901, con un titolo tutt'altro che misoneista o intollerante, a proposito del nuovo movimento operaio organizzato in leghe di resistenza. Sono passati pochi mesi dal famoso discorso alla Camera del 4 febbraio 1901 in cui Giolitti, neo-ministro dell'Interno, ha scandalizzato i ceti conservatori, e i fedeli del « torniamo allo Statuto », col prospettare tutti i vantaggi di una vigilante e consapevole neutralità dello Stato nei conflitti fra capitale e lavoro, tutti i rischi di un impiego indiscriminato dell'esercito e delle forze dell'ordine nelle battaglie rivendicative delle classi popolari (e Mosca sottolinea, da un punto di vista di responsabile conservatorismo, che occorre precisamente distinguere fra i due momenti, quello rivendicativo e quello politico, incoraggiare il primo e contrastare il secondo, implicante fini di palingenesi rivoluzionaria e di contestazione del sistema).

Il futuro teorico della « classe politica » concorda, sul foglio che poi diventerà il capofila dell'anti-giolittismo, con la necessità avanzata da Giolitti di riconoscere giuridicamente le organizzazioni sindacali, di sottrarle a ogni tentazione di anarchismo, incubatrice di future pretese egemoniche e dominatrici. È necessario – ecco le profetiche ma inascoltate parole di Mosca in quell'alba di secolo – « riconoscere ufficialmente la nuova aristocrazia lavoratrice, legalizzandone e nello stesso tempo limitandone il potere ».

Le strade poi, dopo il 1905-1906, divergeranno sempre più radicalmente. L'apertura giolittiana al movimento politico dei lavoratori, che si esprimerà nel terzo ministero, quello del 1906-1909, non incontrerà né la comprensione di Albertini né la simpatia di Mosca. Già nell'articolo, importantissimo momento del pensiero moschiano, dedicato al « Feudalesimo funzionale », il 19 ottobre 1907, appare chiara, e sia pure in chiave distaccata o scientifica, la polemica anti-giolittiana, l'insofferenza o l'incomprensione per quelle che erano ritenute indulgenze demagogiche, per quelli che erano reputati ammiccamenti tattici, privi di una vera giustificazione ideologica.

Il fenomeno del « pansindacalismo » spaventa, e certo con fondamento, Gaetano Mosca che non riesce a scorgere fino in fondo il sottinteso di « conservatorismo illuminato » e di scaltra salvaguardia delle istituzioni liberali in cui si riassume il piano giolittiano. Siamo alla denuncia, appassionata e veemente denuncia, del 1909 contro il « pericolo dello Stato moderno », pericolo rappresentato dalla crescente e incontrollata espansione del potere dei sindacati, e particolarmente dei sindacati degli impiegati dello Stato, simili in tutto e per tutto alle corporazioni medioevali, con le stesse ottusità, le stesse chiusure, gli stessi retrivi fanatismi.

Accenti del 1909: ma che si ripeteranno poi, con poche varianti, quindici anni dopo, di fronte al consolidarsi di un regime di dittatura borghese. « Parlamento e sindacalismo », l'articolo del 24 gennaio 1924, rinnova quasi la cruda e severa diagnosi del 1909 ma con una differenza fondamentale: la rinnovata, e rinvigorita, fiducia nel sistema rappresentativo come nel solo capace di evitare il collasso della democrazia parlamentare, come nella sola strada atta a bloccare – altro che le squadre d'azione! – i neofeudalesimi sindacali o plutocratici o di altro genere.

La nascita del fascismo è stata sufficiente, per uomini come

Mosca e come Albertini, a correggere l'asprezza di certe loro impostazioni rigide e un tantino dottrinarie del primo decennio del secolo, a contemperare la interpretazione severa della realtà col filtro di un'esperienza umana, talvolta più decisa di tutte le elaborazioni teoriche. E non è senza significato che l'ultimo articolo di Mosca sul *Corriere*, pochi giorni prima della fine dell'epoca albertiniana, il 23 ottobre 1925, sia dedicato al tema dello « Stato e i sindacati professionali »: ulteriore, e coraggioso, richiamo a non illudersi sui rimedi del corporativismo per frenare la dissoluzione dello Stato moderno.

Una diversità di fondo, tuttavia, si coglie fra i due grandi amici: la tendenza a un moralismo impegnato in Albertini, la tendenza a un più severo « realismo » quasi machiavelliano in Gaetano Mosca. Albertini è un politico che traduce nella direzione del *Corriere* tutta una visione anche attiva e militante della vita italiana, fino al supremo impegno dell'interventismo, a costo di piegare fatti e uomini alle proprie concezioni e magari talvolta alle proprie speranze; Mosca è invece, prevalentemente, un osservatore smagato e distaccato che sottopone la storia in farsi a un giudizio spassionato e quasi scientifico che può non mancare perfino di una vena di crudeltà.

Per Albertini c'è un modello da realizzare, il ritorno al costume della vecchia Destra, l'attuazione di un liberalismo inteso e vissuto quale religione, contro tutti i compromessi e gli adattamenti giolittiani; per Mosca c'è una realtà sociale e politica da indagare, da interpretare, quasi da anatomizzare col rigore di un uomo di scienza, tale da far dimenticare il fervore del credente nella libertà.

Ma non senza passioni rattenute e profonde, simpatie e avversioni egualmente tenaci. Il forte accento meridionalista, per esempio; la costante, perfino irrazionale, avversione al socialismo. Una nostalgia, solo nascosta o dissimulata, per la società dei notabili, per la « repubblica dei saggi » da costruire o da difendere senza pagare il pedaggio del suffragio universale. La tenace fedeltà di un uomo come Mosca a uno statista mediocre e sfortunato, come Antonio di Rudinì, dice tutto da sola.

Mosca non è – pur da conservatore conseguente e intrepido – l'uomo che possa mai scambiare il giacobino Crispi, il tenace avversario di Rudinì, con un difensore della causa dell'ordine. Molto simile in questo ai moderati lombardi, che plaudirono alla sconfitta di Adua.

Monarchico ma senza esaltazioni cortigiane, il vecchio studioso della scienza politica confermerà fino in fondo la sua fedeltà a un mondo di valori che coincideva – al di là del distacco dello scienziato – con una visione quiritaria della vita, difesa *in scrinio pectoris* e quasi con una punta di orgoglioso pudore. Come in Albertini. È il momento in cui il realismo «paretiano» e disincantato si dissolve in un'interiore patria del cuore, in una segreta e solo alla fine confessata religione della libertà.

4. Bocconi

SE Piero Gobetti avesse conosciuto a fondo – lui torinese e incantato dal modello della FIAT – la parabola intera di Ferdinando Bocconi, un protagonista della Milano post-unitaria, non avrebbe certo esitato a comprenderlo fra i « solitari eroi del capitalismo », in cui aveva collocato Giovanni Agnelli, con una scelta sostanzialmente condivisa da Gramsci. E in effetti la vita di Ferdinando Bocconi come creatore di ricchezza è straordinaria ed emerge, con lineamenti peculiari e inconfondibili, dal paesaggio di quell'Italia povera che fu l'Italia fra il 1870 e il 1900, prima ancora che spiccasse il volo il capitalismo, direi, adolescenziale del primo Giovanni Agnelli, il futuro senatore.

Un uomo di umili origini, oscillanti fra la Milano austriaca del 1836 – l'anno della sua nascita – e la Lodi dei primi anni della scuola elementare: quella Lodi dove iniziò a lavorare come venditore ambulante di stoffe.

Attraverso lo straordinario esercizio di ambulante – di cui ancora negli anni '30 di questo secolo sopravviveva il ricordo nelle campagne toscane e non solo toscane – Ferdinando Bocconi si preparò a realizzare il grande magazzino per la vendita di ogni genere di stoffe e di altri materiali di abbigliamento e, intorno alla metà degli anni '70, si collocò nel centro di Milano, sviluppandosi con un ritmo prodigioso.

Una crescita che, anche nelle etichette, ripercorse la storia dell'Italia fanciulla. All'inizio, come eco della cultura francese predominante, « Aux villes d'Italie »; successivamente intorno al 1880, dopo i primi brividi di un nazionalismo e colonialismo che escludeva le ingerenze straniere, l'italianizzazione del nome, la scelta di « Alle città d'Italia ». E quelle città d'Italia accompagneranno la formazione di uno straordinario patrimonio, che culminerà nel termine dannunziano « La Rinascente », quasi in *limine mortis* dell'uscita della famiglia dai grande magazzini, già scomparso da dieci anni il fondatore della fortuna, Ferdinando, nominato senatore.

Poche cifre danno il senso di una storia. Intorno al 1880 la casa Bocconi occupava nella sede centrale circa trecento impiegati ripartiti in trentuno sezioni, quante erano le categorie di merci vendute. E dava lavoro a circa duemila persone in Milano, oltre a quelle delle succursali nelle città di Torino, di Genova, di Trieste e di Roma.

Dieci anni più tardi, intorno al 1889, quando si inaugurò la nuova sede costruita appositamente in piazza Duomo e che era costata cinque milioni e cinquecentomila lire, i magazzini Bocconi occupavano 1432 persone e avevano un'esposizione interna di merci per circa 2300 metri: i reparti più importanti erano le vendite di stoffe, di abiti confezionati, di biancheria, di merceria, di giocattoli, di arredamento e mobili, di profumeria.

E sullo sfondo dell'apoteosi di Ferdinando Bocconi, l'apoteosi, contemporanea e malinconica, dell'Italia crispina. Il futuro senatore si distingue dai moderati lombardi, anticolonialisti e fautori del « piede di casa », per una certa, anche se mai incondizionata, simpatia verso « l'energia » dell'antico compagno di Garibaldi, verso la politica antisocialista del pugno di ferro incarnata da Crispi e culminata nella repressione, così severa e sanguinosa, dei moti di Lunigiana e di Sicilia.

Un rapporto sofferto e tormentato: che culminerà nella tragedia del figlio Luigi, cui l'Università « Bocconi » deve la sua nascita, e la sua conquistata e ben meritata fortuna. Il figlio primogenito partirà per l'Africa nel 1896 come inviato della *Riforma*, il quotidiano crispino per eccellenza. Un po' giornalista e un po' combattente: inseguendo gli stessi sogni di evasione e di grandezza che percorrevano allora i romanzi di Salgari. E sarà ucciso ad Adua, in quella battaglia di Abbà Garimà del 1º marzo 1896, che travolgerà le speranze e i fantasmi dell'Italia post-risorgimentale, iniziando la seconda e rattristata fase della vita di questo imprenditore geniale e instancabile.

Imprenditore che fu protagonista della vita economica milanese e quindi italiana. Anticipatore di molte teorie e tecniche della moderna distribuzione commerciale, lavoratore esigentissimo con se stesso e con i propri collaboratori e dipendenti, liberale nei convincimenti politici ma con qualche punta autoritaria nella gestione del suo impero commerciale, sorretto da quella fede nell'uomo che riparava a tutte le delusioni e compensava tutte le smentite.

E la libera università fu l'approdo del suo umanesimo imprenditoriale. Al termine della sua lunga e operosa giornata, fiaccato dal dolore della scomparsa del figlio primogenito nelle lande africane, volle legare i suoi beni e il nome della sua famiglia a una prestigiosa istituzione: « nata per iniziativa privata, per un atto di amore e a motivo di un dolore », fra le più severe ed esclusive d'Italia nel campo di quegli studi economici che egli continuava a chiamare, come i vecchi ambulanti da cui era partito, « commerciale »: la Bocconi, appunto.

L'Università « Bocconi », la « sua » università, ha laureato negli scorsi decenni tanta parte dell'*élite* del mondo economico, finanziario e imprenditoriale italiano. Ed è tuttora una garanzia e un vanto la qualifica di bocconiano, non incrinata dal generale scadimento che ha scosso in tempi lontani e recenti tante università del nostro paese.

Già Leopoldo Sabatini, che dell'ateneo fu il primo presidente e rettore, ci ricordò che il merito principale di Bocconi, nell'impostare il suo programma di studi universitari, non fu solo quello di aver voluto ricondurre « l'armonia fra la scuola e la vita », ma soprattutto quello di avere intuito il ruolo preminente della cultura e della scienza quale fondamento della crescita economica e morale della nazione.

È un'alba, quella della « Bocconi » nella Milano del 1902, che coincide con l'alba della nazione appena appena moderna, uscita dal guscio della sua povertà, delle sue sofferenze, dei suoi infiniti e perduranti squilibri sociali. Un miracolo che si affianca, anche fisicamente, a quello del *Corriere della Sera* albertiniano. La prima sede della « Bocconi », quella che ha retto fino allo scoppio del secondo conflitto mondiale, era infatti vicinissima al palazzo che Luigi Albertini costruì sul modello inglese del *Times* e che ancora oggi ospita il più grande giornale italiano.

Leggiamo la testimonianza di uno dei più illustri allievi della « Bocconi » e animatore dell'associazione « Amici della Bocconi », Libero Lenti: « La vecchia sede della Bocconi: un edificio a ferro di cavallo costruito su tre piani sul principio del secolo. S'affaccia su uno slargo, piazza Statuto e via Palermo. Due nomi che, assieme a molti altri di strade vicine e meno vicine, evocavano battaglie regie e garibaldine ».

Quando ebbi l'onore di conoscere, fra la fine degli anni '40 e l'inizio degli anni '50, Luigi Einaudi che alla «Bocconi» aveva sempre insegnato come incaricato (essendo ordinario di Scienza delle finanze a Torino) e facendo la spola fra le due città, egli mi raccontava che ogni volta che usciva dall'università, dalla sede di via dello Statuto, attraversando la strada si recava a trovare Luigi Albertini, il leggendario e inattingibile direttore del *Corriere*, che entrava sempre da una porta separata da quella dei redattori e non ne conosceva quasi nessuno (tanto è vero che Corrado Alvaro, redattore del *Corriere* negli anni '20-25, andava in Galleria a vedere il volto del suo direttore riprodotto fra le fotografie dei personaggi celebri della Milano del tempo: fotografie già colpite dagli insulti squadristi).

Einaudi era fra i pochissimi che davano del «tu» ad Albertini. E al *Corriere*, terminata la lezione alla «Bocconi», portava il suo articolo, un limpidissimo commento di politica economica che creava un genere, si potrebbe dire, quasi letterario.

Pensando ad Albertini e a Einaudi possiamo dire che il motto dell'azienda commerciale fondata da Ferdinando Bocconi – «Fervet opus» – riflette quel mondo, si addice ancora, a tanti decenni di distanza, a tutti quegli studiosi, ricercatori e laureati nelle discipline aziendali ed economiche dell'Università «Bocconi», in pieno fervore di iniziative e in crescente sviluppo.

È un motto che ci dice ancora qualcosa: come testimonianza di una generazione di uomini forti che seppero avviare la trasformazione dell'Italia – un paese georgico e arcadico, arretrato e provinciale – in una nazione industriale moderna. Quella che sarebbe giunta alla posizione di quinta potenza mondiale nel mondo, nonostante tutti gli errori e le insufficienze della classe dirigente di questi anni e decenni.

5. Bissolati

ALL'INDOMANI della liberazione nessun partito politico italiano accettò di chiamarsi « riformista ». La testata del partito socialista riformista di Bissolati, che si era consumata e appannata nella presidenza del consiglio affidata a Bonomi nel '20-21, fra i ricatti fascisti e le impotenze costituzionali, non fu rivendicata da nessuno né nell'ambito del comitato di liberazione nazionale né fuori (e ricordo che fuori del CLN rimase in altero isolamento lo storico partito repubblicano, in omaggio alla rigida e coerente pregiudiziale istituzionale).

Nel campo della storiografia, un certo dileggio e una certa sufficienza accompagnarono per anni l'espressione « riformismo ». Tutti gli studi dei giovani storici di quegli anni furono dedicati o al filone comunista successivo al congresso di Livorno o al filone socialista ortodosso che con tanta fatica era riuscito a separare le proprie responsabilità dalle intransigenze verbali e dalle arroganze dialettiche del massimalismo. Matteotti – l'unico socialista riformista di tipo nuovo che emergesse dal quadro di un antifascismo risentito come scelta di vita – era indagato, e analizzato, e rivisitato come *leader* di un partito socialista unitario che era nato, nonostante la beffa del nome, dalla scissione infausta del congresso di Roma dell'ottobre 1922 ma che non confessava, almeno nella formula ufficiale, la sua effettiva matrice riformista, e le connesse derivazioni intellettuali e culturali.

Gli studi sul filone di Turati e di Treves erano un po' marginali e periferici, non mancavano di note dialettali nei superstiti di quel mondo, trovavano resistenze ferme, appena corrette dagli obblighi del rispetto formale, nella *nouvelle vague* della storiografia di ispirazione marxista (e allora marxista e leninista era spesso la stessa cosa). L'eredità turatiana riviveva più in talune ali del partito d'azione che non nei vertici del partito socialista, nonostante i personali e mai rinnegati legami di Pietro Nenni o di Sandro Pertini; e nella Firenze da pochi giorni liberata ricordo che il primo, patetico opuscolo su Turati e il movimento operaio era curato dal circolo rosselliano « Giustizia e libertà » e riproduceva il profilo commosso di Carlo Rosselli, che nel suo socialismo liberale risentiva Turati più di Marx e non senza una profonda e nativa vibrazione mazziniano-risorgimentale.

Quando si verificò agli inizi del '47 la scissione di Palazzo Barberini, i protagonisti di quella svolta si preoccuparono di respingere l'etichetta «riformista». Il partito di Saragat si chiamò in varie forme, faticò a trovare la sua definitiva denominazione «socialdemocratica» (nacque come partito socialista dei lavoratori italiani, nell'evocazione patetica e illanguidita dall'ultimo decennio dell'Ottocento) ma si preoccupò, con puntigliosa e ostentata meticolosità, di non essere inquadrato nei confini di un «riformismo» respinto dalla storia e rifiutato dalle semplificazioni, allora spietate, della lotta politica.

Per chi ha avuto in quegli anni dimestichezza o confidenza con Giuseppe Saragat, è ben presente il ricordo della sofferenza che egli provava nel dover attuare una politica di tipo «riformista» senza poter richiamarsi al partito di Bissolati e di Bonomi che quella scelta coraggiosa aveva compiuto nel 1912 e neanche all'altro nucleo – i «riformisti sinistri» rispetto ai «riformisti destri» – che era rimasto con Turati e con Treves nel partito per un decennio ancora, fino all'assurda, kafkiana espulsione dell'ottobre 1922, estremo contributo alla resa dello Stato liberale.

Nonostante un certo «ritorno a Turati» che a metà degli anni '50 superò il muro delle discriminazioni (ricordo, a cura delle *Opere nuove* e per impulso di Alessandro Schiavi, un turatiano di sempre, un bel libro a più voci su Turati, con l'apporto, rivelatore, di un Leo Valiani), Saragat, *leader* di un partito tutt'altro che secondario nella dialettica del centrismo e poi del centro-sinistra, non consentì mai la traduzione in italiano di un volume scritto negli anni dell'esilio: *L'humanisme marxiste*, che già nel titolo rifletteva gli echi o le cadenze di un conseguente revisionismo socialdemocratico e quindi riformista.

Ci sono voluti molti anni, anzi decenni, perché la parola «riformista» tornasse a circolare nel mondo della sinistra e del socialismo senza pagare troppi dazi o balzelli. Nel 1978, a Reggio Emilia, l'istituto socialista di studi storici organizzò un convegno di largo respiro e di sicuro impianto su Prampolini e il socialismo riformista. E proprio in una collana come quella di Feltrinelli sugli «Scrittori politici italiani», che registra le variazioni del gusto o della sensibilità dominanti, uscì nel 1980 una meditata e seria antologia sui *Socialisti riformisti*. *Tout court* e senza ulteriori specificazioni o delimitazioni.

« Riformista. » Chi ha inventato la parola, chi l'ha introdotta con orgoglio e senza burbanza nella storia del socialismo italiano è stato Leonida Bissolati. Un socialista come quasi tutti gli esponenti della generazione che aveva quarant'anni o poco più alla fine del secolo (era nato nel 1857) che giungeva da esperienze repubblicane, connotate da una forte influenza carducciana.

Un repubblicano *sui generis*, non mazziniano, piuttosto portato alle speranze e alle inquietudini del « socialismo mazziniano » che in modi tormentati e anche confusi accompagnava la diaspora delle schiere formate all'intransigentismo mazziniano in quegli anni successivi alla morte del maestro. Anni 1872-1895 in cui non si poteva neanche parlare di un vero e proprio partito repubblicano, in cui la linea mazziniana si rispecchiava in associazioni vincolate al voto di castità politico, su una direttrice di separazione catacombale dallo Stato borghese e unitario (compiuto contro l'ideale del profeta, quasi profanazione della Costituente sognata da Mazzini, Mazzini piangente alla porte di Roma nei giorni del 20 settembre).

Un lombardo, Bissolati, che era imbevuto – in quanto nato a Cremona – dei miti e delle esperienze della Valle padana con forti influenze di quella che già si chiamava da qualche decennio, per la folgorante intuizione fariniana, l'Emilia. Un lombardo che aveva completato il suo *iter* all'Università di Bologna, punto di riferimento dell'Italia unitaria.

Destinato a incontrarsi sulla stessa via di Filippo Turati, anche se sarà legato al *leader* morale del socialismo italiano da un rapporto complesso, tormentato, non privo di punte di antagonismo e di rivalità. Ma già dall'ultimo decennio dell'Ottocento collaboratore di *Critica sociale*, la rivista socialista turatiana che si innestò su un tronco anche quello repubblicano, *Cuore e critica*, il periodico savonese di Arcangelo Ghisleri (un uomo che eserciterà una forte influenza sulle nuove generazioni del repubblicanesimo riorganizzato alla fine del secolo).

Credente nel metodo democratico e parlamentare, fin dai primi anni del socialismo staccatosi dagli anarchici (con il congresso di

Genova nella sala Sivori del 1892) e quindi in un periodo in cui forti erano ancora i residui dell'insurrezionismo, del blanquismo, dell'azione diretta: quei residui che ritorneranno in modo così potente nella protesta del sindacalismo rivoluzionario del primo decennio del secolo nuovo e oltre.

Tanto credente nel metodo parlamentare da presentarsi candidato nelle elezioni politiche del 1895, in pieno clima crispino, all'indomani della feroce repressione governativa dei moti della Sicilia e della Lunigiana. Uomo tutto di un pezzo: nel suo collegio di Pescarolo era uscito con una maggioranza di voti attribuitigli per errore. E Bissolati, dichiarando di non accettare il mandato conferitogli, proclamò la necessità della correzione. Che sembrava una risposta anticipata ai vari ministri della malavita.

Non grande pensatore. Ma certamente grande giornalista. Fu il primo direttore dell'*Avanti!* e fu il vero fondatore del giornale socialista cui impresse un segno indelebile di vigore polemico, di passione civile, di confronto aperto fra opposte filosofie della vita. Nel programma dell'*Avanti!* egli scrisse di aver preso « posto di combattimento nella capitale della borghesia, per spiare più da presso le mosse del nemico, sorprenderne i segni di dissolvimento e affrettarlo con la critica e con le battaglie quotidiane ».

In realtà il socialismo che Bissolati presentava non era manicheo né vendicativo. Raccoglieva già grandi simpatie nei ceti colti e nei ceti giovanili. Erano gli anni in cui perfino Benedetto Croce, interlocutore di Antonio Labriola nello studio scientifico e rigoroso del marxismo, si apprestava a dare il suo obolo per i condannati del 1898 (fra quei condannati o meglio fra quegli arrestati ci sarà Bissolati, salvato dopo l'arresto dall'ufficio delle autorizzazioni a procedere della Camera che gli consentirà di uscire presto dalla prigione).

Leonida Bissolati era entrato a Montecitorio – dopo la mancata elezione del 1895 – nelle consultazioni elettorali del 1897, eletto nel collegio di Pescarolo. Il suo primo discorso, nell'aprile di quell'anno, dedicato alla rivolta di Candia, era ricco di accenti libertari e compenetrato dagli ideali risorgimentali, che resteranno determinanti per tutta una vita.

Aveva allora quarant'anni. Nato a Cremona nel 1857, da un canonico che abbandonerà poi l'abito talare, compie gli studi al liceo classico di Cremona – dove ha per compagno Filippo Turati – e si iscrive alla facoltà di legge di Pavia e poi di Bologna. Frequenta un ambiente dove particolarmente sentiti sono i problemi sociali: ha per compagni, insieme a Turati, Loria e Ferri; fra i maestri, Ceneri e Saffi: ma soprattutto si riconosce in Carducci. Incidono nella sua formazione le correnti positiviste, filtrate attraverso l'insegnamento di Roberto Ardigò, non senza una vibrazione di Giuseppe Ferrari.

Alla fine degli anni '80 si colloca l'adesione al socialismo, maturato attraverso l'iniziale esperienza repubblicana dominata dalla figura di Arcangelo Ghisleri. Un socialismo peculiare che non rinnegava la fede democratica respirata negli ambienti repubblicani. Una forma di socialismo fondata sull'idea della possibile collaborazione fra movimento operaio e democrazia progressista, radicale e borghese.

Ecco la direzione dell'*Avanti!*, il foglio ufficiale del partito socialista (25 dicembre 1896). Rientrato in Parlamento nel '900 – dopo la crisi di fine secolo – nelle elezioni suppletive di Budrio, Bissolati si orienta decisamente verso la via della collaborazione, convinto che giovi molto più alla causa socialista una battaglia in favore di riforme concrete, tali da elevare in via immediata le miserabili condizioni del proletariato, piuttosto che un'astratta propaganda di princìpi assoluti.

La netta distinzione fra le due correnti, riformista e rivoluzionaria, all'interno del partito, che già si poteva cogliere nel 1901, si registra e si codifica al congresso di Imola nel 1902: prevale la mozione presentata da Ivanoe Bonomi, molto vicina alle idee di Bissolati. Più cauto Turati, contrario alle rotture e alle contrapposizioni insanabili, cosciente dei limiti e delle difficoltà del partito. «Il partito è quello che è», ha scritto già nel '98 a Gaetano Salvemini, in tono non rassegnato ma responsabile, deciso a valorizzare l'intero patrimonio che pùr con diversità di metodi può assicurare una forza crescente ed effettiva al movimento operaio.

Dopo Imola nasce comunque la vera e propria corrente riformista; comincia, nonostante Turati, il dilaceramento del partito. L'egemonia dei gradualisti, dei «ministeriali» o «ministeriabili» – come erano stati definiti con una punta di scherno – non è di lunga durata.

Già con lo sciopero generale del 1904 a Milano prevale l'ala anarco-sindacalista impersonata da quell'agitatore, e intellettuale scoppiettante e inesauribile che sarà Arturo Labriola, il futuro ministro del Lavoro di Giolitti. E poi si apre il periodo di Enrico Ferri, il teorico della formula: « socialismo = riforme più rivoluzione, diviso due ». L'illusione dell'integralismo. Primo passo di un'epoca di manovre e di infiniti giochi di vertice: a un certo punto Bissolati si alleò perfino con l'ala di Oddino Morgani contro Enrico Ferri. Fino a quando cominciò l'epoca delle scissioni. La prima espulsione fu quella dei sindacalisti rivoluzionari a Firenze nel 1908. Ma la seconda fu quella che investì lo stesso Bissolati e i suoi amici, Bonomi e Cabrini, a Reggio Emilia, nel luglio 1912.

Nel mezzo: un tentativo importante e coraggioso di fondare un partito « trade-unionista ». Lo sanzionò nel congresso del 1910 Bissolati quando definì il partito « un ramo secco », destinato a essere soppiantato da nuovi germogli scaturiti dal vigoroso e rigoglioso tronco del movimento operaio. « Non credo che il partito sia in tale stato di decadenza da render necessaria la sostituzione di un altro organo al posto suo », sono le sue parole. « Credo però che, fatalmente, il partito socialista, almeno come oggi è costituito, debba in avvenire cedere il campo alla rappresentanza diretta del proletariato. »

La rappresentanza diretta del proletariato. Bissolati condivide il tentativo di Rinaldo Rigola, segretario nazionale della Confederazione generale del lavoro, nata da poco, dal 1906, di dare vita a un « partito del lavoro », destinato a mandare alla Camera deputazioni attente solo ai progressi della legislazione sociale. Un partito « trade-unionista » o laburista *ante litteram*.

Rigola nega la capacità rappresentativa del partito, così come è strutturato, in mano a pochi, autentici gerarchi, di quello che è il più vasto e universale mondo del lavoro. « Quando si dice che il partito – cioè quel conglomerato di leguiei, di osti, di salumai, di mezzi padroni, di ex operai... – è il depositario della fede e dei sacri princìpi socialisti, mentre l'organizzazione economica è soltanto quella tal cosa che si preoccupa unicamente delle questioni immediate e materiali, priva di ogni avvenirismo idealista, si dice cosa soltanto assai relativamente vicina al vero... »

E allora che fare? si chiede Rigola. «Ecco: il Partito del Lavoro inteso come il legittimo desiderio di avere alla Camera un gruppo che sia la genuina emanazione della Confederazione Generale, il quale possa far da contrappeso a tutte le altre frazioni della democrazia...» Una iniziativa destinata a restare a livello puramente progettuale, che non si avvarrà dell'appoggio di Turati, convinto che non ci fosse posto in Italia per due diversi e contrastanti partiti socialisti, decisamente ostile a contrapporre un socialismo degli interessi a un socialismo degli ideali.

Il partito socialista riformista non è stato mai studiato fino in fondo (una sola nobile eccezione, un giovane studioso prematuramente scomparso: Fernando Manzotti). Un partito, predecessore di Palazzo Barberini, ma senza lo slancio che Saragat seppe imporre nel dopoguerra repubblicano di fronte ai problemi tremendi della guerra fredda e della politica estera. In realtà era una forma di socialismo filo-giolittiano che nasceva quando l'età di Giolitti stava per concludersi. Era una forma di impegno democratico nell'azione civile dove si confondevano i confini del socialismo e della massoneria (proprio mentre il partito socialista si accingeva al primo gesto di ukase, di discriminazione e di intolleranza che sarà l'espulsione dei massoni al congresso di Ancona, *consule* Mussolini nel 1913).

Era un partito, quello socialista-riformista, che ebbe più generali che masse, che dispose sempre di una rappresentanza parlamentare limitata, che svolse un ruolo, quello sì eccezionale, nel periodo dell'intervento. Ma anche l'interventismo nella linea di Bissolati non coincise affatto con quello di Bonomi. Bissolati alimentò la grande passione patriottica secondo gli ideali del Risorgimento e l'autodeterminazione dei popoli. E fu quindi il primo a essere fischiato dalle nascenti squadre fasciste nel '19 alla Scala.

Bonomi, invece nutrito di succhi nazionali e patriottici, che quasi rasentavano la sfera del nazionalismo, si orientò in senso favorevole all'impresa fiumana, ebbe contatti con D'Annunzio, come ministro della guerra non pose certo limiti all'armamento delle squadre fasciste da parte dell'esercito e complessivamente si dissociò da Bissolati nella visione universalistica e democratica che alimenterà la politica estera del patto di Roma, la mano tesa alla nascente Jugoslavia con la rinuncia alla Dalmazia e a tutti i miti del nazionalismo indigeno.

La morte di Bissolati avvenne nel 1920 nella più assoluta solitudine. Era uscito dal governo Orlando nel dicembre 1918 segnando «un atto di fede e di amore». Fondamentale il suo dissenso, vertente soprattutto sulle rivendicazioni italiane in Adriatico. Non vi era più rientrato e faticherà a entrare anche nella storia d'Italia.

6. Bonomi

IVANOE BONOMI, il futuro presidente del Consiglio dell'Italia non ancora tutta liberata ma già decisa a sottrarsi alla logica stringente del continuismo dinastico: presidente del Consiglio designato dai Comitati di liberazione, e non soltanto dalla scelta del Luogotenente, nella Roma dove le forze anglo-americane erano entrate da pochi giorni, in quel giugno del 1944. E poi anche primo presidente, già oltre gli ottantacinque anni, del Senato dell'Italia repubblicana, del Senato rinnovato e trasformato dalla Costituente, del Senato non più palladio della monarchia, non più assemblea dei notabili scelti in base alle ventuno immodificabili categorie dello Statuto albertino e secondo la selezione in cui si congiungevano il privilegio della monarchia e il calcolo interessato del presidente del Consiglio.

Bonomi: il simbolo della lotta politica prefascista. Egli, vecchio socialista della valle padana, promotore e animatore dei moti contadini nel Mantovano all'alba del secolo, sembrava riassumere il vecchio e il nuovo, congiungere le esperienze dello Stato liberale al travaglio della lotta politica nella fase della liberazione.

Era stato un antifascista domestico: aveva seguito piuttosto l'esempio di Croce che non quello di Salvemini. Presidente del Consiglio dopo Giolitti per pochi mesi, fra il giugno 1921 e il febbraio 1922, non aveva legato il suo nome, in quanto capo del governo scelto dallo statista piemontese, a una politica di particolare risolutezza nei riguardi del sovversivismo avanzante delle squadre fasciste. Era stato anzi l'artefice del patto di pacificazione fra socialisti e fascisti, così clamorosamente fallito alla prova dei fatti; imputato di debolezze e di cedimenti, già come ministro della Guerra nel governo Giolitti, verso le squadre fasciste e il loro « potenziamento » con mezzi dell'esercito. Senza contare le indulgenze verso D'Annunzio e il fiumanesimo.

Non aveva neanche brillato per la verità, Ivanoe Bonomi, nella lotta antifascista degli anni 1922-1925. Travolto dalla legge Acerbo del 1923 non era tornato a sedersi in quella Camera in cui era stato ininterrottamente dal 1909 rappresentante del collegio di

Ostiglia, che lo aveva seguito anche dopo la scissione fra socialisti e socialriformisti del 1912 (*leader*, insieme con Bissolati, del piccolo partito che appunto aveva avuto il coraggio di chiamarsi riformista, in un'epoca in cui il massimalismo dominava da tutte le parti e direttore dell'*Avanti!* era nientemeno che il rivoluzionario Benito Mussolini).

Non parteciperà quindi all'Aventino, in quanto non membro del Parlamento; appartato in un isolamento che non gli risparmierà gli strali e le critiche feroci di Piero Gobetti, pronto a chiamarlo « fascista mancato » per l'antica debolezza verso le squadre, soprattutto per la campagna elettorale del maggio 1921, in cui Bonomi era stato candidato – d'altra parte come Giolitti – del blocco nazionale; l'alleanza liberale estesa fino ai fascisti che segnò la fine dello Stato costruito sullo Statuto del 1848 e la liquidazione, di fatto se non nelle vestaglia esteriori, dello stesso Statuto.

Amico e fiancheggiatore di Giovanni Amendola nel sogno dell'Unione democratica nazionale, e firmatario del manifesto di fine 1924 che animò l'ultimo serio tentativo di opposizione liberaldemocratica al fascismo ormai avanzante; ma senza un ruolo di *leader* e di animatore, in una posizione periferica e tutto sommato non rilevante.

Nel 1927 un suo intervento all'inaugurazione dell'anno giudiziario, come avvocato, suscitò un grande scandalo negli ambienti antifascisti, sembrando un segno di *ralliement* nei confronti della monarchia e verso Mussolini.

In realtà egli visse gli anni del fascismo in una solitudine operosa e distaccata, non priva di dignità, nella sua piccola casa di piazza della Libertà che molti ricordano per essere stata anche l'appartamento del presidente del Consiglio e del Senato negli anni fra '44 e '51. Una casa arredata con quella sobrietà e discrezione della vecchia generazione che non conosceva i lussi dei partiti di oggi, che non immaginava neanche le sovvenzioni pubbliche alle forze politiche.

Avvocato quasi senza clienti, Bonomi si era salvato scrivendo libri di storia. Di poco o nessun reddito (tranne l'ultimo, che uscì però nel '43), ma destinati a preservare il nome ancora negli stessi anni fascistici. Penso al libro su *Bissolati e il suo tempo*, penso alla biografia di Mazzini triumviro, e soprattutto al volume su *L'Italia da Porta Pia a Vittorio Veneto* che fu un testo di inquadramento fondamentale in molte università italiane a cui doveva seguire – ma rimase interrotta dalla morte – la prosecuzione sulla politica italiana dopo Vittorio Veneto e fino all'avvento del fascismo.

Capace nella sintesi storica di vincere contrasti, di comporre dissensi anche aspri: quei contrasti e quei dissensi che egli stesso aveva vissuto nell'esperienza socialista, non meno che nell'esperienza democratica.

Mantovano, e quindi ai confini fra Lombardia ed Emilia, esattamente come Bissolati, più giovane di lui di una ventina di anni, in qualche modo sempre « satellite » dello stesso Bissolati, Bonomi si riscattò da quella posizione scrivendo il primo e unico libro di teoria del socialismo riformista che si chiamava *Le vie nuove del socialismo*.

Il volume esce nel 1907, ma Bonomi vi attendeva già dall'anno precedente. Laureato in scienze naturali e in giurisprudenza, nel 1898 aveva rinunciato all'insegnamento inserendosi a tempo pieno nella militanza socialista, segnalandosi in particolare come pubblicista e prendendo parte attiva alla polemica che agitava in quegli anni, a cavallo del secolo, il partito.

Allineato sulle posizioni di Turati (che raggiunge a Milano lavorando nella redazione di *Critica sociale*), crede in Giolitti e nel confronto sui problemi concreti. *Le vie nuove del socialismo* è considerato il più serio tentativo di sistemazione teorica compiuto dai socialriformisti italiani: metodo graduale, nel rispetto delle regole democratiche, regole che permettono di avvalersi anche di una parziale conquista del potere per assicurare un più rapido miglioramento delle condizioni economiche e sociali del proletariato, che avvia a organizzarsi.

Le sue teorie, compromissorie ed eclettiche, nel 1907, si inseriscono in un momento di massimo travaglio del partito socialista; momento in cui Ferri sfiora il grottesco con le sue formule algebriche e matematiche, momento in cui si prepara l'emarginazione dei sindacalisti rivoluzionari, momento in cui si stipula il primo accordo fra partito e sindacato. Il sindacato – la CGL, la Confederazione generale del lavoro – nato appena un anno prima, nel 1906.

È il sindacato spesso in contrasto, neanche celato, con la segreteria del partito, specie quando prevarranno in esso le correnti massimaliste; sindacato costantemente diretto dai riformisti, che ha in Rinaldo Rigola il simbolo, direi vivente, di quei primi anni di attività politico-sindacale.

E Rigola è vicino ai Bissolati, ai Bonomi, sostenitore convinto del metodo graduale, della tecnica riformista, del « no » a ogni massimalismo e a ogni messianesimo. Anche per Rigola, come per Bissolati e per Bonomi, l'evoluzione della società procede per gradi, senza lacerazioni rivoluzionarie, con il contributo quotidiano e organizzato del movimento operaio e del partito socialista, ma non partito-struttura, partito-gerarchia, partito-oligopolio, movimento piuttosto che partito. Insieme di cooperative, di leghe, di organizzazioni capillari.

Nasce in quel mondo, in quell'ambiente, proprio negli anni delle vie nuove al socialismo, il progetto, o il sogno, di un partito del lavoro: soprattutto per la riconosciuta incapacità del partito socialista, quale gerarchia, di guidare il movimento operaio sulla via delle concrete, effettive conquiste sociali.

Convinti, Bissolati come Bonomi, come Rigola, che il marxismo, come insurrezione violenta, come lotta di classe rivoluzionaria, fosse destinato a esaurirsi: nel partito così come era strutturato e concepito avrebbe finito per prevalere non chi aveva le idee più giuste, ma chi alzava più la voce.

Contro i tanti che urlavano, Bonomi fu concreto e inesauribile animatore dei nuclei del partito socialista riformista. Riuscì a salvare il suo collegio contro Zibordi nelle elezioni del '13, quelle che videro l'avanzata impetuosa del partito socialista italiano destinato a passare dai 347.000 voti del 1909 agli 883.000 voti del 1913, non compresi i riformisti e gli indipendenti.

Fu interventista, e non soltanto nelle piazze e nelle strade d'Italia, nei mesi della grande febbre dannunziana. Pagò di persona; si inserì volontario nella guerra sottotenente del settimo alpini, combattente al sasso di Mezzodì e alle Tofane. Chiamato nell'estate 1916 a far parte del governo Boselli e poi del gabinetto Orlando, fu ministro dei Lavori pubblici, titolare di un dicastero strettamente legato all'impresa bellica. Nel secondo gabinetto Nitti e nell'ultimo governo Giolitti fu ministro molto discusso della Guerra e fu l'artefice della grande adunata del 4 novembre 1921 al milite ignoto, egli che sperava così di rianimare il sentimento patriottico, quale argine « contro il bolscevismo », contro la minaccia del sovvertimento.

Anticomunista risoluto e intransigente, non condivise quasi più niente delle idealità o dei programmi dei socialisti turatiani e si distaccò in quegli anni nettamente anche da Bissolati. Sia in politica estera dove guardò alle istanze nazionaliste con un'apertura inconcepibile in Bissolati (ebbe anche rapporti con D'Annunzio, fiancheggiò l'impresa di Fiume e poco resistette alle tentazioni del grande blocco nazionale, come si chiamava l'alleanza che lo portò deputato nel 1921) sia in politica interna: in particolare nel favorire quel patto di pacificazione fra socialisti e fascisti, promosso dal presidente della Camera De Nicola. Di fronte all'avanzata fascista il presidente del Consiglio Bonomi non aveva mancato di sostenere una posizione di « imparzialità fra le parti in contesa ».

Uomo del post-Risorgimento in tutti i sensi. Nelle sue virtù e nei suoi difetti. Fedele al metodo parlamentare e tutto sommato acquisito a un'adesione verso la monarchia in una linea di « continuismo » istituzionale, che lo portò alle contraddizioni dei suoi governi del 1944 e '45. Non a caso il secondo governo vide il « no » risoluto di azionisti e socialisti e si resse solo su una specie di compromesso storico *ante litteram*, di alleanza fra democrazia cristiana e comunisti.

Togliatti, che aveva guardato con tanta benevolenza a Badoglio, una volta accortosi – dopo la svolta di Salerno – che era impossibile mantenere in piedi il Maresciallo, il duca di Addis Abeba, il collaboratore stretto di Mussolini in tutte le imprese sventurate del regime, cominciò a puntare su questo vecchio notabile dell'Italia liberale prefascista per avere un governo tale da garantire insieme la tregua istituzionale e la Costituente alle condizioni allora pattuite. Senza furori giacobini e senza prevalenza dei motivi di radicale novità istituzionale che fermentavano sia nel partito d'azione sia nel partito socialista (senza contare la linea intransigente dei repubblicani fuori dal Comitato di liberazione).

Bonomi fu in questo senso l'uomo adatto per l'ultimo governo che vide ancora in un rapporto di quasi solidarietà i due grandi partiti di massa che non sapevano di essere tali: col maggiore voto popolare in un momento in cui non esisteva nessun voto. L'abilità bonomiana si riflesse nell'inventare la Consulta, come sfogo di una presunta rappresentanza popolare e come strumento di un immaginario Stato parlamentare che ancora non c'era.

La ventata del Nord travolse Bonomi. I partiti antifascisti non avevano dimenticato le debolezze del '20-21, né i cedimenti dei primi anni del fascismo. L'uomo non offriva le garanzie di intransigenza morale e politica necessarie a chi nella grande vittoria del 25 aprile vedeva la premessa di una rinascita e di un riscatto dell'Italia. C'era tutto il messianesimo del partito d'azione che aspettava la rivoluzione democratica. La forza d'urto del partito socialista puntava su Nenni presidente del Consiglio. Fu scelto Parri. Ma Parri voleva dire un'Italia diversa da quella di Bonomi, e tale da spingere Bonomi quasi in penombra.

Non a caso l'ultima sua comparsa fu nel blocco nazionale (per usare ancora una volta quella parola «blocco») che riuniva i superstiti dell'Italia prefascista, uomini così diversi come Nitti, Orlando e Croce, *leaders* politici (con l'eccezione di Croce) tutti divisi da rivalità insanabili. Si pensi all'odio di Nitti verso tutti i suoi compagni di cordata.

Il suo tramonto a Palazzo Madama ebbe un che di austero e di decoroso. Nel trapasso fra la vecchia assemblea dei notabili e una Camera di esclusiva e diretta investitura popolare.

Quando si rivolse ai senatori, l'8 maggio 1948, ricordò con parole commosse – specchio di una vita – lo Stato liberale e risorgimentale: non a caso quella data coincideva con l'inaugurazione cento anni prima, al Palazzo Madama di Torino, della prima legislatura del parlamento subalpino.

Una Camera erede diretta dei valori risorgimentali, ma con funzioni e poteri nuovi. Bonomi sottolineava questo aspetto originale nel suo breve intervento. Il Senato elettivo doveva inaugurare un istituto senza precedenti in un secolo di storia, «perché per la prima volta non nasce dalla scelta delle alte autorità dello Stato ma deriva dalla volontà popolare e riflette direttamente il clima politico della nazione».

In quello stesso intervento difese la validità della scelta bicamerale, due camere di pari dignità e autorità, pur non essendo un

« puro duplicato ». Alla Camera dei deputati spettava il compito di « affrontare con l'impeto della giovinezza » i più urgenti problemi del paese; al Senato, in virtù della maggiore saggezza ed esperienza, di verificare che le soluzioni proposte fossero « le più conformi agli interessi e alle aspettazioni del paese ».

Una parola infine per la libertà di parola nei dibattiti, pur nel rispetto della dignità dell'assemblea. « Nessuno vuole che le competizioni politiche abbiano a scomparire e che le correnti in lotta si confondano in una riconciliazione miracolosa. Le parti politiche debbono vivere per controllarsi, misurarsi, sospingersi a vicenda. Dove è lotta è vita, dove è stasi è morte. »

Fu un modello, in quegli anni di presidenza, delle virtù di equilibrio e di moderazione che sembravano quasi connaturate alla storia, e allo spirito, di Palazzo Madama. Sempre detestati, l'una e l'altro, dalla dittatura fascista.

VII.
Da Giolitti all'avvento del regime fascista

1. *Fortunato*

CHI abbia letto *Una scelta di vita* di Giorgio Amendola non può avere dimenticato le pagine sulla casa di Giustino Fortunato. Siamo nella Napoli del 1927-28, pullulante di antifascisti che trovano nella biblioteca di Croce un riparo e una qualche forma di protezione e di asilo: antifascisti soprattutto giovani, oscillanti fra liberalismo e democrazia e socialismo, delusi dalle esperienze recenti, compresa quella aventiniana, ansiosi di nuovi sbocchi, talora inseguitori di nuovi fantasmi.

Nella casa di via Vittoria Colonna, Giustino Fortunato, il grande meridionalista che aveva conosciuto dopo il '60 la ferocia della guerra fra briganti e borghesi – la vera « guerra civile » del sud –, riceve tutti i giorni dalle 16 alle 19: seduto in una maestosa poltrona con le gambe coperte da un plaid. Nel 1928 Fortunato ha già compiuto ottant'anni, ma la sua parabola intellettuale e politica gli ha consentito di vivere, intero e senza illusioni, il dramma del « suo » Mezzogiorno, con un pessimismo solcato da note di « Ecclesiaste ».

Il giovane Amendola, non ancora passato al comunismo ma già distaccato dal filone paterno, incontra in quelle stanze severe personaggi di contrastante rilievo, quasi a rispecchiare la complessa e frastagliata vita del protagonista al tramonto: vecchi prìncipi napoletani (uno si proclamava figlio naturale dell'ultimo dei Borboni) ma anche democratici di schietta tempra come Umberto Zanotti Bianco (che un giorno portò a Fortunato un pezzo di pane acquistato ad Affrico, presso Reggio Calabria, il giorno prima, che sembrava diventato una pietra scura) o scintillanti giornalisti di un filone liberale che aveva risentito di Oriani, come Floriano del Secolo.

« Conversatore infaticabile »: lo descrive Amendola. Prodigo di notizie sul Mezzogiorno, instancabile nel descrivere le miserie e le insufficienze di quelle terre del sud, su cui gravava una maledizione divina, rivissuta con trasalimenti laici. Ma avverso, come il suo amico Croce, come tutti i veri bibliofili, a ogni prestito di libri. Al giovane impertinente e intemperante, che aveva chiesto in prestito la *Storia dei moti di Basilicata del 1860* di Giacomo

Raccioppi nella ristampa laterziana del 1909 (quasi frammento della tormentata adolescenza del padrone di casa), Fortunato opporrà un secco rifiuto. Ma il giorno successivo farà recapitare a casa di Amendola, dal suo cameriere, un altro esemplare del libro del Raccioppi. Segno di stile, e insieme – come tutti i bibliofili sanno – garanzia sicura per evitare ulteriori richieste di prestiti.

Uomo di un rigore formale ineccepibile, sempre, Giustino Fortunato. Con qualcosa della delicatezza e della suscettibilità che caratterizzeranno un altro notabile meridionale un po' più giovane di lui, Enrico De Nicola.

Fortunato, uomo del profondo sud, originario di Rionero in Vulture, fra Melfi e Potenza, non è mai stato un giolittiano. Piuttosto vicino a Sonnino, il dirimpettaio conservatore del progressista Giolitti fin dalla fine del secolo: ansioso e curioso del Mezzogiorno, e dei suoi problemi, e delle sue tragedie, il barone toscano, quanto lo statista piemontese faceva il possibile per sembrarne lontano, alteramente distaccato. Ha votato due volte a favore di governi – lo raccontava al giovane Amendola –: una volta per Depretis, l'altra per Zanardelli. In un arco di vita parlamentare quasi trentennale, prima dell'ingresso in Senato, nel 1909.

Gli attacchi a Giolitti non si contano. L'incontro con Salvemini – un incontro importante nella vita di Fortunato – ha accentuato le vene di quell'antigiolittismo di fondo, con qualche radice di risentimento meridionale, di orgoglio ferito od offeso. Il «ministro della malavita» è formula che raccoglie, pur nella sua ingiustizia, il consenso del grande conservatore-liberale lucano. O almeno, la comprensione.

Oppositore di Giolitti, certo, ma senza l'asprezza personale di Salvemini, senza rinunce aprioristiche a capire, a penetrare il personaggio. «Io che lo conosco, e che ho per lui tutte quelle indulgenze che tu non hai...»: scrive Fortunato a Salvemini nell'aprile del 1991, allorché da tutta Italia si dibatte sull'introduzione, o meno, del suffragio universale. E aggiunge, Giustino, un giudizio lapidario: «Io temo grandemente di due cose: dell'assoluta sua [di Giolitti] ingenua ignoranza della questione meridionale e della strana sua confusione mentale in fatto di riforma tributaria».

Eppure... Eppure Fortunato aveva all'inizio pubblicamente apprezzato il giovane Giolitti, ministro del Tesoro nel governo Crispi dal marzo 1889 al dicembre 1890. Ne aveva elogiato la competenza e abilità di gestione: «Io ho fede nella parola del governo, che sia cioè possibile ottenere il pareggio», aveva detto nel discorso elettorale del 5 dicembre 1890, «poiché due fatti sono accaduti, i quali mai più per lo innanzi pareva si potessero avverare: ossia che un ministro del Tesoro italiano [Giolitti] abbia potuto nell'ultimo biennio far punto con l'incremento delle spese e scemare a un tempo, di più decine di milioni, gli stati della competenza di una volta».

Di Giolitti, Fortunato ammira e ammirerà durante i lunghi anni di governo, nell'Italietta del primo Novecento, un'altra dote, come confiderà ancora a Salvemini in una lettera del 6 dicembre 1911: l'essere in grado, come pochi, di dominare la burocrazia, «unica, vera forza politica... in Italia, così povera di classi politiche». «Buona parte della fortuna del Giolitti dipende da ciò, che egli solo, venuto su dalla burocrazia, ha saputo e sa, in qualche modo, dominarla. Guarda i suoi ministeri», aggiunge ancora a Salvemini, «in maggioranza sono composti di uomini politici addetti alle amministrazioni dello Stato», e ne ricorda uno dove, su 11 ministri, 9 erano stipendiati dello Stato.

Fortunato è ancora vicino a Giolitti, nella crisi di fine secolo, la crisi tempestosa e nevrotica che prepara la svolta liberale. «Sono venuto in campagna nauseato del modo come si svolgevano gli avvenimenti politici a Roma», gli confida lo statista piemontese il 18 maggio 1899, «e davvero cresce ogni giorno più la voglia di levarmi definitivamente da quel pantano. Ma penso che sia nostro preciso dovere combattere per salvare quel più che sia possibile.» «Quale influenza ho io?», gli risponde Giustino. «Noi [meridionali] siamo le 'comparse' del Parlamento. E già è molto se non ci tocca il peggio.»

Ma negli anni della lunga gestione del potere, molte attese di Fortunato restano deluse, dal Mezzogiorno ai metodi elettorali, dai criteri di gestione del bilancio alla scarsa chiarezza dei ruoli fra maggioranza e opposizione. «Mi resta sempre il gran timore che il Giolitti per aggraziarsi radicali e socialisti, non sapendo resistere alle maggiori spese, mediti nuove e maggiori imposte», confida ancora a Salvemini il 25 marzo 1911.

Giolitti è consapevole del giudizio contrario di Fortunato. Un episodio rivelatore: quando si tratta di farlo senatore, nel 1909, ha il timore che Fortunato rifiuti l'investitura offertagli da lui. È Luigi Roux che rivela l'episodio al diretto interessato, il 28 febbraio: « Stamane parlando dei nuovi Senatori, parlammo di te. Giolitti mi interruppe: sicuro, Fortunato, lo farei anche prima del 24 marzo. Ma dimmi: non rifiuterà mica? Giurai di no », aggiunge Roux. « E non smentirmi ».

Fortunato non solo smentisce, ma continua la linea di opposizione. Giudica l'impresa di Libia una follia. « Ho paventato e pavento l'impresa di Tripoli », scrive a Salvemini, il 18 dicembre 1911. La conquista, anche più tardi, gli apparirà inutile. « Il paese non vale economicamente. E militarmente vale anche meno »: meglio, se inevitabile, andarci prima. E quando il professore amico obietta che « con i 'se' non si scrive la storia », Fortunato è pronto a replicare: « È vero. Ma i 'se' servono pure a giudicarla ».

La guerra del '15 cambia tutto. Il notabile meridionale è per la neutralità, come l'ex presidente del Consiglio di Dronero. Intuisce tutti i rischi di una conflagrazione devastatrice per l'Italia, non fa fatica a immaginare le conseguenze sconvolgenti per il Mezzogiorno, serbatoio delle fanterie che saranno mandate al massacro sul Grappa e sull'Isonzo.

Lo spartiacque fra giolittiani e antigiolittiani si spezza col nostro intervento nella prima guerra mondiale, il 31 maggio. Alla fine di quell'anno fatale, Fortunato invia gli auguri di Natale a Giolitti: abbiamo perduto il biglietto, ma non la risposta dello statista piemontese: « Mi associo ai tuoi voti che il nuovo anno veda una fine vittoriosa di questa guerra che insanguina il mondo e minaccia la civiltà ».

Il maggiore motivo di malinconia, per Fortunato, sarà l'incidente del 2 agosto 1917, nella nativa Rionero. Sospettato di essere latore di una petizione da far firmare in giro affinché la guerra non durasse « meno di altri due anni », viene assalito e colpito al femore da un energumeno. Riesce a far tacere i giornali, a non rendere noto l'episodio, ma è moralmente distrutto.

« La gravità del fatto », scrive a Salandra il 21 settembre, da Napoli, « è nella cinica acquiescenza di tutto quanto il contadiname, che mi accusa 'di averlo tradito', non degno figlio 'dei Fortunato', perché il contadiname io ho sacrificato alle 'mezze giamberghe' e al loro governo, il governo che ha voluto e che vuole la interminabile guerra... » Non sa darsi pace. E si sfoga con Croce, con Cefaly, con Rigillo. Giolitti apprende l'accaduto da Cefaly, e invia il suo solidale pensiero. « Ben dici che il disgraziato caso rivela pur troppo un pericoloso stato d'animo del nostro contadiname », gli risponde Fortunato, ringraziandolo, « tanto più grave quanto notoriamente il contadino della mia regione è, da due secoli ormai, devoto alla mia famiglia, costantemente buona con esso ».

E aggiunge, tratteggiando un quadro dell'insoddisfazione del Mezzogiorno: « Da un anno in qua, col prolungarsi delle sofferenze, qui, ove sono tutte le sofferenze della immane guerra senza non uno degli occasionali e improvvisati suoi benefici, il mal'animo si fa sempre più vivo, e direi, minaccioso... Io mentirei se ti nascondessi d'avere riportato un sì profondo sentimento di amarezza, che certo non mi abbandonerà mai più ».

È una guerra che attenta alla civiltà. È lo stesso linguaggio di Croce. E quando Croce diventerà, proprio col Giolitti avversato o almeno non amato, ministro della Pubblica Istruzione nel governo del giugno 1920, Fortunato traverserà – lo rivelano le pagine dei suoi carteggi – uno dei momenti più dolorosi nei suoi rapporti, ormai pacificati e distesi, con Giolitti. È Salvemini a provocare l'incidente, con la sua veemenza. Salvemini deputato controvoglia; parlamentare, eletto dai combattenti, non privo di bizze e di asperità. Anti-crociano sempre. E quindi avverso a quel tandem Giolitti-Croce.

In piena Camera lo storico pugliese, intervenendo sulla fiducia al governo, ricorda che nel 1905 « un vecchio uomo politico si recò da Giolitti a proporgli la nomina a senatore di Croce ». « Croce, mai sentito nominare », rispose Giolitti. E l'altro: « Ma è un filosofo ». « Un filosofo: assumerò informazioni ».

Giolitti, dai banchi del governo, nega con una punta di sdegno. Salvemini insiste: alle strette fa il nome dell'informatore di allora, Giustino Fortunato. Don Giustino è sconvolto. « Salvemini ha abusato indegnamente di me, suo amico », scrive il 6 luglio 1920 a Zanotti Bianco. Non ricorda neanche la confidenza, forse un aneddoto: comunque fatta in via riservata. Telegrafa a Croce e a Giolitti: « Non ho parole per deplorare l'abuso fatto alla Camera del povero mio nome ». « Non so darmene pace », incalza. Esige una spiegazione di Salvemini, che gli risponde con irritazione fra candida e stupita: « Solo il padreterno aveva ordinato dal Monte Sinai di non fare il suo nome... Dopo il padreterno ci sei tu... »

Affronto ancora più grave e doloroso, per Fortunato, proprio in quanto gli proviene da Salvemini, il « fratello di elezione » che ha occupato così a lungo il primo posto nei suoi affetti. In Salvemini, nel suo giovanile e battagliero vigore, nella intransigenza morale a tutta prova, il vecchio parlamentare aveva visto il riformatore severo, in grado di far sentire la propria voce, di formulare denunce non accademiche ma penetranti e incisive. « Facciamo che la denuncia del male sia eccitamento al lavoro », gli aveva scritto nel febbraio del 1910, « non pretesto a non lavorare. » E gli aveva augurato, solo pochi mesi più tardi, di « essere il Mazzini della nuova generazione ».

Dopo la grave ferita ricevuta nel 1920, Fortunato è tranquillo solo quando Giolitti lo rassicura. E la lettera del settantanovenne presidente del Consiglio, datata 10 luglio, riassume interi lo stile di un uomo, l'orgoglio di una vita. « Posso assicurarti », scrive Giolitti, « che alle parole di costui [costui sarebbe Salvemini] la Camera non diede importanza alcuna, e io appena me ne accorsi, e certamente non mi passò per la mente di dubitare che tu avessi parlato men che amichevolmente di me. »

Lo screzio su Giolitti non sarà mai del tutto risarcito, tra Fortunato e Salvemini, nonostante le imminenti convergenze politiche nella lotta alla dittatura. Sul fronte variegato e composto del liberalismo meridionale. Fortunato sarà il solo che coglierà fin dall'inizio l'essenza autoritaria e reazionaria del fascismo, il solo che non conoscerà, nel suo sterminato pessimismo, neanche un momento di illusione sul moto delle camicie nere. « Quaggiù tutti 'delirano' dalla gioia », scrive da Napoli ad Antonio Cefaly, il 6 novembre, all'indomani della marcia su Roma, « 'plaudenti' a tutto quello che è accaduto e accade. Come le tante volte in mia vita, son solo a pensare, a dolermi in opposizione alla quasi unanimità. » L'« ultima follia post-bellica », definirà il fascismo l'8 novembre 1922, consentendo con la *Rivoluzione liberale* e criticando Croce, che « ha plaudito e plaude a Mussolino ».

Fortunato deforma ad arte la grafia del nome del futuro duce del fascismo, quasi per non cadere in nessuna di quelle infatuazioni, comuni a vecchi amici suoi come Salandra, sul fascismo come forma anomala e paradossale di « restaurazione liberale ».

« Quel giorno, il 28 ottobre 1922 », dirà più tardi Fortunato, nel 1926, « cadeva l'ultima foglia dell'albero delle mie illusioni, ed io mi destavo come dall'avere, sin là, perseguito un sogno: l'Italia medievale dei Comuni e delle Signorie, l'Italia – tanto decantata – del Rinascimento era sempre la stessa; e noi sempre, da soli o uniti, costretti a dibatterci fra la rivoluzione e l'assolutismo, disadatti, cioè, a procedere di pari passo con i maggiori Stati della Europa occidentale, perché dalla scarsezza di adeguata classe politica condannati, come tutti i popoli del Mediterraneo, ad essere in balìa del caso. La rivoluzione di ieri e l'assolutismo di oggi, convulsa una e cieco l'altro; questi i termini sostanziali del presente periodo di nostra storia, tutt'e due anteriori alla guerra... »

Con cinquant'anni di più sul piano dell'anagrafe, Fortunato sarà per il sud quello che Gobetti rappresenterà per il Piemonte e per l'Italia padana. Fedele allo stesso insegnamento gobettiano: « La sicurezza di essere condannati – la crudeltà inesorabile del peccato originale, volendo usare forme mitiche di espressione – è la sola che possa dare l'entusiasmo dell'azione, con la responsabilità, con il disinteresse ».

2. *Burzio*

IL Burzio che viene incontro alla memoria della generazione che aveva quindici anni nel giugno 1940 è il Burzio direttore de *La Stampa* nei quarantacinque giorni di Badoglio, dopo la destituzione di Mussolini e la caduta del regime fascista.

Un direttore colto, riflessivo, con una punta di razionalismo conseguente; un intellettuale vero che nella pratica giornalistica non esauriva la sua volontà di capire, il suo bisogno di spiegare i tanti « perché » del mondo moderno (e chi si avvicinava a quel nome di direttore ricordava le pagine, insieme enigmatiche e suggestive, del *Demiurgo e la crisi occidentale*, un libro uscito già dal 1933 nella collana di Bompiani, pronta a tutte le sperimentazioni, « Libri scelti per servire al panorama del nostro tempo »).

Durante i mesi infuocati del referendum istituzionale, fra aprile e maggio 1946, *Corriere* e *Stampa*, i due grandi rivali dell'epoca di Albertini e di Frassati, si scambiarono in qualche misura le parti, rimaste intatte durante i quarantacinque giorni di Badoglio.

L'organo erede del liberalismo accigliato e conventuale di Luigi Albertini, con una punta di Destra storica vissuta in chiave di intransigenza moderata e monarchica, si schierò con estremo fervore per la Repubblica; il giornale torinese, interprete del filone giolittiano e progressista della nostra storia, si rispecchiò in una linea di grande cautela e prudenza, appena corretta dalla scelta dichiaratamente e lealmente monarchica del direttore del tempo, Filippo Burzio.

Certo, l'*animus* dei due direttori non mancò di esercitare un peso decisivo in quella singolare e inedita contrapposizione. Da una parte Mario Borsa, un vecchio democratico con una punta di radicalismo cattaneano, figlio di quella tradizione autonomistica lombarda in cui larga parte aveva avuto la scuola repubblicana, risentita senza manicheismi ma con assoluto rigore morale e con una punta di distaccata solitudine; dall'altra Filippo Burzio, liberale che si era formato alla scuola di Pareto e di Mosca, che aveva attribuito un valore determinante alle *élites* politiche nella storia, che aveva integrato un suo connaturale, piemontesissimo, schietto « giolittismo » con un'idea della monarchia come ragione di forza della tradizione risorgimentale, come punto d'incontro di un complesso spesso lacerante e divaricato di filoni nazionali.

Monarchico, ma aperto al confronto con i sostenitori della Repubblica. Ai suoi articoli in favore della monarchia – una monarchia immaginaria, di stampo risorgimentale, quale lo strappo del 28 ottobre aveva distrutto per sempre – Burzio alternava con lo stesso ritmo e con la stessa cadenza interventi in favore della Repubblica, fedele a quelle regole di giornalismo britannico che aveva respirato nel vivo di una cultura europea. E fra quegli autorevoli collaboratori della *Stampa* che si schierarono a favore della Repubblica, ricordiamo Luigi Salvatorelli – l'autore delle pagine di fuoco su *Casa Savoia nella storia d'Italia* (così dure da generare perfino le critiche di un Falco) – e Umberto Calosso, l'antico gobettiano che aveva condiviso con lo sfortunato direttore della *Rivoluzione liberale* il culto di Vittorio Alfieri, progenitore solitario del riscatto nazionale come riscatto delle coscienze.

Ma la linea della *Stampa* restava quella del direttore. Una linea che si contrapponeva a quella del *Corriere* nel quadro di una diversa interpretazione di quella grande tradizione liberale-risorgimentale che pure aveva unito i due quotidiani. Una tradizione che con Borsa assumeva precise cadenze democratiche e sfiorava il travaglio del partito d'azione; e che, con Burzio, invece si ricollegava a un preciso filone quiritario e prefascista. Ma nella fedeltà a Giolitti.

Proprio all'indomani della caduta di Mussolini, nel breve intermezzo di Badoglio, con la direzione affidata a Filippo Burzio, *La Stampa*, il glorioso quotidiano di Torino, era già tornato almeno idealmente all'esperienza giolittiana, segnata dal difficile tentativo di colmare il distacco fra lo Stato liberale e le forze di ispirazione cattolica e di ispirazione socialista. Quasi un « heri dicebamus », quello di Burzio, rispetto al mondo di Frassati. Quel mondo così rapidamente cancellato dalla direzione di Curzio Malaparte, in quel malinconico autunno della libertà di stampa che era stato segnato dal fascismo fin dai suoi primi passi.

12 agosto 1943. Sulla *Stampa* Filippo Burzio firma il suo primo articolo come direttore. Già nel titolo « Ripresa di una tradizione », c'è la riaffermazione di una continuità con la tradizione

frassatiana e giolittiana da sempre contrapposta a quella albertiniana.

Significativo l'*incipit* di quell'articolo. « C'è una grande tradizione comune, a cui tutta l'Italia si è irreversibilmente rivolta in questi giorni, seguendo un infallibile istinto di salvezza: è la tradizione del Risorgimento, quella che ha fatto l'Italia, l'unica che l'Italia possa vantare operante e benefica, da quando l'unità è diventata un fatto compiuto; la tradizione che si riassume nel binomio fatidico, oggi più che mai attuale, e speriamo ormai definitivamente inscindibile, libertà e indipendenza della patria ».

Burzio non mancava di specificare in quell'articolo le componenti del filone risorgimentale cui si richiamava il giornale di Frassati: la tradizione garibaldina, la mazziniana, la liberale, la neoguelfa. Escludeva, non a caso, quella socialista.

Riaffermava la tesi, crociana, che il fascismo aveva costituito solo una parentesi, una invasione degli Iksos, quasi la rottura di un processo che si era mosso fino ad allora « nella tradizione liberale cavouriana, del servizio dello Stato. E che ad essa doveva comunque tornare ».

Come? Attraverso il metodo giolittiano, attraverso l'apertura giolittiana alle classi lavoratrici, attraverso la fusione fra liberalismo e democrazia. Una volta di più *La Stampa* giolittiana sembrava contrapporsi al *Corriere* post-albertiniano. Il giolittismo diveniva per Burzio un programma politico valido per l'avvenire, il richiamo a un mondo non sconfitto dalla storia ma quanto mai attuale.

L'uomo ha tutto il diritto di parlare di quella tradizione senza arrossire per compromessi o patteggiamenti subiti, per rese o armistizi ideali. È un intellettuale « che si riallaccia alla più alta tradizione liberale del nostro Risorgimento »: ha avvertito la proprietà della *Stampa* il 12 agosto '43 annunciando proprio sulla prima pagina del quotidiano la nomina del nuovo direttore.

La sua tradizione è quella del Piemonte alfieriano, della monarchia sabauda come monarchia liberale, di Giolitti come servitore della Corona e insieme anticipatore della democrazia sociale: in quella tradizione si colloca il Risorgimento che si è contrapposto fin dal 1923 a quello « senza eroi » di Piero Gobetti (e di qui la divaricazione insanabile fra i due uomini) ma ha sempre rivendicato un proprio ideale di libertà nazionale innestato sullo sfondo di consapevole cosmopolitismo culturale, tratto inseparabile del vecchio Piemonte.

Giolitti baluardo di quelle classi medie che devono costituire il fondamento della democrazia: ecco la linea direttrice di quel saggio che già nel '23 Burzio aveva dedicato allo statista di Dronero. Un saggio dal titolo che già esprime l'intera concezione della politica che sempre caratterizzerà l'autore: *Politica demiurgica*. Cioè la politica condotta in prima persona da un *leader*. E quel *leader* è proprio Giolitti.

« Nessun altro uomo di Stato in Europa », si legge in quel saggio ripubblicato non a caso nel '46, l'anno della Costituente e della rinascita democratica, « ha seguito con più tenacia di questo ex burocratico il principio: appoggiare, e appoggiarsi, il più possibile, contrastare il meno possibile il proletariato e, in genere, le classi minute. »

Quel saggio è dedicato « devotamente » a Benedetto Croce. E si apre con un capitolo su « L'attualità di Treitschke » in cui scorre, prepotente, quasi a ogni pagina, l'influenza di Max Weber. Prima anticipazione di quella singolare teoria del « demiurgo » che colpì e sconcertò, a metà degli anni '30, l'adolescenza nostra e di molti della nostra generazione: con la visione, affascinante e consolatoria, del demiurgo quale elemento moderatore dei contrasti destinati a insorgere fra le diverse civiltà europee, grazie ai connotati distintivi dell'« universalità », del « distacco » e del « magico ».

Burzio è una firma non ignota ai lettori del ventennio fra le due guerre. Ha fatto parte dell'antifascismo domestico, quello che si è richiamato essenzialmente all'esempio e alla lezione di Benedetto Croce, ma non senza trovare varchi sufficienti a penetrare nella cultura su cui si è formata la nuova generazione, quella che è diventata antifascista passando attraverso l'esperienza e gli anni del fascismo.

Gli elzeviri di Burzio proprio sulla *Stampa* sono usciti con ritmo costante anche sotto il fascismo. Molti sono stati i ritratti; e come tali l'autore, diligente, ordinato, metodico, li ha raggruppati in volume. Altri hanno accennato a motivi fantastici o lirici; perché in Burzio c'è anche una vena, non tanto repressa, di narratore. Altri hanno sostato, con straordinaria felicità di mano, sul suo vecchio Piemonte. Altri hanno spaziato ancora sull'approfondimento della sua suggestiva e anche un po' indefinita teoria « demiurgica ». Che è passata indenne attraverso il fuoco della censura fascista per l'apparente obbedienza a un margine di irrazionalismo o di superomismo, adombrato dalla parola, ma non dalla sostanza della formula.

In cosa consiste quella filosofia? La risposta è in un libro pubblicato per i tipi di Bompiani nel '39 col titolo *Progetti d'oggi*: quella demiurgica è definita « un'arte di vita, una dottrina pratica dell'attività, indirizzata alla invenzione o alla conquista della felicità ». Non senza l'accenno a una radicale correzione al « demos », quasi a una contrapposizione delle minoranze attrici della storia al popolo.

* * *

Burzio dal punto di vista intellettuale non nacque filosofo o teorico della politica. Una parabola molto singolare quella del futuro direttore della *Stampa*, che inizia nell'Accademia militare di Torino nel 1921 quando diventa ordinario di meccanica razionale: un'esperienza accademica che si prolungherà fino al 1940.

Studioso appassionato e competente di balistica; autore di numerosi e approfonditi saggi sul « regime dei proiettili », un'area del tutto diversa dai regimi politici.

Eppure nello stesso tempo studioso dell'organizzazione sociale, « sociologo » solo nella misura in cui questa definizione si adatta a chi aveva lungamente sostato sui trattati paretiani e sulle pagine di Gaetano Mosca, e ne aveva tratto una visione del liberalismo aristocratico, elitario, con una punta di antidemagogismo ostentata con un certo distacco dai valori di democraticismo e di umanitarismo, lo stesso stato d'animo che dominerà certe pagine di Croce fino al 1918.

È difficile dire quanto resti, oggi, del sistema filosofico di Burzio, ed è perfino da domandarsi se Burzio, da quel gran signore e dissipatore di cultura quale fu, abbia voluto veramente costruire un sistema chiuso in una corazza di princìpi o di confini.

L'interrogativo resta aperto. Anche perché nelle pagine dello studioso piemontese non sono pochi gli elementi, spesso contrastanti e talvolta ermetici, che la fantasia razionale e rigorosa di Burzio mescolava insieme e quasi contrappuntava in una sintesi in cui le linee del professore di balistica si univano con la lucidità dell'uomo sempre fedele alle regole dello « spirito critico » e dello « spirito scientifico », pure nell'incalzare e nel mareggiare degli irrazionalismi.

Solo attraverso l'esperienza della guerra e del dopoguerra, rinverdita dalla battaglia antifascista, la visione di un liberalismo dei notabili propria di Burzio si arricchirà di un « pathos » democratico, destinato a compenetrare le estreme pagine del '45 su *Essenza ed attualità del liberalismo*.

È il momento della netta separazione da Mosca e da Pareto, come l'ha colta, in una notazione lucida, Norberto Bobbio. È il momento in cui la « scienza politica », un'espressione in cui Burzio aveva creduto in tempi di eccessivi e talora infondati scetticismi, conforta l'ideologia liberal-democratica piuttosto che le altre. È il momento in cui la scienza si identifica *tout court* con la libertà.

Ma è soprattutto il momento in cui Burzio guarda a una civiltà liberale che non si limiti ad appagare i *beati possidentes*, che non identifichi il libero dispiegarsi delle forze produttive nella difesa di vecchi o nuovi privilegi.

È un « tipo di civiltà », sono parole tratte proprio da quel saggio-manifesto del '45, « in cui il denaro non costituisca la molla principale delle *élites*, e in cui le *élites* del denaro non siano quelle esclusivamente, o principalmente, dominanti ». Anche perché la vita del nuovo Stato è vista come un perenne alternarsi di minoranze che governano: un'alternanza che per Burzio costituisce la più profonda garanzia liberale.

Quali sono le conseguenze di questa teoria liberale rivisitata da Burzio? « I rapporti fra dottrina delle *élites* e teoria egalitario-democratica », sono sempre parole dello studioso, « perdono quel carattere di reciproca incompatibilità, e di opposizione assoluta, che conservano, ad esempio, nelle trattazioni del Pareto e del Mosca: e la concezione liberale appare la superiore, ed unica, mediatrice di entrambe. »

Burzio « inclina verso un liberalismo di sinistra », osservò

Guido De Ruggiero. Burzio – che considerò possibile un reclutamento delle nuove forze liberali anche fra i ceti operai – in definitiva non fu lontano da quel disegno di «una nuova democrazia» che risaliva a Giovanni Amendola e alla stagione dell'«unione democratica»: come Amendola, l'elzevirista e poi direttore della *Stampa* era convinto che fra liberalismo e democrazia dovesse cadere ogni paratia. E proprio questa prospettiva decisamente liberaldemocratica, arricchita di un forte contenuto sociale, attenuò e ridimensionò la stessa fede monarchica espressa da Burzio nel '46. La sua monarchia restava solo una monarchia «ideale».

Burzio tentò di conciliare la religione delle vecchie valli piemontesi con la storia che avanzava e che rischiava di distruggerne ogni vestigia. Ci torna in mente il giudizio che del parlamento dava un piemontese egualmente devoto a quella nobile secolare tradizione, Luigi Einaudi. «Il parlamento vale qualcosa solo perché è l'eco della gente che non si sa come si chiami, che non conta nulla.» Parole che tornano attuali, quasi come un monito, quando riaffiora, e con prepotenza, quel pregiudizio anti parlamentare mai tramontato nella storia italiana.

Separate le angolosità e le astrazioni di una formazione composita e talvolta contraddittoria, il liberalismo di Burzio, affondato nelle salde radici del Piemonte alfieriano, si dispiegava intero in una visione dei valori di umanità e di tolleranza, sempre inseparabili dalla libertà. E quasi mai antitetici all'interesse dello Stato e della collettività: quando tale interesse sia sentito con la coscienza intera che aveva caratterizzato uno dei veri e mai smentiti maestri di Burzio, Niccolò Machiavelli.

Legato al filone del realismo politico e della scienza politica, ma anche sensibile a una parola che era risuonata nel Risorgimento, pronunciata dalle minoranze democratiche raccolte intorno a Giuseppe Mazzini: la parola «popolo». Quel «popolo» che per Burzio restava «il perenne vivaio delle *élites*». Un vivaio che per il direttore della *Stampa* costituiva l'alimento stesso della democrazia moderna.

3. Prezzolini

I NOMI di Gobetti e di Prezzolini si uniscono quasi inscindibilmente nella mia memoria di adolescente. Sono gli anni della libreria Giorni; gli anni che ho descritto nel *Debito con Gobetti*, quattro decenni dopo la morte del fondatore e direttore e animatore della *Rivoluzione liberale*. Sono gli anni fra il 1935 e il 1940: in cui lo studente del fiorentino ginnasio « Galileo », nel vecchio edificio scolopio legato alla chiesa di San Giovannino, imparava a frequentare le ombre e i fantasmi del Risorgimento e della lotta politica italiana in quello scantinato umido e polveroso e semibuio e scomodissimo in cui il futuro onorevole Montelatici lo guidava a scoprire le edizioni eretiche o introvabili di un certo periodo della vita italiana: i primi fascicoli della *Voce* o della salveminiana *Unità*, la collezione della *Res publica* di Corbaccio, il fondo, semifallimentare, di Bocca, i primi volumi, scomparsi o quasi dalla circolazione, della codignoliana « Collana storica » di Vallecchi, le più rare edizioni crociane di Morano, qualche libro di Bissolati e di Bonomi che era riuscito a sottrarsi, attraverso copertine indolori o apparentemente neutrali, al falò delle opere socialiste o affini.

Fu in quella libreria, legata a tanta parte del mio « tempo perduto », che scoprii una copia del prezzoliniano *Io credo*, con l'insegna, per me allora misteriosa e indecifrabile, di « Pittavino e C. editori, Torino-Pinerolo, 1923 »: e si spiegava bene il mistero nella mente del ragazzo, quando si pensi che quello rimane un libro pressoché unico, il rarissimo frutto della prima ed effimera alleanza fra il giovanissimo editore Piero Gobetti e il vecchio consumato tipografo di Pinerolo Arnaldo Pittavino.

Storia, oscura ai più, che si confondeva quasi con la leggenda gobettiana: la decisione, maturata nel maggio 1922, di far seguire alla rivista « le edizioni della *Rivoluzione liberale* », i mesi inquieti e tormentosi coincidenti più o meno con l'estate del '22, l'ultima estate della libertà italiana, volti alla programmazione delle opere, all'ideazione dei titoli; la fondazione della società « Arnaldo Pittavino e C. », con 15.000 lire di capitale, di cui 6000 sottoscritte dallo stesso Pittavino, altre 6000 dall'inseparabile e fedelissimo amico di Gobetti Felice Casorati, 3000 dal giovane direttore-editore, che compensava con l'apporto delle proprie energie intellettuali la minore rilevanza della somma. Capitale che veniva versato per metà, ma con la previsione che gli utili, dedotti gli interessi delle rispettive quote di capitale sociale, sarebbero stati divisi in parti eguali. E poi le preoccupazioni e le ansie del tipografo coeditore, tipografo anche della rivista, appunto della *Rivoluzione liberale*, e quindi esposto alle rappresaglie, alle intimidazioni e ai ricatti del fascismo ormai insediato al potere, ormai avanzante nelle complicità di tanta parte del ceto intellettuale e dirigente italiano.

La svolta, che spiegava l'arcano di quell'insegna legata al libro di Prezzolini, coincide col 6 febbraio 1923: Gobetti e il padre, Giambattista, gerente responsabile della rivista, arrestati insieme col povero Pittavino (che già aveva tagliato l'articolo di commento alla marcia su Roma, generando le sdegnate protéste del direttore: « ricevo ora la tua cartolina furibonda », gli aveva scritto da Pinerolo l'interlocutore fulminato dal suo corrispondente torinese). La decisione, consensuale, di sciogliere la società appena nata (anche Casorati era stato arrestato e interrogato). Il gesto, orgoglioso, di Gobetti che sostituisce il nome della nuova casa editrice, « Piero Gobetti editore », al suo primo libro, *La filosofia politica di Vittorio Alfieri* (il testo della tesi di laurea con Gioele Solari), sovrapponendo la nuova etichetta alla vecchia, Pittavino e C.

E il libro di Prezzolini che esce egualmente con la testata precedente, forse perché non c'era il tempo di cambiarla, forse perché Gobetti aveva deciso di abbinare quella pubblicazione, disincantata e smagata nonostante il titolo, dell'amico Prezzolini all'altra, all'opuscolo di Domingo Mobac, *Epistola sermoneggiante alla società degli apoti*: una pubblicazione in cui si rispecchiava l'avanzante divisione ideologica e politica fra i due amici, Prezzolini e Gobetti, ormai separati dalla valutazione del fascismo e forse riuniti solo, nei differenti e contrastanti atteggiamenti, dalla previsione della sua durata.

« Sento », aveva scritto Prezzolini a Gobetti il 26 dicembre 1922, « che per venti, venticinque anni la vita politica italiana è finita e che non c'è nulla da fare, altro che ritirarsi a guardare. »

Delineando all'amico l'alternativa che non presentava margini di dubbio o di incertezza a Gobetti, ben deciso a battersi per la seconda in un clima di intransigenza sacerdotale e di dedizione religiosa. « Oggi non mi pare ci siano che due decisioni », è Prezzolini che scrive: « o entrar nella storia lavorando con questo movimento che si chiama fascismo, sopportando l'orrore dei suoi procedimenti, la volgarità delle sue persone, la grossolanità delle sue idee, pur di sentirsi vivi ed attori in qualche cosa di potente, oppure in disparte a preparare la generazione nuova, di qui a venti o venticinque anni, o meglio dei piccoli nuclei di essa. »

Torniamo all'incontro col libro edito da quel per me misterioso e indecifrabile editore Pittavino e C. Sarà stato, press'a poco, il 1938: un anno in cui già curavo, per i miei compagni della terza ginnasio del « Galileo » (avevo tredici anni ed ero indisciplinatissimo: croce dei miei professori), una rivistina mensile in unica copia a macchina – non riuscivo ad adoperare la carta carbone – che si chiamava, con alterigia e orgoglio tipici di un adolescente, *Il mio pensiero*. Sarà stata, dico, la primavera del 1938: mese più, mese meno. E la mia attenzione cadde subito su quella prefazione di Prezzolini, su quell'esordio « Caro Gobetti ». Un nome che già confusamente affiorava nella mia mente per la lettura, recentissima, del *Paradosso dello spirito russo*, per qualche tentativo che facevo di collegarlo al dramma, che mi era ancora oscurissimo, della formazione dell'Italia a nazione e a Stato.

E mi colpirono subito le parole sulla crisi del cristianesimo. Il problema religioso occupava già una parte importante nello spirito del ragazzo tredicenne, che subiva l'influenza di Papini, ma sentiva più il Papini dell'*Uomo finito* che non quello della *Storia di Cristo* (nel 1942, in una rivistina di liceali « avanguardisti » che l'amico Giulio Cattaneo ha ricordato con tratti accorati, in memoria del povero Giangiacomo Micheletti, nelle pagine felici e patetiche delle sue amare *Rughe di Firenze*, scrissi un vero e proprio saggettino dal titolo impegnativo e rivelatore « Della laicità », ed era già il periodo in cui approfondivo la lettura della orianesca *Lotta politica in Italia* e dedicavo un'ampia recensione alla salvatorelliana *Storia del pensiero politico italiano*).

Mi colpì quel Prezzolini tagliente nel suo scetticismo, categorico nella sua problematica, assertorio nella sua fondamentale incertezza. «Il cristianesimo – non soltanto nelle sue forme storiche, cattoliche o protestanti – ma nella sua etica stessa, è insufficiente allo spirito moderno. Noi non possiamo più dirci sinceramente cristiani, sebbene una parte dell'umanità non lo sia ancora e debba far molto cammino per giungervi.» Non erano ancora gli anni della tormenta bellica: gli anni che furono per noi squarciati dalle pagine crociane del «non possiamo non dirci cristiani» o dall'invocazione di Gentile alla «mia religione», là dalla vecchia e screpolata aula magna dell'Università di Firenze.

Il dubbio religioso si accompagnava alle albeggianti ricerche storiche; ma certi bagliori di Prezzolini si rifrangevano nel nostro animo inquieto e cercante. «Che cosa resta di più cristiano in noi che non rigettiamo il peccato e non sentiamo il bisogno della resurrezione? Il peccato lo accettiamo come parte necessaria della vita e dell'azione umana; la redenzione non spezza più per noi la storia umana in due parti; il divino non si inserisce più in un solo uomo e in un solo istante, ma ci pare pervadere tutta la storia umana, tutte le figure umane, tutte le forze umane.»

Gobetti, Prezzolini... Certo non potei andare a fondo, in quel periodo di letture frammentarie e scomposte, nel complesso e difficile rapporto fra il fondatore della *Voce* e l'animatore della *Rivoluzione liberale*. Soltanto più tardi, all'indomani della guerra, aperte le fonti inaccessibili di un certo periodo della storia italiana, riunita insieme *La Voce* e *La Rivoluzione liberale* (vecchio libraio Vassura, dal fondo di via del Proconsolo quasi alle soglie di piazza san Firenze, che mi cedette le collezioni delle due riviste ancora con l'etichetta di lui vecchio abbonato), il ragazzo diventato ventenne, e improvvisatosi storico del dramma italiano con cadenze e vibrazioni e ambizioni gobettiane, attraverso il ripensamento dell'orianesimo storiografico, poté cogliere tutte le sfumature di quella relazione Gobetti-Prezzolini, fatta di un senso di profonda colleganza nelle derivazioni ideali – quelle della stagione della *Voce*, decisiva per lo scrittore torinese – ma anche di antinomie e di contrapposizioni immanenti a due caratteri così diversi e opposti.

E il dramma dell'Accademia degli Apoti gli apparve con estrema chiarezza: la divisione fra Gobetti, che impegnava la sua religione nell'azione, e Prezzolini, che raccomandava di non scegliere, di difendere i valori della cultura in una specie di *turris eburnea* inaccessibile alle passioni e agli sconvolgimenti dell'ora, appunto la torre di coloro che non bevono, che non subiscono le opposte intransigenze, che si rifiutano di cedere ai miti comunque deformanti, che quasi identificano l'azione con l'errore, e quindi si mettono in condizione di non opporre resistenza alla dittatura, al male, alla violenza. Torino contro Firenze; un residuo protestantico contro lo scetticismo riaffiorante dell'umanesimo; la « rivoluzione liberale » come tensione suprema dell'anima e scelta definitiva della coscienza morale, che è già azione civile, opposta alla versione pragmatica dell'idealismo che cercava di trarre, dalla confusa e limacciosa storia in corso, quanto potesse riuscire a preservare i valori della dignità intellettuale non meno che della comprensione razionale, anche *sub hostili dominatione*.

Un'amicizia che finiva per nascondere un dramma: il dramma dell'Italia nel ventennio fra le due guerre, nella lotta contro la dittatura, nello scontro fra le vecchie fedi liberali, ormai smentite e umiliate dalle continue capitolazioni, e le nuove inquiete forme di democrazia, quelle che poi avrebbero alimentato, attraverso le memorie o i ripensamenti gobettiani, gli sforzi e gli slanci generosi e anche le nobili contraddizioni del partito d'azione.

Io credo rappresentò per me la prefazione a un altro libro prezzoliniano che doveva poi influenzarmi nella ricerca delle radici sociali della Chiesa: *Il cattolicesimo rosso*. Una formula che mi apparve, nella sua asprezza perentoria, stimolante; una suggestione che non dimenticai, dieci anni più tardi, quando scrissi di getto, e senza correzioni, e senza pentimenti, e diciamolo pure senza freni, là sulle colline di Santa Margherita a Montici che erano state care alle passeggiate di Prezzolini e Papini giovani, *Il Papato socialista*, il primo tentativo di analisi, negli anni del dopoguerra, della inevitabile apertura della Chiesa al socialismo, della *revanche* socialista del cattolicesimo contro la fine dello Stato liberale, contro il tramonto del Risorgimento.

E nel mezzo il gusto del ritratto, l'amore, che la lettura di Prezzolini contribuì a sollecitare in me, al *portrait* a tutto tondo, al gusto del profilo, senza troppi compiacimenti retorici, senza evasioni od orpelli. Ricordo certe letture degli anni '40: il vecchio e curioso volume vallecchiano *Uomini 22 e Città 3*, con quella copertina che ricordava un po' i *Chimismi lirici* di Soffici, con quegli scorci impietosi, un Giuseppe Sergi, un Gaetano Negri, che adombravano il piglio delle stroncature papiniane ma riuscivano a persuadere di più, apparivano meno passionali o meno intemperanti, infine con quelle pagine chiarificatrici e semplificatrici, di limpidità quasi cartesiana, su Croce e Gentile.

E poi il piccolo e prezioso volume *Benedetto Croce*, con bibliografia, ritratto e autografo, edito nella collana giallastra dei «Contemporanei d'Italia» di Riccardo Ricciardi all'inizio della stagione vociana che tanta influenza doveva esercitare nello sviluppo della cultura italiana, nel 1909, press'a poco il periodo in cui Croce si accingeva a entrare nel Senato del Regno e i suoi libri erano acquistati anche – secondo una testimonianza recente di Prezzolini – dal fiorentino «Gabinetto Vieusseux» che non li aveva voluti fino a quel momento.

E poi qualche fascicolo sparso dell'*Anima*: una testata bianca che doveva suscitare singolari reazioni nel nostro animo, insinuarci dubbi e interrogativi, incuriosirci con quell'abbinamento direzionale, Papini e Amendola, che si poteva comprendere e giustificare soltanto nel clima dell'eclettismo e del composito sincretismo vociano voluti da Prezzolini.

Eclettismo; sincretismo. Ci fu un altro piccolo e suggestivo libro di Prezzolini, letto press'a poco nello stesso periodo, che mi rivelò le unità e le convergenze di un mondo che poi era destinato a lacerarsi e dividersi sul fronte dell'azione politica, sullo spartiacque della resistenza al fascismo. Quel libro si chiamava, con una delle poche indulgenze sentimentali di Prezzolini, *Amici*; era stampato dal vecchio Attilio Vallecchi; portava la data, emblematica, del 1922, poco prima della marcia su Roma, poco prima dello sconvolgimento delle assise dello Stato liberale e garantista. E riuniva, in un comune e non retorico omaggio, uomini che poi si troveranno su opposte sponde: Benedetto Croce e Alfredo Panzini; Luigi Einaudi (uno dei ritratti più belli che Prezzolini abbia mai scritto: forse il mio primo ideale incontro col grande maestro piemontese) e Giovanni Papini; Gaetano Salvemini e Ardengo Soffici.

Era una specie di libro autobiografico: un'autobiografia che ha attinto forse le sue forme più toccanti in una pagina recente di

Prezzolini, in quello scorcio della «mia Firenze», che mi riuscì strappargli, dopo incertezze ed esitazioni varie, per le pagine speciali del *Corriere della Sera*, nell'inchiesta di «Italia settanta», riserbate alla Toscana.

Al primo invito, un invito che rinnovava la cara consuetudine del *Resto del Carlino*, l'antico «Giuliano il Sofista» mi aveva risposto da Lugano con un cortese e fermo diniego. «Manco da Firenze da tanti decenni»; «potrei dirne solo male»; «Firenze non è più la stessa; la sua decadenza è inesorabile»; «i fiorentini non me lo perdonerebbero». E poi la decisione, da me cautamente e discretamente favorita, di ripiegare sulle zone della memoria, di evocare il mondo lontano dei primi affetti e dei primi incontri fiorentini, di stabilire, senza jattanze ma anche senza ipocrisie, un certo tipo di debito con Firenze.

Ed ecco emergere, dalla prosa prezzoliniana pur castigatissima, pur antiretorica, pur atteggiata sempre in una smorfia beffarda, il mondo che il suo amico Papini avrebbe chiamato del «passato remoto», un mondo capace di comporre tutte le antitesi, di levigare tutte le asprezze. Un mondo popolato di ombre: il vecchio Carducci che alla fine del secolo percorreva in tranvai il giro della circonvallazione dal cimitero delle Porte Sante, «una specie di grosso sacco sorretto da un infermiere e che barbugliava a stento»; le lezioni di Felice Tocco all'università; i primi gesti di contestazione esibizionistica o d'imitazione di Baudelaire, perfino nella ricerca dei paradisi perduti; le letture disordinate e convulse, spazianti dalla religione alla filosofia; la timida e impacciata conquista del metodo scarnificatore e razionalizzatore dell'idealismo, con una punta di pragmatismo; le basi di quella lotta al positivismo e allo scientismo in cui anche il gruppo fiorentino, pure attraverso eccessi o deviazioni, ebbe la sua parte importante. E personaggi minori o maggiori, curiosi o irritanti, generosi o meschini.

E su tutto, perfetta, la definizione di Firenze, di quello che Firenze ha voluto dire per Prezzolini e per infiniti altri. Finalmente: lo scioglimento di un debito, il saldo di un conto antico. «Nella Toscana e particolarmente in Firenze sentimmo», ecco le parole di Prezzolini, «la grande lezione dell'essenziale e del capitale, del semplice e del chiaro, dell'ironico e dello spavaldo, del birichino e del savio. Invece di poesia, filosofia. Invece di versi, prosa. Invece di forma, contenuto. Invece di chiacchiere, fatti. Se ci fu una ricerca, per me almeno, fu quella di dir le cose col numero minore che fosse possibile di parole; e di qui l'amore per l'aforisma, per il *bon mot*, per l'arguzia, e in certi momenti di follia lo sforzo per una espressione che prendesse a modello il telegramma. Il mio primo libro fu una serie di pensieri, e uno degli ultimi è stato pure una raccolta di pensieri. Bene o male che ci sia riuscito, fu dai Toscani che l'appresi, e dai meglio fiorentini che aggiunsi quel non so che di balzano e di corbellatore che si può talvolta trovare nella mia *Vita di Niccolò Machiavelli fiorentino*. »

Che è il ritorno al suo Machiavelli; la riapertura del « caso » che Prezzolini ha rappresentato nella vita italiana, accidentata e contraddittoria, di questo secolo.

4. *Gallarati Scotti*

« VADO ogni giorno a colazione da Benedetto Croce. Parliamo anche di religione. Io non gli nascondo la mia fervida anche se travagliata fede cristiana e la pace trovata in essa. Dico che considero la sua posizione come Dante giudica quella di Virgilio: altissima, di guida nel mondo della ragione, della conoscenza, ma priva di quel lume della grazia che è la rivelazione cristiana. Egli mi risponde che la sua è una religione filosofica a cui non sa quale altro lume potrebbe essere aggiunto... »

È una pagina, datata 7 febbraio 1945, del diario inedito di Tommaso Gallarati Scotti, l'umanista lombardo, il biografo di Fogazzaro, l'ultimo ideale discendente di Manzoni di cui la Milano colta e civile ha ricordato nel dicembre 1978 il centenario della nascita, con la discrezione e la sobrietà che egli, esponente di una delle antiche aristocrazie d'Europa, seppe serbare sempre nel vecchio palazzo di via Manzoni, sacro alle memorie del comitato di liberazione del '43.

Croce, Gallarati Scotti. Due mondi, due concezioni della vita. Il grande filosofo appagato nella laica religione della libertà; il credente tormentato, e più volte condannato dalla Chiesa, sempre fedele alla religione dei padri, sia pure vissuta col travaglio della generazione modernista che aveva condiviso le angosce del «Santo» fogazzariano e aveva scrutato le vie del rinnovamento sessant'anni prima del Concilio vaticano secondo.

Gallarati Scotti è a Napoli per pochi giorni: lo colpisce lo spettacolo di « una folla militare e popolare, di una vera emigrazione di stirpi varie di una città babilonica ». Ha raggiunto l'Italia liberata dalla Svizzera, dov'era rifugiato fin dal dicembre '43, fortunosamente. Deve assumere l'ambasciata d'Italia a Madrid: una scelta che è stata compiuta pochi mesi prima dal governo Bonomi, non senza un preciso calcolo politico.

Madrid è l'ultima capitale di uno Stato di tipo fascista in Europa, impegnato nel graduale sganciamento dagli ex alleati dell'Asse. Occorre inviare un ambasciatore che rappresenti l'Italia antifascista (e pochi hanno le carte in regola come Gallarati Scotti) ma anche che goda di possibili autorevoli entrature nel mondo dell'aristocrazia spagnola cui il duca lombardo è vicino: grande di Spagna egli stesso, per le parentele materne del ramo degli Eril (la madre è una Melzi d'Eril, del filone napoleonico del Regno italico), discendente di un ambasciatore di Ludovico il Moro alla Corte spagnola degli anni 1497, press'a poco gli anni di Colombo.

Il successo della missione diplomatica a Madrid sarà grande: il patrizio lombardo, che ha già sessantasette anni, terrà testa alla consumata e smagata diplomazia del generalissimo con cortesia pari alla fermezza. Non meno grande sarà due anni dopo, dai primi del '47, il successo dell'ambasciata a Londra: un ambiente politicamente tanto più congeniale al patriota milanese, negli anni centrali dell'epoca degasperiana.

Tommaso Gallarati Scotti è profondamente vicino a De Gasperi. La stessa visione scabra e quasi ascetica della vita; la stessa lontananza dalla retorica e dall'enfasi; la stessa vena di cattolicesimo liberale. Nel primo quindicennio del secolo i due hanno vissuto esperienze diverse: l'uno chiuso nel Trentino clericaleggiante e legittimista; l'altro operante in una Milano in cui gli intransigenti sono in minoranza, don Davide Albertario è segnato a dito, l'influenza di Rosmini non si è mai consumata neanche nel clero, l'indipendenza intellettuale è conciliabile con la fede cattolica, secondo il modello manzoniano.

Viene, Tommaso, da una famiglia, quella paterna, non risorgimentale, austriacante, « massimilianea » negli anni in cui l'arciduca austriaco ha tentato una riconciliazione con la Lombardia post-restaurazione. Si è formato secondo una dura, rigorosa, quasi scontrosa educazione cattolica; suo catechista è stato don Achille Ratti, il futuro prefetto dell'Ambrosiana ma anche il futuro Pontefice del concordato con Mussolini (un atto che l'antifascista cattolico non giustificherà mai, fedele come rimarrà in ogni momento alla visione coerente e schietta della separazione fra i due poteri, alla « libera Chiesa in libero Stato », che egli riprendeva direttamente dal filone cavouriano).

L'incontro con Fogazzaro è stato decisivo; il giovane studioso ha respirato il clima di contraddizione e di tormenti che si è riflesso nello scrittore vicentino, lo ha quasi trasferito in sé, rivissuto per la seconda volta.

Nei primi anni del secolo Gallarati Scotti è vicino al modernismo religioso non meno che a quello politico, senza potersi dire un « modernista » *tout court*. Si sottrae all'egemonia culturale dell'idealismo, non si può considerare un crociano (i rapporti con Croce si infittiranno durante gli anni del fascismo). Alimenta, insieme, con Casati e Alfieri, la battaglia del *Rinnovamento*, una rivista che segnerà un momento decisivo nella storia del laicato cattolico, nel pieno della restaurazione teocratica di Pio x, salvo ripiegare, egli stesso, nel silenzio e nella solitudine quando giungerà la condanna del Vaticano, cui egli preferirà sottrarsi con un atto di obbedienza, che da molti non gli sarà perdonato.

Detesta la vita pubblica e politica, non concorre mai alle elezioni, condivide l'insofferenza dell'Italia giolittiana, della « prosa » giolittiana: l'unico impegno diretto è la partecipazione alla « Lega democratica nazionale » di Romolo Murri – un uomo da cui quasi tutto lo divide – che gli serve per lanciare, nel congresso di Rimini del settembre 1908, un appello per la cancellazione dell'insegnamento religioso così com'è degradato nelle pubbliche scuole: un appello che andrebbe riletto dai negoziatori della revisione del Concordato lateranense.

Cattolico fino ai confini della sofferenza e del dubbio, non senza trasalimenti giansenisti; mai conformista. Nel 1904, appena ventiseienne, laureato da poco, parla della « democrazia religiosa » di Mazzini per conto dell'Università Popolare di Milano: esaltando il modello di società mazziniana come il più vicino al cristianesimo. È amico fraterno di Gaetano Salvemini, condivide le battaglie meridionaliste del direttore dell'*Unità*. Ha in comune con Salvemini il fastidio della *routine* giolittiana, la scontentezza per quell'Italia chiusa e conclusa, l'ansia di un'Italia diversa e migliore.

Il Salvemini della lotta antigiolittiana e antiprotezionista, il Salvemini che prepara *L'Unità*, suscita echi di consenso crescente nel cuore del gentiluomo lombardo, tormentato dalla conciliazione fra valori estranei alla formazione culturale dell'amico, a cominciare dai valori della fede rivelata.

Molti anni più tardi, scrivendo a Umberto Zanotti Bianco (in una lettera inedita del 24 febbraio 1958) e ringraziando l'amico meridionalista per un saggio da lui dedicato a Salvemini e alla questione meridionale, esprimerà il suo « plauso commosso » con espressioni che, per chi conosceva il rigore stilistico del duca, non possono lasciare dubbi su un'interiore tenerezza, su una simpatia mai repressa.

« Vi è sempre in me – lo confesso – di fronte alle figure puritane qualche esitazione di carattere 'erasmiano'; ma Salvemini rimane anche ora uno degli uomini a cui devo per i suoi esempi e la sua schietta passione di verità. Nel grigiore della vita politica rifulge la sua vigorosa schiettezza. »

Quando Tommaso si mette a scrivere la *Vita di Antonio Fogazzaro*, un'opera che richiederà parecchi anni e che uscirà solo nel 1920, egli sogna una rigenerazione morale e civile degli italiani che lo collega a tutti i filoni operanti di antigiolittismo caratterizzanti questo periodo, e in cui Salvemini occupa un posto rilevante, ma senza mai indulgenze o abbandoni irrazionalisti. Ecco dove il freno del cattolicesimo liberale è decisivo per lui, è decisivo nel sottrarlo – e lo vedremo al momento dell'interventismo, con qualche differenza rispetto a Salvemini – da tutte le suggestioni di quella fuga dalla ragione che penetra facilmente nella polemica antigiolittiana e che alimenta deviazioni che poi, dall'antigiolittismo, trapasseranno, con movimento veloce e talvolta inavvertibile, al sindacalismo rivoluzionario e futurismo e attivismo e vitalismo, matrici tutte del futuro fascismo.

Corazzato dalla sua fede, che lo scioglimento del movimento murriano non incrina, Gallarati Scotti rimarrà estraneo a quell'elemento eversivo che la lotta antigiolittiana porta in alcune sue essenziali componenti: e forse il suo ritiro da un più diretto impegno civile e politico, alle soglie degli anni '10, potrebbe collegarsi a questa interiore ripugnanza, a questa sostanziale e non casuale accortezza. Ecco perché lo studioso lombardo seguirà una linea estremamente prudente sull'interventismo, non sarà neutralista come gran parte del mondo cattolico ufficiale, ma non sarà neanche interventista con gli accenti di un Salvemini. Estraneo, sempre, a ogni posa gladiatoria o dannunziana.

Interventismo e guerra: momento decisivo di trasformazione della società italiana. Tommaso sarà ufficiale, sarà vicino a Cadorna, avrà compiti che popoleranno molte sue pagine autobiografiche, ma guarderà alla tremenda esperienza bellica con sobrietà e con distacco, ben superiori per esempio al suo quasi coetaneo Luigi Albertini: mai contaminato dal dannunzianesimo, egli che pure ha subìto qualche anche deleteria influenza del dannunzianesimo letterario, col libro, per esempio, del 1911 su *Storie dell'amor sacro e dell'amor profano*.

All'indomani della prima guerra mondiale, è sulla linea di Bissolati, contro ogni stolido nazionalismo. Non subisce neanche per un momento l'attrazione del fascismo, che pure scompagina le file del mondo liberale e divide la sua stessa famiglia, come gran parte dell'aristocrazia italiana, non cede mai all'illusione di crederlo, neanche per un momento, strumento della difesa borghese, provvisoria arma di classe.

All'indomani del delitto Matteotti, quando larga parte dei suoi congiunti indulge al collaborazionismo col regime vincente, benedetto dal papa lombardo terrorizzato dallo spettro del comunismo, Pio XI, troviamo Tommaso collaboratore del *Caffè* di Riccardo Bauer e dell'antifascismo laico, razionalista e illuminista da cui nasceranno gli uomini migliori del partito d'azione, il nucleo neo-risorgimentale del secondo dopoguerra, fermo nel condannare il « Mussolini giolittizzato » che prepara l'accordo col nuovo pontefice, antico amico di famiglia e suo confessore come don Achille Ratti.

Allorché Pio XI firma i trattati del Laterano, il duca milanese prepara la traduzione italiana di *Sotto il sole di Satana* di Bernanos: altrettanto ostile alle compromissioni concordatarie quanto alle intolleranze giacobine. Non conosciamo una sola pagina di Gallarati Scotti che suoni di approvazione o di ratifica del Concordato lateranense. La sua costante amicizia col futuro papa Montini, i contatti col mondo bresciano di cui Paolo VI era figlio, non solo non contraddicono ma confermano tale impostazione profondamente anticoncordataria di Gallarati Scotti, nella linea maestra che derivava dal cattolicesimo liberale lombardo di cui era figlio tormentato ma esemplare.

Come non scorgere la sua sostanziale, inalterabile fedeltà al programma enunciato nel 1908 al congresso di Rimini dalla « Lega democratica nazionale »? « Politica ecclesiastica – rapporti fra Stato e Chiesa – problema della scuola. » Ecco il titolo della relazione affidata a Tommaso Gallarati Scotti e decisa in una preriunione che era stata fatta coincidere col 20 settembre 1907, cioè con l'anniversario della breccia di Porta Pia, quasi per svuotare la carica laica e anticlericale di quella data, quasi per fondare sull'accettazione di Roma italiana il consenso futuro dei cattolici democratici.

Quattro punti fondamentali. Accettazione integrale del principio cavouriano della «separazione della Chiesa dallo Stato»: fatta propria «da un gruppo di credenti persuasi, per una fede incrollabile, che solo nella più precisa distinzione delle attività della Chiesa da quelle dello Stato sia da porre ogni speranza per un più equilibrato e pacifico sviluppo della vita moderna».

E poi: distinzione fra religione e politica, da Dante a Cavour. «Nel conflitto secolare col potere civile dei pontefici, nella resistenza necessaria degli Stati cristiani d'Italia alle invadenze politiche della Chiesa, il popolo stesso si è educato ad una distinzione sottile fra ciò che nel cattolicesimo è verità eterna e al di fuori, per così dire, della storia, e ciò che di esso, società visibile, è partecipe dei necessari conflitti di opinioni e di interessi mondani.» Non senza un penetrante richiamo alla «mentalità cattolica» delle terre più imbevute di anticlericalismo: «non è senza significato che le città più fiere nella resistenza a Roma non si siano mai staccate dalla tradizione cattolica».

Di qui il terzo, inevitabile corollario: la distinzione porta, e deve portare, alla separazione fra Chiesa e Stato, al rispetto e non supremazia dell'una sull'altra associazione, «libertà piena, vera e leale, altrettanto avversa alla teocrazia quanto alla statolatria». Un motivo di fondo che tornerà nel discorso che dedicherà a Dante nell'ultimo centenario del 1965, quasi il suo testamento spirituale, al suo poeta che nella visione cosmica della *Commedia* aveva anticipato la distinzione fra i due poteri vista nei cieli della poesia eterna come due soli che si illuminano senza incontrarsi (vengono quasi in mente le parallele giolittiane, cioè la parte prosaica e prosastica di Giolitti rispetto all'intuizione poetica).

Quarto punto: il pluralismo. È un termine di cui si fa oggi un uso abbondante, disinvolto e spesso fuorviante. Ma nel 1908 ci voleva coraggio a invocare un'emulazione, una gara fra insegnamento pubblico e istruzione liberamente affidata ai credenti, senza privilegi e senza prelazioni di sorta. Libertà d'insegnamento fino in fondo: ma con la coscienza, denunciata da Gallarati Scotti, che «l'istruzione religiosa nelle scuole primarie così com'è ridotta per lente e successive eliminazioni come concessione al sentimento religioso delle maggioranze, si riduce ad un inganno e mantiene un equivoco». Contro tutti i superstiti accordi fra Chiesa e Stato in materia di istruzione, il duca chiede «la concorrenza libera dello Stato in materia di istruzione e in ogni grado di questa coi padri di famiglia, cogli istituti privati, con le congregazioni religiose, con le università libere», unico rimedio, incalza, «ad uno stato di cose dal quale sarà altrimenti sempre più difficile uscire senza urtare l'uno o l'altro partito».

Ecco una linea di politica ecclesiastica che egli non ebbe bisogno di modificare mai nei quasi sessant'anni vissuti oltre quel lontano, patetico congresso di Rimini, che lo preparò al messaggio del Concilio vaticano secondo e alla benedizione del Risorgimento compiuta da papa Giovanni XXIII nel 1961. Egli non rivendicò mai alcun ruolo di profeta o di anticipatore della svolta giovannea. Alla sua natura schiva e ritrosa ripugnava ogni ostentazione, e soprattutto in tema di valori di coscienza. Ma chi lo ha conosciuto bene ricorda taluni tratti del suo carattere, talune schegge della sua coerenza.

Nel 1954, quando gli portai la prima edizione dell'*Opposizione cattolica*, con la copertina di don Albertario ammanettato fra i regi carabinieri sullo sfondo dei dolci colli di Filighera (quella copertina che tormentò e angustiò De Gasperi), egli mi intrattenne a lungo – era il nostro primo incontro – sui gravi danni che alla Chiesa ambrosiana aveva arrecato don Albertario, con le sue intemperanze verbali, con le sue crociate chisciottesche, con le sue ostentazioni declamatorie, col suo feroce antimanzonismo.

Nel 1959 plaudì alla formula del «Tevere più largo», lanciata sulle colonne del mio vecchio *Carlino*, proprio perché ricuperava quella distinzione e autonomia fra società civile e società religiosa su cui si era fondata l'intera sua azione. E quattro anni più tardi, essendomi io rallegrato con un telegramma per l'articolo del *Corriere* su «La pentecoste di Papa Giovanni» (17 giugno 1963), egli mi rispose con le parole: «Debbo dirle francamente che le sue parole di consenso mi hanno fatto grande piacere, perché lei caro amico è uno degli spiriti più affini che io conosca ed ami. Dov'è la radice di questa affinità? Credo in una comprensione spirituale della storia meditata e vissuta, ma ne riparleremo ».

Non mancai, negli anni di poi, di orientare le ricerche del mio istituto universitario sul retroterra della « lega democratica nazionale ». Credo di essere stato il primo professore, di scuola laica, che abbia fatto aprire gli archivi di casa Gallarati per una dissertazione di laurea (in particolare quella di Claudio Giovannini, che poi diventò volume, e stimolante volume).

Condannato all'Indice per il libro, scrupoloso e fedele, su Fogazzaro, riuscirà a far revocare quell'interdetto assurdo senza nessuna correzione sostanziale, senza nessuna rettifica di fondo. Non arriverà invece a condurre in porto la tanto agognata biografia su Manzoni (postume usciranno le sole pagine sulla giovinezza); perché – mi confidava una volta, nella sua vecchia casa milanese – « mi sento troppo manzoniano; il mio manzonismo è un freno alla mia storiografia ».

Conservatore d'istinto e di educazione intuì tutti i difetti della vecchia Europa, capì come pochi altri le tante cose che non erano da conservare, accanto ai valori di coscienza che non potevano essere in nessun caso barattati. Come per Croce, e sia pure con diverso animo, ascoltare una messa valeva per lui infinitamente più di Parigi.

5. Buonaiuti

« SUA SANTITÀ, nella sua tenerezza vigile e premurosa per me, si era degnato di fare il mio nome per chiedere tassativamente che nei miei riguardi fosse senza indugio e perentoriamente applicato quell'articolo 29 del Concordato il quale affida l'esecuzione delle sentenze ecclesiastiche al braccio secolare. » Così Ernesto Buonaiuti, il grande studioso di storia del cristianesimo cui gli interdetti pre-concordatari e concordatari avevano bloccato l'accesso alla cattedra, scriveva il 22 febbraio 1930 ad Arturo Carlo Jemolo, uno dei suoi giovani amici e ammiratori (più giovane di lui di un decennio), in una lettera ancora inedita che il destinatario mi consegnò nel gennaio 1981 per il fascicolo speciale della *Nuova Antologia*, volto a onorare i novant'anni del maestro e amico operoso.

Per quanto scomunicato *vitando* da quattro anni, Buonaiuti si era rifiutato di deporre l'abito talare. La sua difesa aveva qualcosa di strenuo e di patetico. Non c'era solo l'orgoglio del credente, che non aveva abiurato l'antica fede pure nel ripensamento critico e storico partito dalla scintilla modernista; c'era la resistenza intellettuale di chi voleva, fisicamente, esteriormente, reagire a un abuso, non piegare a una sopraffazione.

Già da un anno erano stati firmati i patti lateranensi, con quell'ultimo comma dell'articolo 29 che parificava gli abusi della divisa ecclesiastica con quelli della divisa militare e introduceva le stesse sanzioni e pene, delegandole alla giustizia civile (un'orrenda reminiscenza medievale). Ma Buonaiuti aveva continuato a fare le sue lezioni « private » – lezioni per sopravvivere – con l'abito ecclesiastico: la domenica successiva – scrive Jemolo – avrebbe dovuto illustrare al pubblico la basilica pitagorica di Porta Maggiore (quante furono le amarezze e le mortificazioni cui dovette sottoporsi).

Mussolini, impegnato nell'aspra polemica con la Santa Sede, aveva chiuso un occhio. Non mancava un filo di simpatia del dittatore (che non scordava le sue origini anticlericali e non dimenticava di avere scritto *L'amante del Cardinale*) verso quel « ribelle » alla Chiesa romana cui si consentiva di scrivere, sotto pseudonimo, nel giornale ferrarese di Balbo e anche nel *Resto del Carlino*; e poi, nel '31, sulla *Stampa*, che egli giudica « il miglior giornale italiano ».

Ma le pressioni della Santa Sede, agli inizi del '30, si erano moltiplicate, erano diventate incalzanti. Mussolini aveva mandato da Buonaiuti un colto funzionario degli Esteri, non un *missus dominicus* del regime, Amedeo Giannini, diplomatico di carriera, storico della diplomazia, vecchio nazionalista, padre del giurista insigne ed ex ministro socialista, per persuaderlo a provvedere spontaneamente a quella « spoliazione » che altrimenti gli sarebbe stata imposta « per ragioni di politica ».

« Il colpo era preveduto », commenta Buonaiuti. E commovente è, nella lettera a Jemolo, la descrizione commossa e rattenuta delle reazioni della madre (Buonaiuti viveva con la madre, secondo lo schema dei vecchi sacerdoti che non abbandonerà mai, come non abbandonerà mai i voti sacerdotali). « Dio ha voluto che la mamma sostenesse l'ingrata nuova con una serenità molto maggiore di quella che mi ero aspettato. » « Dio vorrà ricavarne del bene », aveva perfino esclamato, squarciando il pessimismo del figlio con una nota di speranza.

L'episodio torna, con toni meno risentiti e meno espliciti, in uno straordinario epistolario di Buonaiuti che Ambrogio Donini, suo allievo e poi suo collega in storia del cristianesimo, un intellettuale approdato alle sponde comuniste da un intenso studio di storia della Chiesa, ha pubblicato sotto il titolo, efficace ed eloquente, *La vita allo sbaraglio. Lettere a Missir (1926-1946)*.

Remo Missir, un italiano residente a Smirne, nella Turchia anatolica, autodidatta, era uno di quei giovani, giovani negli anni '20-30, conquistati dal fascino di Buonaiuti e rimasti in corrispondenza, fitta e affettuosa, con lui. Nel ventennale della morte, nella Roma del 1966 all'Eliseo, Missir incontra Donini, gli parla di questo carteggio, lo segue a Bari, lo invita a farsi editore della preziosa testimonianza. Gli ostacoli sono molti: fino al '37 le lettere sono manoscritte, la calligrafia di Buonaiuti è spesso inintelligibile.

Comunque ogni difficoltà è superata dalla pazienza o dalla tenacia di Donini. Il quadro è di una desolante malinconia. Buonaiuti è investito dalle norme concordatarie su due fronti: dall'articolo 29 ma anche dall'articolo 5. Egli ha vinto da molti anni la cattedra; è certo il maggiore studioso di storia del cristianesimo, nonostante le riserve di Omodeo, espresse in un momento non felice (come quelle su Gobetti). Dal '26, dal giorno della scomunica maggiore, è praticamente senza cattedra. Ai negoziatori del Concordato, la Santa Sede chiede tra '26 e '29 un atto di distensione, di apertura: bloccare l'insegnamento di Buonaiuti.

Pietro Fedele non è Giovanni Gentile. È un ministro debole, di un « fascismo » recente e di basso conio. Non ha autorità su Mussolini, ha tutti i difetti degli universitari senza le qualità degli intellettuali che sono anche professori. Impone a Buonaiuti un incarico extra-accademico, la compilazione del catalogo della Biblioteca Vallicelliana, più tardi le ricerche su Giovacchino da Fiore. Ne guadagna la produzione scientifica di Buonaiuti, non la sua serenità intellettuale. « Molto rammarico e profondo scontento » affiorano nelle sue annotazioni tese e commosse, senza peli sulla lingua, senza mai una piega di riserva o di ipocrisia.

L'articolo 5 del Concordato – forse la più umiliante abdicazione dello Stato alla Chiesa, insieme con la legislazione matrimoniale ed educativa – interdice ai sacerdoti « apostati o irretiti di censura » ogni insegnamento o comunque ufficio statale, « a contatto immediato col pubblico ».

Buonaiuti è il bersaglio principale. Mussolini si rifiuta di applicare la norma in forma retroattiva (come chiedeva la Santa Sede). Per quasi due anni Buonaiuti passa da un incarico extra-accademico all'altro, conservando il « ruolo » di professore anche se non il contatto con gli studenti, interdetto fin dal '26.

Nel maggio del '29 si illude che l'urto fra Mussolini e la Santa Sede preluda a una svolta neo-laicista del regime. Si entusiasma ai discorsi di Mussolini alla Camera nel maggio '29, che giudicherà « veramente memorandi », scrivendone su *Ricerche religiose*. Qualcuno vede addirittura l'influenza dell'eretico nelle citazioni dotte del Duce: è una tradizione orale che Jemolo raccoglierà più tardi, ma che Donini contesta, forte di una testimonianza diretta, in materia, di un grande amico di Buonaiuti, rimastogli sempre legato anche nell'avversa fortuna, Mario Missiroli.

Le illusioni di «don Ernesto» dureranno poco. La pace fra Chiesa e fascismo è ristabilita presto, e, in quella fase, senza troppe ombre. Buonaiuti continua a dare lezioni private, nella mezza divisa di ecclesiastico di lingua inglese o tedesca, col suo collarino e col suo costume nero, ma non può tornare alla cattedra.

Alla fine del '31 il fascismo impone il giuramento agli universitari. Buonaiuti rifiuta, con altri pochi, ma forte di una motivazione peculiare, da credente qual è sempre stato e quale rimarrà. «Fra le prescrizioni evangeliche più precise e solenni, v'è quella di restituire a Cesare quanto è suo», ma v'è anche quella di «non giurare in qualsiasi maniera» (Matteo, v, 34).

Di fatto il suo astensionismo evangelico coincide sempre di più col suo antifascismo morale (fino a quello schema, conseguente, di Alleanza democratica nel dopoguerra: una vibrazione quasi amendoliana). Fra '33 e '40 troverà all'estero, nelle università svizzere o inglesi, molto maggiori soddisfazioni di quelle, rare o avare, che gli riserberà la grama e stentata vita in Italia. La sua rivista di «Scienze religiose» sarà a un certo punto interrotta (per mancanza di carta, si dirà); le sue condizioni economiche diventeranno sempre peggiori. Vivrà di incarichi editoriali, un po' come Luigi Salvatorelli.

Né la liberazione riserverà nessuna riparazione, come nel caso di Salvatorelli, a questo grande spirito solitario. Non riavrà la cattedra perché i ministri laici dell'Istruzione piegheranno all'ingiunzione della Santa Sede. Anzi, supremo paradosso e mortificazione: sarà reintegrato nell'insegnamento, come tutti i non giuranti (meno di venti), ai fini economici e di carriera, ma senza poter risalire in cattedra.

Ci fu un momento, alla fine del '45, in cui De Gasperi minaccerà perfino di riaprire la crisi ministeriale pur di non consentire il ritorno di Buonaiuti all'insegnamento. Nel gennaio '46 fu escogitato un compromesso: gli fosse almeno consentito un corso libero, nell'aula VI della facoltà di lettere e filosofia. Dedicato a San Paolo: l'origine della sua rottura con la Chiesa. Il successo fu enorme. La reazione del Nunzio Apostolico durissima. La seconda lezione interrotta. Poi una faticata ripresa.

Nell'alternanza di speranze e di timori il cuore di Buonaiuti crollò, il 20 aprile del '46. « Ho ancora tante cose da fare. » Furono le ultime parole di un uomo che non aveva mai interrotto – divieti o interdetti a parte – il lungo colloquio col Dio che è in noi.

6. *Toscanini*

Fu Eugenio Montale, con la sua intuizione rabdomantica delle cose, a inquadrare Arturo Toscanini nel contesto della storia italiana con due definizioni lapidarie e ancora insuperate. L'eroe borghese, contrapposto all'eroe allo specchio, cioè a Gabriele D'Annunzio. E « l'ultimo esemplare del grande artista-artigiano che ci fosse rimasto ».

« Nei gusti, nelle abitudini, nel modo di scrivere, nella stessa severa intransigenza che lo portò al rifiuto del laticlavio e che lo induceva spesso a fraternizzare con gli umili, a tenersi lontano dagli ambienti del lusso e della mondanità », sono parole di Montale, nel primo anniversario della morte, il 15 gennaio 1958, « Toscanini restò sempre il tipo stesso dell'eroe borghese, nato apposta per non intendersi col prototipo dell'eroe allo specchio, col D'Annunzio. »

E ancora: « Chi ha lavorato con lui (artista di canto o professore d'orchestra) ha creduto a un certo punto di avere sorpassato le sue possibilità, non per effetto di una forza medianica, ma per il semplice fatto di avere imparato il proprio mestiere. E ancora oggi l'uomo di teatro o il semplice maestro sostituto o il modesto suggeritore che possa dire di aver 'lavorato' con Toscanini, si direbbe che porti con sé il segreto dell'autenticità ». Che è proprio il segreto dei grandi artisti-artigiani. Non a caso Montale vide in Toscanini « il grande distruttore di ogni forma di esibizionismo e di gigionismo »: destinato, nella sua vita, a combattere almeno due o tre volte gli stessi nemici.

Quando io giunsi alla direzione del *Corriere*, nel febbraio del 1968, la « laica » religione della Scala sopravviveva quasi intatta nelle stanze di via Solferino. Eugenio Montale non era più il titolare della critica musicale sulle colonne dell'*Informazione*, compito che aveva assolto con umiltà, con discrezione, con assoluta e non ostentata fedeltà per tanti anni; ma nessuno aveva dimenticato le parole del necrologio che sul *Corriere* il grande poeta aveva dettato nel 1957 e che sul quotidiano pomeridiano aveva ripetuto, con diversi accenti, con più ampio respiro, un anno dopo.

« Arturo Toscanini non è stato soltanto un grande interprete di musica ma un uomo di tempra risorgimentale, garibaldina. Se si aggiunge che è nato povero ed ha sempre avuto almeno in parte i caratteri del *selfmade man* possiamo spiegarci come e perché nessun direttore d'orchestra, non solo in America ma in tutto il mondo, abbia mai raggiunto una fama paragonabile alla sua. »

E Montale, in quell'articolo, non trascurava la questione degli inni, e non temeva neppure di toccare il tema del fascismo: « Toscanini non fu ridicolo sacerdote dell'arte pura, di quelli che credono di contaminarsi concedendo qualcosa alle esigenze del teatro. Suonò inni in molte occasioni, durante la guerra del '15-18, nelle retrovie, sul Monte Santo e a Fiume per D'Annunzio. Ma dopo l'avvento del fascismo o meglio dopo che si fu persuaso che nel fascismo non c'era nulla di garibaldino, si rifiutò sempre di inneggiare alle 'magnifiche sorti' mussoliniane ».

Il più clamoroso incidente – proseguiva Montale – si ebbe a Bologna, nel maggio 1931, in occasione della commemorazione di Martucci. Pur essendo presenti a quella cerimonia Costanzo Ciano e il sottosegretario Arpinati, « il maestro rifiutò di suonare gli inni, andò a teatro, fu circondato da una turba minacciosa, percosso, ferito alle labbra. Da quel tempo Toscanini fu il più grande nemico che fascismo e nazismo potessero avere nel mondo dell'arte e dell'intelligenza ».

Per la verità: l'aggressione avvenne, a opera di gruppi di squadristi o di pseudo-intellettuali fascisti, sulla base della sola voce circolante circa il rifiuto di suonare *Giovinezza*, fuori dal teatro, prima dell'inizio del concerto. E con un seguito penoso di trattative, fra lo Stato fascista e il maestro, sulla prospettiva di rientro notturno a Milano, sottratto a ulteriori violenze fasciste.

Il brontolio della contestazione, imminente sul piano della cronaca in quell'inizio del 1968, non era ancora intuito né presentito dai redattori del *Corriere*. Le uova marce, che avrebbero di lì a pochi mesi o anni investito il pubblico, eccezionale, delle eccezionali « prime » della Scala, sembravano talmente lontane, anche come ipotesi, rispetto ai valori codificati nella tradizione semisecolare da apparire impossibili, almeno alla maggioranza di coloro che appartenevano a quella che Corrado Alvaro aveva chiamato la « compagnia di Gesù » di via Solferino.

Un senso di reverenza circondava tutto ciò che riguardava la

Scala: una reverenza che affondava radici profonde nell'anima milanese, che si identificava con l'atteggiamento orgoglioso, di superiorità, da tutti riconosciuto al grande teatro, quasi un titolo d'identità del primato ambrosiano sullo sfondo della società italiana sempre più orientata al consumismo oppure a un certo corporativismo, anche nel campo della musica e dello spettacolo.

Non erano passati ancora, in quell'alba del 1968, cinquant'anni dalla lettera che Luigi Albertini aveva indirizzato a Luigi Einaudi, suo fedele collaboratore e suo incomparabile consigliere, il 27 marzo 1924, quando già le ombre della dittatura si proiettavano sul quotidiano fedele alla linea del rigore costituzionale e antifascista.

Una lettera singolare, che vale la pena di leggere ancora, compresa com'è nella preziosa edizione dell'epistolario albertiniano, anche se manca la risposta di Luigi Einaudi. Un Albertini fuori del comune; un Albertini che si preoccupa di un'istituzione milanese, ipotizza un tributo dei milanesi per tenere in piedi la Scala, un Albertini che chiede un parere allo Stato – egli che aveva quel senso di rispettosa e quasi disdegnosa autonomia dallo Stato, dallo Stato liberale, immaginarsi da quello nascente del fascismo – in vista di favorire la formazione di un consorzio per la Scala.

Un Albertini che sta per firmare il Manifesto degli intellettuali antifascisti (e invano si rivolgerà a Toscanini per questo obiettivo), un Albertini che mette in luce i maggiori meriti dell'amministrazione socialista rispetto a quelle moderate: egli che proviene da vent'anni di direzione critica e insofferente del socialismo e del rapporto fra Giolitti e i socialisti.

Un Albertini come sempre indipendente e quasi sprezzante, che si muove fuori degli schemi ortodossi e bigotti delle ideologie ufficiali e guarda all'interesse di Milano come comunità in qualche modo contrapposta a Roma, capace di ritrovare nell'organizzazione della Scala un titolo ulteriore di superiorità di fronte al burocratismo e al clientelismo, tanto detestati e aborriti, della capitale.

Quanti significati in questa lettera di Luigi Albertini! « Parto da una premessa », inizia il grande direttore presentando la sua richiesta, « che a Milano si sta per fondare un Ente Autonomo per l'Esercizio del Teatro della Scala. » L'ente, cioè, che assumerà l'organizzazione funzionaria e artistica del teatro, in piena autonomia dai palchettisti coi quali raggiunse un'intesa per la cessione.

« La resurrezione del teatro lirico è un interesse nazionale notevole », prosegue Albertini illustrando il progetto, « e lo è particolarmente per la Lombardia, date le tradizioni del suo maggiore teatro. Il municipio socialista ha inteso questo interesse e ha fatto per avvantaggiarlo più di quanto abbiano fatto le amministrazioni moderate. » L'ente autonomo, stando al preciso disegno di Albertini, doveva « trasformare il teatro dal punto di vista tecnico » e curarne l'esercizio, riscattando i palchi appunto, « se i frutti della nuova gestione saranno buoni, come spero ».

« Io ho già trovato 4 milioni, ma spero di trovarne altri 3 o 4 senza i quali non è possibile iniziare l'impresa. Ma anche iniziata l'impresa », aggiunge Albertini toccando la questione di fondo, quella del reperimento di finanziamenti, « questa sarà molto probabilmente passiva date le enormi spese di esercizio. »

Come provvedere? Albertini non appare convinto del ricorso allo Stato *tout court*, come in altri paesi europei, suggerito da Toscanini. « In Francia è lo Stato che colma il deficit. Da noi Toscanini e altri avevano pensato di chiedere un sussidio allo Stato; ma io dubito che lo Stato voglia e possa dare danaro a Milano per la Scala. Sorgerebbero tutte le altre città che hanno un teatro importante, e non so dove si andrebbe a finire. »

L'idea di Albertini era un'altra. Sentiamo, attraverso le sue stesse parole, come la presenta a Luigi Einaudi. « In quelle regioni nelle quali esiste un importante teatro d'opera, gestito da un ente autonomo immune da speculazione, è stabilita a favore dell'ente autonomo una sovraimposta sulla tassa che colpisce i biglietti d'ingresso ai cinematografi e ai caffè concerto. Non so proporre i limiti di questa sovraimposta », confessa il direttore rivolgendosi all'esperto economista, « ma per poco che si sovraimponga, il frutto sarebbe cospicuo e mi pare che non urterebbe contro nessun canone salvo quello che contrasta con l'istituzione di tasse speciali per speciali scopi. Ma qui si tratterebbe di una sovraimposta sul divertimento devoluta a favore di un divertimento più nobile ed elevato, e mi pare che Lei non possa aver nulla da obbiettare. »

Quale il quesito che Albertini rivolgeva a Einaudi? Lo invitava semplicemente a « studiare a Roma presso l'amministrazione competente come potrebbe essere amministrata questa sovrimposta. In altre parole, il fisco ha modo di esercitarla lui, di esercitarla in una data regione e di versarne l'importo a favore dell'istituzione? E quanto si dovrebbe sovrimporre per avere un reddito di almeno un milione o un milione e mezzo l'anno? » A Einaudi, dunque, Albertini affidava l'aspetto tecnico della proposta, in modo che « presentandola al governo », come si legge nel postscriptum, « non possa dar luogo a obbiezioni da parte dell'amministrazione ».

Non abbiamo, si è detto, la risposta di Einaudi nell'epistolario, che riporta invece altre lettere in materia, di Albertini, al presidente del Consiglio Nitti, o a facoltosi industriali milanesi, potenziali sottoscrittori, come Antonio Bernocchi, che sarà di fatto uno degli oblatori, sia pure rappresentato nell'amministrazione dell'Ente Scala da Borletti e Balzan. Ma sappiamo che un intervento ci fu, a livello periferico: il Comune di Milano si impegnò infatti a versare per nove anni un contributo annuo e una percentuale sui biglietti delle manifestazioni teatrali e sportive venduti nella città.

Quello stesso spirito e quello stesso slancio, che avevano animato Luigi Albertini, li ritroviamo in Arturo Toscanini, nel Toscanini che da anni ha preso la via dell'esilio, che dai lontani Stati Uniti fa avere – giugno 1945 – un milione di lire al sindaco di Milano, Antonio Greppi, per la ricostruzione del famoso teatro.

La Scala ha vissuto intero il suo dramma, allorché nell'agosto del '43 il bombardamento notturno ha sfondato ripetutamente il tetto, schiantando la famosa volta di Piermarini che conferiva alla sala la sua ineguagliabile acustica; e l'ambiente per l'orchestra, ordini di palchi, tutto l'interno del teatro ridotti a una rovina. Si leggevano ancora, sia pure con fatica, quasi amara ironia del destino, le parole in gesso « Viva Toscanini! », « Torni Toscanini », scritte sui muri all'indomani del 25 luglio.

Torni Toscanini. È la richiesta precisa che il sindaco Greppi, nel ringraziare la figlia del maestro per l'ingente cifra ricevuta, muove a nome dell'intera città: « La prego di esprimere ancora una volta al Maestro, a nome di noi e di tutta la cittadinanza, il desiderio di vederlo al più presto a Milano. La sua aspirazione e la sua opera potranno essere decisive», proseguiva il sindaco, «per la ricostruzione del teatro e per un rinnovamento della sua vita artistica, in quest'ora che vede l'Italia risorgere nella libertà e nell'entusiasmo per tutto ciò che è alto e degno».

Nella prima metà del '45 i lavori di ricostruzione avevano già avuto inizio, e nella primavera del '46 si tornò ad ascoltare la grande musica. Toscanini non ha lasciato gli Stati Uniti fino alla primavera di quell'anno: la pregiudiziale per il rientro in Italia è l'allontanamento di casa Savoia, la pregiudiziale repubblicana. Poi, si lascerà convincere, per inaugurare la Scala, ricostruita con l'orgoglio e l'amore di tutti i milanesi. Rievochiamo quel giorno, per la storia, non solo della musica e del teatro, l'11 maggio 1946.

Toscanini ha varcato il confine fra la Svizzera e l'Italia il 22 aprile; quella sera stessa si incontra con Antonio Ghiringhelli, l'appassionato industriale nominato commissario della Scala. Le richieste del maestro, per tornare a dirigere nel *suo* teatro, sono perentorie e precise: deve essere ricostituita la stessa orchestra del 1930, con la riassunzione immediata di quanti erano stati allontanati per sentimenti antifascisti. «Heri dicebamus...»

Otto giorni di prove, con quell'orchestra, con quelle persone, dal 3 al 10 maggio: nel programma, Rossini e Verdi, Boito e Puccini. Non tutto fila liscio dato il carattere intransigente del maestro: il pomeriggio del giorno 11 il sindaco Greppi tenta ancora di convincerlo a lasciargli pronunciare un breve discorso, in occasione della riapertura dopo la liberazione. Toscanini rifiuta. Basta la musica. E il sindaco Greppi, per protesta, diserterà l'indimenticabile serata.

«Uomo all'antica, Toscanini fu incapace di pose ma spinse certe sue intransigenze fino a limiti che non a tutti riuscirono comprensibili»: nelle parole del poeta degli *Ossi di seppia*, c'è tutto il senso di quell'indomito e orgoglioso carattere.

Il che spiega la singolare parabola politica di quest'uomo eccezionale che, candidato nella prima lista degli ex combattenti di Mussolini nel 1919 a Milano (quando il fascismo appena nascente poteva sembrare fenomeno di dissidenza e di eresia), incarnò, con stile incomparabile, la lunga resistenza in esilio alla dittatura e riflesse le sue scelte finali nella « Mazzini Society ». Cioè il nucleo di combattenti antifascisti che scelse la pregiudiziale repubblicana, insieme con Sforza, insieme con Tarchiani, insieme con Salvemini, insieme con Borgese, insieme con Lionello Venturi, quando tanta parte dell'antifascismo oscillava e sbandava intorno al continuismo monarchico.

Un carattere inflessibile, disse appunto Montale. E noi aggiungeremo: un carattere mazziniano.

7. *Conti*

MAGGIO-GIUGNO 1950. È uscita da poche settimane sul *Mondo* la «Storia del Sillabo», in tre puntate, preludio e anticipazione delle mie future ricerche sulle origini e sui primi sviluppi dell'opposizione cattolica. Pannunzio ha intitolato la prima puntata di quella storia singolare, abbastanza inedita per gli umori dell'Italia anni '50, «I pascoli velenosi dell'errore». L'eco e i contraccolpi nel mondo laico sono stati notevoli: col direttore del *Mondo* è nata da tempo l'idea di allargare quegli scavi retrospettivi nel filone opposto, nel versante non meno clandestino dell'opposizione laica, dei fedeli dell'intransigentismo mazziniano che avevano scelto il «voto di castità» politico per ragioni antitetiche a quelle dei fedeli dell'«Opera dei Congressi», ma obiettivamente conseguente nei risultati di contestazione dello Stato appena nato.

Era anche quella una storia tutta da esplorare. Scarsissima, e frammentaria, la bibliografia: pochi ed episodici i contributi analitici; spesso introvabile la documentazione del tempo, troppo sotterranea e «sovversiva» per essere ospitata nelle pubbliche biblioteche. Il piano si definisce rapidamente: prima i radicali, poi i repubblicani.

Il filone della democrazia garibaldina che si separa nettamente da Mazzini dopo il '70 e prepara la futura graduale inserzione nella logica delle istituzioni parlamentari e monarchiche sancita dai protocolli del «patto di Roma» e dal successivo collaborazionismo sonniniano e infine giolittiano; poi il nucleo dell'ortodossia mazziniana vera e propria, il gruppo dei devotissimi al repubblicanesimo delle origini, di coloro che non giurano fedeltà alle istituzioni, che non entrano nel parlamento, che si attestano su una linea di *non possumus* verso lo Stato borghese e censitario nato dal Risorgimento, almeno fino alla grande svolta della fine del secolo, che cambia tutti i dati del problema fra persecuzione, reazione e nuova svolta liberale.

Lo studio del radicalismo presenta ostacoli non piccoli, ma superabili. Esistono gli atti dei congressi; c'è il soccorso di qualche opera memorialistica; soprattutto c'è un filo da seguire. Diverso, molto più complesso, il discorso per i repubblicani, soprattutto nell'arco degli anni che vanno dal 1870 al 1895, gli anni della clandestinità catacombale. A superare le difficoltà obiettive, a un certo punto scoraggianti, della nostra ricerca, ci fu di grande aiuto un repubblicano della vecchia scuola che riviveva nel cuore esperienze e figure del passato e riassumeva anche nello stile i valori di quel mondo, il senatore Giovanni Conti, un nome lontano per le nuove generazioni.

Con la generosità propria dei vecchi studiosi e dei vecchi democratici, Conti ci aprì le porte della sua biblioteca romana – là nella suggestiva via di Campo Marzio legata alla prima gloriosa esperienza redazionale del *Mondo* –, ci consentì di salire ripetutamente quelle scale per trascrivere gli atti dei congressi repubblicani nazionali e regionali, di aprire le molte cassette di opuscoli da lui raccolte con religiosa devozione, di utilizzare il prezioso materiale della sua collezione, unica in Italia, sulla storia segreta del movimento repubblicano.

Ricordiamo sempre quella terrazza disadorna e modestissima di una casa in cui si rispecchiava il sobrio decoro di una generazione incorruttibile: una terrazza dalla quale si accedeva a uno sgabuzzino colmo di carte, di casse, di scatole di documenti gettate un po' alla rinfusa, ma riordinate idealmente dal loro proprietario con una sicurezza che era gelosia, con una precisione che nasceva dall'amore. Per quanto in atteggiamento di distacco o di riserva verso la rappresentanza repubblicana al governo (eravamo nel cuore dell'età degasperiana, e *Il Mondo* svolgeva una funzione spesso spietatamente critica del centrismo), il vecchio e grande galantuomo non faceva mai pesare nelle valutazioni storiche o retrospettive il peso delle passioni o delle contrapposizioni politiche, pure così accese e infiammate, che incombevano su quel momento particolare e difficile del repubblicanesimo italiano. Profondi e molteplici erano stati i motivi di scontro sia con Randolfo Pacciardi sia con Ugo La Malfa: motivi di scontro che investivano sia la politica estera sia la politica interna.

Il frutto di tali pazienti ricerche fu consegnato nelle quattro puntate – due pagine intere, circa venti cartelle dattiloscritte ogni puntata – che Mario Pannunzio pubblicò sul *Mondo* con l'occhiello «I repubblicani dopo l'unità» fra il 21 aprile e il 12 maggio 1951.

Nessuna indulgenza « agiografica », sia pure in chiave laica; nessuna mitizzazione retrospettiva. Ma un tentativo di scoprire un filone semi-clandestino della vita italiana, fino a quel momento trattato con sufficienza e talvolta con fastidio. Nel suo travaglio, nella sua elaborazione intellettuale, nel suo faticoso confronto con la realtà, fra miti e storia, contro ogni residuo dogmatico. « Definirsi o sparire. »

Il sottotitolo dell'ultimo capitolo, il quarto, già rappresentava un programma politico, già adombrava l'inserimento delle forze repubblicane nella costruzione dello Stato democratico italiano, oltre tutti gli oltranzismi e gli utopismi della vigilia: « Nasceva in molti », era il testo di una mia frase scelta dal *Mondo*, « la convinzione che i veri termini della vita italiana non potevano essere scissi, che la Repubblica non doveva rappresentare soltanto una formula da comizio o un'insegna da caffè, ma un programma concreto e operante ed effettivo di lotta e di rinnovamento politico ».

Erano quelle le parole che più facevano piacere a Giovanni Conti. Nulla egli detestava quanto una falsa tradizione repubblicana fatta di gesti, di spettacolo, di « folclore ». Del repubblicanesimo egli incarnava quella linea di problemismo e di concretismo che aveva una salda, inflessibile radice morale ma che insieme si legava all'analisi coerente della società italiana, a un riformismo operoso e incisivo. Non a caso Conti si era tanto prodigato, nella sua vita di educatore e di militante, per allargare la conoscenza di Carlo Cattaneo, per innestare il filone cattaneano sull'antico tronco della fedeltà e dell'intransigenza mazziniana (di qui l'amore della Repubblica romana, di qui una certa estraneità alla Romagna custode intransigente di un *depositum fidei* mazziniano che non sempre coincideva col suo pensiero).

Chi ricordi, come noi ricordiamo studenti universitari, le edizioni rigorose, misurate, antiretoriche della « Libreria politica moderna », tutta animata e sorretta dal fuoco della sua passione morale, non avrà dimenticato le scelte di quei testi, le annotazioni di quei capitoli, il significato di certe esclusioni, il valore testimoniale ed emblematico di parecchie inclusioni o riscoperte.

Giovanni Conti non aveva nulla delle pose gladiatorie o guerrazziane della democrazia avanzata e progressiva di fine secolo.

Perfino il nobile filone cavallottiano, quello cui Galante Garrone ha dedicato pagine di esemplare asciuttezza, si era dissolto e come consumato in questo estremo e scabro rigore del repubblicano tutto d'un pezzo cui certo non era stata estranea l'influenza di Salvemini, ponte fra una certa democrazia repubblicana e il socialismo. Nulla di teatrale, nulla di pittoresco, nulla di gladiatorio nel combattente per la libertà che saprà tenere testa alla dittatura, difendere durante il ventennio i valori di una tradizione identificata con una scelta di vita, con un'opzione morale.

Amore delle cose concrete, contro ogni declamazione, studio approfondito e rigoroso dei problemi, non meno finanziari che amministrativi e sociali, diffidenza istintiva per le generalizzazioni spesso superficiali o temerarie. Uno dei patriarchi della tradizione repubblicana cui Conti era più fedele, del quale aveva maggiormente alimentato la divulgazione attraverso le edizioni della « Libreria politica moderna », era, e non a caso, Arcangelo Ghisleri: uno dei personaggi dominanti di quella mia storia, quasi il simbolo del trapasso dal vecchio repubblicanesimo clandestino, protestatario, legato al « voto di astinenza » politica, rispetto al mondo nuovo di militanti repubblicani e *tout court* democratici che sorge all'inizio del secolo. Mondo che rilegge e approfondisce Cattaneo, che sente il confronto e la dialettica col socialismo, che non si rinchiude in nessun campo trincerato, che riscopre le radici profonde di una posizione politica e culturale nuova, frammenti della quale confluiranno poi nella « rivoluzione liberale » di Gobetti non meno che in « Giustizia e libertà » dei fratelli Rosselli (e Nello sarà, non senza una ragione profonda, storico del primo repubblicanesimo, del Mazzini in guerra con Bakounine, secondo la grafia scelta dallo storico-martire).

Ricordiamo bene la biblioteca di Conti. Non solo libri dei grandi maestri del pensiero repubblicano, ma infinite opere di amministrazione, di legislazione, di finanza. Un largo settore dedicato agli sprechi o sperperi delle spese militari (una sua direttrice costante). Molte opere dedicate alla vita locale, ai temi della buona e saggia amministrazione. Uno spaccato dell'Italia nelle sue lacune e nelle sue contraddizioni, nelle sue insufficienze e nei suoi tormenti: un'Italia che egli conosceva in profondità, per avervi dedicato un amore di conoscenza e un'ansia di redenzione che aveva vene e vibrazioni di missionarismo laico, ma senza mai nulla di intollerante, nulla di esclusivista.

Conti capiva la complessità della storia italiana, ma non amava la duplicità, o le compromissioni, del carattere italiano. Perciò aveva scelto una posizione di minoranza, che non abbandonò mai.

Epiloghi

1. Gobetti

IL mio primo incontro con Gobetti appartiene ad anni che oggi possono sembrare perfino remoti. «Età favolosa» della primissima adolescenza, fra il 1935 e il 1938; ma età squassata e solcata già dai nembi della guerra devastatrice, dai presagi del conflitto che doveva scavare tanti vuoti nel nostro animo, tanti vuoti nelle nostre stesse famiglie.

Pensate a uno studente qualsiasi del fiorentino ginnasio «Galileo», là quasi alle soglie della piazza del Duomo, in una sede scomoda e claustrale che testimoniava le estreme audacie della Destra storica nella laicizzazione degli antichi conventi, nell'incameramento dei beni ecclesiastici: con quella specie di miracoloso equilibrio fra tradizione cattolica ed esigenze laiche, che si rifletteva nella sopravvivenza, accanto al liceo di Stato, della chiesa scolopia di San Giovannino, muro contro muro, parete contro parete. Uno studente qualsiasi; ma più dei suoi compagni e coetanei volto alla lettura, ansioso di leggere, cercatore avido e instancabile di libri, e soprattutto di libri di storia, e di storia italiana, e di storia fra l'Otto e il Novecento.

Quasi confinante con l'antico palazzo conventuale espropriato che ospitava allora come ospita oggi il «Galileo», c'era una libreria: assai più modesta e umbratile di adesso, cui si accedeva attraverso certe scale scomode e oscure, seminterrata e, si può ben dirlo, semiclandestina, per il fatto che il proprietario, antico antifascista e poi come onorevole Montelatici deputato del PCI all'indomani della liberazione, l'aveva intestata all'instancabile e pazientissima consorte e l'aveva chiamata (il nome è bene impresso nella mia memoria) «Libreria Giorni».

Quella specie di sottoscala, o di mezza cantina, era il rifugio preferito delle mie ore di riposo o di ricerche da bibliofilo in erba dopo le lezioni e lo studio. Vi si trovavano, a prezzi accessibili anche per le mie tasche semivuote di studente ginnasiale, i classici della letteratura italiana, quelli almeno che mio padre non mi prestava o non mi regalava della sua pur così generosa biblioteca; c'erano molte opere storiche (oh! care copertine marroni della «Collana storica» di Vallecchi che un giorno avrei dovuto dirigere) e molte opere di economia o di sociologia politica, compreso un grosso fondo di Bocca, residuato dal fallimento, o dal semi-fallimento, della grande casa positivista e scientista, simbolo e testimonianza di un'epoca.

Ma c'era soprattutto, in una cantina vera e propria, umidissima, cui si accedeva da una seconda e più difficile scala, c'era soprattutto un fondo di libri politici usciti fra il '20 e il '25 e seminascosti dal proprietario sospetto per la vecchia partecipazione alle lotte antifasciste: i volumi di Corbaccio, della collana « Res publica » che aveva accolto il libro di Amendola sulla *Democrazia dopo il 6 aprile 1924* e la *Battaglia perduta* di Missiroli e certi scritti di Meuccio Ruini e, accanto alle opere di Corbaccio, qualche edizione della casa editrice Gobetti, qualche volume di quella leggendaria testata « Piero Gobetti editore ».

E non solo Gobetti editore: ma anche Gobetti autore, e stampatore di se stesso, dopo il '25, attraverso lo schermo di « Edizioni del Baretti ». Il primo libro che mi venne nelle mani (lo acquistai per sei o sette lire fra il '37 e il '38: a metà prezzo, era uscito nel '26 a dodici lire) fu il *Paradosso dello spirito russo*: un'opera così piena di suggestioni, di *aperçues*, direi sconcertante per un lettore giovanissimo, dodici, tredici anni, di quel periodo tormentato, press'a poco del periodo in cui infuriava la guerra in Spagna ed era impossibile pensare alla Russia al di fuori dei *clichés* di un bolscevismo perenne e perennemente staliniano.

Non c'era, presso la libreria Giorni, la *Rivoluzione liberale*: né il saggio, né numeri sparsi del giornale. Ma l'incontro con la *Rivoluzione liberale*, coi temi e con le suggestioni del gobettismo, avvenne pochi anni più tardi: attraverso la lettura, per me decisiva, della *Lotta politica in Italia* di Oriani e il conseguente risalire alle polemiche e ai postumi di quella febbre di revisione storiografica e il parallelismo, che ne nasceva immediato e incalzante, col gobettiano *Risorgimento senza eroi*: un libro che potei scoprire intorno al '40, proprio due o tre anni prima del *Pensiero e azione* di Salvatorelli.

* * *

Come negare il nostro debito verso Gobetti, un debito culturale, un debito intellettuale, un debito politico? Fummo con Gobetti contro la troppo radicale demolizione, che ci parve ingiusta e ingenerosa, di Omodeo; fummo a un certo punto per Gobetti più ancora che per Croce. Le pagine della *Rivoluzione liberale* avevano stampato nel nostro animo un'orma che non si cancellerà più.

Sognammo allora, sulla scia di Gobetti, di riscrivere la storia dell'unità, o meglio, dell'incompiuta unità. La nostra generazione imparò a scrutare i difetti, e le insufficienze, e le contraddizioni dell'Italia moderna su quei libri, e sognò un rinnovamento radicale, un nuovo ed eroico liberalismo certo sproporzionato alle possibilità e ai limiti del nostro paese.

« La rivoluzione liberale? » sono parole che scriverò ai primi del '48, in uno dei miei primi articoli di quotidiano, sulle colonne del *Messaggero*: « la rivoluzione liberale? Ma l'Italia non ha mai avuto una rivoluzione liberale. Gobetti lo sapeva e lo capiva appunto perché era liberale più che nella misura esterna della sua posizione politica nel profondo del suo atteggiamento spirituale ».

E incalzavo con lo stesso animo demitizzante: « Il liberalismo era senso della crisi e tensione alla novità e il Risorgimento era stato più un compromesso con la tradizione che non una crisi rivoluzionaria, più un ritorno al passato, all'Italia cattolica e romana, che non uno slancio verso il nuovo, verso l'Italia liberale e moderna ».

Il ritratto che davo allora di Gobetti è valido ancora oggi, a parte le asprezze e le intransigenze formali, perdonabili in un ventiduenne. « Gobetti era uno degli esponenti più rappresentativi », scrivevo sul *Messaggero* allora, « della generazione uscita dalla guerra, senza averla combattuta, ed entrata nel fascismo, senza averlo voluto. Si trovava, quindi, nelle migliori condizioni spirituali per condannare le vecchie classi dirigenti, che nella guerra si erano esaurite, e rifiutare le nuove, che dalla guerra eran nate.

« Egli riassumeva in sé le antinomie della sua generazione, che aveva da venti a trent'anni dopo la prima grande guerra e anticipava le antinomie della nostra, che ha da venti a trent'anni dopo la seconda e più grande guerra mondiale.

« Era un liberale, cui sembrava di veder le future classi dirigenti nelle aristocrazie operaie elaborate dal sindacalismo e dal comunismo. Era un conservatore di nascita, di educazione, di gusto, che aspirava alla rivoluzione, prima di tutto morale. Era un intellettuale, che desiderava di liberarsi dall'intellettualismo.

« Borghese, provava una strana insoddisfazione e talvolta un aspro disgusto verso la sua classe, quando non desiderava addirittura di mescolarsi nel proletariato. Crociano, avvertiva i limiti del crocianesimo. Vociano, voleva andare oltre l'esperienza della *Voce*. Vissuto nel clima spirituale dell'orianesimo, non sempre si appagava negli schemi della *Lotta politica* o della *Rivolta ideale*. Ribelle alla tradizione del Risorgimento, restava fedele alle correnti eterodosse del processo unitario.

« Il problema massimo che si poneva Gobetti nella *Rivoluzione liberale* era un problema d'iniziativa. All'Italia era mancata, infatti, un'autentica iniziativa spirituale e politica in quel *Risorgimento senza eroi*, di cui era critico così impietoso. Non ebbe tempo né voglia di scrivere una *Lotta politica in Italia* di valore, d'impegno, di potenza pari a quella del suo maestro, Oriani. Si può però dire, senza timore d'esser contraddetti, che l'unico libro che abbia in qualche misura integrato fino al Novecento il grande panorama della *Lotta politica in Italia* sia stato proprio questo 'saggio sulla lotta politica in Italia', come Gobetti definiva la *Rivoluzione liberale*. E quanto non sarebbe opportuno che qualcuno di noi oggi completasse il pur incompiuto saggio di Gobetti? »

« Qualcuno di noi »: non era solo un atto di orgoglio, e magari di giovanile vanità. Era il riconoscimento di un legame di gratitudine e di affetto che si prolungava in un impegno di coerenza e di dignità morale. Non senza una punta di quel pessimismo che aveva sempre animato Gobetti: un pessimismo che si incarnò nell'azione e nella stessa tragica parabola di un superiore destino umano.

* * *

È qualcosa di più di un caso il fatto che l'Italia abbia espresso i più importanti movimenti intellettuali del primo Novecento attraverso riviste e giornali di polemica e di lotta. Tutti ricordano che proprio all'inizio del secolo il movimento di riscossa culturale italiana, dopo la decadenza del positivismo, veniva avviato e iniziato da una rivista spessa, seria, severa, color rosso mattone, aliena da ogni stramberia e da ogni dilettantismo, ispirata a una rigorosa coscienza della storia e dei suoi problemi, sommovitrice e trasformatrice di tanti degli orientamenti culturali degli italiani, e cioè *La Critica* di Benedetto Croce e allora anche di Giovanni Gentile. Quasi contemporaneamente, il campo letterario era messo a rumore da una rivista di alcuni spiriti irregolari e inquieti, quasi tutti fiorentini e facenti capo al fiorentino Giovanni Papini: si chiamava il *Leonardo* ed era, al contrario della *Critica*, una rassegna tutta passione e paradosso, fremente, impulsiva, incomposta, spesso anche incoerente, impastata e impaginata con un gusto quasi dannunziano e non senza retorica, ma con tutta una serie di stimolanti aperture sull'Europa e di problemi nuovi, attraenti, vissuti con una coscienza ribelle e novatrice.

Da allora tutte le correnti spirituali e politiche che hanno lasciato qualche segno nella vita italiana si riallacciano a una rivista quasi come a un loro prezioso simbolo. Il riformismo socialista si richiama alla *Critica sociale* (l'antica *Cuore e critica*); il sindacalismo al *Divenire sociale*; il socialismo eretico all'*Unità*; il modernismo al *Rinnovamento*; il futurismo a *Poesia*; il molteplice «Sturm und Drang» fiorentino alla *Voce* e a *Lacerba*; il compatto neoclassicismo romano alla *Ronda*.

Un'esperienza, insieme politica culturale e spirituale, che è un po' la somma e la sintesi di tutte le altre che l'avevano preceduta e di ognuna ritiene e rinnega qualcosa, è quella che fece capo per quasi tre anni, dal 1922 al 1925, alla rivista diretta da Piero Gobetti, *La rivoluzione liberale*.

C'era nel titolo di quella rivista, fondata da un giovane ventunenne pallido, sottile, malaticcio, tutto bruciato da una febbre di ricerca intellettuale, tutto consumato da un ardore d'ispirazione morale, c'era, dico, in quel titolo un senso insieme di amarezza, di nostalgia e di speranza.

Di amarezza, in quanto Gobetti ben sapeva che una vera rivoluzione liberale era mancata al popolo italiano, e tutte le insufficienze dell'Italia contemporanea e le sue contraddizioni e la sua incapacità a risolvere gli antichi problemi e il suo oscillare fra soluzioni di forza e ripieghi di debolezza e quel rinascere di miti vecchi e retorici, tutto, insomma, il quadro dell'Italia nei convulsi anni dal 1920 al 1922 appariva, o poteva apparire, una conseguenza delle eredità incompiute o dei problemi insoluti della stessa formazione unitaria.

Di nostalgia, in quanto, di fronte al nuovo autoritarismo fascista, sembrava che il liberalismo di Cavour fosse stato il punto più alto dell'esperienza ottocentesca, e tornava d'attualità lo stesso liberalismo pur così moderato e aristocratico e rigido dei piemontesi, i Santarosa, i Botta, gli Ornato, i Provana e quelli dell'« Accademia dei Concordi » e gli alfieriani in ritardo, e proprio a loro Gobetti dedicava un suo libro fervido e commosso pur nel titolo che doveva irritare Omodeo, *Risorgimento senza eroi*.

E infine di speranza, perché pur nell'oscillazione fra il disgusto dell'oggi e il risognamento dell'ieri fermo restava un punto: e cioè che bisognava a ogni costo, con tutti i mezzi, combattere, lottare, operare per il rinnovamento dell'Italia, per la trasformazione del popolo italiano.

Rivoluzione liberale. Due realtà: la rivista e il saggio vero e proprio, il saggio che prende dalla rivista il titolo e l'*animus*, il saggio che riassume le considerazioni e i disinganni dell'autore sulla « lotta politica in Italia », secondo una terminologia di imbro e di reminiscenze orianesche. Saggio di origine « bolognese », quello sulla *Rivoluzione liberale*: stampato dall'editore Cappelli all'inizio del 1924, all'inizio cioè dell'anno del delitto Matteotti, con una dichiarazione di umiltà che era insieme un atto di fede, la ricerca « non di lettori ma di collaboratori ».

Ricerca di collaboratori in tutte le direzioni. Fu gran merito di quel gruppo avere affermato che un rinnovamento ideale e istituzionale dell'Italia poteva seguire solo a una ripresa di iniziative autonome e molteplici; fu gran merito di quel gruppo aver posto certe fondamentali esigenze di libertà, e di nuova operante libertà, nel quadro di un liberalismo dinamico e polemico, con accenti quasi libertari, di un liberalismo elevato a un valore finalistico, tale da sembrare, più che politica, religione, aspra, dura, intollerante religione.

Aggiungiamo qualcosa di più. Lo stesso eclettismo politico del movimento, la stessa diversità ed eterogeneità dei suoi collaboratori rappresentavano un segno di quello spirito di libertà, di estrema, radicale, disperata libertà.

* * *

È assurdo pensare di classificare Gobetti fra i gruppi politici e gli indirizzi programmatici di oggi. La sua esperienza è legata intimamente a quella della sua generazione e ha qualcosa di esemplare e di inconfondibile, che non permette le facili analogie, i comodi «se», le ipotesi gratuite. La forza del suo insegnamento sta tutta nei problemi che egli suscitò o impose, contro la retorica generata dalla guerra, contro il vocabolario di assoluti che era tornato dalle trincee.

La polemica ideologica che Gobetti alimentò, diciassettenne o ventenne, dalle colonne delle *Energie nove* o della *Rivoluzione liberale*, è tutta condizionata a un'esigenza attuale, a un'esigenza di lotta e di verifica sul piano della lotta: e nessuna delle questioni che lo tormentarono o lo appassionarono potrebbe porsi in una prospettiva intellettualistica, disinteressata e olimpica.

La stessa interpretazione del Risorgimento, lo stesso mito della «rivoluzione mancata» non servivano tanto a riaprire un problema storiografico quanto a soddisfare una domanda e un imperativo politico «contemporaneo» nel senso vero della parola (proprio il punto che sfuggì a Omodeo). A una società che confidava nell'efficienza insuperabile dello Stato, del *suo* Stato, lo scrittore torinese insegnò a dubitare, a guardare dentro, a non contentarsi delle apparenze: le insufficienze del centralismo burocratico, i vizi del sistema protezionistico, le insidie delle oligarchie sindacali e plutocratiche furono documentate con un rigore domenicano, con un'intransigenza che parve e fu inflessibile.

Sia pur attraverso una cultura composita, frammentaria e non senza punte di incoerenza, Gobetti sentì come pochi la «frana» delle istituzioni, la crisi del vecchio organismo liberale-nazionale: lo sconvolgimento della guerra, le conseguenze del suffragio universale, la dissoluzione della classe dei notabili, il sovvertimento della proporzionale, l'avvento dei cattolici nella vita politica, la rottura della tradizione riformista e democratica del socialismo, l'esplosione dei vari irrazionalismi di classe. Non contentandosi degli schemi ufficiali del liberalismo o del radicalismo, mirò a risalire alle origini di quel processo, a scoprire nella stessa vita della democrazia italiana le ragioni lontane dell'involuzione e delle contraddizioni attuali: e i suoi pensieri raggiungono, in certi punti, le profondità di un'esplosione misteriosa e rabdomantica.

Per la sua stessa vocazione di uomo di studio, per la sua ripugnanza dalle semplificazioni e dalle astrazioni programmatiche, per il suo gusto del concreto e del reale, per la sua sete insaziabile della « storia », non volle mai tradurre le sue istanze in un partito politico, contenere e adattare le sue ribellioni in un movimento determinato: e la misura della sua lotta sarà rappresentata sempre dalla rivista, dal cenacolo, dal movimento di idee, dal gruppo di amici, dal sodalizio di « credenti ».

Infaticabile in tutte le sue attività, editore, giornalista, studioso di storia, critico d'arte, recensore teatrale, appassionato di letteratura, di filosofia e di pedagogia, non conobbe stanchezze, esitazioni o perplessità e si batté fino in fondo con lo spirito di un « crociato laico », di un « missionario umanista ». Molti si sono domandati come Gobetti sia riuscito a comporre, in una sintesi personalissima, influenze così diverse e così contrastanti: e uno dei capitoli più abbondanti della bibliografia gobettiana è appunto quello che riguarda i maestri, i consiglieri e gli amici. Ma forse la sua forza, il suo segreto, quel *quid* indefinibile e affascinante della sua personalità sta proprio nella diversità e nella complessità delle sue ispirazioni fondamentali: l'idealismo di Croce, il problemismo di Salvemini, l'empirismo di Einaudi, il meridionalismo di Fortunato, il machiavellismo di Pareto, il profetismo di Oriani, il liberalismo di Missiroli, il concretismo di Prezzolini.

Dal collegamento con le generazioni precedenti, dalla coscienza critica dei problemi e delle conquiste di ieri, derivò a lui quella estrema libertà mentale che lo salvò dalle chiusure e dai settarismi e lo volse a tutte le voci di rinnovamento e a tutte le esigenze di revisione: e fu quel senso di « apertura » storica e di « pietà » umana che non sempre riuscì a guidare l'opera del partito che pur fu l'interprete di alcuni dei suoi motivi più profondi, il partito d'azione.

Contro tutti i compromessi tradizionali della storia italiana, contro i residui dell'educazione borbonica e sanfedista, Gobetti richiamò al coraggio dei propri ideali, all'assunzione delle proprie responsabilità, all'eroismo del proprio « impegno »; e sembrò a qualcuno, forse non a torto, che quell'atteggiamento nascondesse un residuo di irrazionalismo e di attivismo. Quando il fascismo gli apparve come una forma di « giolittismo corruttore », il direttore della *Rivoluzione liberale* non esitò a tessere l'elogio della ghigliottina e dichiarò di preferire il Mussolini despota al Mussolini legalitario: quasi che l'esperienza della tirannide potesse almeno servire a risvegliare le energie latenti degli italiani, a « liberarne » gli slanci rattenuti e profondi.

Forse la sua fiducia nei « consigli di fabbrica », i suoi legami personali con Gramsci nascono da quell'esame critico della situazione italiana; ma la « rivoluzione » che egli sognava (e per la quale non disperò di utilizzare la collaborazione del proletariato qualificato) era una rivoluzione antiburocratica, anticentralistica, antimonopolistica, esattamente l'opposto di quelli che saranno gli sbocchi del comunismo.

In un certo senso Gobetti si riproponeva il problema fondamentale del post-Risorgimento, l'inserzione del proletariato nello Stato, e pensava che per risolverlo il liberalismo avrebbe dovuto divenire la « coscienza » della classe operaia e instaurare la concorrenza, la selezione, la gara al posto dei compromessi e delle transazioni care allo statalismo economico.

Il filone autonomistico e federalistico, che in lui derivava direttamente da Cattaneo, lo avvicinava a una soluzione « libertaria » del problema sociale, come problema di iniziativa e di autoconquista; e non c'è dubbio che su di lui operò l'influenza della corrente ereticale italiana, che si riallacciava a Pisacane e a Ferrari.

Nella stessa Rivoluzione russa, alle sue origini, Gobetti vide « un'esperienza di liberalismo », per le stesse ragioni, press'a poco, di Georges Sorel: e cioè per l'influenza che il « Soviet », il nucleo operaio organizzato e responsabile, avrebbe potuto avere sulla formazione, sull'elaborazione della nuova classe dirigente.

Pur attraverso contraddizioni e incertezze, Gobetti sentì che il liberalismo italiano non avrebbe potuto sopravvivere senza quella che Bergson avrebbe chiamato la « scissione », la separazione netta dai ripieghi e dai compromessi del « socialismo di stato »; e la sua esaltazione dei grandi imprenditori del nord, dei solitari eroi del capitalismo (si ricordi il ritratto di Giovanni Agnelli) stava a testimoniare la sua fede nella lotta e nella dialettica come unica misura di rinnovamento.

La democrazia parlamentare *ancien régime* gli apparve come un equivoco carico di insidie e di vuoti finché non fosse stata investita dal soffio di una competizione politica articolata e conseguente: e nella formazione dei grandi partiti organizzati credé di scorgere un passo avanti sulla via delle nuove *élites* politiche.

Lo stesso partito popolare, tanto odiato dalle vecchie consorterie liberali, trovò in Gobetti un giudice e un interprete molto più acuto e sensibile: e forse egli sperò a un certo momento di incanalare la sinistra cattolica nel suo piano di « rivoluzione antiburocratica », sfruttando la rivolta alle vecchie strutture parassitarie dello Stato italiano.

« Straordinario organizzatore di cultura » lo studente liceale di *Energie nove*, l'allievo della facoltà di giurisprudenza, il fondatore di *Rivoluzione liberale*, il critico teatrale dell'*Ordine nuovo*, il polemista letterario del *Baretti*, non si preoccupò mai di trasformare la cultura in « pratico ufficio di collocamento », di tradurre i sistemi in « certificati per la cattedra ». Il suo disprezzo per gli intellettuali conformisti e asserviti ai miti della dittatura arrivò quasi agli estremi di Sorel, che li aveva parificati alle « prostitute », alle meretrici dell'intelligenza. Né il suo spirito poteva volgersi alle soluzioni comode e definitive, a quelle soluzioni che salvano « dal dubbio tragico del pensiero ».

Il suo pessimismo adombra, in certe pagine, lo spirito del Vecchio Testamento. Un « Ecclesiaste » laico.

2. *Gramsci*

A FINE dicembre 1976, alla villa comunale di Milano, assistei alla presentazione di un documentario della televisione svizzera su Piero Gobetti, curato, con perizia pari all'amore, da Arturo Colombo: una ricostruzione della vita del direttore della *Rivoluzione liberale* attraverso i suoi incontri, i suoi libri, i suoi giornali, le memorie della vecchia Torino, le testimonianze degli ultimi superstiti di quel mondo scelti con estrema libertà intellettuale, da Terracini a Prezzolini. E fra tutte le testimonianze quella che mi colpì maggiormente proveniva da Terracini: il Gobetti giornalista ragazzo o quasi, non ancora ventenne, critico teatrale dell'*Ordine nuovo* di Gramsci, il giornale di punta socialista alloggiato in quattro stanze ultra-modeste di un vecchio palazzo in corso di demolizione nel centro di Torino.

Da quando Gobetti cominciò a essere il redattore teatrale dell'*Ordine nuovo* – ricordo il senso, se non le espressioni letterali dell'intervento di Terracini, pronunciato con la voce secca dell'uomo, ma venata di commozione – egli era uso venire alla sera tardi, anzi subito dopo la fine dello spettacolo. Gli spettacoli allora terminavano in genere verso le undici, ed egli spuntava all'*Ordine nuovo*, che non era tanto lontano dai principali teatri di Torino, verso le 11.30, ed era sempre accolto dai tipografi (i redattori, in genere se n'erano andati) in modo amichevole e direi fraterno, perché aveva suscitato subito molta simpatia.

E Terracini sostava con la memoria su quel « giovincello » (« tale noi lo consideravamo dall'altezza della nostra gioventù ») che provocava stupore e ammirazione, nella redazione del quotidiano marxista, per avere stabilito un « legame operativo » con tante e così eminenti e differenziate personalità.

« Il più grande organizzatore di cultura che avessi conosciuto », dirà più tardi Gramsci di Gobetti. E nessuna definizione sarà più esatta, più pertinente: analoga per tanti aspetti a quella che una volta noi raccogliemmo dalla viva voce di Benedetto Croce, ormai al termine della sua giornata, alla fine degli anni '40.

Non a caso l'incontro fra i due uomini, tante volte riuniti nella polemica o nell'agiografia, nascerà da un invito che il diciassettenne direttore di *Energie nove* (il periodico che rifletteva, anche nel titolo, tutte le acerbità e le passioni represse di un'adolescenza inquieta e cercante) rivolgerà al più anziano futuro direttore dell'*Ordine nuovo* per uno scritto, che non mancherà, a quel singolare periodico cui diranno « sì » Croce ed Einaudi, Gentile e Lombardo-Radice e Salvemini.

È la parabola di un'amicizia, quella fra Gramsci e Gobetti, che attende ancora il suo storico. Amicizia, e non identità né comunione di obiettivi politici. A nessuno potrebbero sfuggire le differenze fra l'azione comune del periodo 1918-21 e il diverso tipo di rapporto che fra i due protagonisti si può e si deve delineare nel periodo 1924-25.

Fra il 1918 e il 1921, Gramsci e Gobetti sono uniti soprattutto dai comuni nemici: nemici sul piano della cultura prima ancora che dell'azione politica. Li unisce il rifiuto del socialismo positivista, della cultura o della mezza cultura del vecchio socialismo positivista, massimalista e declamatorio, ancora pronto a riconoscersi nella formula immortale di Enrico Ferri, « riforme più rivoluzione diviso due ». Li unisce la comune apertura al grande filone idealistico della cultura italiana, il comune rispetto di Croce. Li unisce la curiosità e in certi momenti l'autentica attrazione che entrambi proveranno per Sorel, per la teoria sindacalista delle minoranze organizzate cui lo stesso leninismo deve tanto. Li unisce il ritorno a Machiavelli e a un certo machiavellismo culturale, che si è espresso nella teoria della classe politica, la teoria di Gaetano Mosca nella sua elaborazione più ricca e complessa, fuori dagli schematismi un po' semplificatori delle origini.

Li unisce la comune valutazione, da sponde diverse, della rivoluzione sovietica, come qualcosa che non si inserisce in nessuno degli schemi del vecchio riformismo socialista, che rompe lo stesso quadro della dialettica liberale delle contrapposte forze politiche, pure esigendo egualmente un « giudizio » in chiave liberale e storicista.

È il periodo in cui Gobetti collabora all'*Ordine nuovo*, in cui progetta di raccogliere in volume gli scritti sparsi di Gramsci, e lo propone a Prezzolini per le edizioni della *Voce*, in cui dedica tanta attenzione all'esperimento originale e autonomo dei « consigli di fabbrica » (l'esperimento, ricco di umori libertari e soreliani, verso il quale lo stesso Gramsci sarà, intorno al 1925-26, così severamente autocritico).

Ma è un periodo che si interrompe definitivamente col 1922, con lo strappo della marcia su Roma. Gramsci lascia l'Italia, raggiunge Mosca e poi Vienna, perde un po' i contatti col paese in cui il fascismo si appresta a diventare regime.

Gli stessi rapporti con Gobetti diventano episodici, occasionali: al punto che nei *Quaderni dal carcere* il Gramsci della prigionia fascista, incontrando la proposta di Prezzolini sull'accademia degli «apoti», coloro che non bevono, che non prendono posizione, si domanderà quale risposta gli aveva dato Gobetti, e addirittura se gli aveva risposto.

La lotta al fascismo li accomuna, ma le due prospettive si sono differenziate. L'impegno di Gobetti politico si è dissolto col fallimento dei «nuclei di Rivoluzione liberale» sognati e promossi invano dopo il delitto Matteotti: il suo partito ideale non nascerà mai. La dimensione di Gramsci politico, e non più soltanto intellettuale, o comunque intellettuale al servizio dell'azione politica, si è definita con la successione di Bordiga, con la segreteria del Partito comunista a metà agosto 1924, con un'azione coerente e tenace volta a creare il nuovo «partito» comunista, in tutto e per tutto differenziato dal socialismo di una volta.

Gobetti si congeda da noi col manifesto del *Baretti*, con l'elogio dell'illuminismo: una religione che sta sopra i partiti, un lievito dell'azione politica e intellettuale, per tutti coloro che diversamente credono nella libertà. Gramsci compie e consuma la sua parabola con la guida del PCI, una guida che si fonda su un principio nuovo, quello dell'egemonia della classe operaia: un principio che va bene al di là delle radici intellettuali del 1919-21, che accetta sino in fondo le conseguenze del leninismo, sia pure attraverso una rielaborazione di matrice storicista, cui Croce non sarà estraneo.

Il «nervosismo intellettuale» di Gobetti, come lo definiva Alvaro, non ha niente in comune con gli approdi sicuri e definitivi di colui che lo stesso Alvaro, testimone di quel mondo e collaboratore della *Rivoluzione liberale*, chiamava con qualche approssimazione «il Leopardi del socialismo passato attraverso la Valle Padana».

Il « principe » del partito moderno, organizzato e carismatico, come lo elaborerà Gramsci, era del tutto estraneo alla visione gobettiana. « È bene sentirsi più soli », dirà una volta Gobetti, « quando soli vuol dire distacco dalla leggerezza e dall'insincerità. » Non è il viatico dei partiti di massa.

* * *

Ma chi era Gramsci? Il personaggio leggendario, che dominerà la Torino di quegli anni, la capitale politica e intellettuale d'Italia, lo straordinario laboratorio di idee che troverà in Piero Gobetti il suo profeta.

Quale era stata la posizione di Gramsci di fronte alla prima guerra mondiale e di fronte al diciannovismo? L'uomo è molto più complesso di quanto una storiografia schematica e di partito abbia voluto raffigurarlo.

Antonio Gramsci ha sperimentato fin dalla prima età la povertà e la miseria: condizione di vita abituale per tanta gente della sua Sardegna, l'isola alle cui radici rimarrà sempre profondamente attaccato. Il padre, impiegato all'ufficio del registro, conoscerà anche il carcere per irregolarità amministrative. Per Antonio la lotta per vivere o sopravvivere si consumerà giorno dietro giorno, e ancora più ardua sarà la lotta per studiare. I primi rudimenti li apprenderà in un istituto di suore, dove contrarrà per una caduta la malattia (deformità alla spina dorsale) che lo accompagnerà per l'intera vita.

A undici anni Gramsci consegue la licenza elementare: si impiega subito al catasto e prosegue gli studi privatamente. L'ingiustizia sociale, i gravi squilibri che osserva intorno a sé lo feriscono, gli fanno avvertire intenso il desiderio della ribellione. « L'istinto della ribellione che da bambino era contro i ricchi, perché non potevo andare a studiare... si allargò per tutti i ricchi che opprimevano i contadini della Sardegna », scriverà più tardi, « ed io pensavo allora che bisognava lottare per l'indipendenza nazionale della regione. »

Torna a frequentare le ultime classi di ginnasio, fra 1905 e 1908, gli anni in cui anche per merito del fratello, che lavora in una fabbrica di ghiaccio, inizia a leggere l'*Avanti!* e si accosta al socialismo. Eccolo quindi al liceo Dettori di Cagliari, a perenne confronto con le difficoltà quotidiane. «Non vado a scuola perché non ho vestito», e aggiungerà più tardi: «giunsi alla fine del terzo anno di liceo in condizioni di denutrizione molto gravi».

Unico mezzo per frequentare l'università è una borsa di studio: la vince presso il Collegio Carlo Alberto di Torino (classificandosi nono su trentanove posti a concorso: Togliatti è secondo). Settanta lire al mese per dieci mesi, assolutamente insufficienti per vivere, bastevoli per sopravvivere e condurre una vita di stenti che vede Antonio spesso «gravemente ammalato per il freddo e la denutrizione».

Già dagli anni del liceo legge con particolare interesse Croce e Salvemini, ne ritaglia e conserva gli articoli apparsi nella *Voce*. Negli anni del «garzonato universitario», cioè quelli dell'Università di Torino, ha per insegnanti Umberto Cosmo, Arturo Farinelli e Luigi Einaudi.

L'impatto con una città industriale, che offre l'ambiente ideale per la realizzazione concreta della lotta di classe, per la traduzione nei fatti dell'insegnamento di Marx, letto fino ad allora come «curiosità intellettuale», accentua la sua partecipazione alla vita politica, di partito, anche attraverso l'amicizia e la frequentazione di Angelo Tasca.

Nel corso della «settimana rossa» è vicino ai rivoluzionari, nell'ottobre del '14 pubblica sul *Grido del popolo* il noto articolo «Neutralità attiva e operante» in risposta a Mussolini, che sull'*Avanti!* ha sostenuto la necessità del passaggio «dalla neutralità assoluta alla neutralità attiva e operante». Un intervento, quello di Gramsci, che riscuote il consenso di Salvemini e le critiche aspre di Tasca, e gli varrà anche in futuro l'accusa di interventista.

Una posizione, la sua, che poteva in realtà essere variamente interpretata. Nella guerra Gramsci vedeva una «occasione rivoluzionaria». La realtà della guerra, con la conseguente crisi della borghesia, avrebbe consentito al proletariato «quel massimo strappo [cioè la rivoluzione] che segna il traboccare della civiltà da una forma imperfetta ad altra più perfetta». Ciò che accadrà in Russia, anziché in Italia.

Che la posizione di Gramsci sia delicata e problematica lo dimostra il fatto che nell'arco dell'intero anno che vede crescere nel paese la febbre interventista (ma non nelle file del partito socialista) Gramsci vive in disparte, appartato nei suoi studi. Solo nel novembre del '15 riprende a scrivere sul *Grido del popolo*, destinato a diventare sempre più il suo giornale, insieme all'*Avanti!*

Fra agosto 1917 e ottobre 1918 il *Grido del popolo* diventa nelle sue mani una vera e propria rassegna di cultura socialista, dove è «sviluppata la dottrina e la tattica del socialismo rivoluzionario». Preludio all'*Ordine nuovo* che nasce nella sua Università di Torino il 1° maggio 1919 con l'aiuto di tre o quattro amici (Tasca, Terracini e Togliatti) e con le seimila lire di finanziamento che Angelo Tasca è riuscito a mettere insieme.

Sono gli anni del tormentato dopoguerra. Quelli, per Gramsci, del frontale attacco allo Stato democratico, dell'esaltazione dello Stato dei Soviet, dei «consigli di fabbrica» quale «prima cellula» destinata a culminare nell'Internazionale comunista: nel rifiuto di ogni compromesso con lo Stato borghese, nell'esaltazione della più pura «democrazia operaia».

Il 4 settembre e il 9 ottobre 1920, nei due articoli apparsi nell'*Ordine nuovo* sotto il titolo «Il partito comunista», fissa il modello teorico che esalta la rivoluzione d'ottobre e denuncia lo stato di sfacelo del socialismo in Italia. Il partito socialista, pervaso dalle «bassezze, dalle viltà e dai disfattismi», caratterizzato dal «venir meno delle coscienze, delle fedi, della volontà», non è più in grado di rispondere alle attese e alle necessità del proletariato; non rappresenta più i reali interessi delle classi lavoratrici. Occorre una linfa nuova, vitale, rigeneratrice: ecco il partito comunista, che si appoggia nella sua carica dirompente e rivoluzionaria sulla forza d'urto delle avanguardie operaie organizzate nei consigli di fabbrica.

Nonostante la chiarezza delle idee, Gramsci non riesce ad avere dietro di sé, in quegli ultimi mesi del 1920, un largo seguito. Osserva senza particolare convinzione il tentativo, prematuro, della «occupazione delle fabbriche»; sostiene a spada tratta la necessità dell'integrale attuazione dei 21 punti imposti dall'Internazionale comunista; rifiuta di prendere la parola al congresso di Livorno per dissenso con la linea prevalente (quella di Bordiga) su cui avviene la rottura.

A stento accetta di entrare a far parte del comitato centrale del neonato partito comunista, ma non dell'esecutivo. Si sente un isolato; non mancano attacchi contro di lui: da destra lo si giudica un « bergsoniano »; da sinistra un filomussoliniano, un interventista, addirittura un ardito di guerra. Appare « inerte », Togliatti lo rimprovera di essere portatore di idee giuste, ma sussurrate a bassa voce, in conversazioni private, mai gridate con voce alta e forte nelle pubbliche discussioni davanti al partito. Lo stesso Gobetti, che pure gli è vicino, ne riconosce la naturale « riluttanza e timidezza ».

In realtà Gramsci intuisce lo sfascio dello Stato liberale, vede il nuovo che avanza, ma non è il nuovo che aveva sognato e auspicato. Non manca l'autocritica. « Fummo travolti – bisogna dirlo – dagli avvenimenti; fummo, senza volerlo, un aspetto della dissoluzione generale della società italiana », scrive il 15 marzo sull'*Ordine nuovo*.

Vede avanzare il pericolo da destra, ma dimostra scarsa fiducia nella capacità di reazione delle forze democratiche. Nel '21, ha denunciato sull'*Ordine nuovo* l'esistenza di due fascismi, « quello composto dai nuclei urbani, piccolo-borghesi, prevalentemente parlamentari e collaborazionisti », stretto intorno a Mussolini, e quello degli agrari, che anche dopo il patto di pacificazione intendono continuare la lotta per garantirsi « il libero sfruttamento delle classi contadine ».

In quello stesso 1921 Gramsci tenta di far visita a Gardone, a D'Annunzio per il quale usa giudizi terribili: « In Italia è il pullulare sempiterno dei 'D'Annunzio'. È 'D'Annunzio' il viaggiatore che cerca di frodare il biglietto ferroviario, l'industriale che nasconde i profitti, il commerciante che compila bilanci falsi, per frodare il fisco ».

D'Annunzio non è ai suoi occhi, né sarà mai, un « capo ». E neppure Mussolini. Lo scrive a chiare lettere, alcuni anni più tardi, il 10 marzo 1924, commemorando la morte di Lenin. Può esistere in quel particolare momento storico – è il quesito di fondo che si pone – un « capo » al di fuori della classe operaia, cioè un capo « non marxista »?

La risposta è ferma e negativa. Anche l'esempio più vicino, di possibile « capo » di estrazione « borghese », cioè Mussolini, è liquidato senza mezzi termini: Mussolini non ebbe le doti del capo quando militava nelle file del socialismo – è la risposta sprezzante di Gramsci –, non le ha come duce del fascismo. «Egli era allora, come oggi, il tipo concentrato del piccolo borghese italiano, rabbioso, feroce impasto di tutti i detriti lasciati sul suolo nazionale dai vari secoli di dominazione degli stranieri e dei preti».

Contro Mussolini Gramsci combatte, in parlamento e fuori, la sua battaglia. Al momento della marcia su Roma non è in Italia, ma a Mosca, dove matura fondamentali esperienze a diretto contatto con l'Internazionale comunista.

Da Mosca a Vienna, sempre per il partito, Gramsci si dedica a un'opera di ricostruzione teorica e di ristrutturazione organizzativa. Vagheggia un giornale, un foglio che non sia di partito *tout court* ma rappresenti l'intera «sinistra operaia rimasta fedele alla tattica della lotta di classe». Ha già in mente il titolo, *L'Unità*, che uscirà il 14 febbraio 1924.

Eletto nelle consultazioni del 6 aprile 1924 nella circoscrizione del Veneto, rientra in Italia all'inizio di maggio e si trova a far fronte di lì a poco – segretario generale del PCI – all'assassinio di Matteotti e a ciò che ne consegue.

Rifiuta la protesta morale dell'Aventino, che gli appare inconcludente, resta alla Camera, si impegna nella organizzazione «per cellule» del partito, si illude sulla «disgregazione morale e politica del regime fascista» quale conseguenza del delitto Matteotti; e si illude anche su una possibile convergenza di interessi, o alleanza, fra piccola borghesia e classe operaia per la conquista dello Stato, della «egemonia».

Un partito egemone, il suo obiettivo, in grado di «abbattere non solo il fascismo di Mussolini e Farinacci, ma il semifascismo di Amendola, Sturzo, Turati». Quegli aventiniani che bocciano la proposta del gruppo comunista di dar vita a un antiparlamento («le opposizioni parlamentari... debbono costituirsi in assemblea a parte, vero parlamento delle opposizioni, parlamento del popolo in contrasto col parlamento fascista»).

Gramsci non si risparmia. Scrive, viaggia, distribuisce note e appunti. Il 16 maggio 1925 prende la parola alla Camera nel suo ultimo intervento, contro il provvedimento governativo volto a colpire la massoneria e l'appartenenza dei pubblici impiegati alla loggia. « La massoneria è stato l'unico partito reale ed efficiente che la classe borghese ha avuto per lungo tempo », sono le sue parole. « La rivoluzione fascista è solo la sostituzione di un personale amministrativo ad un altro personale. »

All'interno del partito si batte ancora contro Bordiga e denuncia il tentativo di organizzare una frazione. Nel III congresso nazionale tenuto a Lione, nel gennaio 1926, la differenza fra i due è schiacciante. Gramsci e il suo gruppo raccolgono il 90,8 per cento dei voti, contro il 9,2 per cento di Bordiga.

Con rinnovate energie Gramsci riprende la sua battaglia che è insieme educativa e organizzativa – con quel fondo costante di proselitismo ideologico – e continua a puntare sulla necessità di provocare una « caduta rivoluzionaria del fascismo ». Può rendersi necessario un periodo intermedio, il cosiddetto « intermezzo democratico », che andrebbe reso il più breve possibile. Un intermezzo che potrebbe consentire alleanze con forze democratiche antifasciste, specie intellettuali. In questa prospettiva riconosce un debito morale verso Benedetto Croce e nella stessa prospettiva rifiuta di attaccare Piero Gobetti, come volevano certi compagni di partito. Gobetti, a suo giudizio, « non era un comunista e probabilmente non lo sarebbe mai diventato, ma aveva capito la posizione sociale e storica del proletariato e non riusciva più a pensare astraendo da questo elemento ».

È un motivo, la necessità di alleanze e di collaborazione con le forze antifasciste non comuniste, che va oltre le figure di Croce, di Gobetti e di Amendola. Un motivo che Gramsci svilupperà più tardi, negli anni del carcere, negli anni del crescente dissidio tattico e ideologico con Togliatti e la dirigenza del PCI, del distacco da Mosca e da Stalin, della ricerca di una via autonoma per il comunismo italiano. È la fase di riflessione critica che porta Gramsci al rifiuto del dogmatismo, che può solo « trasformare il partito in una setta e non in una guida per la classe », al tentativo di elaborazione di « una nuova linea di lotta ». È il momento in cui occorre « riflettere per trovare una politica nuova ».

Momento difficile e malinconico, in cui Gramsci avverte il peso del distacco dei compagni comunisti, il « sospetto » e l'ostilità degli stessi compagni comunisti detenuti insieme a lui. E guarda con simpatia e umana comprensione a un « socialfascista » (il giudizio non è di Gramsci ma dei comunisti) come Sandro Pertini, che condivide con lui la prigionia. «Gramsci parlava con grande ammirazione dei suoi compagni che si prodigavano all'interno dell'Italia nell'organizzazione clandestina – è la testimonianza di Pertini – ma pensava che non bisognava illudersi di farne un'organizzazione efficiente tanto da poter influire sulla caduta del fascismo.»

Gramsci non condivide la logica che piega al modello burocratico sovietico l'adattabilità della rivoluzione proletaria nei paesi occidentali a economia avanzata, dove il proletariato non deve schierarsi isolato ma inserirsi in un blocco articolato di forze capaci di avanzare rivendicazioni di civiltà e progresso proprie del capitalismo maturo.

Ma torniamo al momento della perdita della libertà, alla fine dell'opposizione parlamentare. È il pomeriggio dell'8 novembre 1926. Il gruppo dei parlamentari comunisti è riunito insieme a Gramsci in una stanzetta a Montecitorio, impegnato nello studiare le forme di opposizione ai «provvedimenti eccezionali» che ripristinano la pena di morte. Due giorni prima Farinacci ha presentato la mozione con cui chiede di privare del mandato parlamentare gli aventiniani, con tanto di lista nominativa: non i comunisti, che hanno partecipato ai lavori parlamentari.

Ma nel pomeriggio avanzato del giorno 8, appunto, circola la voce nei corridoi della Camera di una possibile estensione del provvedimento anche ai deputati comunisti. C'è di più. Achille Starace, il fascista Starace, suggerisce al «collega» comunista Riboldi di non farsi vedere in giro il giorno dopo.

Riboldi avverte i compagni. Gramsci «con un'alzata di spalle» sorride: non crede, o finge di non credere. Si sente tutelato dall'immunità parlamentare, quella che gli ha permesso di rientrare in Italia dopo l'elezione, nonostante la condanna del '23. O almeno ritiene che si sarebbe dato notizia del provvedimento *prima* di procedere agli eventuali arresti.

Pur sapendo, il *leader* dell'opposizione comunista, di essere un sorvegliato particolare del regime, non ha mai dato ascolto ai consigli degli amici volti a farlo allontanare dall'Italia. La decisione di estendere la privazione del mandato parlamentare ai comunisti è delle ore 20: proposta da Augusto Turati e accolta da

Mussolini. L'arresto di Gramsci, rientrato da Montecitorio nella sua camera di via Morgagni, avviene alle 22.30 di quella stessa sera.

Cominciano allora, per il militante comunista, i dieci anni di carcere, di tormento fisico e morale. Da Regina Coeli a Ustica, a San Vittore, a Turi, dove rimane fino al 19 novembre 1933, irreparabilmente minato nella salute, colpito dalla tubercolosi. Rifiuta ogni domanda di grazia; scarso esito hanno le pressioni dall'URSS, dagli amici italiani, dal Vaticano. Mussolini proibirà l'incontro fra «il prelato venuto da Roma» (che è monsignor Pizzardo) e «il detenuto Gramsci Antonio».

Da Turi si sposta finalmente a Formia e quindi a Roma (1935) dove è visitato fra gli altri dal fratello Carlo e da Piero Sraffa, il noto economista dell'Università di Cambridge: nella clinica dove giace fino al momento in cui è rimesso in libertà nell'aprile del 1937, pochi giorni prima di morire.

Da quel decennio di sofferenze e di meditazioni escono i *Quaderni*, autentico ripensamento critico della storia politica italiana, nei suoi anfratti, nelle sue contraddizioni, nei suoi tormenti. Insieme con le *Lettere dal carcere*, documento illuminante sulle risorse interiori del personaggio, splendido certificato del suo esemplare rigore morale.

In quel decennio (in particolare dal 1930) si consuma la rottura con la direzione del partito, *in primis* con Togliatti. Non a caso fra il 1930 e il 1935 nella stampa comunista viene messa «in sordina» la campagna per la sua liberazione; non a caso in quegli anni viene destituito dalla guida del partito, a vantaggio del più ortodosso e incolore Ercoli. Senza clamore, in un silenzio che consentirà di «sfruttare» l'immagine, il pensiero, il peso morale, la figura stessa della vittima della dittatura.

Le distanze del pensiero di Gramsci dal culto dello stalinismo, avviato al suo momento di delirante trionfo, si accentuano. Egli rifiuta la statolatria sovietica, disconosce – a differenza di Togliatti – la validità dei processi staliniani, respinge il valore delle «confessioni».

C'è del vero nell'affermazione secondo cui Togliatti sacrificò Gramsci all'obbedienza sovietica. Quanti allora, quel mondo comunista, cercavano di tesserne gli elogi furono fatti tacere. La sua opera fu consegnata – e non per caso – al silenzio e all'oblio.

Così come non per caso fu riesumata solo dopo la sua morte, allorché era utile dimostrare che c'era già, nelle file del comunismo italiano, chi guardava al dopo-Stalin, chi cercava nella sua storicità la « via italiana al socialismo ».

Opera, quella di Gramsci, pubblicata (vigile Togliatti) coi testi rivisti ed « epurati » dei giudizi e dei pensieri più eretici o pericolosi, alla fine degli anni '40. Basterebbero quelle censure, quei tagli, per farci comprendere quanto sia stato e sia illegittimo parlare di « partito di Gramsci e di Togliatti ». Un binomio che non regge al confronto con la storia. Che distacca Gramsci nella sua amara, e ancora in parte inesplorata, solitudine.

3. *Amendola*

IL 19 settembre 1956, Mario Vinciguerra mi proponeva di scrivere per *Il Resto del Carlino*, di cui ero direttore, un articolo su Giovanni Amendola, antico corrispondente da Roma del quotidiano bolognese (prima di passare con Luigi Albertini). Pretesto: un libro di rievocazione di Amendola, uscito in quei giorni. «L'opera», mi scriveva il compianto, indimenticabile amico, «è frutto di buona, metodica ricerca, proprio da archivista di professione. Peccato che sia un archivista che non sa scrivere, che non sa animare, dare colore alla materia. E si trova di fronte a quella personalità!»

«A quella personalità.» Devo a Mario Vinciguerra la conoscenza umana e psicologica del personaggio Amendola. Pochissimi fra i superstiti dell'antifascismo gli erano rimasti intimamente fedeli come lui, l'antico compagno di Lauro De Bosis nell'«Alleanza italiana» che riprendeva motivi e cadenze dell'amendoliana «Unione nazionale». Con la discrezione e quasi il pudore che caratterizzarono in tutto Mario Vinciguerra. Nemico della retorica, nemico di ogni ostentazione, riservato negli affetti non meno che nelle memorie.

Di Amendola, Vinciguerra aveva seguito tutta la parabola intellettuale e umana. Lo ricordava direttore della «Biblioteca filosofica» a Firenze, negli anni che avevano accompagnato l'esperienza della *Voce* (un'esperienza in cui i due amici, divisi da appena cinque anni di vita, avevano assunto ruoli diversi: partecipe entusiasta e convinto il primo, giudice distaccato e con una punta di sospetto il secondo). Ne rammentava, e sottolineava in ogni occasione, le grandi doti giornalistiche: di un giornalismo maturato attraverso la cultura, mai separato da un rigore intellettuale intrepido (Amendola non arrivò alla cattedra, arrivò solo alla libera docenza, di quei tempi!, ed è commovente nel libro di memorie della moglie, Eva Kuhn, l'annotazione del minimo di autosufficienza economica che alla famiglia si delineò nel momento in cui le 400 lire di stipendio mensile del *Resto del Carlino* di Missiroli – anno 1913 – si sommarono alle molte meno che gli assicurava l'incarico universitario).

L'interventismo aveva diviso i due amici, pure accomunati da una eguale matrice anti-giolittiana. Schierato per l'intervento Amendola, nella linea albertiniana, sia pure con qualche temperamento, piuttosto vicino al gruppo di De Lollis e di *Italia nostra*, saviamente e accortamente neutralista, Mario Vinciguerra, che si muoveva nell'orbita crociana con una derivazione più diretta e immediata di quella amendoliana. Ci vorrà l'esperienza del fascismo per riunirli, soprattutto negli anni 1924-25.

Chi riapra le pagine, oggi introvabili, degli atti del primo e ultimo congresso dell'Unione nazionale, dal titolo *Per una nuova democrazia*, ritroverà, accanto al discorso introduttivo di Amendola, la relazione di Mario Vinciguerra dedicata a un tema che aveva già impostato Guglielmo Ferrero, sul quale si era soffermato Luigi Salvatorelli, che aveva tormentato Novello Papafava non meno di Meuccio Ruini: « la politica dei ceti medi ».

Eravamo nel giugno 1925, a sei mesi di distanza dalle leggi eccezionali, in piena fase di involuzione totalitaria, negli stessi giorni in cui la *Rivoluzione liberale* era sequestrata e il *Corriere* albertiniano faticava a difendere gli ultimi terribili mesi di contrastata libertà.

La vita del *Mondo*, il quotidiano di Amendola, era diventata un'avventura quotidiana. Nell'anniversario del delitto Matteotti, il 10 giugno '25, Amendola si era recato dal re, per l'ultimo inutile incontro (da quel momento antimonarchico, lui, il legalitario assoluto, il difensore intransigente dello Stato costituzionale del Risorgimento!).

Tutte le speranze dell'Aventino era ormai svanite. Sfumavano le illusioni generose di quella lotta, sullo sfondo di tanti piani smentiti, di tanti sogni infranti. Quel poco di legalità formale che sopravviveva al « giro di vite » del regime si identificava con una beffa, ogni giorno più sanguinosa. Il partito immaginato da Amendola, l'« Unione nazionale delle forze democratiche e liberali », costituiva un impegno per il futuro piuttosto che una certezza per il presente: così come, su una sponda diversa, i gruppi di « Rivoluzione liberale » sognati e perseguiti da Piero Gobetti (che nella valutazione dell'Aventino era stato così lontano da Amendola). E quel partito si sorreggeva su una piattaforma di democrazia senza aggettivi, né conservatrice né socialista, liberale ma non solo liberale, liberal-democratica. Una prospettiva che è tornata sempre nella storia italiana, che riprenderà forza un giorno...

Luigi Albertini, il direttore del *Corriere* legato ad Amendola da un'amicizia e da una colleganza affettuose, non aderì all'« Unione nazionale ». Fin dalla seconda metà del '24 fu premuto in quella direzione, fu più volte sollecitato; ma non volle mai rompere quel filo di indipendenza formale dalle forze politiche organizzate, che ancora poteva difendere il quotidiano di via Solferino dalle sempre più incalzanti minacce o rappresaglie fasciste.

Albertini-Amendola: una storia tutta da scrivere. Decenni fa scoprii nell'Archivio Centrale dello Stato la cartella riservata delle intercettazioni telefoniche che il governo Nitti aveva disposto sui contatti quotidiani fra il direttore del *Corriere* e il suo corrispondente romano. Periodo: novembre 1919-giugno 1920, momento centrale di un ministero, che pure il *Corriere* albertiniano avrebbe appoggiato in ogni modo, non foss'altro in avversione a Giolitti. Amendola già deputato, fra poco sottosegretario. Tramite discreto e autorevole del leggendario direttore del *Corriere* col mondo politico romano. Tema dominante: l'impresa dannunziana a Fiume.

Il « no » di Amendola al sovversivismo dannunziano è eloquente e impavido, fin dall'inizio. Albertini non è su posizioni diverse, ma almeno nelle prime settimane dell'impresa risponde con qualche cautela al telefono, evita toni troppo duri contro l'antico collaboratore della sua terza pagina, contro il poeta che al *Corriere* ha riserbato quasi dieci anni prima le *Canzoni d'oltremare*. Ma col passare dei mesi l'identità fra i due protagonisti si accentua. La devozione allo Stato costituzionale è comune ad Albertini e Amendola; la convinzione che la monarchia debba intervenire, per stroncare la sedizione fiumana, e la conseguente devastazione nazionalista, trova echi altrettanto calorosi nel direttore e nel corrispondente.

Albertini piega perfino all'ipotesi di un governo Giolitti: quello che si formerà nel giugno del '20, allorché ha la certezza, via Amendola, che la linea sarà ferma e risoluta su quel punto chiave. Nella crisi è candidato alla direzione della politica estera Carlo Sforza, un « uomo nuovo » sotto il profilo politico, un diplomatico di carriera sul quale si è appuntato lo sguardo attento di Giolitti (è lo stesso governo in cui Croce entrerà alla Pubblica Istruzione).

E Albertini chiede ad Amendola, il 14 giugno, dal filo del telefono direttoriale (quell'apparecchio si conservava ancora nello studio di via Solferino, quando io ne diventai direttore: quasi una reliquia): « Senta una cosa, Amendola, la nomina di quello agli Esteri dà affidamento a noi? » « Sforza? » « Sì. » « A me pare di sì », è la risposta di Amendola. « Ma in che senso? In senso assoluto? » Replica di Amendola: « Nel senso... no assoluto no... nel senso che non credo che Sforza farà cosa contraria alla linea di condotta generale della politica estera fin qui seguita... ma si tratta di questioni di esecuzione ».

Allora Albertini e Amendola si davano ancora del « lei ». Si daranno del « lei » sino alla fine del '24. Ho voluto riguardare l'epistolario del grande direttore del *Corriere*, nell'edizione mondadoriana ordinata da Ottavio Barié, per individuare il momento del passaggio dal « lei » al « tu ».

L'ultima lettera col « lei » è del 27 ottobre 1924 (Amendola chiede ad Albertini appoggio per l'adesione di Francesco Ruffini al manifesto dell'« Unione nazionale »); la prima col « tu » è del 26 dicembre 1924, allorché Amendola annuncia al collega direttore del *Corriere* la pubblicazione, sul *Mondo* del giorno successivo, del « Memoriale » di Cesare Rossi sul delitto Matteotti e gli raccomanda di citare la fonte (*Il Mondo pubblica*) e gli acclude le copie per *La Giustizia* e per l'*Avanti!*. « Scrivo a Turati », aggiunge Amendola, « che prima di diramare ai due giornali ti telefoni per domandarti se non c'è nulla di nuovo. »

Ogni antico confine si è rotto, ogni prudenza si è dissolta. Albertini è diventato perfino l'intermediario con Turati (« gentilissimo Turati »: non mancheremo adesso di leggere missive cordiali e incitatrici che Albertini gli indirizzerà, dimentico delle polemiche col mondo socialista e particolarmente col mondo socialista-giolittiano). L'Italia del 1925 aveva già realizzato, nei cuori, l'incontro fra liberalismo, democrazia e socialismo.

Una vita con Giovanni Amendola. È il libro patetico, rivelatore, che la vedova del martire, Eva Kuhn, pubblicò con abbondanza di documenti anche ingenui, con testimonianze di prima mano, e un'appendice del figlio Giorgio, anticipatrice della futura autobiografia. Episodi diseguali e talvolta sconnessi che costituiscono nel loro insieme un'autentica lezione di vita. « La volontà è il bene », aveva affermato, nei suoi primi scritti filosofici, il direttore dell'*Anima* (la rivista che, con Giovanni Papini, Amendola aveva fondato nella Firenze del 1911, copertina bianca, temi solo filosofici o religiosi, una vena di spiritualismo che si distaccava dall'idealismo assoluto di Croce, il nesso fra morale e diritto riaffermato, con accenti di intransigenza kantiana, nel fascicolo di agosto). Tutta la parabola di Amendola si ispirerà a una severa visione religiosa, con una nota quasi protestantica, con una lontana vibrazione ricasoliana, da Destra storica.

E degni della Destra storica saranno gli accenti con cui Giovanni Amendola, al centro della sua battaglia antifascista, imposterà il problema dello Stato, in antitesi allo statalismo fascistico, capace pure di alimentare equivoci e *qui pro quo* nei seguaci di una certa tradizione liberale meridionale.

« Occorre pensare non tanto a riformare come vogliono i fascisti quanto a costituire lo Stato », sono parole pronunciate da Amendola il 20 marzo 1924, nel discorso tenuto presso la sede del comitato delle opposizioni a Napoli. « Giacché in Italia purtroppo lo Stato è tuttavia, dopo oltre settant'anni, in via di lenta e faticosa trasformazione; e ciò che si chiama comunemente Stato è, tra noi, nient'altro che il potere esecutivo. Lo Stato unitario nazionale », sono ancora parole di Amendola, « rappresenta la sola vera e grande scoperta politica della storia del nostro popolo; ma esso deve faticosamente conquistarsi il proprio diritto di vita contro i ritorni offensivi dell'arbitrio individuale e della passionalità faziosa, che per secoli hanno impedito il suo sorgere. »

È un'idea dello Stato che si prolungherà in un preciso filone della storia italiana, e non precisamente nel filone dei vincitori: né del 1925 né di vent'anni più tardi.

* * *

Lo ha raccontato Giorgio Amendola nelle indimenticabili pagine della sua *Scelta di vita*. 12 giugno 1924. Mussolini esce da

Montecitorio in un generale silenzio rotto da qualche urlo di collera e di sdegno: «Assassino. Abbasso il fascismo». In quarantotto ore dalla notizia del rapimento di Matteotti la folla fascista si è dileguata; si preparano sotto Palazzo Chigi le montagne di distintivi restituiti.

Quando Turati appare in piazza Montecitorio un grande applauso lo segue: quasi a significare un improvviso mutamento di rotta rispetto alla sopportazione che la piazza riservava fino a qualche giorno prima ai capi dell'antifascismo. Il padre di Giorgio, Giovanni, esce dal portone di via Missione e si avvia veloce verso piazza Colonna.

«Come al solito», racconta il figlio, «con una vena di rattenuta emozione lo seguimmo, ma vedemmo con preoccupazione ingrossarsi il numero degli accompagnatori. Chi erano? Che intenzioni avevano? Noi ci accostammo e incitammo Amendola ad affrettare il passo. Arrivati davanti alla Rinascente dove c'era un posteggio di carrozzelle mio padre salì svelto in una vettura e si inoltrò per il Corso. Allora dalla folla, sotto le finestre di Mussolini, si levò il grido 'Abbasso Mussolini. Viva Amendola'.»

La folla si ingrossò. Davanti ad Aragno nuova manifestazione. Ma Giovanni Amendola rifiutò di parlare. «Perché mio padre non parla? – mi chiesi.» Nel frattempo il corteo arriva davanti al *Mondo*, il giornale di cui Amendola è animatore instancabile. «Mio padre era appena arrivato in tempo per entrare prima che il portone venisse chiuso. Al *Mondo*, sentendo il clamore della folla, temettero una spedizione fascista. Non compresero che la situazione era mutata.»

In quei mesi fra il giugno 1924 e il giugno 1925 si attuerà la metamorfosi di Giovanni Amendola. È una metamorfosi che porterà l'ultimo erede della Destra storica, il discepolo ideale di Silvio Spaventa, il credente nel liberalismo post-risorgimentale – con accenti e vibrazioni degne di Luigi Albertini – alla guida dell'Unione Democratica Nazionale, già comprensiva di elementi provenienti dal radicalismo e digradanti verso il repubblicanesimo.

Vorremmo soffermarci su quell'anno decisivo che vide Amendola gettare la base dell'Unione Democratica (democratica e non liberale e c'era un perché), cioè del futuro partito della democrazia italiana, e tagliare nettamente i rapporti fra il vecchio Stato monarchico-borghese e il futuro repubblicano dell'Italia.

Il distacco dalle istituzioni sarà lento e tormentato, e non mancherà di contraddizioni: ma la storia non scioglie mai i problemi col filo delle spade immaginarie. Ancora alla fine di dicembre 1924, incontrando per via Veneto una colonna di carabinieri a cavallo, Giovanni Amendola dirà al figlio: «Questi carabinieri sono all'ordine del re, e se il re lo vorrà spazzeranno via quelle canaglie». La stessa fiducia della notte del 28 ottobre 1922, quando il ministro delle Colonie del governo Facta si era battuto per il mantenimento dello stato d'assedio contro l'improvviso voltafaccia del Quirinale.

Le ultime giornate del dicembre 1924 saranno tutte impiegate da Amendola, riparato in casa di Schiff-Giorgini (cambiava abitazione quasi ogni settimana, per le continue persecuzioni fasciste), in una serie di estremi contatti col mondo di corte e col partito di corte per incanalare la soluzione della destituzione legale di Mussolini: quella soluzione che il 3 gennaio 1925 liquiderà definitivamente.

Ma c'è un episodio del giugno 1925 che dimostra come il distacco del *leader* dell'antico liberalismo rigorista e ricasoliano dalla monarchia sia ormai totale. È quando gli viene riferito della presenza di Vittorio Emanuele III al circuito automobilistico fra il quartiere Trionfale e i Prati. Qualcuno dice ad Amendola che gli applausi sono stati scarsi. Ed ecco il commento del *leader* aventiniano: «Ben gli sta a quella marionetta».

Pochi giorni dopo sono venticinque anni dall'ascesa al trono del sovrano. Anche altri rappresentanti dell'opposizione costituzionale gli recano un messaggio volto a richiedere il ristabilimento delle libertà statutarie. Ma l'incontro di Amendola è breve e gelido. Al figlio che gli domanda notizie, Giovanni Amendola risponde: «Bisognava separare nettamente le nostre responsabilità, oggi lo abbiamo fatto». È l'inizio della scelta repubblicana che Giovanni Amendola non avrà il tempo di codificare perché poche settimane dopo a Montecatini la violenza fascista creerà le tragiche premesse del suo espatrio e poi della sua rapida fine.

E perfino nell'episodio di Montecatini si rivela la tenacia delle illusioni legalitarie dell'antico direttore dell'*Anima*. Dopo la gazzarra fascista che è durata l'intera giornata, Amendola – gran signore, cavalleresco e rispettoso di tutti – è preoccupato soprattutto per il fastidio che ha dato ai turisti stranieri, alle signore in particolare. Decide di uscire dall'albergo (quella scelta gli sarà fatale) soprattutto perché confida nei carabinieri.

Aveva chiesto che il tenente dei carabinieri si impegnasse a salire con lui nell'automobile. Purtroppo, dopo il primo assalto a colpi di manganello e lanci di pomodori, il tenente si eclisserà e il camion dei carabinieri, che seguiva lentamente, al primo bivio imboccherà un'altra strada.

L'aggressione squadrista si consumerà con tutta la sua violenza plebea, medievale e beffarda, in mezzo all'impotenza delle autorità che pure avevano garantito la sicurezza del parlamentare ancora in carica.

La sua vita. Una giovinezza inquieta e cercante, al di fuori di ogni etichetta. Il rifiuto, comune a Croce, della laurea. Lo studio delle fonti della filosofia moderna, condotto con indipendenza, e anche con qualche sofferenza, rispetto all'idealismo dominante. Perfino talune tracce dello spiritualismo e della teosofia affioranti nei primi del secolo. Influenza della Firenze vociana e prezzoliniana tradotta in quella esperienza inimitabile e inconfondibile che fu l'*Anima*, la rivista che diresse con Papini, una rivista che si riguarda ancora non senza commozione per il candore della copertina, per la castità dell'impaginazione.

E poi il grande dilemma fra attività universitaria e attività giornalistica. La direzione della «Biblioteca filosofica» a Firenze: fonte di esperienze di cultura e di studio incomparabili per l'autore delle indagini su Maine De Biran. E poi l'invito di Missiroli al *Resto del Carlino* come corrispondente romano.

La scelta verso il giornalismo militante, dove Luigi Albertini doveva fargli compiere rapidamente, chiusa l'esperienza del quotidiano bolognese, quella carriera da protagonista che lo portò a dirigere l'ufficio romano negli anni del dopoguerra.

Giornalista e politico insieme. Punto di incontro, straordinario e ancora oggi esemplare, fra cultura e politica. La cultura al servizio della politica, la politica al servizio della cultura. Capo dell'ufficio romano del *Corriere* e insieme sottosegretario alle Colonie nel governo Nitti. Giornalista professionista e militante politico. Verso l'autunno dello Stato liberale, ministro delle Colonie del governo Facta. Uno dei pochi che si opponesse al ritiro dello stato d'assedio voluto dalla codardia reale.

Il « partito della democrazia », sempre sognato e mai attuato nell'Italia di questo secolo, ha in Giovanni Amendola il suo padre ideale. Fino a considerarlo uno « sconfitto ».

4. Einaudi

Lo RACCONTÒ Einaudi stesso sulle pagine di una rivista che gli era particolarmente cara, la *Nuova Antologia*. Una fredda mattina del novembre 1919: a Dogliani. Un contadino festante, di ritorno dalla Messa, si avvicina al professore già popolarissimo nel paese e gli mostra con segni di gioia affettuosa un giornale (una volta, nelle campagne italiane, i contadini leggevano il giornale solo la domenica). «In paese», soggiunge, «non si parla di altro che della bella nomina che la riguarda.» Einaudi prende il foglio in mano con una certa trepidazione: è la sua nomina a senatore, il suo ingresso nel vecchio e glorioso Senato del Regno, un istituto caro alle memorie di tutti gli italiani ma caro soprattutto alle memorie di tutti i piemontesi.

«Fu così che appresi la mia nomina a senatore.» Sono le parole testuali di Luigi Einaudi, in quel commosso ricordo sui tempi del Senato vitalizio, che l'ex presidente della Repubblica aveva voluto riserbare alla rivista che riassumeva ai suoi occhi, velati di nostalgia per il «mondo di ieri», la concezione liberale e risorgimentale cui Einaudi rimase sempre fedele, anche negli anni difficili del dopoguerra, allorché infuriava la polemica contro il «fantasma liberale» e le inquietudini delle nuove generazioni si univano con le negazioni e con le contestazioni dell'antica e mai superata protesta.

«Avevo quarantacinque anni», aggiunge ancora Einaudi, «sicché potevo per quei tempi considerarmi uno dei più giovani senatori» (egli prenderà posto alla sinistra di Palazzo Madama, mentre Albertini sedeva a destra e Croce addirittura all'estrema destra). «Per parecchi anni, i miei capelli scuri continuarono a fare discreta figura nell'aula dove erano numerosi i capelli bianchi e grigi.» Come non vedere, anche in quell'episodio, un segno della «predestinazione» che accompagnò in tutte le fasi della sua vita il maestro piemontese?

«Predestinazione.» È un termine che non sarebbe dispiaciuto al cattolico montanaro non privo di venature giansenistiche e protestanti. Tutto, nella vita di quest'uomo esemplare, obbedì a una specie di vocazione schietta, autentica, naturale, che non ebbe mai bisogno di forzature, di esagerazioni, di alzature di tono.

« Nobilitas naturalis »: scriverà Wilhelm Roepke in una delle più toccanti commemorazioni ispirate dalla sua morte. Fusione perfetta fra l'uomo di cultura e l'uomo politico: innesto totale fra lo scienziato e il padre di famiglia. L'integrità della vita al servizio di un'alta missione civile; tutte le fasi della carriera, il *cursus honorum*, percorse senza sforzo, per una predilezione del destino pari solo alle virtù dell'animo e dell'intelletto.

Una vita. Sceglie gli studi economici: per una vocazione del cuore. A ventiquattro anni è libero docente in scienza delle finanze: senza fatica, senza contrasti. A ventotto anni (nell'Italia del 1902, in un'Italia severa, povera e difficile che non è quella di oggi) sale la cattedra universitaria: comincia a impartire il suo insegnamento, il suo insegnamento prediletto, senza che nessuno lo trovi troppo giovane, senza che nessuno – e siamo nel mondo accademico – abbia a protestare o a deplorare.

I suoi meriti lo portarono sempre avanti: meriti schivi, silenziosi, piuttosto nascosti che ostentati, ma così autentici che incutono rispetto e ammirazione anche negli avversari, negli avversari che non mancano almeno nel tempo delle correnti scientifiche (Einaudi, antipositivista, è nettamente in minoranza, in quella lontana alba di secolo).

Professore affezionato agli allievi come pochi, professore abituato per anni a insegnare a Torino e a Milano, ordinario all'ateneo torinese, incaricato fedelissimo alla « Bocconi » (« grande lavoratore »: scriverà Prezzolini nel 1920), non disdegnerà di salire su un'altra cattedra che molti rappresentanti della cultura accademica avevano tenuto in « gran dispitto », amerà con lo stesso amore un'altra tribuna che gli permetterà di raggiungere milioni di allievi lontani anonimi e sperduti, la tribuna giornalistica.

Einaudi è stato giornalista, giornalista militante, redattore di cucina, « cucitore » di notizie, nella *Stampa* di Roux fra la fine dell'Ottocento e i primi del Novecento, in quella *Stampa* che non era ancora giolittiana, che non era ancora frassatiana, che non era ancora aperta alle voci e alle istanze del progresso democratico che irromperà nella vita italiana nel primo quindicennio del Novecento.

Professore il mattino, era stato volentieri giornalista la sera. Per far quadrare i bilanci, per mandare avanti la famiglia amatissima, si era sdoppiato fra le due future cattedre del suo magistero di sempre. Ma a un certo punto, superato il tirocinio professionale (che non disprezzerà, che non rinnegherà mai: quasi custodendolo *in scrinio pectoris* come un geloso titolo di nobiltà), aveva cominciato a levare anche dalle colonne dei giornali la sua voce di educatore, di « predicatore », di apostolo di una società diversa e migliore. Prima sulla *Stampa* di Frassati; poi sul *Corriere* di Albertini.

Anche nel giornalismo, nel giornalismo economico, successo pieno, spontaneo, assoluto. L'economia politica, questa disciplina ostica e sgradita alla maggioranza degli italiani, questa materia astrusa e lontana dalla nostra sensibilità fantasiosa ed evasiva, aveva trovato nel suo linguaggio chiaro, limpido e semplificatore la via per arrivare al cuore delle grandi masse di lettori, per trasformare la mentalità di tanti italiani, e non soltanto uomini d'affari e imprenditori.

Frassati e Albertini: due poli di un mondo che resterà sempre il suo mondo. Più vicino al secondo che al primo: per il rigore dell'intransigenza liberale, per il fervore quasi sacerdotale della sua fede nella libertà (nella libertà che tutto risana, che tutto riscatta, anche i propri errori). Piuttosto vicino all'« antigiolittismo » di Albertini che non al « liberalismo » empirico e sperimentale di Frassati: e sempre per quell'unità fra coscienza e azione che certe forme del liberalismo giolittiano sembravano incrinare o compromettere (dico sembravano: perché il tempo renderà giustizia allo statista di Dronero e lo stesso Einaudi correggerà o smorzerà il suo severo giudizio di una volta).

Missione giornalistica che fu per lui sempre missione morale. Incapace non solo di scrivere ma soltanto di pensare una cosa diversa da quella che la sua coscienza gli imponeva; incapace di indulgere a un qualsiasi motivo di opportunità, a una qualsiasi ragione di convenienza. Un editore e un direttore che sempre gli permisero, dalle colonne del vecchio e glorioso *Corriere*, di sostenere anche le tesi che più fossero sgradite alla proprietà del giornale, che più potessero ferire quegli ambienti dell'industria lombarda rispecchiati dal quotidiano di via Solferino.

Liberale sì, ma senza mai convalidare le sopraffazioni e le ingiustizie consumate in nome di un presunto « liberalismo economico» (deviato dal suo corso naturale, piegato e deformato al servizio di interessi particolari). Difensore intransigente e strenuo dell'iniziativa privata, ma in quanto essa alimentasse e vivificasse tutto un sistema di convivenza sociale sottratto ai monopoli pubblici e privati, a ogni forma di speculazione e di prevaricazione. Convinto dell'identità fra liberalismo e liberismo (ricordate la sua famosa polemica con Croce?), ma solo in quanto l'economia si identificasse con la morale, solo in quanto rappresentasse una forma di onorare Dio, il Dio che vive nei nostri cuori.

Nutrito di un profondo senso dello Stato, Luigi Einaudi. Questo seguace di Ricardo e di Smith (aveva una speciale legatura della *Ricchezza delle Nazioni*, e col segno augurale di una colomba portatrice di un ramo d'ulivo, nella sua bellissima biblioteca di Dogliani), questo fervido credente nell'economia manchesteriana non si associò mai alla vecchia e stolida polemica degli utilitaristi contro lo Stato moderno, si preoccupò solo di identificare le ragioni del diritto con quelle della morale.

Il suo Stato era radicato nelle vallate del vecchio Piemonte, nello scrigno di una coscienza interiore convalidata da secoli di autogoverno. Era lo Stato di tutti che doveva sostenere i deboli senza umiliare i capaci, che doveva difendere i princìpi di giustizia senza piegare a nessuna forma di collettivismo o di paternalismo.

Di quel lontano Stato piemontese aveva ricercato le radici anche nella storia. Perché Luigi Einaudi non fu soltanto un grande economista, fu anche un grande storico. Storico nel senso vero e primo della parola, nel senso di studioso della terra natale, di ricercatore e indagatore delle origini delle province in cui era nato e aveva vissuto. Proprio negli stessi anni in cui frequentava la mattina le aule dell'Università di Torino e la sera le anguste sale di redazione della *Stampa*, Luigi Einaudi preparava i due mirabili volumi su *Le entrate pubbliche dello Stato sabaudo nei bilanci e nei conti dei tesorieri* e su *La finanza sabauda all'aprirsi del secolo XVIII e durante la guerra di successione spagnola* (i due volumi di cui il re Vittorio Emanuele III gli parlò quando si recò al Quirinale alla fine del '19 per rendergli il grazie protocollare per la nomina a senatore: salvo poi dimenticarsi il motivo della visita nel trascinante empito dei ricordi di storia piemontese...).

Studio di archivi ma anche studio di anime. Studio di documenti ma anche sacrifici affrontati da moltitudini anonime per reggere il peso dello Stato sabaudo, per difenderne i confini e alimentarne le fortune. Omaggio alla piccola patria ma anche auspicio e anticipazione della patria più grande: di quella patria che solo attraverso gli sforzi e le privazioni dei contribuenti piemontesi sarà un giorno possibile costruire, pezzo su pezzo, pietra su pietra (così come Einaudi aveva costruito la sua fattoria di Dogliani).

Religione del Piemonte che era anche religione del Risorgimento. I valori del riscatto nazionale rivivevano nell'animo di Einaudi come valori di casa, come valori domestici. A chi visitava la sua biblioteca di Dogliani, l'orgoglio massimo di un uomo così schivo e modesto, il futuro presidente teneva a mostrare soprattutto, con una vena di trepidazione familiare, un'edizione rarissima del *Rapport sur l'Etat des pauvres en Angleterre* con una dedica autografa del « Comte Camille Bens de Cavour » (egli scriveva ancora, siamo nel 1844, Bens alla francese, non Benso all'italiana) « à son cousin le comte de Ricaldon, lieutenant dans l'Artillerie ».

Non a caso l'ultima volta che Einaudi comparve in pubblico per una celebrazione ufficiale fu il 6 giugno del 1961, nel verde un po' appassito e malinconico di Santena, in occasione del centenario della morte di Cavour. La casa Zanichelli presentava in quel giorno l'edizione definitiva in sedici volumi dei carteggi del grande statista; e l'ex presidente della Repubblica, che era anche presidente della commissione ordinatrice, preferì ignorare i consigli dei medici, si sottopose alla fatica di un discorso pur di sottolineare il valore di quella storica data, nell'assenza del capo dello Stato, nell'assenza del presidente del Consiglio, nell'assenza di qualsiasi rappresentante ufficiale del governo.

* * *

Forse in nessun uomo come in Luigi Einaudi l'eredità del Risorgimento si identificava con una vera visione della vita, assurgeva a un'autentica tavola di valori, di stile e di costume (custoditi con affetto filiale, con devozione gelosa e perfino pudica).

Non il Risorgimento eroico della leggenda e dell'oleografia; ma il Risorgimento che era il frutto delle virtù native del vecchio Piemonte, delle virtù di previdenza, di pazienza e di risparmio (indagate appunto nelle lontane storie delle finanze sabaude). Non il Risorgimento delle conquiste illusorie e dei miti di potenza; ma il Risorgimento che era apertura dell'Italia all'Europa, riallacciamento dei rapporti col mondo d'oltralpe, la finestra spalancata su Londra e su Parigi. Il Risorgimento di Cavour in una parola.

Di qui quell'afflato di europeismo che sempre percorse l'opera di Luigi Einaudi. Egli ebbe come pochi il senso dell'Europa unita, il senso della solidarietà fra tutti i popoli del continente. Avversario tenace di ogni nazionalismo, unì la *pietas loci* con l'amore quasi illuminista e settecentesco di una patria più grande, di una patria dei lumi e della ragione: oasi di riposo contro tutti i furori del nazionalismo, suprema barriera contro gli odi di classe e di razza.

Presidente della Repubblica, non piegò mai alle seduzioni della retorica « patriottica ». Perfino nel suo unico intervento in materia di politica internazionale, quello per la risoluzione così equilibrata e serena del problema di Trieste, rivelò un *animus* ostile a tutti i miti e a tutte le condiscendenze di uno sciovinismo alieno dalla migliore tradizione italiana, alieno soprattutto dalla gloriosa tradizione del '15-18 (l'ultima guerra del Risorgimento, la guerra per i princìpi di libertà e di nazionalità).

Lezione di misura e di dignità, quella di Luigi Einaudi. Dalla politica estera alla politica interna e a quella costituzionale. *Lo scrittoio del Presidente* (il libro in cui egli raccolse, come un notaio del vecchio Regno di Sardegna, le massime del settennato presidenziale) dovrà essere meditato a lungo da tutti coloro che vorranno elaborare una specie di morale costituzionale, più organica e unitaria delle norme frammentarie e spesso contrastanti in cui si esaurì lo sforzo dei nostri costituenti.

Quale esempio! La suprema magistratura della Repubblica fu da lui tutelata con un senso di prestigio che non ebbe mai bisogno delle pompe formali, dei segni esteriori. I poteri autonomi del capo dello Stato (correttivo necessario alle intransigenze partitocratiche e al dispotismo assembleare) furono rivendicati solo nei casi in cui era strettamente necessario, senza concessioni di sostanza ma anche senza esibizioni di forma. Einaudi fu il presidente che seppe assumersi le responsabilità anche più ingrate (si ricordino la crisi Pella e prima ancora lo scioglimento del Senato), ogni volta che fossero in gioco la funzionalità dell'amministrazione o, prima ancora, il decoro delle istituzioni.

A proposito dei senatori a vita, non mancò neppure un contrasto, un contrasto velato, con Alcide De Gasperi: l'uomo che pur fu il collaboratore prezioso e insostituibile di quella che passerà alla storia come l'epoca di Einaudi e di De Gasperi, una stagione felice e operosa della recente storia italiana. Ce lo raccontò, una volta, De Gasperi stesso. Un giorno che il presidente del Consiglio si era recato dal capo dello Stato per i normali affari di governo, già giunto quasi sulla porta, vide Einaudi soffermarsi un momento, trarre fuori dalla tasca un biglietto con i nomi delle personalità della cultura e della scienza che egli aveva scelto per due seggi vitalizi di Palazzo Madama.

De Gasperi non poté nascondere per un momento il suo disappunto e la sua perplessità: non era forse necessaria la controfirma del governo? Ma il dissidio fu rapidamente sanato. Il governo si rese conto come al presidente della Repubblica non potessero essere sottratti certi poteri autonomi che derivavano dalla stessa migliore tradizione monarchica: poteri « maiestatici » appunto. E quale più nobile *trait d'union* di Einaudi fra la monarchia liberale e la repubblica parlamentare?

Senza mai teorizzarle, soprattutto senza ostentarle, Einaudi difese con senso geloso e discreto le prerogative del Quirinale: suprema riserva di saggezza per la Repubblica appena nata, contro deviazioni giacobine del regime, contro tentazioni autoritarie di ogni genere.

Una volta di più il liberalismo fu in lui una questione di metodo e di stile. Così nella politica finanziaria. Governatore della Banca d'Italia, poi ministro del Bilancio, salvò la lira senza decreti clamorosi, senza toni violenti: con la forza di alcune circolari, soprattutto col vigore di un'antica fede. La fede di un vecchio risparmiatore che credeva al denaro degli altri come al suo, che si ispirava all'antica massima « Settimo non rubare ».

Ogni spregiudicata manovra finanziaria, a spese del contribuente, lo trovò sempre ostile. Combatté gli scandali, le prevaricazioni, le confusioni fra pubblico e privato. Mai reazionario, ma « retrivo », considerò le riforme sociali come un'elevazione delle classi meno abbienti, la trasformazione dei nullatenenti in possidenti: per dirla col linguaggio di un uomo politico che pur combatté una vita, Giovanni Giolitti. Ma che era piemontese come lui. E come lui credeva a certe massime eterne, a certe regole oggi trascurate o sconvolte.

A un famoso finanziere che chiedeva a Giolitti quale contributo potesse dare lo Stato all'attuazione di un suo certo progetto, Giolitti rispose semplicemente: « Può metterci i carabinieri ». Ed era una risposta degna, *ante litteram*, di Einaudi.

* * *

Alla pari dei grandi uomini del Risorgimento, Einaudi rimase sempre fedele a una visione quiritaria del mondo e della vita, ancorata a regole precise, a punti di riferimento immutabili. Culto della famiglia; culto della proprietà; culto della patria. Senso dei valori della tradizione non come oggetto di ammirazione retorica (nessun uomo fu più di Einaudi alieno dalla retorica) ma come strumento di ricerca attiva, come fermento di vitale progresso. L'eredità dei padri innestata sull'operosità dei figli: secondo un ciclo che è destinato a ripetere il miracolo della natura, quel miracolo a cui l'idealista e antipositivista Einaudi pur credeva. Nessuno stacco netto fra l'una e l'altra generazione; ma un'evoluzione costante, lenta, anche tormentata e contraddittoria, compenso a tutti i sacrifici.

Serena saggezza, su tutto. Quest'uomo fedele ai grandi valori e alle grandi memorie del passato non disperò mai, anche quando tutto gli sembrava crollare intorno. Non disperò della libertà quando trionfava la dittatura; non disperò dell'economia di mercato quando imperversava la statolatria; non disperò della patria quando avanzavano i nembi della sconfitta.

Rimase sempre se stesso: imperturbabile come il giorno in cui il contadino festante gli recò la notizia della nomina a senatore, fiducioso nel finale trionfo dei valori di libertà e di giustizia contro tutte le devastazioni totalitarie. *Heri dicebamus*: così cominciava il primo articolo nel *Corriere della Sera* dopo il 25 luglio, dopo la fine del regime mussoliniano, quasi a riaffermare una continuità ideale con l'Italia liberale che gli eventi del fascismo e della guerra avevano distrutto ma che si era prolungata nell'intimità della coscienza.

Einaudi fu, perciò, giudicato un « sorpassato », un uomo al di fuori dei tempi. Ma quando arrivò in tarda età alle supreme responsabilità della politica economica nazionale e più tardi alla suprema magistratura della Repubblica, gli italiani si accorsero quanto i valori dall'uomo simboleggiati e custoditi fossero ancora vivi e fecondi, rappresentassero l'unico strumento di salvezza contro le dissipazioni della finanza allegra nel primo caso, contro le deviazioni autoritarie o giustizialiste del regime nel secondo.

Questo statista che non fu mai popolare riuscì a essere stimato da tutti. Questo professore di economia, giudicato arido dai tanti dannunziani e improvvisatori pullulanti del nostro paese, riuscì a salvare la lira. Questo studioso umbratile e modesto che non aveva ricercato i supremi onori, che aveva fatto tutto il possibile per rifuggire dalle massime cariche, seppe essere un presidente della Repubblica esemplare, né debole nell'esercizio del suo mandato né invadente nella difesa dei diritti dell'istituto essenziale ai nascenti equilibri costituzionali della Repubblica.

Questo ministro del Bilancio che apprese la notizia dell'elezione a capo dello Stato nella semplice casa romana inadatta ad accogliere gli ospiti festanti, seppe tutelare con intransigente fedeltà le prerogative di una magistratura non ancora definita nella prassi di una Repubblica appena nata: rispettoso dei compiti del parlamento ma geloso custode di quelle funzioni di controllo e di vigilanza che non erano solo nominali o decorative.

Simbolo di un mondo scomparso, si è detto. Eppure nessuno come Luigi Einaudi seppe precorrere le esigenze dei tempi nuovi. Giovane cultore delle discipline economiche in senso liberale, fu fra i primi a intuire il valore del socialismo come scuola di elevazione morale (il socialismo dei sindacati, non quello dei politicanti) e fu fra i primi a collaborare alla *Critica sociale* e a versare il suo obolo ai condannati del '98.

Liberale moderato, fermo alla religione del moderatismo, fu fra i primi a sentire la deviazione della Corona rispetto ai compiti dello Statuto, fra i pochi a rifiutare le complicità e le compiacenze cui piegarono altri liberali, magari ministri di Mussolini nei gabinetti che preparavano il 3 gennaio.

Liberale giudicato ordinariamente di « destra » (solo perché a destra sta l'economia politica), fu maestro, amico e collaboratore di Gobetti, partecipe della *Rivoluzione liberale*, autore della sua casa editrice. Critico del giolittismo, magari anche negli aspetti positivi della sua politica, seppe differenziarsi nobilmente dai trasformismi e dagli opportunismi procedurali degli epigoni giolittiani, negli anni in cui le scelte si imponevano e non bastavano più le risorse della retorica avvocatesca e dei bizantinismi causidici, estrema difesa di una classe dirigente esautorata.

Passatista, mai. Anticipò e identificò con ludico intelletto tutte le esigenze dell'epoca contemporanea. Nell'età dei nazionalismi di ferro, propugnò ed esaltò l'ideale della Federazione europea, rinverdì la speranza medievale della « Respublica christiana ». Nel periodi degli statalismi coalizzati di destra e di sinistra, insegnò ad avere fede nell'individuo, considerò il liberalismo, quello vero, la sola dottrina rivoluzionaria, rispetto a un certo tipo di « socialismo di Stato » che nascondeva solo la pigrizia morale e la rinuncia al rischio inseparabile dalla vita.

Nessuna delle istanze della generazione del dopoguerra lo trovò sordo. Una volta di più l'economia si commisurò ai suoi occhi alla vita; le regole insegnate per anni sulla cattedra e sui giornali si tradussero in concrete norme di operare civile e morale. Fino agli ultimi anni, fino agli anni delle *Prediche inutili* e delle *Prediche della domenica*.

* * *

« Dopo sette anni di presidenza della Repubblica e arrivato ormai a ottantatré anni, trovo appena il tempo per aggiornare le mie letture, riordinare i miei scritti di oltre sessant'anni di lavoro e comporre, di tempo in tempo, qualche commento sugli avvenimenti o sulle polemiche del giorno. » Così scriveva Luigi Einaudi nel suo messaggio all'Internazionale liberale dell'agosto '57, scusandosi di non poter intervenire all'assemblea di Oxford: ma contemporaneamente il grande maestro teneva a sottolineare che due problemi dominavano ormai il mondo contemporaneo e su ognuno di essi il vero liberale non poteva non assumere quella posizione di responsabilità dettata dalla stessa asprezza dei tempi, la difesa del mondo occidentale e la conciliazione fra giustizia e libertà.

Perché non identificare in queste parole il supremo testamento del grande spirito che Roepke ha paragonato a Guglielmo il Silenzioso, ha esaltato in punto di morte come uno dei pochi uomini destinati a ridare fiducia all'umanità in se stessa? In un mondo in cui interi partiti e gruppi democratici hanno piegato alle seduzioni della rinunzia, questo laico solitario e conseguente che fu sempre fedele agli ideali liberali e identificò la democrazia con una fede ci ammonì, in ogni momento, a ricordare che « qualunque indebolimento del nostro sistema significa un indebolimento della libertà, anzi il pericolo che essa scompaia per un tempo dalla terra ».

L'Europa? Il vecchio maestro che aveva il culto dei valori nazionali, l'uomo di scienza che respirava nel clima ideale del suo vecchio Piemonte, lo studioso che aveva esplorato a fondo i segreti della sua terra e conosceva l'Italia nei particolari più minuti e ci poteva parlare con la stessa competenza dell'agro nocerino e dei colli di Dogliani, era al tempo stesso uno dei più intransigenti profeti e assertori dell'idea europea, uno dei più conseguenti avversari di ogni nazionalismo. Quando i combattenti e i martiri di Budapest rivolsero un estremo appello agli intellettuali democratici europei per invocare il soccorso dell'Occidente, l'unico nome italiano che venne loro sulle labbra fu quello di Luigi Einaudi, l'Europa a cui guardarono nell'ora suprema si identificò con l'Europa civile e liberale simboleggiata da Luigi Einaudi.

Europa che è tutt'uno con l'idea stessa di libertà. Il problema sul quale il vecchio presidente non si stancava di ribattere, anche nelle conversazioni private, era quello della salvaguardia delle istituzioni liberal-democratiche e del loro contemperamento con le esigenze di sicurezza e di giustizia sociale.

Avversario da sempre dell'individualismo pessimista, egli immedesimò la libertà con una fonte di progresso e di elevazione per tutta la collettività. Lungi dal condividere le aberrazioni del darwinismo sociale, credette sempre nella forza riparatrice delle libere istituzioni. Fedelissimo all'ispirazione morale della vita economica, non piegò alle suggestioni dell'utilitarismo e non scambiò l'economia per un fine ma sempre ne riaffermò il valore di mezzo atto a conseguire una più alta dignità dell'uomo. In contrasto con la scuola dei vecchi economisti, dal Martello al Pantaleoni, non dissociò mai la libertà economica dalla libertà politica, non degradò mai la vita in « esistenza ».

Ecco perché il credente nei valori del mercato e della concorrenza sentì in ogni momento il valore delle vere lotte per l'emancipazione operaia. Ecco perché l'avversario implacabile del « socialismo di Stato » fu sempre all'opposizione di tutti i protezionismi e di tutti i monopoli, che scaturivano dalla corruzione stessa della società liberale. Ecco perché il seguace di Smith e di Stuart Mill si batté coerentemente e instancabilmente per conciliare le regole del liberalismo classico con le esigenze della legislazione sociale, coi doveri dell'assistenza e della previdenza estesa alle più vaste categorie, fino a segnare la mèta dell'eguaglianza dei punti di partenza (pensiamo al libro sulle *Lotte del lavoro* edito da Gobetti).

« Gli anni eroici del movimento operaio italiano », si legge in una pagina autobiografica di Einaudi, coincidono con i primi del secolo, con « i ricordi degli anni miei giovanili, quando assistevo alle adunanze operaie di via Milano in Genova o discorrevo alla sera in umili osterie dei villaggi biellesi con operai tessitori. » Da allora sono passati molti e molti decenni.

Sulla scia dell'insegnamento liberale, l'Occidente ha compiuto grandi passi sulla via della « sicurezza sociale »; ma oggi il rischio che incombe sui paesi democratici è quello di una « previdenza pubblica » che superi i confini naturali e invada il campo dell'azione e dell'iniziativa individuale, fino a isterilirla del tutto.

Economia e morale? È stato spesso osservato che nel maestro di Dogliani il moralista prevaleva sull'economista. Diversamente dagli scienziati dell'epoca positivistica, che inquadravano tutti i problemi del mondo nelle leggi dell'utilitarismo, Einaudi obbediva a una sua concezione religiosa del mondo, che assegnava un significato altissimo ai princìpi dell'economia da lui incarnata e difesa.

Ci si domandò spesso quale fosse il carattere peculiare del liberalismo di Einaudi. Si potrebbe rispondere che il suo fu il « liberalismo delle cose » (chi ricorda il suo magnifico saggio sul « governo delle cose? »), il liberalismo concreto, realistico, attivo che, disinteressandosi delle formule, ha fede negli uomini e nella realtà. La sua avversione al « mito » dello Stato moderno, che assoggetta tutta la vita al suo controllo e al suo dominio in base alle pregiudiziali che lo sorreggono, derivava da questo senso fiducioso e ottimistico della vita, che attingeva a una fede illimitata nella libertà dell'uomo, che sanava tutti gli squilibri e riparava a tutte le ingiustizie. La famosa polemica da lui sostenuta contro il « socialismo di Stato » si collegava a una tale posizione morale, che vedeva in ogni forma di « paternalismo » un modo di dispensare dalla lotta, che sola consente la creazione, la vita.

C'era nella sua personalità un complesso di rigorismo giansenistico, di tolleranza liberale, di umanità cattolica, di ottimismo storicistico, di realismo piemontese che lo allontanava sempre da tutte le seduzioni utopistiche delle trasformazioni violente o dei sovvertimenti radicali. Per Einaudi, il lavoro rappresentava un modo di testimoniare la propria devozione a Dio, di provare le proprie forze e le proprie capacità in una gara di coraggio, di iniziativa, di tenacia, che era la miglior misura della « virtù » individuale. In ogni forma di « collettivismo » egli combatteva il « provvidenzialismo », che annullava lo sforzo e la fatica del singolo.

Ecco perché Einaudi individuò, nel socialismo massimalista, una vera e propria forma di « utopia reazionaria ». Usò una volta questo termine, nei suoi riposi di Cogne, parlando di una rilettura che stava allora facendo della *Società degli Eguali* di Buonarroti: premessa, egli aggiunse, alla « morte spirituale dell'umanità ». « Gli uomini sono nati », ricordiamo ancora, e oggi meglio di allora, ricordiamo sempre il timbro inconfondibile di quella voce, « gli uomini sono nati per creare soffrendo. »

5. Sturzo

Lo RICORDIAMO sempre, nella nuda e severa stanza del convento delle Canossiane. Il tavolo ingombro di libri; pile di fascicoli e di carte quasi sospese in aria; un disordine apparente riscattato da un perfetto ordine interiore. L'uomo animato da un fuoco che sembrava inconsumabile: una conversazione scintillante, una memoria infallibile, un'arguzia sempre pronta a correggere le asprezze della polemica.

Ombre e figure del passato si intrecciavano con esperienze e con giudizi del presente, in un equilibrio sempre vigilato, sempre consapevole. La polemica contro Giolitti vibrava nella sua parola con la stessa eco intensa e profonda delle battute contro le ali più zelanti e intemperanti del suo antico partito.

Agli occhi del vegliardo, sempre sulla breccia, sempre deciso a battersi per i suoi ideali, sessant'anni di milizia politica riacquistavano un'unità interiore che non sopportava divisioni o lacerazioni, una lotta senza quartiere per la «libertà» dei cattolici, per il superamento del «ghetto» in cui il cattolicesimo politico si era volontariamente rinchiuso dopo il '70, per l'estensione di tutte le garanzie costituzionali a quel movimento sociale cristiano che nessuno aveva saputo incarnare con tanta coerenza e con tanta nobiltà.

C'era in Sturzo la preoccupazione viva, ansiosa, talvolta perfino lacerante, che i suoi eredi, gli eredi dell'attuale democrazia cristiana, non fossero in grado di conservare le conquiste politiche strappate dalla sua generazione con tante lotte, con tanti sacrifici. «Non sono iscritto alla democrazia cristiana; ma voto per essa», teneva a ribadire con una vena di accorata malinconia, la malinconia che sempre distingue i padri di fronte all'azione dei figli.

In nessuno, come in don Sturzo, i vent'anni dell'esperienza totalitaria avevano scavato un solco, che aveva coinciso con una vera e propria trasformazione. Il sacerdote che aveva dovuto lasciare l'Italia su consiglio dello stesso Vaticano, il *leader* del partito popolare che aveva subìto la sconfessione della Curia all'indomani del congresso di Torino, l'apostolo della democrazia cattolica che aveva provato il morso della solitudine e l'amarezza degli abbandoni, era tornato dalla vita dell'esilio con un *animus* nuovo, con un senso nuovo della libertà e della tolleranza, con una nuova concezione dei « diritti dell'uomo » capace di dissolvere tutte le antiche pregiudiziali guelfe e teocratiche.

Il suo « liberalismo », il « liberalismo » contro il quale si appunteranno gli strali disarmati dell'ironia e del sarcasmo, nasceva di lì: nasceva da quella rielaborazione interiore dei valori della democrazia, per cui la libertà religiosa gli era apparsa inseparabile dalla libertà politica, e la libertà politica inscindibile da quella economica.

Contatti, incontri, nuove frequentazioni culturali, certo: quelle che si ritrovano nei suoi volumi del periodo dell'esilio, quelle che appaiono in particolare nelle belle pagine di *Chiesa e Stato*. Ma non solo quelle: un'esperienza di vita inimitabile, una parabola che adombrava quella degli uomini del Risorgimento, la casa distrutta a Londra dagli « Stukas » tedeschi, il viaggio avventuroso negli Stati Uniti in piena guerra e la vita grama, solitaria, più che riservata, in una povera camera del quartiere di Brooklyn, a New York, i contatti stretti con la *Mazzini Society* di New York (quella degli Sforza, dei Tarchiani, dei Venturi, dei Salvemini).

Noi ricordiamo con estrema precisione lo sbarco di Sturzo a Napoli, in una mattinata insolitamente livida, piovigginosa, del settembre 1946. Ma l'Italia che il gran vecchio ritrovava era profondamente diversa da quella che egli aveva lasciato, sotto l'incubo della dittatura, in una mattinata non meno malinconica del 1924. Solo allora; quasi altrettanto solo oggi. A riceverlo su quel molo del porto partenopeo, c'erano sì i vecchi amici, gli antichi compagni di cordata, quelli che non avevano tradito durante la dittatura, i « popolari » tutti d'un pezzo altrettanto parchi di parole quanto fermi nella fedeltà ai valori della democrazia e della libertà; ma nessun suono di fanfare, nessun fasto di cerimoniale che del resto l'uomo non avrebbe mai tollerato.

Chiuso nel suo grande segreto, il semplice prete – che neppure un rappresentante ufficiale della Santa Sede avrebbe accolto al porto di Napoli – si preparava a riprendere la battaglia di sempre per la libertà forzatamente interrotta, a servire ancora una volta, con discrezione di politico e con fede di apostolo, la sua causa, cioè la sua Chiesa.

Pio XII, è vero, non l'avrebbe mai ricevuto; ma pochi uomini avrebbero reso altrettanti servizi alla campagna sempre difficile, sempre rischiosa, per l'unità e per la disciplina cattolica, nel campo della vita sociale e politica.

Quando si saprà interamente, e un giorno pur si saprà, la vera storia di quell'«operazione» impropriamente chiamata «Sturzo», si vedrà quanto il vecchio fondatore del partito popolare abbia operato in piena coerenza con le premesse programmatiche dell'«appello ai liberi e ai forti», si sia ispirato a una sostanziale unità di intenti e di spiriti con l'uomo da cui pur lo dividevano tante valutazioni, intendiamo dire con Alcide De Gasperi.

Democratico sempre; e con un senso religioso della democrazia che si era purificato, che si era allargato al contatto col mondo protestante, che era assurto a un'alta e severa concezione cristiana, ben oltre i punti di partenza della *Croce di Costantino*, in singolare sintonia con alcuni dei più elevati e inconfondibili temi crociani. E sempre fautore della «laicità» dei cattolici, della aconfessionalità del partito, della distinzione fra «azione cattolica» e «azione di cattolici»: sempre riluttante e sempre ostile di fronte ai tentativi di mescolare Chiesa e Stato, di delegare all'una i compiti dell'altro, di ripiegare verso le anacronistiche, e pericolose, soluzioni del «clericalismo».

Ecco l'autentica «rivoluzione» sturziana: il taglio netto fra clericalismo e cattolicesimo sociale, la rivendicazione perfino orgogliosa – da parte di un sacerdote – dell'autonomia dei cattolici nelle sfere della vita civile. Fin dal lontano 24 dicembre 1905, nel circolo di lettura della sua Caltagirone, Sturzo aveva affermato con perentoria e presaga lucidità: «Oggi compiuta la rivoluzione, assodati i suoi regimi, dato l'aire alle nuove formule politiche, sviluppato il carattere costituzionale della vita esteriore, il tipo clericale nel vecchio ed esteso senso della parola è scomparso; gli avanzi sono pochi o ridotti all'impotenza; o per lo meno non può avere sviluppo una qualsiasi reviviscenza *clericale* del suo tipo storico».

La stessa crisi della «democrazia cristiana» Sturzo la attribuiva alla sopravvivenza delle pregiudiziali clericali, alle ingerenze e alle sopraffazioni dell'«Opera dei Congressi», all'insufficiente distinzione di sfere fra l'Azione Cattolica e quel partito «popolare e nazionale » che avrebbe dovuto affermarsi « come una ragione di vita civile informata ai princìpi cristiani nella morale pubblica, nella ragione sociologica, nel concreto della vita politica ».

La prima esigenza che Sturzo sentiva e proclamava con eloquente coraggio – nell'imperversare della reazione antimodernista, nel trionfare della coalizione clerico-moderata, nell'egemonia dell'« Unione popolare » di esclusiva derivazione ecclesiastica – era la necessità di contrapporsi all'« ibridismo della tendenza religiosa concretizzata nelle associazioni cattoliche », a quella confusione di attribuzioni e di poteri che scopriva direttamente la posizione della Santa Sede, che legava alla formula cattolica le classi conservatrici e reazionarie, che intristiva tutte le organizzazioni autonome e feconde di vita religiosa, il movimento universitario, la gioventù cattolica, le società scientifiche e l'apostolato sociale.

Pur senza indulgere minimamente alle posizioni del modernismo, pur rifiutandosi di assecondare le evoluzioni capricciose e stravaganti di Romolo Murri, pur fermo in quella sua fede cattolica schietta, candida e impavida che lo sorresse anche negli anni dell'esilio, Sturzo anticipò fin dal 1905 le linee di quello che avrebbe dovuto essere un partito cattolico differenziato dalla Chiesa, e rispose preventivamente alle obiezioni del mondo liberale intransigente sottolineando la possibilità di conciliarsi con la « pregiudiziale nazionale » fuori dalle rivendicazioni temporalistiche e dalle nostalgie restauratrici.

« Messianico del riformismo », lo definì Gobetti, e non a caso il direttore della *Rivoluzione liberale* individuò nell'opera di Sturzo il trapasso decisivo da una « letteratura di nostalgia » e da una « tecnica di diplomatici » qual era stato fino allora il clericalismo a un « termine della lotta politica », a una componente positiva della nostra evoluzione politica, in vista di « far partecipare il popolo al processo della laicità valendosi delle illusioni di cui è ricco un programma religioso ».

Ma un punto di fondamentale importanza non apparve allo stesso Gobetti, pur nella sua penetrante analisi, con la necessaria chiarezza: e cioè la posizione del partito popolare rispetto alle gerarchie ecclesiastiche e alle forze organizzate dell'Azione cattolica.

Impossibile negare, in questo campo, i meriti insigni di Benedetto XV; ma è certo che senza la ferma e consapevole posizione di Sturzo, senza il suo « cauto ottimismo » e la sua « agilità diplomatica », per dirla sempre con termini gobettiani, non sarebbe stato possibile arrivare alla netta e rigorosa separazione di compiti che permise al partito popolare di operare, almeno all'inizio, su una piattaforma di effettiva aconfessionalità, di abbandonare le premesse del clericalismo e del temporalismo *ancien régime*, di elaborare un programma di democrazia organica, antiburocratica, « istituzionale ».

Per quanto tempo? Pochi ricordano che la nascita del partito popolare coincise non solo con l'abrogazione ufficiale del *non expedit* ma anche con lo scioglimento dell'« Unione elettorale » e dell'« Unione economico-sociale », che rappresentavano, in campi diversi, i due più potenti strumenti di proselitismo e di propaganda dell'Azione cattolica.

Solo chi aveva misurato la profondità della polemica cattolica, e della lacerazione fra Stato e Chiesa, poteva rendersi conto dell'autentica « rivoluzione » rappresentata da un gruppo politico e parlamentare, che prescindeva dall'investitura pontificia e non rispondeva gerarchicamente alla Santa Sede e non aveva assistenti ecclesiastici e non chiedeva neppure la prova del battesimo ai propri militanti e ai propri iscritti.

Sennonché, liberandosi dagli impacci della tradizione, il Partito popolare non ebbe sempre il senso dei confini della situazione italiana e delle condizioni obiettive in cui si muoveva la vita del Paese. L'azione di Sturzo non bastò più. Stimolato forse da quella vena di ottimismo riformatore e di astrattismo rinnovatore, che stava alla base dei suoi programmi, il popolarismo non si rese conto che la critica allo Stato italiano – vecchio Stato unitario, liberale e risorgimentale – aveva limiti precisi e che il superarli avrebbe portato un contributo indiretto alla causa di tutti i nemici delle istituzioni, vuoi a destra vuoi a sinistra. Fu in quel momento che rinacque il contrasto con le forze cattoliche organizzate, composto nel 1919.

Per gli storici che amano le date, i punti di partenza precisi, potremmo indicarne uno: le elezioni amministrative di Milano nella primavera del 1920, allorché il cardinale Ferrari, dal letto di morte, invitò i cattolici a votare per il blocco nazionale piuttosto che per la lista popolare autonoma, in vista di chiudere la strada al socialismo. Laddove rinasceva l'antitesi del 1904: quella che il fondatore del partito popolare si era proposto di conciliare per sempre.

* * *

Il « laico Sturzo »: scrivemmo una volta, non senza un preciso motivo, con una definizione che piacque all'uomo insigne. E quando, il 19 gennaio del 1959, cadde il quarantesimo anniversario del manifesto ai « liberi e ai forti » lanciato dalle stanze modeste e oscure del « Santa Chiara », l'intrepido vegliardo ormai vicino alla tomba volle ricordare prima di tutto e soprattutto che egli si era proposto di costituire « non un partito cattolico, ma un partito costituzionale nazionale che poteva anche qualificarsi 'laico', se tale aggettivo non fosse servito a indicare un anticlericalismo di fondo »; « aconfessionale » in ogni caso contro quanti « si arrogavano il diritto e il compito di rappresentare la Chiesa e le autorità ecclesiastiche, o pretendevano di essere gli esponenti dell'azione cattolica ». Lotta contro ogni integralismo, e quindi per una vera democrazia cattolica.

Ricordando nello stesso messaggio la nascita del partito popolare, Sturzo precisava la concezione dello Stato cara ai cattolici come una concezione « né liberale, né socialista, ma popolare su basi programmatiche proprie: libertà integrale; organicità; rispetto delle autonomie locali; decentramento; socialità ». Di qui la lotta al collettivismo economico e al « provvidenzialismo » dall'alto, condotta con la stessa coerenza e talvolta con la stessa asprezza con cui aveva condotto la battaglia contro lo « statalismo » giolittiano; di qui il « veto » ai democristiani a usare le armi di intervento sopraffattore dello Stato che egli già aveva contestato ai liberali del suo tempo.

Nell'interventismo economico spinto fino ai limiti della pianificazione coatta, il fondatore del partito popolare combatteva l'« orrido Moloch » della sua giovinezza, esorcizzava il mostro che aveva tormentato l'epoca dell'opposizione cattolica. Ma vi era qualcosa di più: un qualcosa che era stato arricchito e avvivato dalla sua esperienza di esule.

Il « collettivismo » finiva per identificarsi ai suoi occhi con tutto ciò che fosse improvvisazione, dilettantismo, negligenza, desiderio di sfuggire ai pesi e alle responsabilità della storia, fuga dai concreti e gravosi obblighi di ogni giorno: secondo una linea che lo faceva incontrare con un antico e grande avversario di ieri, con Luigi Einaudi.

Passando attraverso una così ricca e inimitabile esperienza, il cattolicesimo sociale finiva per identificarsi agli occhi di Luigi Sturzo con una forma di « apostolato cristiano ». « Vedono in me », si lamentò una volta, « solo l'uomo politico, e dimenticano l'apostolo. » Apostolo di cristianesimo, ma anche di libertà. Secondo la grande tradizione del Risorgimento; secondo l'insegnamento inconfondibile del nostro Ottocento. Dopo un lungo periplo, Sturzo era tornato a Manzoni.

*Piccolo dizionario
degli uomini che fecero l'Italia*

Seconda galleria di ritratti

Questo piccolo dizionario sintetizza i dati biografici più caratterizzanti di ognuno dei personaggi che compongono la seconda galleria di ritratti de *Gli uomini che fecero l'Italia*: con criteri del tutto analoghi a quelli che hanno guidato il precedente volume. È uno strumento ausiliario di tipo scolastico e può essere di utile consultazione per colmare le lacune nell'informazione, appunto, scolastica.

Alfieri di Sostegno, Cesare e Carlo Cesare nasce il 13 agosto 1799 a Torino dove – appartenente a famiglia nobile – compie gli studi. Percorre i passi della carriera diplomatica. È a Parigi e all'Aia; dal 1824 regge la legazione di Pietroburgo. Rientrato a Torino (1827) si occupa di scienze sociali. È membro della commissione per la statistica, presidente dell'Associazione agraria, magistrato della Riforma (1844) impegnato nel miglioramento della istruzione di ogni ordine e grado. Nel 1848 è fra quanti inducono Carlo Alberto alla concessione dello Statuto. Dopo l'armistizio Salasco accetta la presidenza del Consiglio (agosto): ma si dimette due mesi dopo. Senatore del Regno, è presidente dell'alta assemblea per un quinquennio (1855-1860). Muore a Firenze, nuova capitale, il 16 aprile 1869.

Carlo, figlio di Cesare, nasce a Torino il 30 settembre 1827. Si orienta verso gli studi legali, collabora al *Risorgimento* di Cavour con articoli di ispirazione liberale. Nel 1851, perduta la prima moglie, sposa Giuseppina Benso di Cavour, nipote di Camillo. Eletto deputato, siede alla Camera fino al 1870, allorché è fatto senatore. Dal 1871 promuove con altri amici la « Società di educazione liberale » che dà poi vita alla Scuola di Scienze sociali, intitolata al nome del padre, « Cesare Alfieri ». I suoi maggiori contributi sono raccolti nel volume *L'Italia liberale*. Muore a Firenze il 18 dicembre 1897.

Amendola, Giovanni Nasce a Napoli, da famiglia di Sarno, il 15 aprile 1882. Collabora alla *Voce* di Papini e di Prezzolini con articoli a carattere filosofico e letterario. Fonda *L'Anima* con Papini. Sono gli anni in cui opera significative traduzioni (M. de Molinos, *Guida spirituale*; J. Ruskin, *Le fonti della ricchezza*) e scrive i saggi più importanti: *Maine de Biran* (1911), *La categoria* (1913), *Etica e biografia* (1915). Segretario della « Biblioteca filosofica » di Firenze svolge intensa attività di giornalista. Collabora al *Resto del Carlino* e nel 1914 è corrispondente romano del *Corriere della Sera*. Allorché scoppia il conflitto mondiale capeggia i gruppi d'accento liberale favorevoli all'intervento a fianco dell'Intesa. Nel 1918 promuove il Patto di Roma, favorevole al riconoscimento del principio di nazionalità e quindi teso a una politica di amicizia coi popoli slavi, specie con la futura Jugoslavia. Eletto deputato (1919-1924), ricopre incarichi di governo come sottosegretario di Stato alle Finanze nel gabinetto Nitti (maggio-giugno 1920) e come ministro delle Colonie nei due governi Facta, fino alla marcia su Roma, fino al 28 ottobre 1922. Fautore come Gobetti e Rosselli di una nuova democrazia (« l'Unione democratica nazionale » si chiamerà fra il '24 e '25 il nuovo movimento) fu irriducibile avversario di Mussolini e del fascismo. Nel 1921 fonda *Il Mondo*, organo della sua battaglia politica in favore del liberalismo democratico. Dopo il delitto Matteotti è uno dei capi dell'opposizione a Mussolini, in parlamento e fuori. *Leader* della protesta aventiniana sarà aggredito dai fascisti la prima volta a Roma il 26 dicembre 1924 e una seconda a Montecatini. Morrà esule in Francia, a seguito delle bastonature subite, il 6 aprile 1926. Le sue ceneri saranno trasportate da Cannes a Napoli solo nel 1950. Aveva esposto le sue tesi contro il fascismo nei volumi *Una battaglia liberale* (1924), *La democrazia* (1924), *Per una nuova democrazia* (1926: a più voci).

Bandiera, Attilio ed Emilio Nascono a Venezia, figli del barone Francesco, contrammiraglio austriaco, il primo, Attilio, il 24 maggio 1810, il secondo il 20 giugno 1819. Entrambi seguono la carriera delle armi intrapresa dal padre e diventano ufficiali di marina; ma già dal 1836, secondo quanto si evince da una lettera inviata da Attilio a Pietro Maroncelli, allora esule a New York, si fa strada in loro un forte sentimento patriottico. Nel 1841 danno vita a una società segreta denominata «Esperia», e l'anno successivo, grazie alla mediazione di Domenico Moro, anch'egli veneziano, entrano in contatto con la centrale democratica londinese guidata da Giuseppe Mazzini. I rapporti con l'Apostolo s'infittiscono via via che prende corpo l'ipotesi di un vasto moto insurrezionale, che avrebbe dovuto coinvolgere i marinai italiani della flotta austriaca, gli uomini della Legione Italiana di Nicola Fabrizi, raccolti a Malta, e altri nuclei sparsi per la penisola. Ben presto, però, la polizia riesce a individuare nei Bandiera il motore delle cospirazioni tramate in seno all'armata imperiale: i due sono costretti a fuggire a Corfù (primavera 1844). Di qui, Attilio ed Emilio cercano di riprendere le fila del lavoro patriottico, bruscamente interrotto dagli sbirri e dalle spie del Radetzky. Esclusa un'azione negli Stati Romani, essi s'indirizzano verso un possibile intervento nel Mezzogiorno, suggerito pure dai tumulti di Cosenza e dalla presenza di numerosi gruppi di fuorilegge sulle montagne. Accompagnati da un pugno di patrioti, i Bandiera sbarcano alle foci del Neto il 16 giugno 1844. Subito traditi, respingono dapprima un drappello di guardie, poi si arrendono a una turba di contadini inferociti, nei pressi di San Giovanni in Fiore. Tradotti a Cosenza e processati, sono condannati a morte e fucilati, insieme con altri sette compagni, la mattina del 25 luglio 1844.

Bassi, Ugo Nasce a Cento, in provincia di Ferrara, il 12 agosto 1801. Studia presso i barnabiti a Bologna, poi passa a Roma, dove prende i voti nel 1821. Qui si dedica alla filosofia e alla teologia per alcuni anni, finché, nel 1824, viene destinato a Napoli, presso il Collegio di Santa Maria del Caravaggio, quale insegnante di retorica. Dalla seconda metà degli anni '20, si dedica alla predicazione, da Napoli a Vercelli, a Genova, a Torino, a Bologna, dove, nel 1835, in San Petronio, pronuncia un quaresimale di straordinario successo. Di idee liberali, di sentimenti patriottici, è sorpreso dalle vicende del 1848 ad Ancona. In un primo tempo si aggrega ai «crociati» del generale Durando, come cappellano militare; poi, dopo lo scontro di Treviso, dove è ferito, si reca a Venezia. Frattanto, a causa del suo spirito ribelle, i superiori del Bassi riescono a ottenere da Pio IX un breve di secolarizzazione, che però non gli è comunicato a causa degli eventi bellici. Da Venezia riesce a raggiungere di nuovo gli Stati

Romani, e qui incontra Garibaldi, delle cui truppe diventa il cappellano. Aderisce alla Repubblica mazziniana e si batte a fianco dei democratici fino alla capitolazione dell'Assemblea Costituente del nuovo Stato, che porta con sé il futuro dell'Italia. Dopo aver seguito Garibaldi nella ritirata, viene catturato a Comacchio il 4 agosto 1849 insieme a Giovanni Livraghi. L'8, i due amici vengono fucilati dagli austriaci al Meloncello, ai piedi del colle di San Luca, alla periferia di Bologna.

Belfiore, Martiri di Cospiratori, patrioti, in gran parte esponenti del comitato d'azione mantovano, impegnati nel collocare cartelle del prestito nazionale emesso da Mazzini, da Londra, e nel preparare congiure nel Lombardo-Veneto. Arrestati in diverse fasi dalla polizia austriaca, sono condannati a morte e la sentenza viene eseguita sugli spalti della fortezza di Belfiore, in un arco di tempo che va dal 5 novembre 1851, data della prima esecuzione (don Giovanni Grioli), al 4 luglio 1854 (Pier Fortunato Calvi).

Don Grioli, nato a Mantova l'8 ottobre 1821, uomo mite e animato al pari del fratello Giuseppe di nobili sentimenti patriottici, lettore attento delle opere del Gioberti e fornito di vasta cultura, viene arrestato nell'ottobre del '51 (pochi giorni dopo l'esecuzione di Luigi Dottesio a Venezia) con l'accusa infondata di sedizione fra le truppe ungheresi. Ma in casa gli vengono trovati bollettini esortanti i sudditi milanesi a non pagare le imposte: il che è sufficiente per la condanna alla pena capitale.

Il 27 gennaio 1852, dopo perquisizioni, arresti e delazioni, viene tratto in arresto don Enrico Tazzoli, autentico animatore del comitato mantovano. Nato a Canneto il 19 aprile 1812, professore di filosofia al seminario di Mantova, mazziniano, ha manifestato idee democratiche dal '48. Nell'abitazione gli viene sequestrato il registro in cifre, insieme con le altre corrispondenze che racchiudono i segreti della congiura. Dopo lungo processo dal quale non gli esce rivelazione alcuna, viene condannato il 4 dicembre 1852 con esecuzione tre giorni più tardi, affiancato ad altri quattro condannati. Condanne giunte a conclusione di una serie di processi svoltisi durante l'anno. Salgono sul patibolo, con Enrico Tazzoli, Angelo Scarsellini, Bernardo de Canal, Giovanni Zambelli e Carlo Poma. Il più noto, dopo Tazzoli, è Giovanni Zambelli (n. 1824), animatore dei comitati di Padova, Vicenza, Treviso, insieme a De Canal. Angelo Scarsellini, sacerdote, nato a Legnano l'8 luglio 1823, di agiata famiglia, si è battuto nella prima guerra d'indipendenza ed è quindi riparato in esilio in Francia e in Piemonte.

Una seconda sentenza relativa agli arresti del '52 si ha il 28 febbraio 1853 e registra la condanna di ventisei persone. Salgono sul patibolo il 3 marzo Carlo Montanari, Tito Speri e Bartolomeo Grazioli. Tito Speri (nato a Brescia il 2 agosto 1825) è l'eroe delle giornate di Brescia, di cui ha guidato l'insurrezione nel marzo 1849, battendosi contro gli austriaci.

La terza sentenza, del 16 marzo, viene eseguita tre giorni più tardi: con l'esecuzione di Pietro Frattini, umile amanuense mantovano, che ha chiesto di leggere ancora una volta Dante prima di affrontare il supplizio. È nato a Vigo il 1° dicembre 1821.

Il 17 settembre 1853 viene arrestato

Pietro Fortunato Calvi, nato a Briana il 17 febbraio 1817, eroico difensore di Venezia, nominato poi da Mazzini condottiero delle bande del Cadore – cadorino egli stesso – dopo il fallimento del moto milanese del 6 febbraio 1853, cui aveva preso parte. Condannato il 4 luglio 1854, si esegue la sentenza in quello stesso giorno.

Beccaria, Cesare Nasce a Milano il 15 marzo 1738: il padre è il marchese Giovanni Saverio, la madre donna Maria Visconti. Studia presso i gesuiti di Parma e si laurea in giurisprudenza a Pavia nel 1758. Tre anni più tardi si sposa con Teresa de Balsco contro la volontà paterna. La lettura delle *Lettres persanes* suscita in lui interessi filosofici. Si entusiasma alle idee di D'Alembert e Diderot, frequenta il cenacolo di casa Verri che dal 1764 diverrà redazione del *Caffè*. È in quell'ambiente che Cesare scrive, dal marzo 1763 al gennaio 1764, il trattato *Dei delitti e delle pene*, pubblicato anonimo a Livorno, in quello stesso 1764, dalla libreria Coltellini. Il successo è immediato, in Italia e in Francia, specie presso gli enciclopedisti, che accoglieranno trionfalmente l'autore a Parigi nell'ottobre 1766. In Italia, invece, non mancheranno polemiche e contestazioni, guidate dal monaco vallombrosano Ferdinando Facchinei. Il 1° novembre 1768 è nominato professore di economia politica nelle Scuole palatine di Milano; il 29 aprile 1771 è eletto consigliere del Supremo consiglio dell'economia. Fa quindi parte del Magistrato politico camerale e il 17 gennaio 1791 è membro della Giunta per la riforma del sistema giudiziario civile e criminale. Mortagli nel marzo 1774 la prima moglie, dalla quale aveva avuto le figlie Giulia e Maria, contrae nuovo matrimonio in quello stesso anno con Anna Barnaba Barbò, dalla quale avrà il figlio Giulio. Muore a Milano, per un colpo apoplettico, il 28 novembre 1794. Nel 1804 apparirà postumo il volume *Elementi di economia pubblica*.

Bissolati, Leonida Nasce a Cremona il 20 febbraio 1857, da Paolina Caccialupi, donna di vasta cultura. Il padre, Stefano, aveva abbandonato l'abito talare. Compie studi classici, si iscrive a giurisprudenza nella facoltà di Bologna. Milita nelle file repubblicane, ma avverte intensa la questione sociale, cui Mazzini a suo giudizio non ha dato risposte attuali. Nel 1891 collabora a *Critica sociale*, la rivista di Turati, e inizia l'opera di propaganda delle idee socialiste specie fra i contadini. Nel dicembre 1896 è direttore dell'*Avanti!*, organo del partito socialista che avvia le pubblicazioni; nel 1897 è eletto deputato. Nel maggio '98 è arrestato a Milano, nei giorni dei tumulti, e liberato in quanto parlamentare il 9 luglio. Nel quadro delle divisioni interne del partito socialista, Bissolati è *leader* della corrente dei riformisti per tutto il primo decennio del secolo. Per l'adesione alla guerra di Libia viene espulso dal partito nel congresso di Reggio Emilia del luglio 1912, dopo una serrata requisitoria di Benito Mussolini, insieme ai più autorevoli esponenti della sua corrente (Bonomi, Cabrini, Canepa, Podrecca), che fondano con lui il partito socialista riformista. Si batte in guerra ed è ferito il 21 luglio 1915. È ministro senza portafoglio nel gabinetto Boselli (30 ottobre 1916) e ministro per l'assistenza militare e per le pensioni nel ministero

Orlando (1° novembre 1917). Dopo Vittorio Veneto, fedele al principio delle nazionalità, esce dal governo (31 dicembre 1918) in quanto in disaccordo con le rivendicazioni italiane nell'Adriatico. Muore a Roma il 6 marzo 1920.

Bixio, Nino Gerolamo Bixio, detto Nino, nasce a Genova il 2 ottobre 1821. La madre muore nel 1830 e il padre, dopo essersi sposato nuovamente, lo abbandona al suo destino. Il giovanissimo Nino finisce, così, mozzo su un brigantino diretto in America. Tornato a Genova, i suoi fratelli lo spingono ad arruolarsi nella marina sarda, dove, a causa del suo temperamento irruente e focoso, resta qualche tempo, fino al giorno in cui, insieme ad alcuni amici, trova un imbarco su una nave americana diretta a Sumatra. Nel 1846 è a New York; l'anno dopo, a Parigi, conosce Mazzini. Rimpatriato, condivide con Mameli il sogno patriottico del 1848: combatte in Lombardia a fianco delle truppe di Carlo Alberto, poi entra nella legione di Garibaldi e, durante la breve stagione della Repubblica romana, si distingue per il suo leggendario coraggio. Caduta la Repubblica, torna a Genova, si sposa, studia, prende il brevetto di capitano di lungo corso e viaggia per sei anni. Nel 1859, Bixio è fra i Cacciatori delle Alpi, nel 1860 è uno degli artefici della spedizione dei Mille, forse l'ufficiale più determinato fra quelli al seguito del Generale. Dopo l'unità, entra contemporaneamente nell'esercito regolare e in parlamento; nel 1866, ormai generale, partecipa alla battaglia di Custoza; nel febbraio del 1870 è nominato senatore e in settembre entra in Roma insieme alle truppe di Cadorna. Dimessosi dal Regio Esercito, costruisce un bastimento di ferro, il *Maddaloni*, e inizia una crociera nell'arcipelago malese, dove morirà di colera il 16 dicembre 1873.

Bocconi, Ferdinando Nasce a Milano l'11 novembre 1836. Frequenta a Lodi i primi tre anni di scuola elementare e inizia l'attività di venditore ambulante di stoffe, rivelando particolari attitudini al commercio. Militare nel '61, partecipa alla repressione del brigantaggio nel meridione. Nel 1865 sposa a Milano Claudina Griffini, da cui avrà tre figli. Lasciato il commercio ambulante, acquista una bottega e, nel 1877, un albergo, il «Confortable», trasformato in un grande magazzino di vendita, sul tipo di quelli di Parigi e di Londra: «Aux villes d'Italie» è il nome. Nel 1889 la nuova sede in piazza Duomo: i trecento impiegati di prima sono diventati oltre mille e quattrocento. L'espansione della ditta Fratelli Bocconi è costante. Non manca di sollevare invidie e problemi reali nel piccolo commercio, che risulta spesso soffocato. Si spiegano così gli attacchi di Paolo Valera sulla *Folla*. Ferdinando fa studiare i figli all'estero, per averli preparati con un'educazione davvero europea. Luigi parte per l'Africa nel '96, inviato dalla *Riforma*, ma risulta disperso nella battaglia di Abbà Garimà, presso Adua. Il visto era stato ottenuto all'insaputa dei genitori, grazie alle personali conoscenze della famiglia Bocconi nell'*entourage* di Francesco Crispi. Al nome del figlio Ferdinando intesta e fonda l'università commerciale «Luigi Bocconi», inaugurata il 10 novembre 1902 con un corso di laurea in economia e commercio e uno in lingue e che diventerà coi tempi un'università libera di respiro e di livello europei. Cavaliere del lavoro nel 1902, senatore del Regno nel 1906, Ferdinando muore a Milano il 5 febbraio 1908.

Bodoni, Giambattista Nato a Saluzzo il 26 febbraio 1740 da una famiglia di tipografi, Giambattista apprende i primi rudimenti dell'arte nella piccola officina paterna. Nel 1758 si reca a Roma, dove conosce l'abate Ruggeri, che lo vuole al suo fianco nella stamperia di Propaganda. Fino al 1766, prima sotto la protezione del Ruggeri, poi del dotto cardinale Spinelli, Bodoni lavora nella celebre tipografia romana, e qui, grazie alle lezioni dell'incisore tedesco Berger, si fa strada il lui l'idea di creare e fondere nuovi caratteri. Abbandonata Roma nella speranza di raggiungere l'Inghilterra, egli, caduto malato, si ferma per qualche tempo nella natia Saluzzo, che abbandona solo nel marzo del 1768, quando il Du Tillot lo chiama a Parma per fondare e dirigere la stamperia reale. Qui Giambattista si stabilisce definitivamente, apre una propria tipografia, si sposa, e trova l'ambiente adatto a sperimentare e affinare le sue straordinarie innovazioni. Nel 1806, a Parigi, in occasione dell'esposizione dell'industria nazionale, ottiene la medaglia d'oro. Invitato e conteso dalle corti di tutta Europa, egli rifiuterà sempre di abbandonare Parma, sua patria d'elezione, celebrato dai concittadini come un eroe locale. Il *Manuale tipografico*, del 1788, gli vale gli elogi di Franklin; Bodoni scompare mentre lavora a una nuova edizione del volume, pubblicata postuma nel 1818. Muore a Parma il 30 novembre 1813.

Bonomi, Ivanoe Nasce a Mantova il 18 ottobre 1873. Si laurea nel 1898 in scienze naturali e nel 1900 in giurisprudenza. Si dedica all'insegnamento, che abbandona per il giornalismo. Nel 1895 inizia la collaborazione a *Critica sociale* e dopo la crisi del '98 all'*Avanti!*, di cui reggerà per alcuni mesi la direzione in assenza di Enrico Ferri. Politicamente vicino a Turati, nel 1904 è vicedirettore del *Tempo* (diretto da Treves) a Milano e l'anno successivo fonda a Roma, con Leonida Bissolati, *L'Azione socialista*. Nel 1907 appare il suo volume *Le vie nuove del socialismo* e in quello stesso anno è eletto consigliere comunale di Roma (30 giugno) nella lista del «blocco popolare»: sarà per un anno assessore alle Finanze nella giunta Nathan. Il 1º agosto 1909 è eletto deputato nel collegio di Ostiglia. Nel 1912 è espulso dal partito a Reggio Emilia, insieme a Bissolati, Cabrini e altri riformisti. Confermato deputato nel 1913, interventista in guerra, è ministro dei Lavori Pubblici con Boselli. Ministro della Guerra con Nitti e Giolitti, assume la presidenza del Consiglio dopo Giolitti e dà vita al suo ministero dal 4 luglio 1921 al 26 febbraio 1922. Durante il fascismo conduce vita appartata. Nel 1944 esce *La politica italiana da Porta Pia a Vittorio Veneto*: l'anno precedente – ripreso l'impegno politico – è presidente del Comitato di liberazione nazionale. Dal 18 giugno al 12 dicembre 1944 e dal 12 dicembre 1944 al 21 giugno 1945 è presidente del Consiglio nei due ministeri successivi a Badoglio. È senatore di diritto e presidente del primo Senato della Repubblica, l'8 maggio 1948. Muore a Roma il 20 aprile 1951.

Buonaiuti, Ernesto Nasce a Roma il 24 giugno 1881. Nel dicembre 1903 è ordinato sacerdote. Insegna storia ecclesiastica nel Seminario romano dal 1904 al 1906 e dal giugno 1905 al 1910 dirige la *Rivista storico-critica delle scienze teologiche* che viene condannata per le idee moderniste. Nel 1915 vince la cattedra di Storia del cristianesimo all'Università di Roma, che terrà fino al 1931. Nel 1921 è colpito da scomunica. Si riconcilia, ma la pubblicazione di due volumi nel 1924 (*L'apologia del cattolicesimo* e *Verso la luce*) gli provoca una nuova scomunica e più tardi la messa all'Indice di tutti i suoi scritti. Nel 1925 assume la direzione della rivista *Ricerche religiose*. Negli scritti continua a professare le idee che hanno suscitato la condanna della Chiesa ufficiale. Nel 1922 è apparso *L'essenza del cristianesimo*; nel 1928 pubblica *Il cristianesimo nell'Africa romana* e l'*Histoire du modernisme catholique*. Nel 1931 è privato della cattedra dal regime fascista, in attuazione degli accordi lateranensi. Verrà reintegrato nell'estate del 1944 ma secondo il disposto del Concordato non gli viene consentito l'effettivo esercizio dell'insegnamento. Del 1933 è *La Chiesa romana*; fra '42 e '43 appare la *Storia del cristianesimo*. E, postumi, i volumi *La vita dello spirito* e *Pio XII*. Di grande interesse la sua autobiografia: *Il Pellegrino di Roma* (Roma, 1945). È il più autorevole rappresentante del modernismo in Italia. Muore a Roma il 20 aprile 1946.

Burzio, Filippo Nasce a Torino il 16 febbraio 1891. Frequenta il Politecnico del capoluogo piemontese e si laurea in ingegneria nel 1914. Insegna per un periodo piuttosto lungo «balistica» all'Accademia di Artiglieria e dalle sue lezioni scaturiranno i due volumi di *Scritti scientifici*, editi a Roma rispettivamente nel 1927 e nel 1934. Moralista e scrittore politico, collaborò a *La Ronda*, ma rivela intera la sua formazione liberale, di tradizione cavouriana, nel volume *Ginevra, vita nuova*, apparso a Milano nel 1920. Turbato dalla crisi etico-politica del mondo che lo circonda, vede l'ancora di salvezza per la società civile nell'opera del «Demiurgo», elemento moderatore dei contrasti che lacerano le diverse culture e civiltà europee. È un tratto caratterizzante della sua filosofia. Da *Politica demiurgica* (Bari, 1923) a *Il Demiurgo e la crisi occidentale* (Milano, 1933), da *L'inverno* (Milano, 1936) alla *Riforma politica e riforma morale* (ivi, 1936), dai *Ritratti* (il primo volume esce a Torino nel 1929, il secondo a Genova nel 1933) ai *Profeti d'oggi* (Genova, 1947) e a *La nascita del demiurgo* (Torino, 1948). Dal 1945 dirige *La Nuova Stampa* di Torino. Muore a Ivrea il 25 gennaio 1948. Il suo ultimo lavoro, *Anime e volti del Piemonte*, era un atto di fede in quelle figure scomparse del vecchio Piemonte cui aveva sempre guardato.

Cairoli, Adelaide e i cinque figli Adelaide Bono nasce a Milano il 5 marzo 1806, figlia di un avvocato, Benedetto. Sposa Carlo Cairoli, medico a Pavia, di trent'anni più vecchio di lei, nel 1824. Vivrà per il marito e i cinque figli, di cui solo Benedetto le sopravviverà. Donna di eccezionale forza d'animo, muore a Pavia il 27 marzo 1871.
Benedetto, patriota e uomo politico, nasce a Pavia il 28 gennaio 1825. Pri-

ma neoguelfo, poi mazziniano, svolge attività di propaganda e cospirativa. Si batte coi fratelli Ernesto ed Enrico nei Cacciatori delle Alpi nel 1859. Segue Garibaldi nella spedizione dei Mille ed è ferito nei pressi di Palermo. Eletto deputato nel 1861, prende parte alla guerra del '66 e poi torna a battersi per gli ideali democratici in parlamento. Si oppone al trasformismo di Depretis, è due volte presidente del Consiglio (23 marzo - 19 dicembre 1878, e 14 luglio 1879 - 12 maggio 1881), cadendo la prima volta per la politica del «reprimere e non prevenire», giudicata eccessivamente permissiva, la seconda per l'occupazione di Tunisi da parte francese. Muore l'8 agosto 1889, ospite di Re Umberto nella villa di Capodimonte a Napoli.

Ernesto nasce a Pavia il 20 settembre 1832, compie gli studi universitari e si infiamma alle idee mazziniane, ma si distacca dall'Apostolo dopo il fallimento dei moti del '53. Si avvicina alla politica cavouriana e si arruola nei Cacciatori delle Alpi. Muore in battaglia, a Biumo Inferiore, il 26 maggio 1859.

Luigi nasce a Pavia il 9 luglio 1838. Si segnala per la versatilità negli studi matematici; frequenta nel '59 il collegio militare di Ivrea. Prende parte alla spedizione dei Mille e si segnala in diversi episodi, specie in Calabria. Là contrae il tifo, che lo porta alla morte, a Napoli, il 18 settembre 1860.

Enrico nasce a Pavia il 6 febbraio 1840. Frequenta la facoltà di Medicina, poi segue i fratelli fra i Cacciatori delle Alpi. Partecipa alla spedizione dei Mille, si segnala a Calatafimi, viene gravemente ferito a Palermo. È con Garibaldi sull'Aspromonte e nel '66 a Monte Suello. Nel '67 guida il drappello di 68 patrioti che puntano alla insurrezione di Roma. Trova la morte a Villa Glori il 23 ottobre 1867.

Giovanni nasce a Pavia il 27 agosto 1842, studia matematica e quindi si iscrive alla scuola di artiglieria del Collegio militare di Torino. Nel '67 è col fratello Enrico a Villa Glori. Fatto prigioniero, gravemente ferito, viene rilasciato ma muore poco dopo.

Carrara, Francesco Nasce a Lucca il 18 settembre 1805. Si laurea in giurisprudenza a Pisa dove ha seguito i corsi di Giovanni Carmignani e intraprende nella città natale l'attività forense. Dopo dodici anni di insegnamento di liceo ottiene la cattedra di diritto penale all'Università di Pisa. Penalista insigne, pubblica fra il 1867 e il 1870 i nove volumi del *Programma del corso di diritto criminale*: i primi due comprendono la parte generale (cioè delitto, pena e giudizio), gli altri sette la parte speciale (cioè i singoli reati divisi in *naturali* e *sociali*). Patriota, di idee liberali, è deputato al parlamento eletto a Capannori nelle legislature VIII, IX e X fino al novembre 1870. Battuto nelle elezioni del 1874, è nominato senatore nel 1876. Si dedica allora allo studio della procedura penale, dopo la sistemazione complessiva data al diritto nel *Programma*. È anche il momento dei primi attacchi da parte della scuola positivista. Viene colto da morte improvvisa a Lucca, il 15 gennaio 1888. A parte il *Programma* meritano di essere ricordate fra le sue opere la raccolta degli *Opuscoli* (1859-1874), i *Lineamenti di pratica legislativa penale* (Torino, 1874), le *Reminiscenze di cattedra e di foro* (Lucca, 1883).

Cavallotti, Felice Nasce a Milano il 6 dicembre 1842. Frequenta il liceo di Porta Nuova, ma è attratto dalla passione giornalistica (collabora all'*Unità italiana*), coinvolto dalle vicende politiche è dominato dalla seduzione del garibaldinismo. È con Medici in Sicilia, si distingue in battaglia, da Milazzo al Volturno. A Napoli conosce Dumas, che lo invita a scrivere sull'*Indipendente*. Frequenta a Pavia giurisprudenza, ma nel '66 è di nuovo in guerra, volontario, con Garibaldi. Dà quindi vita con altri democratici al *Gazzettino rosa* ed esprime il suo spirito romantico in versi e prose. «Il lirico della bohème»: lo definirà con simpatia Carducci. A Milano si rappresentano i suoi drammi, a partire da *I pezzenti* (1872). Ma è la vita politica che prevale. Eletto nel collegio di Corteolona (1873) siede in parlamento all'estrema sinistra, di cui diviene il capo e *leader* carismatico. Plaude all'avvento della Sinistra di Depretis, critica il trasformismo. Addirittura feroce la polemica con Crispi, di cui, dopo un iniziale moto di simpatia, attacca l'autoritarismo e la corruzione. Moralizzatore, solleva la «questione morale» (si pensi agli anni dello scandalo della Banca Romana) contro il malcostume dell'intera classe politica. Fra polemiche e duelli, bardo della democrazia, Cavallotti diviene simbolo quasi leggendario. L'ultimo duello, a Roma, gli è fatale: quello col giornalista Macola, della *Gazzetta di Venezia*, che lo vede colpito a morte. È il 6 marzo 1898.

Colajanni, Napoleone Nasce a Castrogiovanni, l'attuale Enna, il 27 aprile 1847. Tredicenne, vorrebbe seguire Garibaldi nell'impresa dei Mille, ma viene impedito: vi riesce due anni dopo ad Aspromonte, e nel '66 nel Trentino. Si laurea nel 1871 in medicina all'Università di Napoli ed esercita la professione per un lungo periodo in America del Sud. Di idee democratiche e repubblicane, rientrato in Italia, è eletto deputato di Caltanissetta (poi di Castrogiovanni). Il mandato gli viene costantemente rinnovato. Prende parte attiva ai lavori parlamentari, dove si distingue per competenza (questione meridionale, problemi sociali, ecc.) e per rigore morale. Professore di statistica all'Università di Palermo e poi in quella di Napoli, al momento dello scoppio del conflitto mondiale, nel '14, è fra i fautori dell'intervento in guerra dell'Italia a fianco di Francia e Inghilterra, per motivi irredentistici, al fine di liberare Trento e Trieste e completare l'opera iniziata col Risorgimento. Fondatore e direttore della *Rivista popolare*, ha lasciato – fra i numerosi scritti, relativi a temi e argomenti specifici – *Le istituzioni municipali* (Piazza Armerina, 1883) in difesa delle autonomie comunali; *Il socialismo* (Catania, 1884); *La sociologia criminale* (Catania, 1889), in polemica con Lombroso. Fondamentale, per le cause vere dei «fasci siciliani», *In Sicilia: gli avvenimenti e le cause* (Roma, 1894). Altra testimonianza illuminante: *L'Italia nel 1898: tumulti e reazione* (Milano, 1898). Frutto del suo insegnamento universitario il *Manuale di statistica* (Napoli, 1904). Muore a Castrogiovanni il 2 settembre 1921.

Conti, Giovanni Nasce a Montegranaro (Ascoli Piceno) il 17 novembre 1882, da famiglia piccolo-borghese di tradizione repubblicana. Nel 1898 si iscrive al PRI. Si laurea in giurisprudenza e si avvia alla professione nello studio di F. Zuccari. Conosce e si lega ad Arcangelo Ghisleri e quindi a Oliviero Zuccarini. Nel 1907 contribuisce alla nascita de *La Ragione*, che lascia nel 1910 per disaccordo politico, e dà poi vita con Zuccarini a *L'Attesa*, periodico di breve durata. Prende parte al conflitto mondiale operando al fronte, nel Trentino. Eletto alla Camera nel 1921 e rieletto nelle elezioni del 1924, fonda *La voce repubblicana* nel 1921, organo ufficiale del partito repubblicano, che verrà fatto tacere nel 1926 come ogni altro residuo di stampa libera. Si batte contro il fascismo, ma anche contro la monarchia (pur partecipando alla protesta aventiniana). All'interno del partito guida la corrente intransigente e tradizionalistica, contro il revisionismo ideologico proiettato verso la sinistra socialista. Dichiarato decaduto dal mandato parlamentare il 9 novembre 1926, è radiato dall'albo dei procuratori nell'aprile del '27 (ratifica del '28) per attività in contrasto con l'interesse della nazione. Nel dopoguerra, dopo essere stato particolarmente attivo nella ricostituzione clandestina del partito, si trova in contrasto con Pacciardi che gli subentra nella direzione della *Voce repubblicana* (aprile 1945) e nella guida del partito (maggio 1945). Eletto alla Costituente, è vicepresidente della stessa assemblea, facendo parte della commissione dei Settantacinque. Sarà senatore di diritto nella prima legislatura repubblicana. Muore a Roma l'11 marzo 1957.

De Fonseca Pimentel, Eleonora Nasce a Roma il 13 gennaio 1752 da padre portoghese, oriundo di Braganza, trasferitosi dopo poco a Napoli in seguito alla rottura dei rapporti diplomatici fra la Santa Sede e il Portogallo. Eleonora, fin da giovanissima, è dotata di notevole talento letterario, al punto da essere accolta nelle accademie partenopee dei Filaleti e dell'Arcadia, e da annoverare fra i suoi estimatori lo stesso Metastasio. Sposatasi nel 1777 con un ufficiale dell'esercito napoletano, dà alla luce un bambino, che muore due anni più tardi. Alla scomparsa del marito, nel febbraio del 1795, Eleonora comincia a dedicarsi con assiduità allo studio dell'economia e del diritto pubblico; risalgono a questo periodo i contatti con gli ambienti massonici e patriottici, che le varranno, il 5 ottobre 1798, l'arresto per sospetto giacobinismo e la reclusione nel carcere della Vicaria. Liberata nel gennaio 1799 grazie all'intervento francese a Napoli, la Pimentel figura subito fra i protagonisti della Repubblica partenopea, cui aderisce con entusiasmo, animando la vita pubblica della città dalle colonne del *Monitore Napoletano*. Alla caduta della Repubblica, è arrestata e condannata all'esilio perpetuo; poi, tratta al cospetto della Giunta di Stato, la pena viene commutata nell'esecuzione capitale, eseguita il 20 agosto 1799 nella piazza del Mercato di Napoli.

Einaudi, Luigi Nasce a Carrù (Cuneo) il 24 marzo 1874. Compie gli studi all'Università di Torino, dove frequenta il Laboratorio di economia politica di Salvatore Cognetti de Martiis, la cui influenza è presente nella prima ricerca, *La rendita monetaria* (1900). Già nel 1902, con gli *Studi sugli effetti dell'imposta*, l'interesse del giovane studioso si orienta verso la sfera della scienza delle finanze. In tale settore si sviluppa l'ampia ricerca sulla finanza sabauda agli inizi del Settecento. Accanto alla ricerca, l'insegnamento. Dal 1902 è docente di scienza delle finanze e diritto finanziario a Torino e dal 1904 insegna la stessa disciplina come incaricato alla «Bocconi» di Milano. Da ricerca e insegnamento scaturiranno le opere sue più importanti, quali *Il sistema tributario italiano* (1932) e i *Principi di scienza delle finanze* (1932 e II ed. 1940). Intensa l'attività del giornalista. Fino al 1900 collabora alla *Stampa* di Torino, poi al *Corriere della Sera* dove resterà fino al 1925, fino al momento dell'allontanamento di Luigi Albertini a opera del fascismo. Redattore capo della *Riforma sociale* nel 1900, ne diviene direttore nel 1908. Liberale cavouriano, liberista in economia, antigiolittiano nell'anteguerra, guarda con attenzione ai primi passi della politica economica fascista, ma si schiera decisamente contro il metodo autoritario prima ancora della marcia su Roma. Soppressa nel 1930 la *Riforma sociale*, dà vita alla *Rivista di storia economica*. Erudito, bibliofilo appassionato, si dedica alla raccolta e diffusione degli economisti classici. Dopo il 25 luglio 1943 diviene rettore dell'ateneo torinese. Costretto a riparare in Svizzera, pubblica le *Lezioni di politica sociale* (1944). Alla fine di quell'anno è governatore della Banca d'Italia. Nel 1946 è eletto all'Assemblea Costituente. Nel maggio 1947 è ministro del Bilancio e vicepresidente del Consiglio con De Gasperi (stabilizzazione della lira). Il 10 maggio 1948 è eletto presidente della Repubblica: raccoglierà le riflessioni sul settennato nel volume *Lo scrittoio del Presidente* (1956). Ultimo lavoro, frutto del ritorno alla vita privata (25 aprile 1955) e delle riflessioni sui grandi temi della scuola e dell'economia, le *Prediche inutili* (1955-1959). Una legge speciale lo ha reintegrato a vita nell'ufficio di professore universitario. Muore a Torino il 30 ottobre 1961.

Ferrari, Giuseppe Nasce a Milano il 7 marzo 1811. Studia diritto e poi filosofia. Si ispira a Romagnosi, ma dedica la sua attenzione a Vico, di cui cura anche l'edizione delle opere. Nel 1838 è esule volontario a Parigi, dove pubblica la prima significativa opera filosofica, *Essai sur le principe et les limites de la philosphie de l'histoire* (1843). Democratico, federalista, è deluso dagli epiloghi del '48-49, che lo spingono sempre più verso idee radicali e repubblicane. Nel 1851 esce a Capolago la sua *Filosofia della Rivoluzione* e fra il '56 e il '58 la monumentale *Histoire des révolutions d'Italie* a Parigi, in quattro volumi. Tesi di fondo: la storia d'Italia è un seguito di rivoluzioni e in quel contesto si colloca la rivoluzione del Risorgimento. Non ha creduto in Pio IX, e sino in fondo neppure in Cavour o Mazzini. È convinto della necessità dell'aiuto della Francia per la soluzione della questione italiana ed è fermo sostenitore della laicità dello Stato, della separazione fra Stato e Chiesa. Nel '59, rientrato in Italia, si inserisce nella vita politica. Uomo di sinistra, ma fuori da ogni gruppo, è deputato di Luino in parlamento. Favorevole a Roma capitale e alla convenzione di settembre, si segnala in particolare per gli interventi in questioni economiche e sociali. Ha la cattedra universitaria a Milano e sviluppa nell'ultimo arco della vita una concezione matematica della storia (*Teoria dei periodi politici*, 1874, e *L'aritmetica della storia*, 1875). Muore a Roma, chiamato da poco al Senato, la notte del 1° luglio 1876.

Fogazzaro, Antonio Nasce a Vicenza il 25 marzo 1842, da famiglia di forti sentimenti religiosi e patriottici. Compie gli studi ginnasiali sotto la guida dello zio, don Giuseppe, e con maestro Giacomo Zanella, l'abate della *Conchiglia fossile*. Segue i corsi universitari a Padova e poi a Torino, dove si laurea in legge nel 1864. Poco attratto dalla vita forense, si dedicherà piuttosto all'attività di scrittore. Conduce serena vita familiare: nel '66 si sposa con Margherita Valmarana, dalla quale avrà tre figli. Nel 1874 appare il primo tentativo di poesia realistico-borghese, *Miranda*, accolto con molta diffidenza. Il ritorno al romanzo è segnato da *Malombra* (1881) e tre anni dopo da *Daniele Cortis*, che segna la sua piena affermazione. Matura, già dal 1885 – come testimoniano alcune lettere – la composizione di *Piccolo mondo antico*, il capolavoro che vedrà la luce solo nel 1895: popolato di una folla di personaggi minori, tratti dalla realtà quotidiana. Sull'eco dei consensi, Fogazzaro è nominato senatore il 25 ottobre 1896. Alla fine del secolo, nel fascicolo di dicembre 1900, appare nella *Nuova Antologia* di Maggiorino Ferraris *Piccolo mondo moderno*, che sarà seguito dal *Santo* (Milano, 1906), terzo romanzo della trilogia, dove più forti si avvertono le influenze moderniste e le ansie di rinnovamento cattolico. Come *Il Santo*, condannato all'Indice nel 1906, anche l'ultimo romanzo, *Leila* (Milano, 1911), segue la stessa sorte: per la polemica contro i «farisei» del cattolicesimo, vera e propria satira del mondo clericale. Muore a Milano il 7 marzo 1911.

Fortunato, Giustino Nasce a Rionero in Vulture il 4 settembre 1848 da famiglia di agricoltori. Studia presso i gesuiti e poi presso gli scolopi. Riceve lezioni private da Luigi Settembrini. E quindi frequenta giurisprudenza all'Università di Napoli e più ancora le lezioni di letteratura di Francesco De Sanctis. Si appassiona ai problemi del Mezzogiorno. Trentenne, si accosta alla vita politica curando le corrispondenze per la *Rassegna settimanale*. Eletto nel collegio di Melfi, lo rappresenterà alla Camera dal 1880 al 1909: anno in cui è fatto senatore (4 aprile). Assai vicino a Sonnino, affronterà spesso alla Camera temi e problemi già toccati nella *Rassegna*: dal problema dei monti frumentari e casse di risparmio al problema demaniale. Poco fiducioso nella impresa libica, contrario alla guerra mondiale, assiste al crollo del vecchio regime liberale. È anche la sua uscita dalla scena politica, rafforzata dall'avvento del fascismo cui fu decisamente ostile. In uno scritto del 1927 ne metterà in luce il volto reazionario e dimostrerà l'inconsistenza dei princìpi economico-finanziari professati. Muore nella sua casa di Napoli, il 23 luglio 1932. Fra i suoi scritti, in larga misura dedicati ai problemi del Mezzogiorno, si possono ricordare *Dieci anni di vita politica* (1891), *Il Mezzogiorno e lo Stato italiano* (1911), *Pagine e ricordi parlamentari* (1920), *Dopo la guerra sovvertitrice* (1921) nonché la serie di studi storici sulla valle di Vitalba, fra i quali *I feudi e i casali di Vitalba nei* secoli XI, XII e XIII e *La Badia di Monticchio* (1904).

Gallarati Scotti, Tommaso Nasce a Milano il 18 novembre 1878. Si laurea in giurisprudenza. Dedica la sua iniziale attenzione a Giuseppe Mazzini che ispira il suo primo scritto, *Giuseppe Mazzini e il suo idealismo politico e religioso*, pubblicato a Milano nel 1904. Partecipa attivamente al movimento modernista e anima il gruppo di Milano (con Casati, di Soragna, Jacini e Alfieri), gruppo che si raccoglie intorno alla rivista *Rinnovamento* (gennaio 1907), rivista che subirà la condanna delle autorità ecclesiastiche il 4 maggio di quello stesso anno. Dopo un'iniziale resistenza, Tommaso si sottomette, anche se altre sue opere verranno condannate. Nella prima guerra mondiale è volontario negli Alpini e segue Cadorna alla conferenza di Versailles. Si dedica a varie attività letterarie e soprattutto all'illustrazione del pensiero di Fogazzaro. Fra le sue opere *Adamo Mickiewicz* (Milano, 1915), la *Vita di Antonio Fogazzaro* (ivi, 1920), la *Vita di Dante* (ivi, 1922), il romanzo *Miraluna* (ivi, 1927), le *Storie di noi mortali* (Roma, 1933), la raccolta di *Poesie* (Milano, 1936). Degli anni della guerra (1942) è *Un passo nella notte*. Studioso appassionato dei problemi del Mezzogiorno e dell'emigrazione, cattolico liberale, si oppone al regime di Mussolini e collabora a *Il Caffè* di Riccardo Bauer. Dopo il 25 luglio 1943 sarà fra gli animatori delle forze democratiche milanesi e dopo l'8 settembre riparerà in Svizzera. Nel dopoguerra lo attendono incarichi diplomatici: ambasciatore a Madrid dal gennaio 1945 al dicembre 1946 e poi a Londra dal 1947 al 1951. Nel 1954 è chiamato a presiedere l'Ente Fiera di Milano. Muore a Bellagio il 1° giugno 1966.

Garibaldi, Anita Anna Maria Ribeiro da Silva nasce a Morinhos, nello stato brasiliano di Santa Catharina, verso il 1821. Conosce Garibaldi nell'agosto del 1839 a Laguna, occupata dagli insorti del Rio Grande del Sud. Già sposata a Manuel Duarte de Aguiar fin dal 1835, Anita segue Garibaldi sul vascello *Rio Pardo* e decide di condividerne la vita avventurosa. Si batte al suo fianco in numerosi combattimenti, viene pure fatta prigioniera, ma riesce a fuggire e a raggiungere le truppe ribelli. Nel 1840 dà alla luce Menotti, il suo primogenito (seguiranno Teresita e Ricciotti) e l'anno seguente, a Montevideo – dove Garibaldi si è nel frattempo ritirato per offrire i suoi servizi alla Repubblica uruguayana – Anita, appresa la notizia della morte del primo marito, sposa il suo nuovo compagno. Quando, nel 1847, il vento delle manifestazioni patriottiche lambisce la colonia italiana in Sud America, i coniugi Garibaldi decidono di imbarcarsi per Nizza. Anita, insieme ai suoi tre figli, passa poi a Livorno, mentre il Generale organizza la sua Legione: nel febbraio del 1849, quando la Repubblica romana è ormai una realtà, è a Rieti; poi, su suggerimento del marito, sembra riprendere la via di Nizza, quando le notizie dell'assedio di Roma la spingono a tornare nel Lazio. Si batte a San Pancrazio, poi fugge dalla città caduta in mano ai francesi insieme a quel che resta della Legione garibaldina. Stremata dalle fatiche del viaggio, spossata dalla gravidanza, muore fra le braccia del marito sul litorale romagnolo, il 4 agosto del 1849.

Gobetti, Piero Nasce a Torino il 19 giugno 1901 da famiglia di commercianti. Compie gli studi classici e si distingue per la precoce maturità. A diciassette anni fonda e dirige *Energie nove* (1918), cui collaborano Gentile, De Ruggiero, Mondolfo, Einaudi. Modelli ispiratori, *La Voce* di Prezzolini e *L'Unità* di Salvemini. Alla fine del 1919 Gramsci lo invita a curare la critica teatrale su *L'Ordine nuovo*. È iscritto all'università, a giurisprudenza; militare nel 1921, lavora alla tesi di laurea che verrà pubblicata nel 1923: *La filosofia politica di Vittorio Alfieri* (maestro Gioele Solari). Nel 1922 dà vita al periodico *Rivoluzione liberale*, organo della sua battaglia politica contro il fascismo. Nell'aprile 1923 fonda la casa editrice che pubblicherà opere di antifascisti, da Montale a Casorati. Perseguitato, è costretto a chiudere la *Rivoluzione liberale* nel novembre 1925. Dal 23 dicembre 1924 (e fino al novembre 1928) esce *Il Baretti*, periodico letterario da Gobetti stesso promosso e fondato. A fine gennaio 1926 decide di recarsi a Parigi per continuare la sua attività di editore. Muore pochi giorni dopo l'arrivo, il 16 febbraio 1926. Frutto dei suoi studi sul Risorgimento e dell'altro filone di studi, sulla Russia dei soviet, sono le opere *Risorgimento senza eroi* (1926), *Paradosso dello spirito russo* (1926) e – anteriori – *Dal bolscevismo al fascismo* (1923), *La rivoluzione liberale* (1924). La moglie, Ada Prospero, continuò la sua battaglia contro il fascismo. Suo è il *Diario partigiano* (1956). Nata nel 1902, muore nel 1968.

Gramsci, Antonio Nasce ad Ales (Cagliari) il 23 gennaio 1891 da una famiglia di modeste condizioni economiche. Studia nel ginnasio di Santo Lussurgiu e nel liceo di Cagliari. Nel 1911 raggiunge Torino dove frequenta l'università in virtù di una borsa di studio. Dallo scoppio della guerra collabora all'*Avanti!*, e alla fine del 1917 è segretario della sezione socialista di Torino. Dal 1° maggio 1919 pubblica con Togliatti, Terracini e Tasca il periodico *L'Ordine nuovo* (quotidiano dal gennaio 1921). Nel 1922 è inviato dal partito a Mosca, dove conosce Lenin e i più autorevoli capi della rivoluzione. Si sposa con Julka (Giulietta) Schucht, dalla quale avrà due figli, Delio e Giuliano. Nel 1923 è a Vienna; nel 1924 viene eletto alla Camera e rientra in Italia. Segretario del partito comunista, impegna tutte le sue energie nell'organizzare l'opposizione al fascismo, responsabile dell'assassinio di Matteotti. Nel 1926 a Lione ispira il III congresso nazionale del PCI dove si impone a Bordiga. La sera dell'8 novembre di quell'anno viene arrestato in virtù delle «leggi eccezionali», nonostante l'immunità parlamentare. Inizialmente è condannato a cinque anni di confino a Ustica. Il tribunale speciale (4 giugno 1928) lo condanna a 20 anni e 4 mesi di reclusione. Seguono nove anni di prigionia, trascorsi in gran parte nel carcere malsano di Turi (Bari). Col fisico gravemente minato è trasferito alla clinica Quisisana di Roma, dove è confortato dalle visite della cognata Tatiana Schucht e del professor Piero Sraffa. Ha visto ridursi da successivi condoni e amnistie la pena di dieci anni. Scontati i quali Gramsci torna in libertà e muore tre giorni dopo la liberazione, il 27 aprile 1937. Fra le opere, apparse in gran parte postume, le *Lettere dal carcere* (1947) e i *Quaderni* (32, in sei volumi): *Il materialismo storico e la filosofia di Benedetto Croce* (1948), *Gli intellettuali e l'organizzazione della cultura, Il Risorgimento, Note sul Machiavelli, la politica e lo Stato moderno* (1949), *Letteratura e vita nazionale* (1950), *Passato e presente* (1951).

Lanza, Giovanni Nasce a Casale Monferrato il 15 febbraio 1810. Si laurea a Torino in medicina e chirurgia fra 1832 e 1833, ma si occupa soprattutto di agricoltura nelle sue tenute di Roncaglia, vicino a Casale. Pubblicista, collabora al *Messaggiere* del Brofferio, alle *Letture popolari* del Valerio e all'*Opinione* di Giacomo Durando. Volontario nel '48, è eletto deputato nel collegio di Frassineto Po. Vota contro la pace con l'Austria nel '49. Vicepresidente della Camera nel 1853, diviene ministro della Pubblica Istruzione con Cavour nel 1855 (poi delle Finanze nel 1858). Eletto presidente della Camera nell'aprile 1860, conserva tale carica fino alla proclamazione del Regno d'Italia. Politicamente si era spostato da posizioni di centro-sinistra verso la Destra, di cui diverrà uno dei capi storici. Ministro dell'Interno nel '64, si dimise l'anno dopo perché ostile alla tassa sul macinato voluta da Sella. Di nuovo presidente della Camera nel '67-68 e nel dicembre del '69, lasciò il seggio presidenziale per comporre il ministero dopo le dimissioni di Menabrea. È il ministero che comprende anche Quintino Sella ed Emilio Visconti-Venosta, e corona l'unità d'Italia con la presa di Roma il 20 settembre 1870. Ultimo atto in Firenze capitale, l'approvazione della legge delle Guarentigie a tutela della figura del Pontefice e della sua libertà in materia di fede. Dimessosi il 25 giugno 1873 per la bocciatura dei provvedimenti finanziari proposti da Sella, è presidente dell'Associazione costituzionale di Torino, impegnata a fronteggiare l'invadenza delle forze di eversione dell'assetto costituzionale. Cavaliere dell'Annunziata dal 3 ottobre 1870, viene eletto deputato a Vignale, poi a Torino, quindi nella sua Casale. Muore a Roma il 9 marzo 1882.

Mameli, Goffredo Nasce a Genova il 5 settembre 1827 e vive la giovinezza in un ambiente ricco di fermenti intellettuali. Sviluppa precocemente il suo talento letterario, in particolare durante gli anni trascorsi all'università, dove consegue nel 1847 il baccellierato in filosofia. Dai primi mesi di quell'anno, tuttavia, sono gli avvenimenti politici ad attrarre la sua attenzione e a ispirare la sua vena poetica. Negli ambienti della Società Entelema, ben presto trasformatasi in covo di ardenti patrioti, egli legge *A Roma*, una delle sue prime odi civili. Del novembre è l'inno *Fratelli d'Italia*, che, musicato dal Novaro, conosce un rapido e immediato successo. I mesi convulsi del 1848 lo vedono protagonista, prima a Genova (dove, nel corso di pubbliche manifestazioni, cerca di indirizzare l'opinione pubblica verso le sponde unitarie), poi nel Lombardo-Veneto, una volta che Carlo Alberto ha dichiarato guerra all'Austria. Alla testa di trecento giovani, inquadrati nella legione Torres, partecipa alle operazioni intorno a Milano; conosce di persona Mazzini; poi, conclusasi ingloriosamente la campagna, torna a Genova per riprendere il suo apostolato patriottico. In settembre incontra Garibaldi, che raggiungerà a Ravenna in novembre e che seguirà poi a Roma, dove, nel frattempo, Pio IX è fuggito. Qui è fra i protagonisti della Repubblica dichiarata in Campidoglio il 9 febbraio 1849: durante i mesi del triumvirato mazziniano è a Genova in missione per conto del governo democratico, poi riprende la via di Roma per battersi contro i francesi. Ferito a una gamba, muore il 6 luglio del 1849 per il sopraggiungere della cancrena.

Mancini, Pasquale Stanislao Nasce a Castel Baronio presso Ariano Irpino il 17 marzo 1817. Si laurea in giurisprudenza alla facoltà di Napoli, dove resta come docente. Esercita la professione di avvocato e nel 1848 fa parte dell'assemblea napoletana. Costretto all'esilio, ripara a Torino, dove viene costituita per lui la cattedra di diritto internazionale (1850). Fondamentale la prolusione al primo corso, nel '51: *La nazionalità come fonte del diritto delle genti*, che solleva le proteste austriache e borboniche. Eletto nel collegio di Ariano alla Camera dei deputati, si schiera nelle file della Sinistra. È ministro della Pubblica Istruzione con Rattazzi, ma solo per pochi giorni (dal 13 al 31 marzo 1862). Nel 1872 si trasferisce all'Università di Roma e l'anno successivo è presidente dell'Istituto di diritto internazionale di Ginevra. In parlamento si segnala fra gli esponenti più autorevoli della Sinistra. Dal 1876 al 1878 è ministro della Giustizia con Depretis, e nel 1881 è titolare degli Esteri. Fermo assertore del principio di nazionalità, favorisce tuttavia la stipulazione della triplice alleanza (con Austria e Germania), giustificandola con ragioni di necessità. Nel giugno 1885 la Camera gli nega il voto di maggioranza sulla sua politica coloniale, iniziata con l'occupazione di Assab: il che implica le immediate dimissioni del ministro. Muore a Roma il 26 dicembre 1888.

Manin, Daniele Figlio di un avvocato di origine ebraica, Daniele Manin nasce a Venezia il 13 maggio 1804. La prima parte della sua vita trascorre serenamente, fra gli studi giuridici, la professione legale e le gioie domestiche. Solo nel 1847, quando viene organizzato a Venezia il IX congresso degli scienziati italiani, si fanno strada in Manin i primi sentimenti patriottici. In quel periodo, a fianco del Tommaseo, egli condivide la linea prudente e moderata della « lotta legale » per ottenere dall'Austria autonomia e riforme: ma la reazione durissima del governo imperiale, che lo arresta e lo imprigiona, e la risposta altrettanto ferma del popolo veneziano, che lo libera, il 17 marzo 1848, nel corso di un tumulto di piazza, lo spingono verso posizioni più radicali. Il 22 marzo viene acclamato presidente della Repubblica di San Marco, restaurata dopo la cacciata degli austriaci e, da allora, il governo patriottico si orienta decisamente verso la lotta per assicurare all'Italia l'indipendenza. Per raggiungere questo fine supremo, Manin riesce a convincere i veneziani a mettere da parte la pregiudiziale repubblicana e votare la fusione col Piemonte, ma l'esito infausto della guerra in Lombardia spinge nuovamente il governo lagunare verso la sperimentazione di modelli istituzionali più arditi e rivoluzionari. La difesa di Venezia, ormai accerchiata dalle truppe di Haynau, è lunga ed eroica: solo sul finire dell'agosto 1849, stremato dal bombardamento, dalla fame e dal colera, il governo provvisorio cede agli imperiali. Manin fugge con la moglie, che muore di colera a Marsiglia, e i figli Emilia e Giorgio. Si reca a Parigi, dove, per sopravvivere, impartisce lezioni d'italiano. Nella seconda metà degli anni '50 è fra gli ispiratori del programma unitario-monarchico e si dichiara disposto a rinunciare al suo ideale di repubblica, pur di vedere l'Italia unita: è il momento della «Società nazionale». È il momento dello scontro con l'ala più intransigente dell'emigrazione patriottica, quella dei mazziniani. Muore a Parigi il 22 settembre 1857.

Menotti, Ciro Originario di un paese presso Carpi, Ciro Menotti, proveniente da una agiata famiglia di commercianti, nasce il 22 gennaio 1798. Dopo la Restaurazione si arruola volontario nella milizia urbana, ma ben presto il matrimonio e la nascita di quattro figli lo distraggono dalla politica per indirizzarlo verso interessi imprenditoriali. Nel 1821, tuttavia, egli aderisce con entusiasmo al proclama latino diffuso fra gli ungheresi di passaggio in città e diretti a Napoli, tutto improntato a uno spirito di fratellanza e di patriottismo. Menotti è arrestato, poi liberato. Da allora, egli diviene uno degli elementi di punta dell'opposizione liberale nel ducato: da un lato, in rapporto col Misley, egli tende ad assecondare le velleità autonomistiche e i sogni di grandezza di Francesco IV; dall'altro, mira a rafforzare la rete dei patrioti, orientandoli verso l'aspettativa di un'azione imminente. L'occasione si presenta nel 1830, quando la rivoluzione di Parigi che abbatte i Borbone, e porta sul trono Luigi Filippo, accende nel cuore dei liberali di tutta Europa la speranza di una larga affermazione dei regimi costituzionali. In quel momento cruciale, Francesco IV, temendo un intervento austriaco, abbandona il gruppo dei patrioti. Ciro Menotti, che nel frattempo ha minuziosamente preparato l'insurrezione, viene sorpreso nella sua casa il 3 febbraio 1831, insieme con un gruppo di amici fidati. La resistenza, benché eroica, si dimostra subito inutile: arrestato dai dragoni estensi, viene tradotto in carcere a Mantova e poi giustiziato sui bastioni della sua Modena, il 26 maggio 1831, insieme a Vincenzo Borelli.

Minghetti, Marco Nasce a Bologna l'8 novembre 1818 da famiglia agiata di sentimenti liberali. Studia presso i barnabiti, quindi a Bologna approfondisce le discipline storiche e filosofiche. Prende parte al primo (1839) e al terzo (1841) congresso degli scienziati svoltisi a Pisa e a Firenze. Compie a più riprese numerosi viaggi in Italia e all'estero, stabilendo importanti relazioni e conoscenze: Svizzera, Belgio, Francia, Inghilterra. L'avvento di Pio IX lo attrae alla vita politica. Invoca con memoriali riforme politiche e amministrative; è membro della Consulta pontificia dove capeggia l'area «laica» dell'assemblea. Nel marzo '48 è ministro per i Lavori Pubblici a Roma ma dopo l'allocuzione papale del 29 aprile parte per il campo di Carlo Alberto. Nominato capitano, partecipa alla battaglia di Goito e poi al blocco di Mantova e Custoza: è fatto maggiore. Si dimette, dopo l'assassinio di Pellegrino Rossi, dall'assemblea romana. Nel '49, a conclusione della prima guerra d'indipendenza, pubblica a Firenze l'opuscolo *Della restaurazione pontificia*. Segue un periodo di inattività politica, occupato dagli studi di letteratura, storia, economia, e da nuovi viaggi. Conosce Cavour e collabora con lui (suo è il memoriale sullo stato delle province dell'Italia centrale che il conte reca a Parigi, a conclusione della guerra d'Oriente). A Bologna anima la Società Nazionale di La Farina; dà alle stampe nel '58 l'importante trattato *Dell'economia pubblica e delle sue attinenze con la morale e col diritto*. Deputato di Bologna in parlamento, è ministro dell'Interno con Cavour (dicembre 1860), carica che conserva fino al settembre '61 nel ministero Ricasoli. Più volte ministro (con Farini e più tardi con Menabrea) diventa presidente del Consiglio nel marzo 1864 e lega il suo nome alla Convenzione di settembre, e di nuovo nel 1873, succedendo a Lanza. Cade il 18 marzo 1876, *leader* dell'ultimo governo della Destra storica. Con Depretis, capo della Sinistra, vive l'esperienza del « trasformismo ». Muore a Roma il 10 dicembre 1886.

Mosca, Gaetano Nasce il 1º aprile 1858 a Palermo, dove si laurea in legge nel 1881. Particolarmente portato agli studi giuridici, compie una brillante carriera universitaria. Nel 1885 è libero docente di diritto costituzionale all'Università di Palermo; nel 1888 in quella di Roma. Nel 1896 è professore straordinario all'Università di Torino, dove diviene ordinario due anni più tardi, nel 1898. Insegna anche diritto costituzionale e amministrativo e storia delle dottrine politiche nella libera Università Bocconi di Milano. Infine (dal 1923 al 1933) è professore di storia delle dottrine e istituzioni politiche nell'Università di Roma. Nel 1906 entra a far parte del Consiglio superiore della Pubblica Istruzione, dove viene riconfermato nel 1912. Negli anni fra 1923 e 1927 è membro del Consiglio superiore coloniale. Eletto in parlamento nel 1908, è sottosegretario di stato per le colonie dal 1914 al 1916 e raggiunge il laticlavio nel 1919. Fra le opere, *Sulla teorica dei governi e sul governo parlamentare* (Torino, 1884); *Appunti sulla libertà di stampa* (ivi, 1885); *Questioni costituzionali* (Palermo, 1885); *Elementi di Scienza politica* (Torino, 1896-1923); *Appunti di diritto costituzionale* (Milano, 1906); *Italia e Libia* (ivi, 1912); *Saggi di storia delle dottrine politiche* (Roma, 1927) e *Storia delle dottrine e istituzioni politiche* (ivi, 1933). Fra i più fedeli collaboratori del *Corriere della Sera* di Luigi Albertini, dal 1900 al 1924. Muore a Roma l'8 novembre 1941.

Nathan, Ernesto Nasce a Londra il 5 ottobre 1845, da Sara Nathan, amica di Mazzini e di Garibaldi. Studia presso l'University College School. Si trasferisce in Italia nel 1859 e vive a Pisa, poi a Firenze, quindi a Milano (1862), dove collabora all'*Unità italiana*. Continua un periodo di spostamenti, da Genova alla Sardegna, da Lugano a Londra, che si conclude con la stabile dimora a Roma, dopo il 1870. È amministratore, per conto di Mazzini, della *Roma del popolo*. Apre la propria dimora (ha preso moglie nel 1867) a politici e uomini di cultura come Villari e Carducci, Crispi e Zanardelli, Fortis e Sonnino. Nel culto di Mazzini promuove nel 1905 l'edizione nazionale dei suoi scritti. Iscritto alla massoneria nel 1887, « iniziato » da Adriano Lemmi, ne diviene per la prima volta Gran Maestro il 31 maggio 1896; dal 1888 ha ottenuto la cittadinanza italiana. Subito dopo inizia l'attività di amministratore pubblico: è consigliere provinciale a Pesaro dal 1889 al 1895, consigliere comunale a Roma dal 1889 al 1894, assessore supplente nel 1890, infine sindaco della giunta capitolina dal 1907 al 1913: sindaco della giunta laica, della «terza Roma». In tale carica, svolta con assoluta onestà e competenza, mostra intere le capacità di amministratore: dalle aziende municipalizzate alle case popolari. Unito da un rapporto particolare, in gran parte segreto, col presidente del Consiglio Giovanni Giolitti (è il momento della legge speciale per Roma), che attraverso Nathan e la «Dante Alighieri» seguiva l'attività di propaganda irredentista, specie a Trieste. Muore a Roma il 9 aprile 1921.

Pepe, Guglielmo Nasce a Squillace in Calabria il 13 febbraio 1783. Frequenta la scuola militare a Napoli, si arruola nella milizia repubblicana e si batte contro il generale Ruffo (1799). Esiliato, si batte coi francesi a Marengo e quindi nel sud partecipa a diverse azioni contro i Borboni. Arrestato, sconta tre anni di carcere duro fino alla liberazione (1806) per opera dei francesi di Re Giuseppe. Nominato maggiore, si impegna in Calabria agli ordini del generale Massena. Da Murat è inviato in Spagna e successivamente combatte gli austriaci fino alla battaglia di Tolentino (1815). Rientrati i Borboni sul trono di Napoli, Guglielmo resta in servizio. Nel 1820, dopo il pronunciamento di Morelli e Silvati, guida le truppe costituzionali che entrano trionfalmente in Napoli. Nel 1821 fronteggia gli austriaci ma le sue truppe sono battute a Rieti e Pepe è costretto all'esilio. A Londra si lega al Foscolo; a Parigi pubblica una narrazione delle vicende napoletane. Pubblica inoltre le *Memorie che menano all'italiana indipendenza* (1833), l'*Italia politica* (1839), le *Memorie intorno alla sua vita e ai recenti casi d'Italia* (in due volumi, nel 1846). Nel 1848 guida col grado di generale l'esercito napoletano in alta Italia e – dopo il ritiro del medesimo da parte di Re Ferdinando II – accoglie l'appello di Manin coi pochi volontari rimasti, accorrendo alla difesa di Venezia. Generale in capo delle truppe venete, si batterà fino alla caduta della Repubblica, il 29 agosto. Di nuovo in esilio a Parigi, scriverà i *Casi d'Italia negli anni 1847, '48, '49*, pubblicati a Torino nel 1850. E a Torino si trasferirà dopo il colpo di Stato del 2 dicembre, fino alla morte (8 agosto 1855).

Prezzolini, Giuseppe Nasce a Perugia il 27 gennaio 1882. Nel 1903 fonda e dirige con Giovanni Papini il *Leonardo* e dal 1903 al 1905 collabora al *Regno* di Enrico Corradini, organo anticipatore del nazionalismo. Nel 1908 fonda *La Voce*, che dirige fino al 1914. Se nel *Leonardo*, sotto lo pseudonimo di «Giuliano il Sofista» polemizza con il socialismo, il verismo, il positivismo e lo scientismo, nella *Voce* affiora il suo interesse per Croce e per Bergson, e l'attenzione per il sindacalismo rivoluzionario e il modernismo. Nel 1910 fonda i «Quaderni della Voce» che dirigerà fino al 1922. Interventista in guerra, si schiera fermamente contro Giolitti, contro il suo neutralismo, contro la politica del «parecchio». Nel dopoguerra ricopre numerosi incarichi ufficiali, in Francia e negli Stati Uniti: capo della sezione informazioni dell'Istituto di Cooperazione Intellettuale della Società delle Nazioni a Parigi, professore di letteratura italiana alla Columbia University di New York e direttore della Casa italiana in quella università.

Inesauribile organizzatore di cultura, è autore di numerose opere fra le quali *Il cattolicesimo rosso* (Napoli, 1908); *Benedetto Croce* (ivi, 1909); *La teoria sindacalista* (ivi, 1909); *La Francia e i francesi* (Firenze, 1912); *Discorso su Giovanni Papini* (ivi, 1915); *Paradossi educativi* (ivi, 1919); *Uomini 22 città 3* (ivi, 1920); *Codice della vita italiana* (ivi, 1921); *Amici* (ivi, 1922); *Io credo* (Torino-Pinerolo, 1922); *La cultura italiana* (Milano, 1923); *Vita di Niccolò Machiavelli fiorentino* (ivi, 1926). Nel dopoguerra organizzerà parecchie raccolte di materiale della *Voce* e di suoi epistolari coi protagonisti della rivista. Di particolare interesse per la vita culturale italiana del primo Novecento l'epistolario con Papini, *Storia di un'amicizia 1900-1924* (Firenze, 1966). Nel dopoguerra collabora a numerosi quotidiani, dal *Resto del Carlino* al *Corriere della Sera*. Trascorre gli ultimi quindici anni nella Svizzera italiana. Muore a Lugano il 15 luglio 1982.

Rattazzi, Urbano Nasce ad Alessandria il 20 giugno 1808. Si laurea in giurisprudenza a Torino ed è eletto deputato al primo parlamento subalpino, il 17 aprile 1848. Siede a sinistra, è ministro della Pubblica Istruzione per pochi giorni (poi Agricoltura e Commercio) con Casati. È successivamente titolare della Giustizia (con Gioberti) e degli Interni (con Chiodo). Animatore del centro-sinistra dopo Moncalieri, si unisce al centro di Cavour dando vita al cosiddetto «connubio» nel 1852. Con lo stesso Cavour presidente del Consiglio è ministro di Grazia e Giustizia (1853) e dell'Interno (1855). Quale Guardasigilli lega il suo nome alla legge sulle corporazioni religiose. Dopo Villafranca, dimessosi Cavour col quale era in disaccordo, è ministro dell'Interno nel gabinetto Lamarmora. Presidente della Camera nel '61, subentra a Ricasoli nella guida del governo il 3 marzo 1862, tenendo anche Esteri e Interno. Travolto dai fatti di Aspromonte, torna alla guida del governo il 10 aprile 1867 succedendo ancora una volta a Ricasoli. E ancora una volta sarà la questione romana, congiunta alle iniziative garibaldine, a travolgerlo. Iniziative che egli sembrava incoraggiare (nonostante gli impegni con la Francia, derivanti da quella Convenzione di settembre per la quale aveva votato a favore pur non risparmiando censure ai negoziatori), pronto poi a smentirla nel più equivoco dei modi. Costretto a dimettersi proprio per la spedizione garibaldina dell'ottobre '67 e il ritorno dei francesi in difesa di Roma, conclude la carriera ministeriale in un'aura di equivoco: oscillante fra le tradizioni democratiche e l'eccessiva debolezza nei confronti del Re. Muore a Frosinone il 5 giugno 1873.

Rosmini Serbati, Antonio Nasce a Rovereto il 24 marzo 1797 da famiglia nobile. Compie gli studi a Padova, dove si laurea nel 1822 in «divinità e diritto canonico». L'anno precedente è stato ordinato sacerdote. È a Roma (dove incontra Pio VII nel 1823 e poi Leone XII), al Calvario di

Domodossola nel 1828 e di nuovo a Roma nel 1830 dove pubblica il *Nuovo saggio sull'origine delle idee*, opera fondamentale in quattro volumi sul suo pensiero filosofico, uscita anonima nella prima edizione, pur col *placet* dei censori romani. Studi filosofici e spirito patriottico sono le costanti del suo impegno culturale e civile. Il suo *Panegirico di Pio VII*, letto a Rovereto nel 1823, può essere pubblicato solo nel 1831, con ampi tagli. Il *Trattato della coscienza morale* apparso nel 1840 sollevava accese discussioni nel mondo dei teologi. Nel 1848 è inviato dal governo piemontese presso Pio IX al fine di incoraggiarlo sulla via indicata dal Gioberti, quella del «Benedite, gran Dio, l'Italia» che aveva esaltato la speranza neoguelfa cara a Gioberti. Il fallimento di quella politica lo spinge a rifiutare ogni ulteriore incarico politico, anche se proveniente dallo stesso pontefice, che aveva seguito nell'esilio di Gaeta, nella speranza di arrestare l'involuzione reazionaria dello Stato pontificio. Allontanato dalla polizia borbonica, fa ritorno a Stresa, dove si dedica interamente alle riflessioni e agli studi filosofici. L'ultimo periodo della vita sarà confortato dalle visite di Tommaseo, che gli era stato compagno di studi a Padova e poi a Milano, di Gustavo di Cavour e di Manzoni, che aveva conosciuto personalmente nella capitale lombarda già nel 1826, col quale condivise l'animo cattolico liberale. Muore a Stresa il 1° luglio 1855. Tra le testimonianze di carattere politico ricordiamo *La costituzione secondo la giustizia sociale*, con un'appendice sull'unità d'Italia del 1848 e – postuma – *Della missione a Roma di A.R. negli anni 1848-1849* (1881). Numerose le opere filosofiche, fra le quali *Il rinnovamento della filosofia in Italia* (1836).

Santarosa, Santorre Annibale de Rossi di Pomarolo conte di Nasce a Savigliano il 17 ottobre 1783 da Michele e da Paolina Regard de Ballon, una famiglia appartenente alla piccola nobiltà piemontese che traeva dagli uffici militari sostentamento e onori. Figlio di un colonnello, Santorre segue il padre a tredici anni come alfiere nella campagna contro i francesi. Ricopre numerose cariche pubbliche: è sindaco di Savigliano nel 1808; sottoprefetto a La Spezia nel 1812; capitano dei granatieri nella campagna del 1815; capodivisione al Ministero della guerra nel 1816. Nel 1806 ha sposato Carolina Corsi di Viano, dalla quale avrà otto figli. Apprezza gli elementi innovativi dei nuovi ordinamenti francesi; auspica un rinnovamento dell'Italia sotto la monarchia costituzionale dei Savoia. Vicino a Balbo, esprime la sua visione politica in un libretto che verrà pubblicato postumo, *Delle speranze degli italiani*. Ispira e anima i moti piemontesi del 1821; ripone piena fiducia in Carlo Alberto ma ne rimarrà deluso. Il 21 marzo è ministro della Guerra ma Carlo Alberto ripara a Novara presso l'esercito del De La Tour e segna la fine della rivoluzione. Dopo la sconfitta delle truppe costituzionali (8 aprile), Santorre abbandona Torino, si imbarca a Genova e raggiunge Marsiglia, quindi Lione, Ginevra e Parigi. Nella capitale francese pubblica il volume *De la révolution piémontaise* (1821) a giustificazione del suo operato. Arrestato mentre si trova in compagnia dell'amico Victor Cousin, è trattenuto in carcere ad Alençon e a Bourges, riuscendo infine (ottobre 1822) a raggiungere Londra e poi Nottingham, dove per due anni vive dando lezioni di italiano e di francese. Nel 1824 parte per la Grecia, con Giacinto Provana di Collegno: cadrà ucciso l'8 maggio 1825 in uno scontro modesto nell'isola di Sfacteria, in difesa dell'indipendenza della rinascente nazione greca.

Sturzo, Luigi Nasce a Caltagirone il 26 novembre 1871. Compie gli studi in seminario, a Caltagirone, e viene ordinato sacerdote nel 1894. Frequenta a Roma l'Accademia tomista e l'Università gregoriana: si laurea in teologia e filosofia. Insegna tali materie al seminario di Caltagirone. Fonda un giornale, *La croce di Costantino* (1897), volto all'organizzazione politica dei cattolici, inserendoli gradualmente nella vita dello Stato, secondo un programma di riforme imperniato sul decentramento amministrativo. Si avvicina al primo movimento democratico cristiano (Toniolo, Meda, Murri), si distingue quale animatore inesauribile dei vari organismi del movimento cattolico, che, messa da parte la logora «Opera dei Congressi», si articola dal 1905 nelle tre Unioni (Popolare, Elettorale, Economico-sociale). Nel 1905 diviene sindaco di Caltagirone. Dal 1912 al 1924 è vicepresidente dell'Associazione dei comuni italiani. Dal 1915 al 1917 è segretario generale della Giunta dell'Azione Cattolica. Il 18 gennaio 1919 dall'albergo Santa Chiara in Roma lancia con altri amici l'appello «ai liberi e ai forti», enunciando il coraggioso programma del partito popolare italiano di cui è segretario. Partito aconfessionale, di ispirazione cristiana, scisso da condizionamenti e responsabilità del Vaticano. Partito che ottiene immediati successi alle elezioni politiche del 1919 (oltre cento deputati) e del 1921, come pure alle amministrative del 1920. Antifascista, riesce il 12 aprile 1923 a portare fuori il suo partito dal governo Mussolini; ma il 10 luglio 1924 è costretto a lasciare la segreteria del partito e prendere la via dell'esilio. A Londra fino al 1940, poi a New York, svolge attività intensa. Pubblica numerosi volumi di politica e di sociologia, anima organizzazioni politiche e culturali. Rientra in Italia nel 1946. È nominato senatore a vita nel 1952. Partecipa alla vita politica, ma in posizione autonoma rispetto alla Democrazia Cristiana. Fra le opere più significative: *Il partito popolare italiano* (1919), *La libertà in Italia* (1925), *L'Italia e il nuovo ordine internazionale* (1946), *Politica di questi anni: 1946-51* (1954-57), *Chiesa e Stato* (1958). Muore a Roma il 23 luglio 1959.

Toscanini, Arturo Nasce a Parma il 25 marzo 1867. A diciotto anni ottiene la licenza dal conservatorio della città natale (diploma di violoncello). Fa parte dell'orchestra del Teatro Regio di Parma e di altre, in Italia e in America del Sud. Nel 1886, a Rio de Janeiro, sostituisce nella rappresentazione dell'*Aida* il direttore, mancato d'improvviso. È l'inizio della folgorante carriera di direttore d'orchestra. Torino, Milano, Bologna, Genova: sono le prime significative tappe in Italia. Nel 1896, al «Regio» di Torino, dirige la prima rappresentazione della *Bohème* di Puccini. Nel 1899 esordisce alla Scala, dove rimane fino al 1911, anno in cui raggiunge il Metropolitan di New York. Rientra in Italia allo scoppio della guerra e dirige concerti a beneficio dei soldati. Nel 1921, per otto stagioni, riprende la direzione della Scala: Verdi, Pizzetti, Boito, Puccini sono gli autori delle opere rappresentate.

Nel 1931 (precisamente il 14 maggio) l'incidente clamoroso che lo porterà alla rottura col fascismo cui aveva già guardato con distacco e con assoluta indipendenza nel periodo del consolidamento del regime. A Bologna il grande maestro che doveva dirigere un concerto al Comunale in memoria di Giuseppe Martucci, sarà vittima di un'aggressione squadrista nei pressi del teatro stesso in quanto si è diffusa la voce che si sarebbe rifiutato di suonare l'inno *Giovinezza*, l'inno del regime. Uno squadrista lo colpisce con un violento ceffone al labbro che spinge Toscanini, e in modo definitivo, all'opposizione. La notte lascia Bologna per evitare ulteriori attacchi fascisti; si reca poi all'estero e torna occasionalmente in Italia salvo poi prendere definitivamente la via dell'esilio, dirigendo la Filarmonica di New York fino al '36. E successivamente, dal 1936 al 1954, l'Orchestra della Broadcasting Company, costituita esplicitamente per lui. Anima nel contempo i festival di Salisburgo (dal 1930 al 1938) e nel 1930 sarà il primo direttore non tedesco invitato a dirigere ai festival wagneriani di Bayreuth. Dopo il 1945 rientra saltuariamente in Italia, dove inaugura la Scala ricostruita dopo i bombardamenti (1946). Muore a New York il 16 gennaio 1957. La sua salma sarà trasferita a Milano e sepolta nel capoluogo lombardo.

Vannucci, Atto Nasce a Tobbiana (Pistoia) il 29 dicembre 1810. Appartenente a famiglia di contadini, riceve dai sacerdoti i primi rudimenti dell'istruzione; approfondisce poi gli studi al seminario di Pistoia, alla scuola di Giuseppe Silvestri, che avrà poi come collega all'istituto Cicognini di Prato. Vannucci insegna lingua latina e si dedica ai classici: ma nel 1843 abbandona l'abito talare, che poco si conciliava con le idee liberali da lui coltivate e si impegna nella militanza patriottica e civile a Parigi, dove è in contatto con numerosi esuli. Rientrato in Toscana, vive la stagione delle riforme e della guerra di indipendenza, ispirando il periodico *L'Alba* e più tardi, dal gennaio 1857 al gennaio 1860, la *Rivista di Firenze*. Vive di insegnamento e di lezioni private. Insegna storia a Lugano, ma si dimette ben presto; rifiuta la cattedra universitaria offertagli a Torino nel 1857 e accetta due anni più tardi la direzione della Biblioteca Magliabechiana di Firenze e quindi la cattedra di letteratura latina all'Istituto di Studi superiori della città toscana. Nominato senatore nel 1865, vivrà gli ultimi anni in una crescente solitudine, amareggiata anche dalla cecità e sordità che lo avevano sempre più isolato. Muore a Firenze il 9 giugno 1883. Fra le sue opere, *I Martiri della libertà italiana dal 1794 al 1848* (1848), *I primi tempi della libertà fiorentina* (1856), *Ricordi della vita e delle opere di G.B. Niccolini* (1866).

Nota bibliografica

LA grande maggioranza dei capitoli che compone questa seconda galleria di ritratti de *Gli uomini che fecero l'Italia* è nuova, frutto di una nuova o almeno rinnovata elaborazione.

Conservano tratti comuni coi profili compresi nell'edizione « I libri pocket Longanesi » del 1972 (divisa in due volumi, *L'Ottocento* e *Il Novecento*) solo le pagine dedicate a Piero Gobetti, a Luigi Einaudi, a Luigi Sturzo.

Le parti I, II, III, IV, V, VI dell'opera sono composte di saggi tutti originali e tutti finalizzati a questa raccolta, che segue lo stesso arco cronologico del precedente volume, dalla fine del Settecento alla crisi dello Stato liberale, portando solo avanti il limite *ad quem* dal 1915 al 1925.

Indici

Indice dei nomi

Oltre i nomi di persone, sono comprese in questo Indice tutte le testate di giornali, di riviste e in genere di pubblicazioni periodiche cui si fa riferimento nel testo. I numeri delle pagine in corsivo si riferiscono ai nomi contenuti nelle schede biografiche, che compongono il Piccolo dizionario degli uomini che fecero l'Italia, *in appendice al volume.*

Abba G.C., 83, 84, 91
Acerbi G., 81
Acerbo G., 204
Ademollo C., 89
Agnelli G., 192, 271
Agostino (santo), 79
Alba (L'), 116, *339*
Albertario D. (don), 236, 241
Albertini L., 187, 189, 190, 191, 194, 195, 220, 239, 250, 251, 252, 285, 287, 288, 290, 292, 294, 296, *327*, *334*
Albicini C., 148
Alfieri A.A., 237, *329*
Alfieri Adele (di Sostegno), 124
Alfieri Carlo (di Sostegno), 120, 121, 124, *317*
Alfieri Cesare (di Sostegno), 76, 120, 121, 123, 156, *317*
Alfieri di Sostegno (famiglia), 123
Alfieri Giuseppina (di Sostegno), 121
Alfieri Luisa (di Sostegno), 124
Alfieri V., 14, 221
Alfieri Bianco V., 122
Alighieri D., 13, 74, 79, 118, 119, 235, 240, *319*
Alvaro C., 195, 249, 275
Ambrosini L., 108
Amendola Giorgio, 213, 214, 288, 289
Amendola Giovanni, 161, 205, 226, 232, 264, 280, 281, 285, 286, 287, 288, 289, 290, 291, 292, 293, *317*
Anacreonte, 13
Anima (L'), 232, 289, 291, 292, *317*
Ansaldi G., 26

Antologia, 115
Apostolato popolare, 44
Ardigò R., 200
Argan G.C., 173
Arpinati L., 249
Attesa (L'), 326
Avanti!, 199, 200, 205, 276, 277, 288, *320*, *322*, 330
Avezzana G., 51
Azione socialista, *322*

Baccarini A., 92
Badoglio P., 208, 220, 221, *322*
Bakunin M.A., 258
Balbo C., 28, 244, *337*
Baldisserotto A., 72
Balilla (v. Perasso G.B.)
Balzan E., 252
Bandiera A., 43, 44, 45, 46, *318*
Bandiera E., 43, 44, 45, 46, *318*
Bandiera F., 43, *318*
Bandiera (fratelli), 43, 44, 46, 47, 48
Barbera (editore), 113
Baretti (edizioni), 264
Baretti (Il), 272, 275, *330*
Bargoni A., 92
Barié O., 288
Barnaba Barbò A., *320*
Barzilai S., 164
Bassi U., 63, 64, 65, 67, 151, *318*
Baudelaire Ch., 233
Bauer R., 239, *329*
Bazzoni A., 38
Beauchamp A., 26
Beccaria C., 3, 4, 5, 6, 7, 8, 9, 125, 126, 127, *320*
Beccaria Giulia, *320*

Beccaria Giulio, *320*
Beccaria M., *320*
Belfiore (martiri di), *319*
Benedetto xv, 311
Bentivoglio A., 64
Berchet G., 53, 54
Berger (incisore), *322*
Bergson H., 271, *335*
Bernanos G., 239
Bernocchi A., 252
Bertani A., 56, 83, 89, 163
Bevilacqua C., 148
Bismarck O. von, 142
Bissolati L., 196, 197, 198, 199, 200, 201, 202, 203, 205, 206, 207, 208, 227, *320*, *322*
Bissolati S., *320*
Bittencourt A., 58
Bixio G., *321*
Bixio N., 82, 83, 84, 85, 86, *321*
Bobbio N., 225
Bocca G., 227, 264
Boccheciampe P., 47
Bocconi F., 192, 193, *321*, *322*
Bocconi (fratelli), *321*
Bocconi L., 193, *321*
Bodoni G., 10, 11, 12, 13, 14, 15, *322*
Boito A., 253, *339*
Bompiani (editore), 220, 224
Bonaparte C., 32
Bonaparte G., 32, *335*
Bonaparte L., 137
Bonaparte Wyse M.L., 137, 139
Bonghi R., 141
Bonnet N., 62
Bono A. (v. Cairoli A.)
Bonomi I., 196, 197, 200, 201, 202, 204, 205, 206, 207, 208, 209, 227, 235, *320*, *322*
Borboni (dinastia), 21, 32, 213, *333*, *335*
Bordiga A., 275, 278, 281, *330*
Borelli V., *333*
Borgatti F., 74
Borgese G.A., 254
Borletti S., 252

Borsa M., 220, 221
Borsi (fratelli), 12
Boselli P., 207, *320*, *322*
Bosio F., 79
Bossi E., 74
Botta C., 14, 268
Bovio G., 164
Brofferio A., *331*
Buchez P.J.B., 155
Buffon G.L. Leclerc (conte di), 9
Buonaiuti E., 168, 243, 244, 245, 246, 247, *323*
Buonarroti M., 306
Burzio F., 220, 221, 222, 223, 224, 225, 226, *323*

Cabrini A., 201, *320*, *322*
Caccialupi P., *320*
Cadolini G., 88
Cadorna R., 86, 238, *329*
Caffè (Il), 3, 8, 239, *320*, *329*
Cairoli A., 87, 88, 90, 91, *323*
Cairoli B., 81, 88, 89, 90, 91, 92, 93, *323*
Cairoli C., 91, 92, *323*
Cairoli Enrico, 88, 90, 91, *324*
Cairoli Ernesto, 87, 91, *324*
Cairoli (fratelli), 87, 91
Cairoli G., 89, 90, 91, *324*
Cairoli L., 88, 90, 92, *324*
Calamandrei P., 6, 7
Calas (affaire), 7
Calderoni M., 185
Callimaco, 13
Calosso U., 221
Calvi P.F., 81, *320*
Canepa G., *320*
Cantù C., 98
Cappelli (editore), 268
Capponi G., 34, 115, 121, 125, 151
Carducci G., 25, 41, 47, 51, 52, 56, 76, 81, 87, 90, 115, 119, 125, 140, 151, 166, *325*, *334*
Carlo Alberto di Savoia, 26, 29, 30, 37, 40, 65, 70, 71, 100, 120, 133, 134, 146, *317*, *321*, *331*, *333*, *337*
Carlo Felice di Savoia, 30

Carmignani G., 127, *324*
Carrara F., 125, 126, 127, 128, 129, *324*
Cartesio R., 102
Casarini C., 150
Casati G., 237, *329*, *336*
Casoni G.B., 150
Casorati F., 228, *330*
Castellazzo L., 79
Castelli M., 141
Caterina (imperatrice di Russia), 5
Cattaneo C., 68, 69, 80, 107, 110, 178, 257, 258, 271
Cattaneo G., 229
Cavalletto A., 76
Cavallotti F., 90, 161, 162, 163, 164, 177, 180, *325*
Cavour C.B., 31, 70, 75, 82, 89, 92, 100, 112, 121, 133, 134, 135, 136, 141, 146, 147, 148, 149, 150, 152, 173, 175, 240, 268, 298, 299, *317*, *327*, *331*, *334*, *336*
Cavour (famiglia), 123
Cavour Giuseppina, 121, *317*
Cavour Gustavo, 100, *337*
Cefaly A., 217, 218
Ceneri G., 200
Cernuschi E., 163, 164
Cesare C.G., 246
Chabod F., 151, 158, 175
Championnet G.S. (generale), 20
Chiodo A., 133, 135, *336*
Cialdini E. (generale), 138, 141
Ciano C., 249
Cipriani L., 147, 148, 149
Cirillo D., 34
Civiltà cattolica (La), 101, 176
Cognetti de Martiis S., *326*
Colajanni N., 177, 178, 179, 180, 181, 182, 183, *325*
Colletta P., 32, 34
Colombo A., 273
Colombo G., 177
Colonna (principe), 123
Coltellini (abate), 7
Coltellini (libreria), *320*
Condillac E.B. de, 102
Condorcet, J.A.N. Caritat (marchese di), 3

Conti G., 255, 256, 257, 258, 259, *325*
Corbaccio (editore), 227, 264
Corradini E., *335*
Corriere della Sera (Il), 187, 190, 194, 195, 220, 221, 222, 233, 241, 248, 249, 286, 287, 288, 292, 296, 301, *317*, *327*, *334*, *336*
Corsi di Viano C., *337*
Corticelli, 79
Cosenz E., 88
Cosimo I de' Medici, 5
Cosmo U., 277
Cousin V., 26, *337*
Crispi F., 83, 92, 93, 156, 164, 174, 177, 190, 193, 215, *321*, *325*, *334*
Crispolti F., 169
Critica (La), 267
Critica sociale (La), 144, 198, 206, 267, 302, *320*, *322*
Croce B., 16, 17, 18, 19, 21, 32, 35, 74, 108, 114, 118, 125, 145, 154, 158, 162, 169, 186, 199, 204, 209, 213, 217, 218, 219, 223, 224, 232, 235, 237, 242, 265, 267, 270, 273, 274, 275, 277, 281, 288, 289, 292, 294, 297, *335*
Croce di Costantino (La), *338*
Cuore e critica, 198, 267

Da Fiore G., 245
D'Alembert J.B. Le Rond, 3, 9, *320*
Dandolo E., 56
D'Annunzio G., 15, 61, 202, 204, 208, 248, 249, 279
Daverio F., 56
D'Azeglio M., 54, 76, 121, 135, 148, 151, 173, 174, 175
D'Azeglio R., 29
De Balsco T., *320*
De Biran M., 292
De Bosis L., 285
De Canal B., 79, *319*
De Ferrari D., 148
De Fonseca Pimentel E., 17, 18, 19, 20, 21, 26, *326*

De Gasperi A , 236, 241, 246, 300, 309, *327*
De la Tour V A Sallier (generale), 30, *337*
Della Cisterna E dal Pozzo (principe), 26
De Lollis C., 286
Del Secolo F., 213
De Nicola E , 208, 214
Depretis A., 82, 92, 107, 140, 152, 154, 157, 158, 159, 184, 214, *324, 325, 332, 334*
De Ruggiero G , 226, *330*
De Sanctis F., 31, 32, 33, 34, 82, 99, 117, 157, 159, *328*
De Solms M.L., 137
Diario del Popolo (Il), 55
Di Belgioioso A , 56
Di Belgioioso C., 56
Diderot D., 3, 9, *320*
Di Gennaro A (duca di Belforte), 18
Di Rudinì A., 181, 190, 191
Di San Marzano C., 29
Divenire sociale, 267
Donini A., 244
Dottesio L., 78, 79, *319*
Duarte de Aguiar M , 59, *329*
Dumas A., *325*
Du Tillot G., 12, *322*
Durando Giacomo, *331*
Durando Giovanni (generale), *318*

Einaudi L., 195, 226, 232, 250, 251, 252, 270, 274, 277, 294, 295, 296, 297, 298, 299, 300, 301, 302, 303, 304, 305, 306, 313, *326*
Elvezio (v. Helvétius C.A.)
Encyclopédie (L'), 5, 8
Energie nove, 269, 272, 274, *330*
Ercoli (v. Togliatti P.)

Fabrizi N., 44, 46, 51, *318*
Facchinei F., 8, *320*
Facta L., 293
Falco M., 221
Fanti M., 149
Farinacci R., 280, 282

Farinelli A , 277
Farini L.C., 135, 152, *334*
Fedele P., 245
Federzoni L., 175
Feltrinelli (editore), 197
Fénelon F. de Salignac de la Mothe, 13
Fenzi (famiglia), 137
Ferdinando di Borbone, 18, 33, 101, *335*
Ferrari A.C. (cardinale), 311
Ferrari G., 106, 107, 108, 109, 110, 111, 112, 200, 271, *327*
Ferrari L., 163
Ferraris M., 170
Ferrero G., 286
Ferretti G., 52
Ferri E., 200 201, 206, 274, *322*
Fieschi G.L., 52
Fogazzaro A., 77, 166, 167, 168, 169, 170, 235, 236, 242, *328, 329*
Fogazzaro G. (don), *328*
Folla (La), *321*
Fortis A., *334*
Fortunato (famiglia), 217
Fortunato G., 181, 213, 214, 215, 216, 217, 218, 219, 270, *328*
Foscolo U., 14, 27, 33, 64, *335*
Francesco (santo), 118
Francesco Giuseppe d'Austria, 157
Francesco IV duca di Modena, 37, 39, 40, 41, 42, *333*
Franklin B., 322
Frapolli L., 106
Frassati A., 220, 221, 222, 296
Frattini P., 81, *319*
Frimont J.M. (generale), 33

Galante Garrone A., 258
Gallarati Scotti T., 77, 168, 235, 236, 237, 238, 239, 241, 242, *329*
Galluppi P., 102
Gamba, 148
Garibaldi A., 57, 58, 59, 60, 61, 62, 67, 71, *329*
Garibaldi G., 44, 55, 56, 57, 58, 59, 60, 62, 66, 67, 73, 81, 82, 83, 85,

87, 88, 89, 90, 91, 107, 111, 136, 138, 150, 165, 193, *319*, *321*, *324*, *325*, *329*, *331*, *334*
Garibaldi M , 59, 60, *329*
Garibaldi R., 60, *329*
Garibaldi T., 60, 62, *329*
Gavazzi A., 64, 65
Gazzetta di Venezia (La), *325*
Gazzettino Rosa (Il), *325*
Gentile G., 99, 104, 230, 245, 267, 274, *330*
Ghiringhelli A., 253
Ghisleri A., 162, 178, 179, 198, 200, 258, *326*
Giannini A., 244
Gioberti V., 53, 71, 78, 79, 97, 99, 100, 102, 103, 104, 108, 109, 133, *319*, *336*, *337*
Giolitti G., 157, 159, 175, 176, 180, 187, 188, 201, 202, 204, 205, 206, 207, 211, 214, 215, 216, 217, 218, 221, 222, 223, 240, 250, 287, 288, 301, 307, *322*, *335*
Giorni (libreria), 263, 264
Giovanna d'Arco, 58
Giovanni XXIII, 241
Giovannini C., 242
Giusti G., 53
Giustizia (La), 288
Gobetti G., 228
Gobetti P., 28, 192, 205, 219, 222, 227, 228, 229, 230, 245, 258, 263, 264, 265, 266, 267, 268, 269, 270, 271, 272, 273, 274, 275, 276, 279, 281, 286, 303, 305, 310, *317*, *330*
Goethe J.W., 52
Gramsci A., 192, 271, 273, 274, 275, 276, 277, 278, 279, 280, 281, 282, 283, 284, *330*
Gramsci C., 283
Gramsci D., *330*
Gramsci G., *330*
Grazioli B., 80, *319*
Gregorovius F., 138
Greppi A., 252, 253
Grido del Popolo (Il), 277

Griffini C., *321*
Grimaldi B., 165
Grimm M., 8
Grioli Giovanni (don), 77, 78, 79, *319*
Grioli Giuseppe, *319*
Guanda U., 107
Guerrazzi D., 116, 126
Guerzoni G., 58, 61, 62, 85, 145
Guglielmo il Silenzioso, 304
Guiccioli (marchese), 61

Haynau J.J. von, 71, *332*
Helvétius C.A., 9
Hoffstetter G. von, 58
Hugo V., 52, 111

Il mondo pubblica, 288
Indipendente (L'), *325*
Induno G., 89
Informazione (L'), 248
Isola (L'), 182
Italia nostra, 286

Jacini S., 76, 121, 144, *329*
Jemolo A.C., 4, 99, 136, 156, 157, 243, 244, 245

Kant I., 102
Körner T., 56
Kuhn E., 285, 288

Labriola A., 199, 201
Lacerba, 267
La Farina G., 72, 116
La Fayette M.J., 33
La Malfa U., 256
Lamarmora A., 55, 121, 135, 141, *336*
Lamberti G., 83
Lambruschini L. (cardinale), 63
Lambruschini R., 99, 103, 115
Lamennais F.R. (De), 52
Lante di Montefeltro (generale), 51
Lanza G., 140, 141, 142, 144, 145, 152, *331*, *334*
Laterza (editore), 17

La Tour d'Auvergne F.M. (ambasciatore), 148
Lemmi A., *334*
Le Monnier (editore), 8, 115
Le Monnier F., 106, 117
Lenin (Vladimir Ilijč Ulianov), 279, *330*
Lenti L., 194
Leonardo (Il), 267, *335*
Leone XII, *336*
Leone XIII, 104, 157, 175
Leopardi G., 275
Leopoldo II (granduca), 150
Letture popolari, *331*
Levi S., 173
Lisio G.M., 29, 30
Livraghi G., 67, *319*
Locke J., 102
Lombardo Radice G., 274
Lombroso C., *325*
Longoni M., 55
Lopez C., 18
Loria A., 200
Ludovico il Moro, 236
Luigi Filippo d'Orléans, 33, 39, 40, 41, *333*

Machiavelli N., 21, 118, 226, 234, 274
Mac Mahon H., 142
Macola F., *325*
Malaparte C., 221
Malvezzi N. (conte), 150
Mameli Giorgio, 52
Mameli Goffredo, 51, 52, 53, 54, 55, 56, 83, *331*
Manara L., 67
Mancini P.S., 154, 155, 156, 157, 158, 160, *332*
Manin D., 33, 65, 66, 68, 69, 70, 71, 72, 73, *332*
Manin E., *333*
Manin G., *333*
Manin L., 68
Manzoni A., 3, 54, 75, 76, 77, 97, 98, 103, 175, 235, 242, 313, *337*
Manzotti F., 202

Mardendsteig (tipografo), 15
Maria Carolina d'Austria, 18
Mario A., 178
Maroncelli P., 44, *318*
Martellini, 116
Martello T., 305
Martini L. (monsignore), 74, 75, 76, 77
Martucci G., 249, *339*
Marx K., 197, 277
Masi E., 150
Masina (vedi Masini A.)
Masini A., 56
Massena A. (generale), *335*
Mastai Ferretti G.M. (v. Pio IX)
Matteo (evangelista), 246
Matteotti G., 196, 239, 268, 275, 280, 286, 288, 290, *317*, *330*
Mauriac C., 168
Mazzini G., 27, 38, 43, 44, 45, 46, 47, 51, 52, 54, 55, 56, 64, 65, 67, 70, 72, 73, 75, 77, 78, 79, 81, 83, 87, 88, 91, 101, 107, 109, 110, 116, 119, 121, 155, 173, 174, 180, 198, 206, 218, 226, 237, 254, 255, 258, *318*, *319*, *320*, *321*, *327*, *329*, *331*, *334*
Mazzoni G., 74, 76, 77
Meda F., *338*
Medici G., 83, *325*
Medina P., 68
Melzi d'Eril (famiglia), 236
Menabrea L.F., 123, *331*, *334*
Menotti C., 37, 38, 39, 40, 41, *333*
Mercantini L., 80
Messaggero (Il), 265
Messaggiere (Il), *331*
Metastasio P., 18, 19
Michaud (editore), 26
Michelet J., 54
Micheletti G., 229
Milesi Pironi Ferretti G. (cardinale), 150
Minghetti M., 135, 141, 146, 147, 150, 151, 152, *333*
Minocchi S., 168
Misley E., 40, *333*

Missir R., 244
Missiroli M., 245, 264, 270, 285, 292
Mobac D., 228
Molinos (de) M., *317*
Mondo (Il), 255, 256, 257, 286, 288, 290, *317*
Mondolfo U.G., *330*
Monitore Napoletano (Il), 17, 20, *326*
Montale E., 248, 249, 254, *330*
Montanari C., 80, 147, 148, 150, *319*
Montanelli G., 53, 116
Montelatici G., 227, 263
Montesquieu C.L. de Secondat, 9
Monti V., 14
Montini G.B. (v. Paolo VI)
Morandi C., 158
Morano (editore), 227
Mordini A., 89
Morelli M. (ufficiale), 33, *335*
Moretti M., 123
Morgani O., 201
Moro D., *318*
Mosca G., 184, 185, 186, 187, 188, 189, 190, 220, 224, 225, 274, *334*
Murat G., 32, 33, 35, 64, *335*
Murri R., 168, 237, 310, *338*
Mussolini B., 202, 205, 208, 219, 220, 221, 236, 239, 244, 245, 253, 271, 277, 279, 280, 283, 289, 290, 291, 303, *317, 320, 329, 338*

Napoleone I, 21, 32, 39, 80, 146, 148, 149
Napoleone III, 135, 137, 141, 142
Nathan E, 173, 174, 175, 176, *334, 335*
Nathan S., *334*
Negri G., 232
Nelson H. (ammiraglio), 21
Nenni P., 176, 196, 209
Niccolini G., 116, 117
Nicotera G., 92
Nievo I., 92
Nitti S., 209, 252, 287, 292, *317, 322*

Novaro M., *331*
Nuova Antologia, 21, 51, 106, 154, 167, 168, 170, 175, 243, 294, *328*
Nuova Stampa, 323

Oliva D., 187
Omero, 13, 32, 79
Omodeo A., 245, 265, 268, 269
Opinione (L'), *331*
Orazio, 13
Ordine Nuovo, 272, 273, 274, 278, 279, *330*
Oriani A., 72, 107, 213, 264, 270
Orlando V.E., 203, 207, 209, *321*
Ornato L., 268
Oudinot N.C.U. duca di Reggio, 66

Pacciardi R., 256, *326*
Pagano M., 34
Pallade, 55
Pallavicino G., 72
Palma di Cesnola A., 29
Palmieri M., 38
Pancrazi P., 6
Pannunzio M., 255, 256
Pantaleoni D., 304
Pantano E., 178
Panzini A., 232
Paolo (santo), 246
Paolo VI, 239
Paolucci A. (contrammiraglio), 46
Papafava N., 286
Papini G., 113, 229, 231, 232, 233, 267, 289, 292, *317, 335, 336*
Pareto V., 184, 186, 220, 225, 270
Parini G., 3, 14
Parri F., 209
Pasolini G. (conte), 123
Pella G., 300
Pellico S., 10
Pelloux L., 187
Pepe Gabriele, 34
Pepe Guglielmo, 31, 32, 33, 34, 35, 36, 71, *335*
Pepoli G.N., 151
Perasso G.B., 54
Perseveranza (La), 187

Pertini S., 122, 196, 282
Peruzzi U., 141
Pesci L., 79
Pesci U., 138
Petöfi S., 56
Petrarca F., 13
Petruccelli della Gattina F., 85
Pilo R., 83
Pindemonte I., 14
Pio VII, *336*
Pio IX, 53, 55, 63, 65, 75, 77, 89, 100, 101, 104, 109, 138, 150, 151, 157, *318*, *327*, *332*, *333*, *337*
Pio X, 169, 176, 237
Pio XI, 239
Pio XII, 309
Pirandello L., 40
Pisacane C., 66, 271
Pittavino A., 227, 228
Pittavino (editore), 227, 228, 229
Pizzardo G. (monsignor), 283
Pizzetti I., *339*
Plutarco, 32
Podrecca G., *320*
Poerio A., 34
Poerio G., 34
Poesia, 267
Poliziano A., 13
Poma C., 79, *319*
Prampolini C., 197
Prezzolini G., 113, 227, 228, 229, 230, 231, 232, 233, 234, 270, 273, 274, 295, *317*, *330*, *335*
Primato, 97, 133
Prospero A., *330*
Proudhon P.J., 107, 109
Provana di Collegno G., 27, 29, 30, 268, *338*
Puccini G., 253, *338*, *339*

Raccioppi G., 214
Radetzky J.F. (von), 100, 134, *318*
Ragione (La), 162, *326*
Ranke L. von, 75
Rassegna nazionale (La), 104
Rassegna settimanale (La), 328
Rattazzi M.L., 137

Rattazzi U., 85, 89, 133, 134, 135, 136, 138, 139, 159, *332*, *336*
Ratti A. (don), 236, 239
Regard de Ballon P., *337*
Regno (Il), 185, *335*
Renan E., 112
Respighi L. (cardinale), 176
Res publica, 227, 264
Resto del Carlino (Il), 233, 241, 244, 285, 292, *317*, *336*
Revue des deux mondes (La), 106
Ribeiro da Silva A.M. (v. Garibaldi A.)
Riboldi E., 282
Ricaldon de (conte), 298
Ricardo D., 297
Ricasoli B., 74, 86, 106, 123, 135, 136, 138, 152, *334*, *336*
Ricasoli (famiglia), 136
Ricciardi R., 111, 232
Ricerche religiose, 245, *323*
Riforma (La), 193, *321*
Riforma sociale, *327*
Rigillo M., 217
Rigola R., 201, 202, 207
Rinnovamento (Il), 168, 237, 267, 329
Risorgimento, 100
Rivista di Firenze (La), 117, *339*
Rivista di storia economica, *327*
Rivista popolare (La), 325
Rivista storico-critica delle scienze teologiche, *323*
Rivoluzione liberale, 221, 227, 228, 230, 264, 265, 266, 267, 268, 269, 271, 272, 273, 275, 286, 303, 310, *330*
Roepke W., 295, 304
Roma del Popolo, 174, *334*
Romagnosi G., *327*
Romeo R., 135
Ronda (La), 267, *323*
Rosmini A., 97, 98, 99, 100, 101, 102, 103, 104, 105, 236, *336*
Rosmini (Il), 104
Rossaroll E., 34
Rosselli C., 122, 196, *317*

Rosselli (fratelli), 258
Rosselli N., 258
Rossetti G., 53
Rossi C., 288
Rossi F., 79
Rossi P., 101, 109, *333*
Rossini G., 66, 253
Rousseau J.J., 3, 32
Roux L., 216, 295
Ruffini F., 154, 155, 288
Ruffini (fratelli), 83
Ruffo di Bagnara F. (generale), *335*
Ruffo F. (cardinale), 21, 32
Ruggeri (abate), 322
Ruini M., 264, 286
Rusconi C., 51
Ruskin J., *317*

Sabatini L., 194
Saffi A., 200
Saint-Simon L.H. de Rouvroy, 109
Salandra A., 216, 219
Salgari E., 193
Sallustio, 13
Salvatorelli L., 118, 158, 221, 246, 264, 286
Salvemini G., 143, 158, 200, 204, 214, 215, 216, 217, 218, 232, 237, 238, 254, 270, 274, 277, 308, *330*
Sand G. (pseud. di A.L.A. Dupin), 52
Santarosa M., *335*
Santarosa S. de Rossi (conte di), 25, 26, 27, 28, 29, 30, 33, 268, *337*
Sanzio R., 152
Saragat G., 197, 202
Sartirana F. Arborio Gattinara (duca), 123
Saverio G., *320*
Savoia (dinastia), 72, 136, 253, *337*
Savonarola G., 21, 65
Scaglioni S., 37
Scarsellini A., 79, *319*
Schiavi A., 197
Schiff-Giorgini (famiglia), 291

Schinetti P., 108
Schucht J., *330*
Schucht T., *330*
Scialoja A., 74
Sciesa A., 79
Sella Q., 141, 142, 144, 145, *331*
Sergi G., 232
Settembrini L., *328*
Sforza C., 254, 288, 308
Silvati G. (ufficiale), 33, *335*
Silvestri G., *339*
Sirtori G., 72, 88
Smith A., 297, 305
Socialismo (Il), 179
Socrate, 80
Soffici A., 231, 232
Solari G., 228, *330*
Sonnino S., *328, 334*
Soragna A., *329*
Sorel G., 271, 272, 274
Spaventa S., 140, 290
Speri T., 80, 81, *319*
Spinelli G. (cardinale), 11, *322*
Spinola U.P. (cardinale), 63, 65
Sraffa P., 283, *330*
Stalin (pseudonimo di Džugašvili Josif Vissarionovič), 281, 284
Stampa (La), 173, 220, 221, 222, 223, 224, 226, 244, 295, 296, 297, *327*
Starace A., 282
Stendhal (Henri Beyle detto), 3
Stonor E., 91
Stoppani A. (abate), 104
Stuart Mill J., 305
Sturzo L., 280, 307, 309, 310, 311, 312, 313, *338*
Subula (colonnello), 26, 27

Tacito, 13
Tanari L., 150
Tarchiani A., 254, 308
Tasca A., 278, *330*
Tasso T., 13
Tazzoli E. (don), 77, 78, 79, 80, *319*
Tempo (Il), 322
Terracini U., 273, 278, *330*

Times (The), 194
Tocco F., 233
Togliatti P., 208, 277, 278, 279, 281, 283, 284, *330*
Tommaseo N., 65, 69, 76, 98, 136, *332, 337*
Tommaso (santo), 79
Toniolo G., *338*
Toscanini A., 248, 249, 250, 251, 252, 253, *338, 339*
Treitschke H. von, 223
Treves P., 116, 196, 197, *322*
Tria de Solis P., 19
Turati A., 282
Turati F., 144, 179, 196, 197, 198, 200, 202, 206, 280, 288, 290, *320, 322*

Ulloa Calà G., 72
Umberto I di Savoia, 157, *324*
Unità (L'), 227, 237, 267, 280, *330*
Unità italiana (L'), *325, 334*

Valera P., *321*
Valerio L., 72, *331*
Valgimigli M., 57
Valiani L., 197
Vallecchi A., 232
Vallecchi (editore), 113, 227, 263
Valmarana M., *328*
Vannucci A., 43, 113, 114, 115, 116, 117, 118, 119, *339*
Vassura (libraio), 230
Venturi L., 254, 308
Verdi G., 54, 55, 125, 253, *338*
Verri P., 3, 4, 8, *320*

Vico G., *327*
Vieusseux G.P., 106, 115, 116
Villari P., 8, 9, 21, 144, *334*
Vinciguerra M., 285, 286
Virgilio, 13, 79, 235
Visconti M., *320*
Visconti-Venosta E., 141, 144, *331*
Visconti-Venosta (famiglia), 123
Visconti-Venosta M., 124
Vittorio Emanuele I, 30
Vittorio Emanuele II, 70, 72, 88, 134, 136, 141, 146, 151
Vittorio Emanuele III, 291, 297
Voce (La), 108, 113, 227, 230, 266, 267, 274, 277, 285, *317, 330, 335, 336*
Voce Repubblicana (La), 162, *326*
Voltaire (F.M. Arouet detto), 3, 7, 8, 32

Walewsky A.F.J., 148
Washington G., 68
Weber M., 223
White Mario J., 44, 61, 89

Zambelli G., 79, *319*
Zanardelli G., 92, 93, 126, 127, 128, 188, 214, *334*
Zanella G., 166, 167, 168, *328*
Zanichelli (editore), 298
Zanotti Bianco U., 213, 217, 237
Zibordi G., 207
Zoagli A., 52
Zuccari F., *326*
Zuccarini O., *326*
Zucchi C. (generale), 38

Indice generale

Prefazione	VII
I. Il Settecento: l'Italia che nasce	1
1. Beccaria	3
2. Bodoni	10
3. Eleonora de Fonseca Pimentel	17
II. Le speranze del Risorgimento	23
1. Santorre di Santarosa	25
2. Pepe	31
3. Menotti	37
4. I fratelli Bandiera	43
III. La leggenda nazionale	49
1. Mameli	51
2. Anita Garibaldi	57
3. Bassi	63
4. Manin	68
5. I martiri di Belfiore	74
6. Bixio	82
7. Adelaide Cairoli e i cinque figli	87
IV. Fra Italia federale e Italia unitaria	95
1. Rosmini	97
2. Ferrari	106
3. Vannucci	113
4. I due Alfieri di Sostegno	120
5. Carrara	125

V. La prosa dopo la poesia 131

1. Rattazzi 133
2. Lanza 140
3. Minghetti 146
4. Mancini 154
5. Cavallotti 161
6. Fogazzaro 166

VI. Il secolo nuovo: l'Italia adolescente 171

1. Nathan 173
2. Colajanni 177
3. Mosca 184
4. Bocconi 192
5. Bissolati 196
6. Bonomi 204

VII. Da Giolitti all'avvento del regime fascista 211

1. Fortunato 213
2. Burzio 220
3. Prezzolini 227
4. Gallarati Scotti 235
5. Buonaiuti 243
6. Toscanini 248
7. Conti 255

Epiloghi 261

1. Gobetti 263
2. Gramsci 273
3. Amendola 285
4. Einaudi 294
5. Sturzo 307

Piccolo dizionario degli uomini che fecero l'Italia 355 315

Nota bibliografica 340

Indice dei nomi 343

Finito di stampare
nel mese di ottobre 1991
per conto della Longanesi & C.
dal Nuovo Istituto Italiano di
Arti Grafiche s.p.a. di Bergamo
Printed in Italy

Il Papato socialista
di Giovanni Spadolini

Il Papato socialista è il primo libro che affronta organicamente il problema del cattolicesimo di fronte alla questione sociale, quale si è configurata nel mondo moderno. Rifiutando tutti i cliché convenzionali, comuni alla vecchia letteratura clericale e socialista, Spadolini risponde ai più drammatici interrogativi circa i rapporti fra la Chiesa e il proletariato, la Chiesa e la borghesia e la borghesia, la Chiesa e il capitalismo, la Chiesa e la civiltà industriale. Presupposto di tutta l'indagine: l'antitesi fra la concezione cattolica della vita e quella riassunta nella morale del laicismo.

Un successo Longanesi & C.

La stagione del »*Mondo*«
di Giovanni Spadolini

«Il 19 febbraio 1949: esce il primo numero del *Mondo* di Mario Pannunzio. Chi non aveva allora almeno vent'anni non può immaginare il senso di nuovo, quasi di svolta, che quel settimanale, aristocratico, controllato, allusivo, rappresentò per la generazione uscita dal travaglio della guerra e dalle inquietudini del dopoguerra. 'No' a qualsiasi retorica; richiamo ai valori severi dell'Italia liberale e laica, ma proiettati in una dimensione nuova, quasi sospesi fra Croce e Salvemini. Il meglio dell'eleganza longanesiana, respirata da Pannunzio nell'esperienza, non sostituibile, di *Omnibus*. Un innesto fra politica e cultura, quale non si era ancor realizzato in nessuna delle prove giornalistiche del periodo postbellico.»

Un successo Longanesi & C.

Giolitti: un'epoca
di Giovanni Spadolini

Quarantacinque capitoli scritti in trentacinque anni. Quarantacinque ritratti, di personaggi o di avvenimenti, sullo sfondo di quello che Stefan Zweig avrebbe chiamato «il mondo di ieri». Al centro, sempre: Giolitti e la sua epoca, gli amici e gli avversari, i grandi interlocutori dei movimenti popolari contrapposti, socialista cattolico e repubblicano, la crescita istituzionale dell'Italia, l'innesto fra il termine «liberale» e il termine «democratico», il senso di un'Italia nuova che avanza, di un'Italia della piccola gente.

Un successo Longanesi & C.

Bloc-notes 1984-1986
di Giovanni Spadolini

«Questo libro segue la battaglia più dura in cui sono stato impegnato in questi anni: quella contro il terrorismo. Dagli assassinii in facoltà, come Moro e Tarantelli, alla visita all' 'Achille Lauro'. Senza dimenticare Raymond Aron e il suo monito. Il grande studioso scartava l'ipotesi di una guerra fra le grandi superpotenze ma vedeva sempre i rischi della destabilizzazione completa del mondo a opera della follia terroristica, tale da rendere inutili anche gli sforzi di equilibrio militare. Pur senza conflitto nucleare non escludeva il pericolo di quello che egli amava chiamare 'un suicidio comune'.»

Un successo Longanesi & C.

*Il mondo in bloc-notes
1986-1988*
di Giovanni Spadolini

La crisi e la revisione degli equilibri mondiali sono al centro di un libro dove gli incontri di Stato si mescolano con gli incontri della memoria, con gli interrogatori alle grandi ombre del passato. La tecnica è quella di alternare schede o ritratti politici (Reagan, Mitterrand, Kissinger, Jaruzelski, Peres, Cuomo, Shamir, Barre, Mubarak, Hussein, il sindaco di Betlemme Freji) con note di costume e di cultura, con frammenti di testimonianze tratti dalle esperienze di fuorivia.

Un successo Longanesi & C.

Gli anni della svolta mondiale
Bloc-notes 1988-1990
di Giovanni Spadolini

« 'Gli anni della svolta mondiale', dal 1988 a oggi, sono gli anni che hanno visto l'uscita dal tunnel della guerra fredda, la revisione degli equilibri fondamentali fra Est e Ovest, l'avvio della distensione nucleare, l'emancipazione dell'Europa orientale, la profonda influenza che quelle vicende hanno esercitato sull'Unione Sovietica, spingendola a un radicale esame di coscienza cui è appesa la sorte stessa del presunto (e sperato) vincitore, Gorbaciov. Continuando la serie del *Bloc-notes 1984-1986* e del *Mondo in bloc-notes 1986-1988*, questo terzo volume, più ricco dei precedenti, si sforza di offrire una testimonianza diretta, fondata su incontri diretti e su note di viaggio, della singolare e straordinaria evoluzione del mondo in tre anni: anni che un giorno appariranno quasi circondati da un alone di leggenda. »

Un successo Longanesi & C.

0006869
GIOVANNI SPADOLINI
GLI UOMINI CHE
FECERO L'ITALIA
VOL. II
1 EDIZ.
LONGANESI,MILANO